Weidenberg, Blick zum unteren Markt um 1950

Projekt „MYRTEN FÜR DORNEN“
– Geschichte(n) aus Weidenberg 1919–1949

Alltagsleben und Kirchenkampf in einer oberfränkischen Marktgemeinde

Eine kirchen- und ortsgeschichtliche Chronik in den Zeiten von Pfarrer Georg Redenbacher

Folge 5:

„SPUREN DER OPFER“
– Anteilnahme und Verleugnung

1. „Anna Margareta – Gedenken des Unbegreiflichen“
– Spurensuche nach einem Opfer des Euthanasie-„T4-Programms“
aus der Kirchengemeinde Weidenberg

2. „Martin – Leben im Armenhaus, Sterben an Hungerkost“
– Spurensuche nach einem Opfer der Armut und der „wilden Euthanasie“ aus Weidenberg

3. „Jenseits der Roten Linie“ – Ein Weidenberger in den Klauen von Gestapo und Volksgerichtshof:
Die Akte Dennert-Weidenberg 1930-1944

ANHANG: Über den Verfasser und seine Bücher

Literatur- und Quellenliste „Myrten für Dornen“ Folge 5

Gesamtplan des Projektes „Myrten für Dornen“

Jürgen-Joachim Taegert

SPUREN DER OPFER
– Anteilnahme und Verleugnung –

Projekt „MYRTEN FÜR DORNEN“
– Geschichte(n) aus Weidenberg 1919–1949 –

Folge 5

Die Bücher dieser Folge:

1. „Anna Margareta – Gedenken des Unbegreiflichen“ – Spurensuche nach einem Opfer des Euthanasie-„T4-Programms“ der Nationalsozialisten aus der Kirchengemeinde Weidenberg 9

2. „Martin – Leben im Armenhaus, Sterben an Hungerkost“ – Spurensuche nach einem Opfer der Armut und der „wilden Euthanasie“ aus Weidenberg 79

3. „Jenseits der Roten Linie“ – Ein Weidenberger in den Klauen von Gestapo und Volksgerichtshof: Die Akte Dennert-Weidenberg 1930-1944 167

Bibliografische Informationen der Deutschen Nationalbibliothek:
Die Deutsche Nationalbibliothek verzeichnet diese Publikation in der Deutschen Nationalbibliothek; detaillierte bibliographische Daten sind im Internet über http://dnb.dnb.de abrufbar.

Bearbeitung, Design und Layout:
Jürgen-Joachim Taegert, Kirchenpingarten

Verlag Eckhard Bodner – 92690 Pressath

ISBN: 978-3-947247-19-6

Herstellung: BoD – Books on Demand, Norderstedt

Vorwort

„SPUREN DER OPFER – Anteilnahme und Verleugnung" – mit diesem Titel will die fünfte Folge des Weidenberger Geschichtsprojektes ‚Myrten für Dornen' den Blick exemplarisch auf die Lebensgeschichte von drei Weidenberger Bürgern lenken, die unter der Gewaltherrschaft der Nationalsozialisten ihr Leben verloren.

Manche ältere Weidenberger wissen von diesen Opfern. Aber sie waren zu der Zeit selber noch kleine Kinder und verstanden nicht wirklich, was damals geschah. Von den Jüngeren weiß sicher so gut wie niemand, dass die Naziherrschaft über die Kriegstoten hinaus seinerzeit überhaupt Opfer in der Weidenberger Bevölkerung gefordert hat. Zwar gilt das Gedenken am Volkstrauertag, zu dem in jedem Jahr die Gemeinde am Mahnmal an der St. Michaelskirche eingeladen wird, nicht nur den Kriegsopfern. Sondern es wird mit allgemeinen Worten auch derer gedacht, die aus rassischen Gründen verfolgt wurden oder deren Leben wegen einer Krankheit oder Behinderung als lebensunwert bezeichnet wurde, oder die ums Leben kamen, weil sie Widerstand gegen die Gewaltherrschaft geleistet haben oder an ihrer politischen oder religiösen Überzeugung festhielten. Aber solche vom Bürgermeister vorgelesenen Sätze bleiben doch ohne greifbare Vorstellung, sodass kaum erwartet werden kann, dass die Menschen tieferen Anteil nehmen. Während die Namen und das Todesdatum der gefallenen Soldaten auf dem Mahnmal verzeichnet bzw. ringsum an der Mauer eingemeißelt sind, sind die unmittelbaren Weidenberger Opfer der Naziwillkürherrschaft immer noch namen- und konturlos.

Auf zwei der drei hier vorgestellten Fälle bin ich erst durch Gespräche mit achtsamen Zeitzeugen aufmerksam geworden. Sie haben als Nachbarskinder die Geschehnisse in ihrer unmittelbaren Nähe miterlebt und sich so ihre Gedanken gemacht. Es ging für mich darum, Spuren zu sichern und mit den heute zur Verfügung stehenden Mitteln weiter zu verfolgen und auszuwerten. Eine der beiden Spuren führte zu einem Opfer der geheimen Zwangssterilisationen seit dem Jahr 1934 und der dritten Welle der Euthanasie im Dritten Reich seit dem Jahr 1942, die andere zu einem politisch Verfolgten, der als Angeklagter des Volksgerichtshofs im Jahr 1944 im Zuchthaus Tegel starb. Auf die dritte Spur stieß ich beim bewussten Studium des Beerdigungsbuches der Kirchengemeinde; es führte mich zu einem Opfer der Euthanasie-Aktion der NS-Bürozentrale in der Berliner Thiergartenstraße Nr. 4, welche von 1940-41 im Deutschen Reich die systematische Ermordung von Menschen mit körperlichen, geistigen und seelischen Behinderungen organisierte.

Aufgrund der schockierenden Ergebnisse habe ich schon vor längerer Zeit dem Weidenberger Bürgermeister den Vorschlag gemacht, beim Gedenken der Opfer doch konkreter zu werden oder sogar nach dem Vorbild anderer Gemeinden sichtbare Gedenkzeichen am Marktort zu errichten, blieb aber bislang leider ungehört. Es ist ja daran zu erinnern, dass den Opfern des Nationalsozialismus damals nicht nur das Leben, sondern auch die Würde genommen wurde und wir Nachgeborenen hier eine Bringschuld haben. Es ist unsere Aufgabe, diesen Opfern durch eine öffentliche Erinnerung ihre Namen, die Würde und das Gesicht zurückzugeben.

Zwei Wege des Gedenkens, die betroffene Gemeinden wählten, erscheinen mir besonders vorbildlich: Zum einen könnte man bei den jährlichen Gedenkfeiern, aber auch in Schulen, in der Erwachsenenbildung und an ähnlichen pädagogischen Orten anschaulich vom Leben und Ergehen der Opfer erzählen und darüber zum Gespräch einladen. Dafür will dieses Buch eine hilfreiche Vorlage geben. Zum anderen könnte man für diese Opfer am Ort konkrete sichtbare Denkzeichen errichten.

Beide Wege hat der Ort bzw. die Klinik KAUFBEUREN eingeschlagen, wo eines der Weidenberger Opfer bei der dezentralen Euthanasieaktion der Nazis sein Leben verlor. Hier wurden an mehreren Stätten von verschiedenen Gruppierungen eindrückliche Mahnzeichen aufgestellt[1]. Zudem brachte die Klinikseelsorgerin bei einer öffentlichen Gedenkfeier Auszüge aus meinem Projekt über das Leben und Sterben des Weidenberger Opfers zu Gehör. Den Text hatte ich mit Unterstützung dieser Klinik für die vorliegende Folge des Projektes „Myrten für Dornen“ über die Weidenberger Geschichte in der NS-Zeit erstellt[2].

Den zweiten Weg des Denkzeichens hat die Euthanasie-Gedenkstätte SCHLOSS HARTHEIM bei Linz in Oberösterreich gewählt. Hier ist der Name und Geburtstag des anderen Weidenberger Euthanasieopfers nun auf einer grafisch gestalteten, eindrücklichen Gedenkliste in einer Vitrine im Zugangsbereich zum Todesort festgehalten[3]. Für das dritte in dieser Folge vorgestellte Opfer des politischen Prozesses vor dem Berliner Volksgerichtshof fehlt aber bislang jeglicher Gedenkort.

Meine Anregung geht dahin, für alle drei exemplarisch hier vorgestellten Opfer vor Ort in WEIDENBERG angemessene Gedenkzeichen zu errichten. Vielerorts haben sich Gemeinderäte z.B. entschlossen, das internationale Gedenkprojekt „Stolpersteine“ in ihrer Gemeinde umzusetzen, das könnte ich mir für WEIDENBERG als eine Möglichkeit vorstellen.

Der im Jahr 1947 in Berlin geborene Künstler GUNTER DEMNIG hat im Jahr 1992 begonnen, vor den Wohnhäusern von Opfern kleine metallene Gedenktafeln in das Pflaster einzulassen, die an das Schicksal der Menschen erinnern sollen, die in der

---

[1] S.u. S. 159-164

[2] S.u. S. 165.

[3] S.u. S. 9 und 66.

NS-Zeit verfolgt, ermordet, deportiert, vertrieben oder in den Suizid getrieben wurden. Diese quadratischen Messingtafeln mit abgerundeten Ecken und Kanten sind mit von Hand eingeschlagenen Lettern beschriftet und werden von einem angegossenen Betonwürfel mit einer Kantenlänge von je etwa 10 cm getragen. Der inzwischen über 70 Jahre alte Künstler fertigt solche Steine auch heute noch von Hand für einen Selbstkostenpreis von je 120 € und reist zu den Stätten, wohin man ihn ruft. Im Mai 2018 gab es rund 69.000 Steine nicht nur in Deutschland, sondern auch in 21 weiteren europäischen Ländern. So gelten diese Stolpersteine als das größte dezentrale Mahnmal der Welt.

Nach seinen Motiven befragt, erinnert sich der DEMNIG an das Schweigen seines Vaters über die Zeit des Nationalsozialismus und die Verleugnung der großen Opfer, die die Willkürherrschaft der Nazis gefordert habe. Der irritierte Sohn habe von einem Rabbiner in Köln aber als eine unvergessliche Regel des Talmud eingeschärft bekommen: „Ein Mensch ist erst vergessen, wenn der Name vergessen ist".

84.000 tote Deportierte aus Westeuropa, 130.000 Opfer des deutschen politischen oder religiösen Widerstandes, 220.000 ermordete Sinti und Roma, 300.000 Euthanasieopfer, 600.000 gestorbene Zwangsarbeiter aus Osteuropa, 3,3 Millionen umgekommene sowjetischen Kriegsgefangene, 6 Millionen ermordete Juden ... – das alles sind doch unfassbare Zahlen, völlig abstrakt; darunter können sich gerade die Jüngeren kaum etwas vorstellen. Aber wenn man mit eigenen Augen sieht: der Terror startete hier bei mir in meiner Gemeinde, mit Menschen aus diesem Haus, und ich kann etwas über diese Opfer sagen, dann gewinnt das Gedenken an Greifbarkeit.

Es müssen nicht die Stolpersteine von GUNTER DEMNIG sein, die in WEIDENBERG diese Veranschaulichung bewirken und so Anteilnahme ermöglichen. Es könnten z.B. auch drei individuell geformte Stelen sein, die das Wesen Opfer spiegeln und die man sinnvollerweise auf dem Platz an der Steinach gegenüber dem ehemaligen Armenhaus aufstellt, in dem bzw. in dessen Nähe zwei der Opfer gewohnt haben.

Den Sockel könnte eine dreieckige Platte bilden, welche nach dem Vorbild im Deckengemälde der St. Michaelskirche die göttliche Trinität bezeichnet, darauf könnte, wie auch in der Kirche, der Gottesname „Jahwe" vermerkt sein. Er erinnert an die Gottesoffenbarung in der Bibel im 5. Buch Mose, 34, 6 und beschreibt einen Gott, der das Elend seiner Menschen sieht, ihr Schreien über ihre Bedränger hört, ihr Leiden erkennt und herniederfährt, um sie zu erretten (2. Mose 3, 7ff). Damit würde sich auch der Kreis schließen zu den Bibelworten auf dem aufsehenerregenden Bekenntnismarterl der Margarete Schilling von 1937 auf der Bocksleite, welches Ausgangspunkt und „Leitfossil" unseres Projektes „Myrten für Dornen" ist.

Jürgen Taegert, Kirchenpingarten 2018

Inhaltsübersicht

ERSTES BUCH:

„ANNA MARGARETA – GEDENKEN DES UNBEGREIFLICHEN“ 9
– Spurensuche nach einem Opfer des
Euthanasie-„T4-Programms“ der Nationalsozialisten
aus der Kirchengemeinde Weidenberg

ZWEITES BUCH:

„MARTIN – LEBEN IM ARMENHAUS, STERBEN AN HUNGERKOST“ 79
– Spurensuche nach einem Opfer der Armut und
der „wilden Euthanasie“ aus Weidenberg

DRITTES BUCH:

„JENSEITS DER ROTEN LINIE“ 167
– Ein Weidenberger in den Klauen von Gestapo und Volksgerichtshof:
Die Akte Dennert-Weidenberg 1930-1945

ANHANG:

LITERATURVERZEICHNIS 331

QUELLEN 333

DANK für Mitarbeit 334

GESAMTPLAN des Projektes „Myrten für Dornen“ 335

SPUREN DER OPFER
– Anteilnahme und Verleugnung –

1. „ANNA MARGARETA“ – GEDENKEN DES UNBEGREIFLICHEN
– Spurensuche nach einem Opfer des Euthanasie-„T4-Programms“ der Nationalsozialisten aus der Kirchengemeinde Weidenberg

Margarete Sommerer vom Grund

1898-1940

Erstes Buch:

„Anna Margareta“ — Gedenken des Unbegreiflichen

Spurensuche nach einem Opfer des Euthanasie-„T4-Programms“ der Nationalsozialisten aus der Kirchengemeinde Weidenberg

INHALT

PROLOG: Ein Kirchenbuch als stummer Zeuge **12**

Spurensuche Anna Margareta Sommerer **19**

- Anna Margaretas Kindheit und Jugend 22
- Das Unglück 25

„Ballastexistenzen desinfizieren“ – das Programm der „T4“-Aktion **28**

- Erste Welle: Kinder-“Euthanasie“ 31
- Die zweite Welle: Allgemeine „Euthanasie“ 32
- Was Nachbarn dachten 35
- Die Diskriminierung der Behinderten 36
- Weit reichende persönliche Entscheidungen 38

Als die ethischen Dämme brachen **39**

- Einlieferung in Bayreuth 40
- Das Todesurteil für Anna Margareta 42
- Die Vernichtung der Behinderten – von Hitler öffentlich angekündigt 43
- Verlassen und ausgehorcht 44

Tödliche Weichenstellung in Bayreuth **46**

- Das dunkle Geheimnis eines geänderten Stempelabdrucks 46
- Abtransport mit Bus und Bahn 48
- Sich auch in Bayreuth und Weidenberg der Opfer erinnern 49

Die Auswahl der Opfer in der Selektionsanstalt Erlangen **51**

Auslieferung und Ermordung im Mordschloss Hartheim **54**

In der Hand der „T4"-Organisatoren 54
Vom Pflegepersonal gekennzeichnet 55
Im Konvoi der Donau entlang 56
Mit Tinte für den Tod nummeriert 57
Das Mordpersonal wirkt harmlos 58
Tarnnamen sollen das Geschehen verschleiern 60
Fröhliche Feiern heben das Betriebsklima 61
Ein Vater schöpft Verdacht 62
Eine makabere Mordstatistik 62
Manipulationen im Schein-Standesamt 64
Keine Zeit mehr für Anna Margareta Sommerer 65
Gedenken des Unbegreiflichen 65
Verbrechen ohne Ende und ohne Sühne? **66**
Keine irdische Sühne für die Hartheimer Mörder? 67
Das Morden der Hartheimer geht weiter 68
Vom Mordschloss Hartheim zu den Tötungs-KZs Sobibor, Belcek und Treblinka 69
Christian Wirth – Spezialist für Mordfabriken 71
„Aktion Reinhard" – Optimierung des Holocaust-Massenmords 73
Von Partisanen oder eigenen Leuten getötet: „Christian der Schreckliche" 76
Anna Margareta Sommerers Schicksal – **damals nichts besonderes, aber doch ein Prüfstein für die Menschenwürde** 77

PROLOG

Ein Kirchenbuch als stummer Zeuge

In den letzten Tagen des zu Ende gehenden zweiten Kriegsjahres 1940 sitzt GEORG REDENBACHER am Schreibtisch im Büro im Ersten Pfarrhaus. Er bereitet den Jahresschlussgottesdienst vor. Es ist üblich, die Namen der Gemeindeglieder zu verlesen, die im Lauf des vergangenen Jahres getauft, getraut oder kirchlich bestattet wurden. Deshalb vervollständigt der Pfarrer die Einträge dieser „Kasualien" in den entsprechenden Kirchenbüchern der Gemeinde. Die Kirchenbücher, mancherorts auch als „Matrikel" bezeichnet, sind die chronologisch geführten Verzeichnisse der kirchlichen Handlungen für die „Übergangsrituale" des menschlichen Lebens. Als „öffentliche Urkunden" haben sie nicht nur für Ahnenforscher ihre Bedeutung, sondern sind auch eine wertvolle Quelle für die allgemeine Geschichtsschreibung, so auch in unserm Fall.

Besorgter Pfarrer:
GEORG REDENBACHER

Im „Beerdigungsbuch" der Kirchengemeinde WEIDENBERG macht REDENBACHER bekümmert einen Eintrag von großer Tragweite. In seiner typischen Schriftmischung aus Sütterlin und Normschrift[4] notiert er:

---

[4] Mit dem überraschenden „Schrifterlass" vom 3. Januar 1941 untersagte NS-Reichsleiter MARTIN BORMANN dann als erstes die Verwendung des klassischen Buchdruck-Schrifttypus „Fraktur". Am 1. September 1941 ordnete er darüber hinaus per Rundschreiben an, dass als Handschrift ab sofort sowohl die altdeutsche „Kurrentschrift", als auch ihre 1915 eingeführte vereinfachte Variante, die „Sütterlinschrift", verboten seien. Als Begründung wurde die angeblich jüdische Herkunft dieser Schriften genannt. Der tatsächliche Grund war die angestrebte Weltherrschaft der Nazis, die im Jahr 1941 in erreichbare Nähe zu rücken schien. Jeder in den besetzten Ländern Europas sollte Hitlers Erlasse lesen können. Hierfür schien den Machthabern nur die meistverbreitete lateinische Schrift als Schreibschrift und die „Antiqua" als Druckschrift geeignet.

Bei den offiziellen Einträgen in die Kirchenbücher mussten sich auch widerstrebende Geistliche, wie GEORG REDENBACHER, dem Willen der Machthaber fügen. Er tat es, wie zu ersehen, nur halbherzig, während sein Kollege THEODOR HOFFMANN auf der Ersten Pfarrstelle seiner politischen Einstellung entsprechend, Hitlers Ziele vorausahnend, schon länger auf die Sütterlinschrift verzichtet hatte. Zu diesem Zeitpunkt war er freilich als Kriegsfreiwilliger bei

Seite 47 **Beerdigungs- buch** Jahrgang 1940/41

1. Laufende Nummer	2. Der kirchlich Beerdigten Vor- und Zuname (bei verheirateten, verwitweten oder geschiedenen Frauen auch der Geburtsname)	3. Stand	4. Alter (wenn möglich auch Geburts-Tag und -Ort)	5. Wohnort (in Städten Wohnung nach Straße und Hausnummer)	6. Bekenntnis	7. Tag, Monat, Jahr des Todes	8. Tag, Monat, Jahr der Beerdigung	9. Ort der Beerdigung Name des Geistlichen	10. Bemerkungen
29	Sommerer Margarete	Kleinrentnerin	42 J. 9.2.98 Grund	Grund	ev. luth.	4. Dez. 1940	28. Dez. 1940	Weidenberg Redenbacher	Mord (Euthanasie) Eingeäschert in Hartheim (Oberdonau) am 5. Dez. 1940. Todesursache nach Mitteilung des Standesbeamten: Grippe, Lungenentzündung [illegible]

Kommentar „Mord" (Euthanasie): *Eintrag im Beerdigungsbuch Jg. 1940/41 der Evang. Kirchengemeinde Weidenberg*

„Sommerer, Margarete, Kleinrentnerin, Alter 42 J., geboren am 9.2.1898 in Grund, Wohnort: Grund, ev.-luth., Sterbedatum 4.12.1940, beerdigt am 28.12.1940 in Weidenberg, Name des Geistlichen: Redenbacher."

Brisant ist die beigefügte Bemerkung. Aus ihr geht hervor, dass es sich um die Beisetzung einer Urne handelt, die von auswärts gekommen war: *„Eingeäschert in Hartheim (Oberdonau) am 5. Dez. 1940. Todesursache nach Mitteilung des Standesbeamten: Grippe, Lungenentzündung".* Dem Pfarramt WEIDENBERG ist diese Urne mit der Asche der Verstorbenen aus Österreich auf dem Postweg zugesandt worden.

REDENBACHER kannte die kleine, scheinbar schmächtige und doch körperlich kräftige Frau. Noch im Juni hatte er sie besucht. Da laborierte sie an einem komplizierten Beinbruch, den sie sich ein dreiviertel Jahr vorher zugezogen hatte. Sie hatte recht niedergeschlagen gewirkt und gejammert, dass sie doch jetzt nicht mehr arbeiten könne. REDENBACHER hatte den Beinbruch als Ursache für die Klagen angesehen. Für eine weitergehende Erkrankung sah er keine Anzeichen. So ist er über diese unerwartete Todesnachricht schockiert. War das ein natürlicher Tod? Und warum so weit weg, in Österreich?

Aus der angegebenen Todesart und dem unbekannten fernen Absender zieht REDENBACHER einen Schluss, der zu diesem Zeitpunkt sehr weit reicht und aufsehenerregend ist; er macht dazu einen entsprechenden riskanten Vermerk. Mit Bleistift, aber in seiner klaren typischen, fast künstlerischen Schrift, fügt er seiner Bemerkung die zwei knappen Worte bei: *„Mord (Euthanasie)"* – ein damals fast einmaliger, aber auch gefährlicher Kommentar. Die Richtigkeit seines Verdachtes wird

der Wehrmacht, sodass die Einträge in den Kirchenbüchern Pfarrer REDENBACHER als seinem Vertreter in der Kirchenverwaltung oblagen.

sich erst über 70 Jahre später mit den Recherchen zu diesem Projekt „Myrten für Dornen“ erhärten. So kommt ein weiteres unfassbares Verbrechen der Nazis ans Licht, nun an einem Weidenberger Gemeindeglied.

Einem Mitarbeiter der Dokumentationsstelle von Schloss HARTHEIM bei LINZ, der die Geschichte dieser Psychiatrie und einstigen Mordeinrichtung in der Nazizeit heute untersucht, Magister PETER EIGELSBERGER, schicke ich 2012 einen Scan dieses Kirchenbuch-Eintrags von Pfarrer REDENBACHER. Er antwortet spontan:

„Sehr geehrter Herr Taegert, herzlichen Dank für die Zusendung des interessanten Scans aus dem Beerdigungsbuch. Ein Vermerk dieser Art ist mir bisher nicht untergekommen. Pfarrer Redenbacher dürfte ein mutiger Mann gewesen sein.“. Und weiter fährt er fort: *„Margarete Sommerer befindet sich in unserer Opferdatenbank. Leider verfüge ich nur über sehr spärliche Informationen. Bisher hatte ich nicht einmal ein Geburtsdatum, das kann ich nun in der Datenbank nachtragen.“*

REDENBACHER konnte seinen fast profetischen Vermerk machen, weil er einerseits die Verstorbene gekannt und ihr Geschick verfolgt hat, und zum anderen, weil er mit wachen Sinnen beobachtete, was zu dieser Zeit in Deutschland vor sich ging: Die Nazis wähnten sich auf dem Gipfel ihrer gottgleichen Herrschaft; sie wollten einen neuen Menschen schaffen. Vom ersten Augenblick ihrer Herrschaft an war das ihr Ziel: den Menschen zu formen nach den Vorstellungen von Darwins Rassenlehre. Um dies Ziel zu erreichen, gingen sie rücksichtslos gegen alle Mitglieder des eigenen Volkes vor, die von ihren Vorstellungen abwichen: Und das waren zunächst einmal die Behinderten. Ihre Beseitigung war die „Fingerübung“ für ihr nächstes Projekt: die Ausrottung der Juden, der Zigeuner, der Homosexuellen ..., eben aller „Andersartiger“, die nicht ins Bild vom „arischen“ Menschen passten.

Begrenzt mutig: *Dr. HANS MEISER, 1933–1955 erster Bischof der Evang.-Luth. Kirche in Bayern*

Die Übersendung der Urne aus HARTHEIM hatte in REDENBACHER die schlimmsten Befürchtungen geweckt: Hier liegt eine absichtliche Tötung vor! Zugleich ist ihm schmerzlich bewusst, dass er niemanden in und außerhalb seiner Kirche finden würde, der mit ihm zusammen diese Tat anprangern würde. Nicht einmal der sonst angeblich so standhafte Landesbischof HANS MEISER hatte seinerzeit den Mut, HITLER und seine Leute zur Rede zu stellen, obwohl ihm genau in diesen Jahren 1940/41 viele solcher Nachrichten über ermordete Behinderte zu Ohren kamen.

REDENBACHER und andere kritische Kirchenleute konnten ihren schlimmen Verdacht ja damals nicht beweisen; sie fürchteten, schutzlos dazustehen, wenn man sie als „Nestbeschmutzer“ angriff oder wegen regimekritischer Äußerungen denunzierte. Gefährlich waren alle Meinungsäußerungen, „die geeignet waren, das Ansehen der Regierung oder der hinter ihr stehenden Parteien zu schädigen“[5].

Bereits seit dem Reichstagsbrand im Februar 1933 hatte die Notverordnung von Reichspräsident PAUL VON HINDENBURG nach Artikel 48 (Notstand) der Weimarer Reichsverfassung, die sg. „Reichstagsbrandverordnung“, viele Bürgerrechte drastisch eingeschränkt, unter anderem das Recht auf freie Meinungsäußerung. Als Grund galt der Hinweis auf kommunistische staatsgefährdende Gewaltakte. Organisierte politische Opposition war seitdem praktisch unmöglich.

Bereits kurz danach, am 21. März 1933, wurde diese Demontage der Bürgerrechte sehr nachhaltig fortgesetzt. Die regierenden Nationalsozialisten formulierten, um jeden Widerstand im Keim zu ersticken, ihr wirkungsvollstes Gesetz. HINDENBURG, voll in Hitlers Hand, erließ ohne zu zögern die „Verordnung des Reichspräsidenten zur Abwehr heimtückischer Angriffe gegen die Regierung der nationalen Erhebung". Sie sah die Bestrafung von jeder Art von regimekritischen Äußerungen vor, sogar wenn sie von Privatpersonen in privatem Kreis gemacht wurden. Dem Denunziantentum war damit gesetzlich Tür und Tor geöffnet.

Zum Ende des darauffolgenden Jahres ersetzten die Nazis diese Verordnung durch ein Gesetz, das unter dem Begriff „Heimtückegesetz“ dann bis zum Ende ihrer Herrschaft zur schärfsten Waffe der Nationalsozialisten überhaupt gegen jede Art von Kritik wurde. So konnten sie behaupten, ein „Rechtsstaat“ zu sein; zugleich ermöglichten die dehnbaren Rechtsbegriffe nun, praktisch jede kritische Äußerung zu ahnden. Solche Verfahren liefen außerhalb der überlieferten juristischen Strukturen vor rasch und erbarmungslos arbeitenden „Sondergerichten“ ab, welche dem Beschuldigten nur wenige Schutzrechte boten. Es gab keine gerichtliche Voruntersuchung, und jede Haftprüfung unterblieb. Ein Urteil wurde sofort rechtskräftig.

Seit diesem frühen Zeitpunkt im Frühjahr 1933 war der Gesinnungsterror in Deutschland allgegenwärtig, ausgeübt von entsprechend skrupellosen Gerichten und flankiert von furchterregenden Einrichtungen zur Demütigung und Erziehung aufmüpfiger Bürger, den Konzentrationslagern.

Betroffen waren nicht nur Gegner des Systems, sondern gleichermaßen auch Wohlmeinende. Auch sie mussten bei jeder kritischen Äußerungen Vorsicht walten lassen. Ein Schleier allgemeiner Furcht lag rasch über dem gesamten Leben. Die

---

[5] Formulierung im „Gesetz gegen heimtückische Angriffe auf Staat und Partei und zum Schutz der Parteiuniformen" vom 20. 12. 34 (RGBl. I, S. 1269), dem „Heimtückegesetz“.

Angst vor der Gestapo, vor Verhaftung, vor Existenzverlust war allgegenwärtig, wurde aber zunehmend verinnerlicht und ohne Widerreden hingenommen.

REDENBACHER überlegte: Natürlich könnte er diesen ungeklärten Todesfall und seinen Verdacht von der Kanzel aus publik machen. Doch die folgenschweren Nachstellungen der Nazis gegenüber anderen Pfarrern, wie dem Geseeser Bekenntnispfarrer THEODOR DIEGRITZ oder den mutigen Nachbarkollegen WOLFGANG NIEDERSTRAßER in WARMENSTEINACH und Pfarrer WALTER SEILER in EMTMANNSBERG, erschreckten ihn und ließen ihn fragen, ob er zum Märtyrer tauge.

REDENBACHER hatte mit dieser Vorsicht Recht, auch wenn sich manches erst nach dem Krieg vollständig bestätigte: Unbequeme Pfarrer wurden bespitzelt und angezeigt. Sie wurden vor Sondergerichte gestellt. Oder sie wurden ungefragt zum Militär eingezogen, obwohl sie eigentlich als Seelsorger vom Militärdienst freigestellt waren. So geschah das mit dem regimekritischen Pfarrer DIEGRITZ aus GESEES, ebenso mit Pfarrer NIEDERSTRAßER oder mit Pfarrer SEILER aus EMTMANNSBERG. Oft wurden solche kritischen Geistlichen sogar mit Absicht an die vorderste Front gestellt und bezahlten ihre Kritik mit ihrem Leben, wie es Pfarrer SEILER widerfuhr. Wenn sie überlebten, kamen sie ohne Gnade ins KZ, wie Pfarrer NIEDERSTRAßER.

Man würde auch REDENBACHER in diesen Kriegszeiten anzeigen, da war sich dieser Pfarrer sicher. Er würde zu jeder Zeit mit Hausdurchsuchungen und Verhaftung durch die geheime Staatspolizei rechnen müssen. Man würde ihm wegen „Heimtücke" den Prozess machen. Ihm würde vor dem Sondergericht das gleiche Schicksal blühen, wie seinem katholischen Amtskollegen MICHAEL GEIGER aus der nah gelegenen Frankenpfalz, der es gewagt hatte, in anonymen Briefen den Machtmissbrauch der Nazis zu kritisieren. Ihn warf man für zwei Jahre ins Zuchthaus und entzog ihm sogar die bürgerlichen Ehrenrechte. Die Nazis hatten viele Methoden, Menschen kaltzustellen, wenn sie es wagten, das Hitlersystem eines Unrechtes zu bezichtigen. So schüchterten sie schließlich jeden ein.

Gern hätten Pfarrer in solchen Situationen ihre Kirchenleitung hinter sich gewusst. Doch die evangelischen und katholischen Bischöfe waren sich ihrer tatsächlichen Macht gar nicht bewusst bzw. sie wollten sie auch gar nicht einsetzen, denn sie wollten ihre Duldung durch den Staat nicht gefährden. Von ihrer Kirche konnten kritische Pfarrer deshalb keine offizielle Unterstützung erwarten.

Katholischen Pfarrern war die Kritik am Nationalsozialismus etwa im Erzbistum Freiburg gänzlich verboten. Die evangelischen Bischöfe der vermeintlich „intakten" Kirchen Hannover, Württemberg und Bayern hatten in ihren geheimen Unterredungen mit HITLER bereits seit Frühjahr 1934 dem Staat mehrfach ihre Loyalität versprochen und fühlten sich an diese Zusage stets strikt gebunden. Diese Ergebenheit verstärkte sich zu einer bedingungslosen Nibelungentreue, nachdem HITLER im November 1934 den bekenntnistreuen Landesbischöfen von Württemberg und Bayern, WURM und MEISER, nach ihrer Absetzung durch die Deutschchristliche Reichskirche wieder in ihre Ämter verholfen hatte. Sie bekundeten HITLER gegenüber, lediglich in innerkirchlicher Opposition zu unbiblischen Lehren der Deutschen Christen zu stehen, nicht aber in Gegnerschaft zum NS-Staat.

So erhoben diese Kirchenleitungen, als der Krieg ausbrach, auch keinen Protest gegen die Verfolgung ihrer kritischen Geistlichen, sondern ließen sie vielfach sogar bewusst fallen. Ihre Einberufung zum Militärdienst unterstützten sie und versahen sie bisweilen mit herabsetzenden ironischen Kommentaren. Denn die vom alten Ordnungsdenken geprägten Kirchen war derselben Meinung, wie manche NS-Funktionäre: Hier würden die aufmüpfigen Geistlichen endlich die notwendige Disziplin lernen[6].

Dieses Dilemma machte REDENBACHER schwer zu schaffen. Sein Gewissen forderte, gegen das erkannte Unrecht aufzubegehren. Sein Verstand aber gemahnte an das Fehlen der Rückendeckung. Doch wenn er schon in der Öffentlichkeit schwieg und damit dem Druck des Terrors nachgab, so wollte er doch wenigstens seinen Vorwurf beurkunden und dem Kirchenbuch seinen Verdacht schriftlich anvertrauen, in der Hoffnung auf gerechtere Zeiten. So eine Notiz mag manchem heutigen Zeitgenossen als gering erscheinen; der historische Fachmann bewertet sie aus der Sicht der damaligen Möglichkeiten als eine mutige und bedeutsame Tat. Denn sie hilft mit, ein gewaltiges Unrecht der Nazizeit in Erinnerung zu behalten und beim Namen zu nennen: Das Projekt der Nazi-Ärzte an den Behinderten in Deutschland, das seit 1939 schönfärberisch „Euthanasie“ oder „Gnadentod“ benannt wurde, wird nun im Weidenberger Kirchenbuch als das entlarvt, was es ist: eine vorsätzliche Mordaktion an Wehrlosen. Damit wird ein immer noch zu wenig diskutiertes Kapitel des Terrors der Hitlerzeit ins Licht gestellt und den Opfern eine nachträgliche Würdigung zuteil.

Wenn man heute über die Opfer dieser Zeit spricht, so ist das kaum noch möglich, ohne ausdrücklich des Völkermordes an den Juden zu gedenken, und das ist auch gut so. Weitgehend unbekannt ist aber der Tatbestand, dass die vorausgehenden „Euthanasie“-Aktionen an behinderten Kindern und Erwachsenen weitaus mehr

---

[6] So schrieb der Bayreuther Kreisdekan OTTO BEZZEL am 20. März 1943 dem zum Kriegsdienst eingezogenen Opponenten WOLFGANG NIEDERSTRAẞER: „Sie werden ja jetzt beim Heer lernen, dass in der Batterie und im größeren Rahmen keiner seinen privaten Krieg führen kann. Lassen Sie sich das zum Exempel dienen.“ – Zitiert nach BJÖRN MENSING, in: Sonntagsblatt 29/2004 vom 18.07.2004

Tote forderten, als die anschließende Vernichtung deutscher Juden. Erst der „Erfolg“ dieser Behindertenmorde in den Mordschlössern und Heilanstalten Deutschlands und Österreichs lieferte den Mördern das Rüstzeug und die Methoden für den industriellen Massenmord in den KZs. Er mündete seit dem Frühjahr 1942 ein in den „Holocaust“, die Vernichtung von fast 6 Millionen Juden, die seit ihrer Vertreibung aus Russland durch die Zaren am Ostrand von Polen in dem Streifen zwischen dem Baltikum und dem Schwarzen Meer siedelten oder aus dem übrigen Europa kamen.

Dabei brachten viele „Euthanasie“-Ärzte, Pfleger, Manager und Mitarbeitende damals ihre Mord-Erfahrungen unmittelbar in die Errichtung, Leitung und Organisation von Tötungs-KZs ein. Die „Euthanasie“-Aktionen waren insofern die „Fingerübungen“ für die Praxis der Mord-KZs in den besetzten Gebieten.

So dürfen heute in der Betrachtung des Naziunrechts die Mordexzesse bei der „Euthanasie“ und beim „Holocaust“ nicht um unser Mitgefühl konkurrieren und gegeneinander ausgespielt werden, sondern müssen in ihrem kausalen und zeitlichen Zusammenhang gesehen werden. Weder die Opfer des Holocaust, noch die „Euthanasie“-Opfer dürfen übersehen und vergessen werden.

Opfer des Holocaust hat es in WEIDENBERG zum Glück nicht gegeben, aber Opfer der „Euthanasie“. Eines davon ist ANNA MARGARETA SOMMERER, ein anderes MARTIN LIPPOLD. Es ist nicht auszuschließen, dass es seinerzeit im Raum um WEIDENBERG noch mehr Euthanasieopfer gegeben hat, wie z.B. Gerüchte aus SOPHIENTHAL besagen. Aber schon bei diesen beiden Fällen, die im Projekt „Myrten für Dornen“ erstmals an die Öffentlichkeit gebracht werden, waren die Spuren der Mordopfer nur sehr aufwendig aufzufinden und zu verfolgen, wobei die Hilfsbereitschaft vieler Stellen, angefangen von den damaligen Psychiatrischen Anstalten bis hin zum Bundesarchiv, lobenswert war. Öffentliches Interesse an diesen Tragödien ist aber bislang im Bereich der Marktgemeinde WEIDENBERG und der Kirchengemeinden vorerst wenig erkennbar, obwohl Bürgermeister und Pfarrer von Anfang an eingehend von den Ergebnissen der Recherchen unterrichtet worden sind. Auch von Staats wegen hat sich nichts getan: Eine Wiedergutmachung an den Angehörigen ist ausgeblieben.

Dieser Euthanasieopfer und ihrer Angehörigen sollte sich die Gemeinde also mit Anteilnahme und Liebe erinnern, wenn sie der Opfer der Nazi-Willkürherrschaft gedenkt. Dazu sollen die folgenden Berichte beitragen.

Spurensuche Anna Margareta Sommerer

Zwei von Redenbachers Angaben zur Verstorbenen sind unsicher. So hat sie nach dem Weidenberger Taufbuch 1898/11 zwei Vornamen: „ANNA MARGARETA." Sie trug also nach der damals gängigen Praxis sehr vieler Familien die Vornamen ihrer Patin, der Schwester ihrer Mutter, ANNA MARGARETA KREUTZER, die in UNTERSTEINACH mit einem Schneidermeister verheiratet war. Allerdings findet sich in allen vorliegenden Dokumenten nur ihr zweiter Name, in der Schreibung „MARGARETE". So dürfte sie damals gerufen worden sein, wenn man nicht in „Maich" oder ähnlich abgekürzt hat.

Wenn ich in diesem Kapitel trotzdem bewusst den voll ausgeschriebenen Namen „Anna Margareta" verwende, dann um sie im Heer der unzähligen Margaretas damals nicht untergehen zu lassen. Fast jedes zweite oder dritte Mädchen hieß damals Margareta, sogar innerhalb der eigenen Familie und Geschwister. Ich will sie hier bewusst als eine eigenständige Persönlichkeit beschreiben, weil mich ihr Schicksal beschäftigt. Gerade weil ich weiß, dass diese Persönlichkeit am Ende in dieser Mordmaschine nur noch als Nummer behandelt wurde, will ich dem, so gut wie möglich, das Bild der lebendigen, eigenständigen Persönlichkeit entgegenstellen und so an das Menschenrecht jedes Menschen erinnern. Ich will sie gewissermaßen mit den biblisch geschulten Augen eines Pfarrers wie GEORG REDENBACHER wahrnehmen, der gewohnt ist, in jedem seiner Täuflinge ein unverwechselbares Kind Gottes zu sehen. Denn das ist ja der Anspruch der Bibel an die Menschen, dass wir jedem Leidenden mit der Aufmerksamkeit und Barmherzigkeit Gottes begegnen. Er hat nach dem christlichen Glauben jeden Einzelnen unverwechselbar und als sein Kind geschaffen.

Die andere unsichere Angabe aus Redenbachers Feder: Nach dem Weidenberger Taufbuch wäre ANNA MARGARETA zwei Tage älter, als er notiert, geboren schon am 7. Februar 1898. Dieser Taufeintrag könnte aber eine Verschreibung bereits gang am Anfang sein, denn auf allen sonst vorliegenden Dokumenten findet sich als Geburtstag der 9. Februar. Immerhin sagt es doch schon einiges über unsere Wahrnehmung von Menschen aus, wenn wir feststellen müssen: Wir wissen von jemandem nicht einmal den genauen Geburtstag.

Was Pfarrer REDENBACHER aber damals noch nicht wissen konnte: Auch das angegebene Todesdatum und die Todesursachen stimmen nicht. Sie sind freie Erfindungen durch das Standesamt HARTHEIM. Ja, sogar dieses Standesamt selbst ist ein nicht existierendes Fantasiegebilde, ihm stehen auch keine gewissenhaften Standesbeamten vor. Dieses Schein-Büro ist extra für die Beurkundung von Massentötungen von Behinderten von den verantwortlichen Nazis der „T4"-Aktion eingerichtet worden und soll die Morde als „normale" Todesfälle erscheinen lassen. In Wahrheit dürfte ANNA MARGARETA SOMMERER wohl spätestens am 24. Nov. 1940 in HARTHEIM angekommen und vermutlich noch am selben Tag oder nur kurz darauf umgebracht worden sein. Ihr wahrscheinlicher Todestag in der Gaskammer von Schloss HARTHEIM ist also wohl der 24. oder 25. Nov. und nicht der angegebene 4. Dez. 1940. So kennen wir hier also weder den tatsächlichen Geburtstag noch den genauen Todestag, die vermeintlichen Grunddaten unseres Lebens. Die Frage bleibt gestellt: Was zählt der kleine Mensch?

Noch heute ist das Thema „Euthanasie in der NS-Zeit", das ich hier anschneide, für manche ein Tabu. Ganz tief sitzt immer noch die Schere im Kopf, die man den Deutschen damals implantiert hat. Die massive Propaganda in Wort, Gesetz, Plakat und Film gegen alles „unvollkommene und artfremde Leben" zeigt immer noch Wirkung über die Generationen hinaus. 70 Jahre nach diesen erschreckenden Ereignissen, die die Vorstufe waren für die damalige Judenvernichtung, ist vieles immer noch nicht vollständig aufgearbeitet und im öffentlichen Bewusstsein. Viele Menschen in und um WEIDENBERG erfahren erst durch die Lektüre dieses Buches davon, dass auch Menschen ihrer eigenen Heimatorte als Opfer einerseits, als Mithelfer des Systems andererseits in das unmenschliche Geschehen verwickelt waren. Einige sensible Weidenberger andererseits haben als Zeitzeugen mit dazu beigetragen, dieses Geschick aufzuklären.

Was konnte Pfarrer REDENBACHER im Dezember 1940 wissen, das ihn zu seinem klaren und in dieser Zeit nicht ungefährlichen Kommentar im Kirchenbuch „Mord (Euthanasie)" veranlasst hat? Was konnten die betroffenen Angehörigen und die sonst noch Beteiligten im Landkreis BAYREUTH zu diesem Zeitpunkt wissen? Was wissen wir über die Person ANNA MARGARETA SOMMERER? Was ist mit ihr seinerzeit geschehen? Dabei können wir unsere eigene Einstellung heute prüfen: Welchen Lebenswert räumen wir Menschen ein, die nicht so ansehnlich sind, wie allgemein gewünscht, und nicht so vollkommen, wie es die Werbung uns vorgaukelt?

Anna Margaretas Familie

Über Anna Margaretas Familie erfahren wir:

Ihre Mutter war die Bäuerin **ELISABETH SOMMERER**, geb. **KREUTZER**, geboren im April 1858. Diese schwer geprüfte Frau überlebte ihre Tochter; sie verstarb erst im letzten Kriegsjahr, am 14. Okt. 1945, da war sie 87 ½ Jahre alt.

Auch Anna Margaretas Vater **HEINRICH SOMMERER**, der um 1856 im GRUND, also am elterlichen Hof, geboren wurde, war Bauer. Er ist wahrscheinlich schon um

Der Täufer: *Pfarrer OTTO HERATH*

1900 gestorben. Geheiratet haben die Eltern im Jahr 1881 in GÖRSCHNITZ. Als ANNA MARGARETA SOMMERER am 4. Februar 1898 als zweites lebendes von drei Kindern zur Welt kommt, ist die Mutter schon fast 40 Jahre alt. Der Inhaber der I. Pfarrstelle WEIDENBERG, Pfarrer **OTTO HERATH**, tauft das Kind am 24. Februar 1898 in der St. Michaelskirche.

Er erfährt als einer der ersten, dass mit einem der Beine dieses Kindes etwas nicht stimmt. Anstatt zu strampeln wie andere Babys, bewegt ANNA MARGARETA das eine Bein nur mühsam und empfindet dabei offenbar Schmerzen. Damit gehört sie zu den vielen Gehandicapten in der Gemeinde. Doch nur bei ihr wird es einmal drastische Folgen haben.

Ihre ältere Schwester könnte um das Jahr 1881 geboren sein und trug wohl ebenfalls den Vornamen MARGARETA. Diese gebiert am 18. März 1902 die Tochter ELISABETHA. Sie trägt den Familiennamen des Kindsvaters ELIAS GÖTSCHEL, den die Mutter später auch heiratet. Den Vornamen bekommt dieses Neugeborene nach der Oma ELISABETH, die zugleich als Patin fungiert. Die kleine ELISABETH ist also Anna Margaretas nur vier Jahre jüngere Nichte und ihr Geschwisterersatz. Fürsorglich und geschwisterlich kümmert sich ANNA MARGARETA um sie. Sie ist die Spielkameradin ihrer Kindheit und bleibt ihr auch später verbunden.

1905 neu gebaut: *Der Sommerer-Hof im Grund*

Haustafel mit Segensspruch *am Anwesen Grund*

Anna Margareta und ihre Mutter wohnen auf dem Bauernhof im Grund, der am Hang unterhalb der Bocksleite unweit der Warmen Steinach gelegen ist. Das Besitzrecht ist nach dem Tod von Heinrich Sommerer dessen jüngeren Bruder Johann d.Ä. zugefallen. Er lässt im Jahr 1905 das alte desolate Wohngebäude des Anwesens abreißen und errichtet einen stattlichen Neubau im Stil der Zeit. Den Hauseingang schmückt er mit einer in Stein gehauenen Segenstafel: *„Unser Anfang, Mitt' und End' steht alles in Gottes Händ'. Johann Sommerer1905".*

Acht Kinder werden der Familie dieses Bruders, des Onkels Johann und seiner Frau Margarete, geb. Gubitz, ab dem Jahr 1903 in kurzem Abstand geboren. Aber keine dieser Cousins und Cousinen steht Margareta so nahe wie ihre Nichte Elisabeth. Diese ergreift als Erwachsene den Beruf der Pflegerin. Sie wird auch praktisch die einzige sein, die Anna Margareta in ihrer schlimmen leidvollen Zeit, die noch kommen wird, die Treue hält.

Anna Margaretas Kindheit und Jugend

Anna Margareta besucht die Dorfschule im nahen Görschnitz auf der anderen Seite der Steinach. Sie gilt als lernschwach, aber gutwillig. Die Lehrer lassen sich nicht anmerken, dass sie sie manchmal nur durchschleppen. Auf dem Lande gibt es damals auch andere lernschwache Kinder. Die Hauptsache ist, dass sie gut mit den Händen zupacken können, das gibt ihnen Anerkennung und ihren Platz im Leben.

Vor allem aber leidet Anna Margareta an ihrer angeborenen körperlichen Behinderung, die nun immer deutlicher zutage tritt. Sie ist bedingt durch eine Hüftluxation, einer Fehlanlage ihres Hüftgelenks. Der Gelenkkopf des Oberschenkels steht bei ihr nicht in der Beckenpfanne, sondern darüber am Darmbein. Ihrem frühkindlichen Bewegungsdrang sind von Anfang an deutliche Grenzen gesetzt, die Bewegungsfähigkeit des einen Beines ist stark eingeschränkt. Statt ordentlich laufen zu lernen, reicht es nur für ein Humpeln. Das betroffene Bein erscheint deutlich verkürzt.

Bei Margareta sind es am Ende 6 cm, gewaltig viel, da sie körperlich nicht groß ist. Doch so wenig wie das eingeschränkte Lernvermögen, so wenig ist auch diese Art von Behinderung damals eine Seltenheit.

Allerdings weiß man heute, dass eine Behandlung so früh wie möglich erfolgen sollte. In einem so schweren Fall wie bei ihr würde man heute in drei Schritten vorgehen. Zunächst würde man das Gelenk des Säuglings behutsam einrenken. Dann würde man die Beine mit Schienen mehrere Monate lang in einer Beuge-Spreizstellung fixieren. Für ein Baby, das sich mit jedem Tag mehr bewegen will, ist diese erzwungene Einschränkung des natürlichen Bewegungsdranges eine fast traumatische Erfahrung, die nicht nur seine körperliche, sondern auch seine psychische Entwicklung beeinträchtigen kann, wenn sie nicht einfühlsam begleitet wird. In einem dritten Schritt würde man dem Gelenk in der Phase des „Krabbelns“ mit einer Teilfixierung eine „Nachreifung“ ermöglichen.

Bei ANNA MARGARETA wurde eine solche frühe Behandlung völlig versäumt. Die routinemäßigen Kontrollen bei der Geburt auf solche Fehlstellungen hin waren aber damals noch nicht so perfekt wie heute. Und im angespannten Arbeitsalltag auf dem Bauernhof ging das Problem ein wenig unter.

Eine starke Körperbehinderung mit entsprechenden dauerhaften Bewegungseinschränkungen war freilich die unausweichliche Folge. So ist für das Kind von Anfang an der Radius zur Erkundung der Umwelt eingeschränkt. Es fehlen die alterstypischen Zugänge, um die Welt und ihre Zusammenhänge beim Krabbeln und Laufen zu erkunden und das Leben zu „begreifen“. Immer wieder hört das wissbegierige Kind: Lass das, das kannst du nicht!

So erklärt sich Anna Margaretas spätere Langsamkeit und Lernschwäche, ihr Mangel an Ausdauer. Ein ernsthaftes Zuendebringen der Dinge traut man ihr einfach nie zu. Auch das Knie gerät nun zunehmend in Mitleidenschaft, es versteift sich durch die Fehlstellung. Sie hinkt schließlich so stark, dass ihr Gang einem Hüpfen gleicht. Obwohl Lehrer dazwischentreten, wird sie von herzlosen Mitschülern immer wieder übel verspottet.

Mit diesen Einschränkungen der Lebensqualität, der körperlichen Behinderung, der Lernschwäche und der damit verbundenen Verachtung durch die Mitschüler, hat sie sich aber im Lauf der Jahre abgefunden, sie kennt es ja nicht anders. Das hüpfende Laufen auf dem Schulweg geht flink. Neben ELISABETH finden sich auch andere Freundinnen, die mit ihr spielen. So wächst das Kind heran und versucht, genauso fröhlich zu sein wie andere Kinder, auch wenn sie bisweilen Phasen der Trauer befallen.

Konfirmationskirche St. Michael-Weidenberg, *davor Wolfskehle mit Korbhändlerin und Schulkindern um 1920*

Als die Zeit des Konfirmandenunterrichtes herannaht, beginnt auch für sie ein neuer Lebensabschnitt, Mit ihrem besonderen Eifer will sie beweisen, dass sie doch etwas kann. Am Sonntag Quasimodogeniti, dem 14. April 1912, wird ANNA MARGARETA SOMMERER mit weiteren 27 Buben und 21 Mädchen aus den umliegenden Orten durch Pfr. OTTO HERATH in der Weidenberger St. Michaelskirche konfirmiert, ein stolzer Augenblick im Leben des Kindes, der Übergang zur Jugendzeit unter dem Segen Gottes. Im Konfirmandenbuch bescheinigt der Pfarrer ihr in Betragen und Fleiß sehr gute Noten.

Sie hat nun auch das kirchliche Recht, eine Patenschaft zu übernehmen. Und das bleibt bei ihr keine Theorie. Vielmehr, als ihre geliebte Jugendgefährtin ELISABETH ein Geschwisterchen bekommt, da trägt man ANNA MARGARETA die Patenschaft an. Sie ist ja gerade erst 14 Jahre alt. Am 12. Februar 1912 darf sie den Täufling, ihre kleine Nichte MARGARETHA GÖTSCHEL, in der Michaelskirche über den Taufstein halten, während Pfarrer JOHANNES SCHALLER, der zu der Zeit auf der Zweiten Pfarrstelle amtiert, die Taufhandlung und Segnung vornimmt. Über diese Anerkennung ist ANNA MARGARETA noch mehr stolz als über die erfolgreich absolvierte Konfirmandenzeit.

In den folgenden Jahren wohnt sie unter bescheidenen Umständen am Hof des Onkels. Mit der Mutter teilt sie sich ein Zimmer. Sie hilft bei der anstrengenden landwirtschaftlichen Arbeit mit, so gut es trotz ihrer körperlichen Behinderung geht. Mit einer Körpergröße von 152 cm als ausgewachsener Mensch ist sie recht klein und bei einem Gewicht von 46 kg (1940) ziemlich schmal, aber durchaus kräftig.

ANNA MARGARETA bleibt Zeit ihres Lebens ledig und kinderlos. Wahrscheinlich ist sie für die jungen Burschen ihrer Zeit keine attraktive Partie; sie ist ja mittellos und als heranwachsende Frau eine armselige Erscheinung. Sie tut auch wenig für ihr Äußeres, legt keinen besonderen Wert auf die Kleidung, hat auch kein Geld dafür. Die Mutter versäumt es auch, sie zur konsequenten Zahnpflege anzuhalten oder regelmäßig zum Zahnarzt zu schicken. So weist ihr Gebiss bald Zahnlücken auf. Das ist damals nicht selten, aber für ein Mädchen, das einen Freund möchte, doch ein ernsthafter Makel.

Im Jahr 1923 ereilt den Bauernhof ein folgenreiches tragisches Geschehen. Der Onkel JOHANN d. Ä., der jüngere Bruder von Anna Margaretas Vater HEINRICH, geboren um 1875, Bauer im Grund Nr. 26 bei GÖRSCHNITZ und nach Heinrichs Tod der Hoferbe, ist bei einem Gewitter ums Leben gekommen. Er wurde nur 48 Jahre alt. Seitdem ist sein Erbe, der 20-jährige Sohn, JOHANN d. J. der neue Bauer. Er ist Anna Margaretes Cousin. Er gibt am Hof nun den Ton an.

Sorgen beginnen ANNA MARGARETA zu bedrücken. Bisher hat die Mutter als Auszüglerin auf dem Hof mitgearbeitet, eine tüchtige Bäuerin. Doch inzwischen ist sie schon über 80 Jahre alt. Es geht nicht mehr, die Hände sind müde. Dazu kommt als ein weiterer Schock der Beginn des Zweiten Weltkrieges. Die Mutter hat seit ihrer Geburt im Jahr 1858 schon mehrere wechselvolle Kriege miterlebt, so als Achtjährige den Bruderkampf zwischen Bayern und Preußen, in ihrer Konfirmandenzeit den deutsch-französischen Krieg und zuletzt den folgenreichen Ersten Weltkrieg. Sie sieht den Feldzügen Hitlers mit großer Sorge entgegen. Wenn sie hochbetagt mit dem Ende dieses Zweiten Weltkrieges stirbt, wird es für sie wie eine Erlösung aus manchen Ängsten sein.

Die Tochter bemüht sich, trotz ihrer eingeschränkten Möglichkeiten, bei der Hofarbeit die Mutter zu ersetzen. So gut es geht, versieht ANNA MARGARETA die anfallenden Stall- und Erntearbeiten. Manchmal fehlt ihr dabei das Durchhaltevermögen. Auch ist ja ihre körperlich Beweglichkeit stark eingeschränkt. Trotzdem scheut sie auch nicht die gefährlichen Aufstiege auf den hohen Scheunenboden; sie klettert auch auf den schwankenden Heuwagen. Aber inzwischen ist sie selbst auch schon über 40 Jahre alt. Die Gewandtheit, mit der sie in der Jugend und als junge Erwachsene manches überspielen konnte, hat spürbar nachgelassen.

Das Unglück

Da kommt es am Dienstag, dem 5. Sept. 1939, bei landwirtschaftlichen Arbeiten zu einem folgenschweren Unfall. ANNA MARGARETA verliert beim Heumachen auf dem Scheunenboden den Halt und stürzt durch die Scheunenluke auf den harten Boden. Der Unterschenkel ist mehrfach gebrochen, die Knochen sind zersplittert.

Man bringt sie nach BAYREUTH ins Krankenhaus. Der Erfolg ist dürftig. Am Ende steht der gebrochene Knochen schräg heraus, das Bein ist extrem krumm. Hat man es bei einem Menschen, der kein Geld hat und keiner Krankenkasse angehört, an der medizinischen Sorgfalt mangeln lassen, oder konnte man es nicht besser? Das Ergebnis jedenfalls ist, dass auch nach zwei weiteren Krankenhausaufenthalten bis Anfang Januar 1940 das Bein nur mangelhaft verheilt ist.

ANNA MARGARETA ist nun vollends ein Krüppel. Da sie nicht Mitglied einer Krankenkasse ist, bezieht sie eine kleine Rentnerbeihilfe der Bezirksfürsorgeversicherung Bayreuth-Land. Außerdem kann sie eine Invalidenversicherung bei der Landesversicherungsanstalt in Anspruch nehmen, die zahlt ihr eine winzige Unfallrente.

Doch das tröstet sie wenig. Bisher fühlte sie sich als nützliches Glied der Gemeinschaft. Sie sah sich gebraucht, wenn sie auf dem Hof mitarbeiten konnte. Aber weil ihr Anteil bei schweren körperlichen Arbeiten natürlich nicht dem der anderen entsprach, war sie sich oft mehr geduldet vorgekommen, als wirklich akzeptiert. Doch nun ist ihr endgültig ein Stück Lebenssinn genommen, sie fällt ins Leere.

ANNA MARGARETA wird gänzlich antriebslos. Sie jammert nun täglich und beklagt laut die Sinnlosigkeit ihres Lebens: „Ach Gott, ach Gott“. Dunkle Verzweiflung befällt sie. Erstmals spricht sie offen davon, sich das Leben zu nehmen. Aber ihr Motiv ist nicht Überdruss am Leben, sondern Mangel an Zuwendung und Trauer um die eigene Hinfälligkeit. In Wahrheit hängt diese bedauernswerte Frau doch trotz allem am Leben. Eigentlich will sie gerettet werden. Sie sucht Aufmerksamkeit. Sie will für andere Menschen wichtig sein.

Bald machen sich auch äußerlich Zeichen ihrer Unruhe bemerkbar. Der Umgang mit ihr wird für andere unangenehm. Sie beginnt zu verwahrlosen. Sie kämmt sich kaum. Sie hat Mundgeruch, läuft in schmutziger Kleidung herum, irrt unstet umher und ist mal hier, mal dort zu finden. Manchmal ist sie auch über Nacht draußen. Sie beginnt zu streunen, wie die Familie das nennt.

Des Öfteren geht sie hinunter zur Steinach. Dann sieht man sie bisweilen unschlüssig bis zu den Waden im Wasser stehen, so als wollte sie sich gleich hineinstürzen. Sie hat ja davon gesprochen, sich das Leben zu nehmen. Aber immer schaut sie, ob jemand da ist, der auf ihren „Selbstmordversuch“ achtgibt.

Sie verweigert nun die Arbeit, die ihr bislang wichtig war, und reagiert brummig, wenn man sie anspricht. An anderen Tagen verschließt sie sich völlig in ihr Ich. Sie sendet also viele deutliche Signale über ihre Verzweiflung aus. Doch diese Signale kommen bei ihren Mitmenschen nicht an. Diese missverstehen ihr Werben um Aufmerksamkeit als böswilligen Versuch, die Familie in Aufregung zu versetzen und sich wichtig zu machen. Sie betrachten ANNA MARGARETE, obwohl sie inzwischen 42 Jahre alt ist, als das kleine unmündige Kind, dessen Trotz die Erwachsenen ihren Widerstand entgegensetzen müssen. Man will ihr nicht zubilligen, dass sie versucht, das Interesse auf sich zu lenken, obwohl sie an ihrer Erkrankung zugrunde zu gehen droht. So ziehen sich in diesen Wochen dunkle Wolken über ihrem Leben zusammen.

Als Kranke ist sie den Gesunden lästig. Ihre Arbeitsverweigerung und ihr auffälliges Verhalten gehen den Angehörigen auf die Nerven. Sie beraten in diesen Wochen am Abendbrottisch immer wieder ihr Schicksal. Sie fühlen sich hilflos und mit der Krankheit überfordert und möchten doch als fürsorglich erscheinen. So einigen sie sich auf einen folgenschweren Beschluss. Sie schlagen vor, die Patientin in eine Heilanstalt zubringen. Damit lösen sie aber insbesondere bei der Mutter der Kranken, ELISABETH SOMMERER, einen Schock aus.

Allein schon Erwähnung des Wortes „Heilanstalt“ löst Entsetzen aus. Zwar hat diese Art psychiatrischer Einrichtungen sei dem Jahr 1934 in Deutschland ihre bisher übliche abschreckenden Bezeichnung „Irrenanstalt“ verloren, sie heißt nun offiziell „Heil- und Pflegeanstalt“. Doch die Umgangssprache hat die negativen Konnotationen beibehalten, wenn sie gedankenlos von „Klapsmühle“, „geschlossener Abteilung“ oder auch von „Anstalt“ spricht. Die herabsetzenden Bezeichnungen belasten die Betroffenen.

Die Mutter entsetzt allein schon die Vorstellung, dass die Tochter in der Heilanstalt allein ist. Ihr halbes Leben hindurch war die Mutter ganz eng mit ihrer Tochter verbunden. Sie ist ihre vertrauteste Bezugsperson. Und so setzt sie sich mit aller Energie, die der nunmehr fast 83-Jährigen noch zu Gebote steht, gegen diesen Plan der Abschiebung zur Wehr. Sie will die Tochter nicht allein lassen. Sie ist mit ihrem Widerstand aber die einzige. Ahnt sie, dass längst andere an dem Geschick der behinderten Sorgenkinder mitspinnen?

Am Ende erweist sich die Familie des Hofbesitzers als durchsetzungsstärker. Die Angehörigen wenden sich direkt an den Arzt. Und der macht mit. Er diagnostiziert eine „Geisteskrankheit“ und befürwortet die Einweisung in die Anstalt. Dieser Einweisung kann niemand widersprechen, so ist die rechtliche Lage damals. Ohne dass den Beteiligten die Tragweite ihrer Entscheidung klar wird, ist damit das Schicksal von ANNA MARGARETA SOMMERER besiegelt.

„Ballastexistenzen desinfizieren“ – das Programm der „T4“-Aktion

Im Lauf des nächsten halben Jahres wird ANNA MARGARETA in die Mühlen der geheimen, heute so genannten „T4“-Aktion der Nazis geraten. Das Ende dieses Jahres wird sie nicht mehr erleben.

„T4“ ist das Kürzel für die Adresse einer der skrupellosesten Mordorganisationen der Nazis, die zu der Zeit in der Tiergartenstraße 4 im Herzen Berlins residiert, an der gleichen Stell , wo seit dem Jahr 1963 Hans Scharouns wegweisende Philharmonie steht. Hinter der Fassade einer prächtigen Berliner Villa aus der Zeit der Jahrhundertwende, verbirgt sich seit dem Jahr 1939 die Zentrale einer von Hitler eingesetzten Mannschaft aus Nazi-Amtsträgern und Ärzten mit weit reichenden Befugnissen und Plänen. Das Haus gehörte dem Unternehmer GEORG LIEBERMANN; ihn hatten die Nazis wegen seiner jüdischen Herkunft enteignet.

„T4“-Mordzentrale: *Villa Tiergartenstraße 4*

Mit dem „T4-Programm will Hitler seinem Ideal der Rassereinheit näherkommen. Aufgabe der unheimlichen Tarnorganisation ist es, dafür zu sorgen, dass Psychiatriepatienten, Behinderte und andere als „lebensunwert“ betrachtete Menschen zum Zweck der „Rassenhygiene“ systematisch ausgesondert und getötet werden. Die Mitarbeitenden werden auch ANNA MARGARETA SOMMERER als eines ihrer Opfer selektieren.

Über das ganze Deutsche Reich verstreut unterhält die Berliner Zentrale mehrere Mordgebäude. Eines verbirgt sich in Oberösterreich hinter der Fassade eines Renaissanceschlosses. Es könnte einem Märchenbuch entstammen, ist aber nun zum Mordschloss auserkoren worden. Hier wird man ANNA MARGARETA im November dieses Jahres 1940 ins Gas führen.

Als man sie in die Bayreuther Psychiatrie einweist, erreicht die Mordwelle, die von der Berliner Zentrale in der Tiergartenstraße 4 organisiert wird, gerade ihren Höhepunkt. Es ist der Zeitraum zwischen Sommer und Winter des Kriegsjahres

1940. Der Aktion liegt ein persönlich unterzeichnetes, auf den Tag des Kriegsbeginns 1. September 1939 zurückdatiertes Ermächtigungsschreiben von Adolf Hitler zugrunde, dessen Empfang Reichsjustizminister Franz Gürtner aber erst am 27. Aug. 1940 bestätigt. Mit ihm beauftragt Hitler den SS-Führer und Chef der Kanzlei des Führers, Reichsleiter **Philipp Bouhler** und den SS-Führer und chirurgischen Begleitarzt Hitlers Dr.med. **Karl Brandt** *„die Befugnisse namentlich zu bestimmender Ärzte so zu erweitern, dass nach menschlichem Ermessen unheilbar Kranken bei kritischer Beurteilung ihres Krankheitszustandes der Gnadentod gewährt werden kann."*

Der von Hitler verwendete schönfärberische Begriff „Gnadentod" ist die deutsche Übersetzung des griechischen Wortes „Euthanasie". Er gaukelt vor, dass es sich für den Patienten um eine erlösende Tat handelt. Diese „Erlösung Hilfloser vom Leiden" wird für die meisten beteiligten Ärzte und Pfleger dann auch die Ausrede sein, mit der sie ihr mörderisches Handeln später rückschauend vor Gericht und vor dem eigenen Gewissen zu rechtfertigen versuchen.

Als Ausgangspunkt dieser „Euthanasie"-Ermächtigung Hitlers gilt der ausführliche Brief, den der Vater eines geistig und körperlich schwer behinderten Säuglings im Frühjahr 1939 wenige Wochen nach der Geburt dieses Kindes an Adolf Hitler

ADOLF HITLER

BERLIN, den 1.Sept.1939.

Reichsleiter B o u h l e r und

Dr. med. B r a n d t

sind unter Verantwortung beauftragt, die Befug - nisse namentlich zu bestimmender Ärzte so zu er - weitern, dass nach menschlichem Ermessen unheilbar Kranken bei kritischster Beurteilung ihres Krank - heitszustandes der Gnadentod gewährt werden kann.

Von Bouhler mir übergeben am 27.8.40 Dr. Gürtner

Von Hitler persönlich unterzeichnet, *auf den Kriegsbeginn zurückdatiert und Reichsjustizminister Franz Gürtner nachträglich übergeben: Ermächtigungsschreiben für die Euthanasie-Morde* gerichtet[7]. Den Rat dazu hatte der Bruder des Antragsstellers gegeben, der NS-Parteimitglied war. Das Kind war blind, Gliedmaßen fehlten bzw. waren verkrüppelt; es schien auch sonst „zurückgeblieben". Der zur Beratung beigezogene Leiter der Universitätsklinik Leipzig, Prof. WERNER CATEL gab dem Kind keine Chance auf ein normales Leben. Der Briefschreiber bittet, dass das Kind „eingeschläfert" wird.

Zum Morden beauftragt: *Reichsleiter PHILIPP BOUHLER*

Organisierte die „T4"-Aktion: *Dr. KARL BRANDT, leitete mit dem „Aktion Brandt" auch die dritte Euthanasie-Welle des Mordens in den Psychiatrien ein, starb 1948 nach dem Nürnberger Ärzteprozess den Tod durch den Strang*

Überraschend taucht an einem heißen Sommertag dieses Jahres 1939 Dr. KARL BRANDT persönlich im kleinen Dorf POMßEN 20 km südöstlich von Leipzig, dem Wohnsitz der betroffenen Familie, auf. Er behauptet, dass es dem „Führer" ein großes Anliegen sei, sich dem Problem der „Wesen ohne Zukunft" zuzuwenden, deshalb habe er ihn persönlich geschickt. Der „Führer" stimme dem „Gnadentod" des Kindes zu.

Dieses Kind, in der Forschung „Kind K"[8] genannt, starb nachweislich des Kirchenbuches der Gemeinde POMßEN am 25. Juli 1939. Die Todesart ist nicht angegeben. Den Indizien zufolge hat der oben genannte Leiter der Universitätsklinik LEIPZIG Dr. CATEL auf Weisung von Dr. BRANDT das Kind eingeschläfert.

Der Fall „Kind K." war insofern wichtig für die Entschlussbildung der Verantwortlichen, als dass hier tatsächlich eine von HITLER offiziell legitimierte Tötung vorgenommen wurde. Ob dieser Fall der *Anlass* für die konkrete Planung der folgenden Mordaktion war, bleibt zu klären. Die beiden Beauftragten BOUHLER und BRANDT beließen es jedenfalls nicht bei dieser einzelnen Tötung. Sie interpretierten

---

[7] Vergl. insbesondere den Artikel von UDO BENZENHÖFER „Kindereuthanasie im Dritten Reich: Der Fall Kind Knauer" im Deutschen Ärzteblatt Nr. 19, 1998, dem die dargestellten Einzelheiten entnommen sind.

[8] In der Forschung wird das Opfer bisweilen „Kind Knauer" oder „Kind Kressler" genannt. Beides sind Pseudonyme, um die Familie zu schützen. Der Familienname begann aber tatsächlich mit dem Buchstaben „K."

die Weisung Hitlers als umfassende Ermächtigung zur generellen Tötung der Behinderten und bereiteten zu diesem Zweck mit etwa 30 weiteren verschwiegenen Mitarbeitern die Aktion „T4“ vor.

Für die sich zeitlich unmittelbar anschließende Judenvernichtung gibt es keine vergleichbare schriftliche Ermächtigung Hitlers. Jedoch darf man die Eröffnung des Zweiten Weltkrieges als Hintergrund der eskalierenden Ereignisse nicht übersehen. Der Krieg stellte den notwendigen Ausnahmezustand sicher. Jetzt ließ sich ein Schweigen über solche Untaten leichter durchsetzen. Mit dem Hinweis auf die Sicherheitslage des Staates konnte man jedes offene Wort über die Geschehnisse unterbinden. Nun verselbständigte und radikalisierte sich die Tötungsmaschinerie mit jedem Kriegsjahr.

Die Mitarbeitenden bei diesen Mordaktionen selbst handelten ohne jeden Gewissenszweifel. Aufkommende Skrupel aufgrund ihres hippokratischen Eides ließen sich die beteiligten jungen Ärzte von ihren Vorgesetzten rasch ausreden. Sie waren sich sicher, mit den Tötungen von Behinderten nicht nur für die Opfer eine hilfreiche erlösende Tat zu tun, sondern meinten auch den Willen Hitlers richtig zu interpretieren, der zuvor in vielen öffentlichen Reden die Ausmerzung der Behinderten angekündigt hatte. Sie hatten den Vorsatz, diese Willenskundgebungen ihres vergötterten „Führers“ zu erfüllen oder ihnen wenn möglich sogar vorauszueilen.[9]

Erste Welle: Kinder-“Euthanasie“

Ob die Eltern dieses ersten „Euthanasie“-Kindes „K.“ wirklich freiwillig ihr Gesuch an Hitler stellten oder dazu gedrängt wurden, ist in der Forschung bis heute offen. Tatsächlich hat es in den folgenden Jahren viele Eltern und Verwandte gegeben, die froh waren, dass sie ihr behindertes Kind auf diese Weise los wurden und die ihr Kind auch dann nicht aus den Heimen abholen wollten, wenn sie vom Personal vor dem möglichen Unheil gewarnt wurden[10].

Es gab aber auch Andersdenkende, die sich diesem Morden tapfer widersetzten.

---

[9] Vergl. zum Problem von ärztlichem Ethos und Mitarbeit bei der „T4-Aktion“ das Kapitel über den Euthanasiearzt Aquilin Ulrich in meinem Buch „Das Schweigen durchbrechen – Wie Hitler bürgerliche Berufsanfänger einfing“, ab S. 124.

[10] Vergl. dazu insbesondere das erschütternde Buch von Robert Domes „Nebel im August“, Random-House 2008, das die Geschichte der Ermordung des angeblichen Zigeunerkindes Ernst Lossa schildert. Dabei werden auch die komplexen Hintergründe dieses Mordgeschehens beleuchtet. – Bereits im Jahr 1982 hat Ernst T. Mader in seiner Broschüre „Das erzwungene Sterben von Patienten der Heil- und Pflegeanstalt Kaufbeuren-Irsee“ auf die bestürzende Tatsache aufmerksam gemacht, dass neben dem Pflegepersonal auch Eltern durch ihr Placet für einige solcher Tötungen mitverantwortlich waren.

Solcher Mut zum Widerstand kann nicht hoch genug eingeschätzt werden in einer Zeit, die vergiftet war von herzloser Propaganda und in der alle moralischen Dämme brachen. Wer sein behindertes Kind behalten wollte, musste nicht nur in der Liebe stark sein, sondern auch treue Nachbarn und gleichgesinnte Mitmenschen haben.

Eine Welle der „Kindereuthanasie" schließt sich dieser ersten offiziellen Kindstötung nach einem geheimen Erlass des Innenministeriums vom 18. August 1939 an. Demzufolge sollen alle Kinder mit bestimmten „schweren, angeborenen Leiden" an einen „Reichsausschuss zur Erfassung von erb- und anlagebedingtem schweren Leiden" gemeldet werden. Der genaue Umfang dieses Teils der Krankenmordaktionen ist nicht eindeutig geklärt, weitere Forschungen stehen hier noch aus. Die in der Forschung meist mitgeteilte Zahl von 5–8.000 ermordeten Kindern und Jugendlichen ist nur eine grobe Schätzung.

Die zweite Welle: Allgemeine „Euthanasie"

Im gleichen Zeitraum 1939 beginnt als zweite Phase der Ermordung von Behinderten auch die Vorbereitung der Organisation der allgemeinen „Euthanasie", die nun alle Altersgruppen umfasst. Die Kanzlei des Führers und das Reichsministerium des Innern, also Einrichtungen, die HITLER ganz nahe stehen, sind der Ausgangspunkt dieser weitreichenden „Euthanasie"-Maßnahmen.

Zynischer Befürworter der Behindertenmorde trotz eigener Körperbehinderung: *Propagandaminister JOSEF GOEBBELS*

Oft wird heute eine Opferzahl dieser zweiten Phase von lediglich 70.000 Ermordeten angegeben, doch das war nur die ursprüngliche „Planzahl"; so hoch wurde anfangs die Anzahl der möglichen Betroffenen eingeschätzt. Diese Planzahl wurde noch im gleichen Jahr auf 100.000 erhöht.

Unter dem Datum 31. Januar 1941 notiert der Reichspropagandaminister und Hitlers rechte Hand **JOSEPH GOEBBELS** in seinem Tagebuch:

„Mit Bouhler Frage der stillschweigenden Liquidierung von Geisteskranken besprochen. 40.000 sind weg, 60.000 müssen noch weg. Das ist eine harte, aber auch notwendige Arbeit. Und sie muss jetzt getan werden. Bouhler ist der rechte Mann dazu."

GOEBBELS redet bei der Ermordung der Behinderten Klartext und spricht von ihrer „Liquidierung". Hitlers „T4"-Beauftragter Dr. KARL BRANDT spricht von „Desinfizierten", wie wenn man Ungeziefer beseitigt. Auf einem zufällig entdeckten Statistikblatt bestätigt er: *„Bis zum 1. Sept. 1941 wurden desinfiziert: Personen 70.273".*

Bis zum 1. September 1941 wurden desinfiziert: Personen: 70.273

Diese Zahl

1. verteilt auf die einzelnen Anstalten für die Jahre 1940 und 1941 ergibt folgende Aufstellung:

Anstalt	1940	1941	Summe
A (Grafeneck)	9.839	–	9.839
B (Brandenburg)	9.772	–	9.772
Be (Bernburg)	–	8.601	8.601
C (Hartheim)	9.670	8.599	18.269
D (Sonnenstein)	5.943	7.777	13.720
E (Hadamar)	–	10.072	10.072
gesamt	35.224	35.049	70.273

„Hartheimer Statistik“: *Aufstellung der „T4“-Zentrale im Jahr 1941 über die bis dahin „Desinfizierten“ in den sechs großen Tötungsanstalten des Reichsgebiets*

Diese „Hartheimer Statistik“[11] „schönt“ die Zahlen absichtlich nach unten, um möglichst genau der ursprünglich anvisierten Zahl von 70.000 zu Tötenden zu entsprechen. Die von GOEBBELS zu Anfang des Jahres 1941 genannte veränderte Planungszahl von 100.000 Opfern ist schon auffallend höher, als die ursprünglich beabsichtigte Zahl. Sie ist aber erheblich niedriger, als die bis Kriegsende tatsächlich erreichte Anzahl der „Liquidierten“ bzw. „Desinfizierten“. Man spricht heute von rd. 300.000 „Euthanasie“-Opfern im Machtbereich der Nazis bis Kriegsende. Hier ist die Forschung noch nicht am Ende, sodass die Zahlen in den einzelnen heutigen Zusammenfassungen zum Teil noch erheblich voneinander abweichen. Auf der makabren Landkarte „Topographie des Terrors“ finden sich 68 gerichtsbekannte Orte bzw. psychiatrische Kliniken, in denen zwischen 1939-45 Kinder bzw. Erwachsene ermordet wurden. Sie verteilen sich über den ganzen Bereich des damaligen „Großdeutschland“, sowie Elsass und Polen. 28 dieser Einrichtungen hatten spezielle Abteilungen zur „Behandlung“ von Kindern. In 35 Einrichtungen wurden die Opfer mit Medikamenten oder durch Aushungern getötet. An 12 Orten, durchwegs im besetzten Polen, wurden die Menschen auch erschossen.

Dabei beläuft sich die Zahl der Opfer, die allein in Schloss HARTHEIM in Österreich tatsächlich vergast wurden, schon auf über 30.000, sie liegt also deutlich höher,

---

[11] Die so genannte Hartheimer Statistik wurde im Juni 1945 von einem Offizier der amerikanischen Besatzungsmacht in einem Stahlfach im Mordschloss Hartheim gefunden. Diese 39-seitige Broschüre enthält u.a. monatliche statistische Angaben zu den Vergasungen von Behinderten und Kranken (als „Desinfektionen“ bezeichnet) in den sechs T4-Tötungsanstalten im damaligen Reichsgebiet. Ein Verwaltungsangestellter bekannte Anfang der 70-er Jahre als Zeuge, er habe das Zahlenmaterial Ende 1942 zusammenstellen müssen. Diese Unterlagen kamen nach Österreich, nachdem die „T4“-Zentrale in der Berliner Tiergartenstraße im Sommer 1943 nach schweren Bombentreffern verlassen und ihre Dokumente ausgelagert wurden.

Eine makabre Landkarte: *Die „Euthanasie"-Tötungsanstalten der Nazis im Zeitraum 1939-45*

als die in der Statistik genannten 18.269. Auch in BRANDENBURG/Havel, der ersten Vernichtungsanstalt, in der noch mit den Tötungsarten Injektionen und Gas experimentiert wurde, starben weitaus mehr als die genannten 9.772 Opfer. 4.500 von ihnen legte man nach dem Krieg bei einem der wenigen „Euthanasie"-Prozesse gegen die Tötungsärzte dem oben bereits genannten späteren Stuttgarter Frauenarzt Dr. AQUILIN ULLRICH zur Last, der in der Tötungsanstalt BRANDENBURG als stellvertretender Leiter eingesetzt war. Auf 2.340 Opfer ging der Bundesgerichtshof in seiner Anklage schließlich herunter, um den Arzt angesichts seines hohen Alters und seiner angeblichen körperlichen Schwächen wenigstens zu vier Jahren Gefängnis verurteilen zu können; von dieser Strafe musste er aber am Schluss weniger als die Hälfte verbüßen – zwei Jahre für über 2.000, eigentlich 4.500 Opfer, ein Freundschaftspreis für einen Massenmord!

In BERNBURG starben damals über 9.000, in PIRNA-SONNENSTEIN in Sachsen mehr als 14.000, in HADAMAR bei Frankfurt/Main 15.000 und in GRAFENECK in Baden-Württemberg in dieser Phase über 10.000 Menschen.

Aber nun drangen aus dem Bereich der Kirchen mit dem Münsteraner Bischof CLEMENS GRAF V. GALEN, und dem Leiter der Bielefelder Anstalten FRIEDRICH V. BODELSCHWINGH und anderen Persönlichkeiten trotz der Kriegslage doch kritische Stimmen an die Öffentlichkeit. Deshalb, und wohl auch, um alle Kräfte auf die Judenvernichtung zu konzentrieren und das eingespielte Personal hier weiter zu beschäftigen, ließ HITLER die „Euthanasie"-Aktion offiziell im August 1941 einstellen.

Die Tötungen liefen aber in einer **dritten Phase** dezentral unter anderen Programmnamen und als „wilde Euthanasie" praktisch bis zum Kriegsende ungehindert weiter, in HARTHEIM und in vielen weiteren psychiatrischen Einrichtungen. Ein tödliches Netz erstreckte sich, wie die Karte oben zeigt, über das ganze Großdeutsche Reich und die angrenzenden besetzten Gebieten des Elsass und Polens. Und die Zahl der beteiligten Ärzte und willigen Helfer wurde immer größer. Davon erzählt in Weidenberg die Geschichte von **MARTIN LIPPOLD**, der in dieser dritten Mordphase am 16. Juni 1942 in der Heil- und Pflegeanstalt KAUFBEUREN umkam und dessen Gedenken in diesem Buch ein eigenes Kapitel gewidmet ist.

Was Nachbarn dachten

Mitbürger in und um Weidenberg wussten von Behinderten und möglichen Opfern. Nachbarn wurden oft unmittelbar mit ihrem Geschick konfrontiert. Was dachten sie und wie verhielten sie sich?

Einer Information von HANS LINDNER aus GÖRSCHNITZ zufolge war z.B. vielen Mitbürgern damals bekannt, dass ANNA MARGARETA SOMMERER von dem Einzelanwesen im GRUND eines Tages „wegkam". Sie galt als körperlich behindert und auch als etwas geistesschwach. Im Allgemeinen vermutete man, dass solche Menschen woanders zum Arbeiten eingesetzt wurden. Wenn sie allerdings nicht mehr arbeiten konnten, ahnte man auch Schlimmeres.

HANS LINDNER erinnert sich an eine Begebenheit aus seiner Kindheit: Die Familie LINDNER des Großvaters hatte die heruntergekommene Hofeinzelne AU bei Görschnitz gegen die Zusicherung erworben, die beiden letzten dort lebenden Angehörigen der ursprünglichen Besitzer im Haus weiter zu betreuen. Eine von ihnen sei behindert gewesen. Um das Jahr 1942, also als HANS sieben Jahre alt war, machte er ein traumatische Erfahrung. Er erlebte mit, wie daheim bei Tisch über diese behinderte Person gesprochen wurde. Man überlegte, ob auch sie weg sollte, so wie die Nachbarin ANNA MARGARETA zuvor. Die Erwachsenen hätten gesprächsweise erwogen, sie zu „melden".

Die Erinnerung an dieses Gespräch beschäftigte HANS LINDNER Zeit seines Lebens. Ihn beunruhigte als Kind der Gedanke, dass Menschen „einfach wegkommen", ohne dass er freilich die Hintergründe kannte oder in seinem Alter gar verstehen konnte. Das behinderte Mädchen blieb aber damals auf ihrem Hof, weil man sie als Arbeitskraft schätzte und weil sie auch ihre Besorgungen zuverlässig erledigte.

Daraus lässt sich folgern, dass Mitbürger und Verwandte unmittelbar beteiligt waren am Geschick der Behinderten. Die Nazis griffen nicht von sich aus Behinderte heraus, um sie zu ermorden. Vielmehr lag es bei den Angehörigen, ihre Sorgenkinder zu behalten und betreuen oder aber sie zu „melden". Die Tragweite dieser Entscheidung war jedem klar. Es war allgemein bekannt, dass solche Behinderten auf solche Meldung hin abgeholt wurden und nicht mehr wieder kamen. Weil die Betroffene in AU als kräftige Bauersfrau noch arbeitsfähig war, verwarfen die Beteiligten im Fall des Lindnerhofes den Gedanken, sie zu melden[12].

Die Diskriminierung der Behinderten

Die Entscheidung der Lindners, die Behinderte zu behalten, weil sie arbeitsfähig war, entsprach den damals gängigen Selektionsprinzipien. Als im Herbst 1940 die Heil- und Pflegeanstalt BAYREUTH geräumt wurde und die Patienten selektiert und der Vernichtung überantwortet werden sollten, überlebten 99 Patienten, weil sie arbeitsfähig waren; sie wurden in BAYREUTH zur Herrichtung der Klinik für die Kinderlandverschickung gebraucht.

Ermordet wurden von den Nazis in erster Linie vor allem nicht mehr Arbeitsfähige. Sie mussten sich als sg. „Ballastexistenzen" verunglimpfen lassen, die den Staat ökonomisch überforderten. Neben dem unseligen Begriff des „lebensunwerten Lebens" wurde der zynische Ausdruck der sg. Ballastexistenz bereits in der frühen Weimarer Republik von dem Freiburger Psychiater ALFRED HOCHE (1865–1943) und dem Leipziger Juristen KARL BINDING geprägt. „Ballastexistenz" entwickelte sich rasch zu einem bildkräftigen Kampfbegriff in einer intensiven und folgenschweren Debatte über die Zulässigkeit der Euthanasie. Den Zündstoff dafür lieferten die verschärften ökonomischen und sozialen Krisen nach dem Ersten Weltkrieg. Die Tötung von bestimmten Kranken und Behinderten durch Ärzte aus angeblich humanen und fortschrittlichen Motiven sollte als legitim verstanden werden.

Wie so vieles andere auch, machten sich die Nazis dieses Gedankengut zueigen und spitzten es zunächst propagandistisch zu, bevor sie ihm dann die tatsächliche Praxis des legitimierten und akzeptierten Mordens folgen ließen. Große Plakate,

---

[12] Mehr zu der dramatischen Geschichte des Lindnerhofes findet sich im Kapitel „Die Weidenberger Himmelsbriefe" – Ein vergessener stummer Schrei nach Segen" in der 4. Folge des Projektes Myrten für Dornen: „Christsein am Scheideweg – Weidenberg im Kirchenkampf".

Kostenfaktor Behinderte: *Nazi-Propaganda*

Filme, Handzettel, Ärzte- und Parteischulungen und Unterricht in Schule und BdM- und HJ-Gruppen sollten das ganze Volk, schon die Kinder, in ihrer Meinung gegen Behinderte beeinflussen.

Ein perverses, aber wirkungsvolles Argument, besonders in Krisen- und Kriegszeiten, waren die „unzumutbaren Kosten", die die Betreuung von Behinderten verursache: *„Hier trägst du mit. Ein Erbkranker kostet bis zur Erreichung des 60. Lebensjahres im Durchschnitt 50.000 RM"*. Das Gesicht des Behinderten ist ganz bewusst affenähnlich gezeichnet, um über die ökonomische Begründung hinaus den Abscheu auch aus rassistischen Gründen zu verstärken.

Aber auch die christliche Diakonie wurden angesprochen und das christliche Gebot der Barmherzigkeit bewusst mit oberflächlichen Argumenten und abschreckenden Bildern lächerlich gemacht: *„... denn Gott kann nicht wollen, dass Kranke und Sieche sich in Kranken und Siechen fortpflanzen"*.

Die öffentliche Meinung zu gewinnen, war für die Partei unverzichtbar. Denn die Naziprogramme zur Beseitigung der Behinderten waren nach damals bestehender Rechtsprechung illegal; die Tötung von Behinderten war auch in Nazideutschland kein Gesetz, sondern galt rechtlich als Mord. Aber die Nazis machten sich das Volk durch die gezielte Propaganda zum Komplizen und setzten die Menschen auch durch ihre Gesetze über den erbgesunden Nachwuchs und die Meldepflicht von Behinderten unter massiven Druck. Welcher Bürger wäre bereit, sich bei solcher Einschüchterung zu seinem behin-

Gott als Behindertenfeind: *NS-Propagandaplakat*

derten Angehörigen oder Nachbarn zu bekennen? Welcher Richter würde sich getrauen, gegen die Stimmung im Volk die Handlungen der Nazis anzugreifen und gegen die Mörder der Behinderten Urteile zu fällen? So verliefen auch einzelne mutige Anzeigen von Richtern und Privatpersonen in Deutschland und Österreich seinerzeit im Sande.

Weit reichende persönliche Entscheidungen

Das Morden an den Behinderten geschah heimlich. Es sollte möglichst wenig von der perfiden Praxis an die Öffentlichkeit dringen. So kam es vor Ort auch kaum zu offenen Übergriffen durch übergeordnete Stellen. Sie wagten noch nicht, die Betroffenen aus den Häusern zu holen, wie sie es dann nur kurze Zeit später ungeniert bei der Judenverfolgung und -vernichtung taten. Orte des Zugriffs auf die Behinderten waren vor allem die psychiatrischen Einrichtungen, wohin die Angehörigen ihre Kranken vertrauensvoll verbracht hatten.

Niemand *musste* seinen Angehörigen ausliefern. Angesichts der massiven NS-Propaganda gegen die Behinderten hätten die Angehörigen sehr wohl wissen können, was sie taten. Wenn sie es aber taten, wurden sie gedeckt. So wurden viele Mitbürger bei der Euthanasie zu willigen Helfern des Systems. Ohne diese leichtfertige Verstrickung der Angehörigen und der vielen beteiligten Zwischenebenen hätte es viele Opfer so mit Sicherheit nicht gegeben.

Anders gesprochen: Hätten die Beteiligten im Weidenberger „Fall Au“ nach ihrem Gespräch bei Tisch die Behinderte an ihrem Hof wirklich „gemeldet“, dann hätte auch ihr wohl dasselbe Schicksal geblüht, wie ANNA MARGARETA SOMMERER im Jahr zuvor. So hat nach dem Bericht von HANS LINDNER also eine Behinderte durch die Solidarität ihrer Mitmenschen einfach „Glück gehabt“.

Im „Falle Grund“ war die einzige solidarische Person die alte Mutter und vielleicht noch die Nichte. Weil ANNA MARGARETA SOMMERER nicht mehr arbeiten konnte, hatte sie ihr Bleiberecht verspielt und wurde zum Opfer. Der Onkel wird zur Regelung der vermögensrechtlichen Fragen zum Vormund bestimmt. Er widerspricht der folgenreichen Einlieferung seiner Nichte in der Nervenheilanstalt BAYREUTH nicht. Er fragt auch nicht weiter nach. Er hat sie dort in BAYREUTH nicht einmal besucht. Das sind bittere Erkenntnisse.

Als die ethischen Dämme brachen

Kenntnis hatten damals viele, die Nachbarn, die Sanitäter, die Ärzte, die Pfleger, der Bürgermeister, der Landrat, die Bank, ja, dank preußisch-deutscher Gründlichkeit, sogar das Bayreuther Einwohnermeldeamt und der Staatsanwalt, der die Tötung von Behinderten als Mord hätte verfolgen können. Wer immer an den Entscheidungsabläufen beteiligt war, seien es nun die weiteren Angehörigen, Rat gebende Mitmenschen, Justiz, Verwaltungs- und Regierungsstellen, Ärzte und Anstaltsleitungen, sie sind, ohne vielleicht im Einzelnen aktiv Böses zu wollen, in das Geschick von ANNA MARGARETA SOMMERER verstrickt. Es war ja, wie gesagt, kein Zwang, jemanden in die Anstalt einzuliefern. Es war der Rat und die Entscheidung jeweils Einzelner. Das macht die „Euthanasie"-Katastrophe so tragisch und ihre Besprechung so wichtig.

Wieso brachen damals in Deutschland mit Kriegsbeginn so breit die ethischen Dämme? Wieso entfielen in der Nazizeit die moralischen Hemmungen, die den Behinderten bis dahin einen gewissen Schutzraum geboten hatten? Wieso kapitulierten damals das Mitgefühl und die Barmherzigkeit bei so vielen und machten einem platten Opportunismus Platz? Offenbar ist das Böse jederzeit da, um nach dem Menschen zu greifen. Kirchlicher Glaube, aber auch staatliche Gesetzgebung sollen helfen, das Böse in Schach zu halten. Wenn aber eines oder gar beides versagt, kommt es zum Dammbruch. Davon muss hier geredet werden: vom Versagen der juristischen Instanzen aber auch des christlichen Glaubens.

Das Opfer und seine Mutter wehren sich

Die Mutter und die Betroffene selbst sind die einzigen, die sich vehement widersetzen, „Wesen ohne Zukunft" zu sein. Sie leisten auf ihre Weise Widerstand, die Mutter durch ihr Veto, die Tochter durch ihre konsequente Verweigerungshaltung. Doch niemand hört sie, niemand unterstützt sie, und ihre kleinen Kräfte reichen nicht aus, um sich gegen die Übermacht zu wehren. Auch die Kirche tritt hier nicht in Erscheinung. Georg Redenbachers mutiger Vermerk im Kirchenbuch bleibt das einzige bekannte Zeugnis kirchlicher Beteiligung in diesem Fall.

Die anderen Beteiligten folgen dem Rat des Arztes und setzen die Einlieferung der Patientin in die Heil- und Pflegeanstalt BAYREUTH durch. Auch der Ortsgruppenleiter, der wirklich Einfluss hatte und ihn auch hätte ausüben können, widerspricht nicht. Vielleicht erkannte er die Tragweite seines Schweigens damals wirklich nicht. Aber Selbstkritik hätte ihm doch wenigstens im Nachhinein angestanden, nachdem er von dem bösen Ausgang erfahren hatte. Wie konnte er nach dem Krieg so stolz und selbstbewusst behaupten: *„In meinem Ortsgruppenbereich ist überhaupt*

Ortsgruppenleiter *GEORG RUMLER, seit Anfang 1929 in der NSDAP*

kein Mensch zu Schaden gekommen"? Hat er ANNA MARGARETA SOMMERER und die anderen, von deren Schicksal wir in diesem Buch berichten, vergessen oder verdrängt?

Viele „Zufälle" regieren das weitere tödliche Geschehen. Die Einlieferung in Bayreuth ist nur ein Baustein unter vielen zu einem entsetzlichen Ende. Etliche Entscheidungsträger hätten es bis fast zuletzt in der Hand gehabt, dieses Schicksal von ANNA MARGARETA SOMMERER noch zu wenden. Ahnungslos, widerstandslos oder willfährig haben sie die Kranke dem längst begierig saugenden tödlichen Vernichtungswerk aus BERLIN ausgeliefert.

Einlieferung in Bayreuth

Am 4. Juli 1940, an einem Donnerstag, holen die Bayreuther Sanitäter ZINEIS und ZEUSCHEL die gemeldete ANNA MARGARETA SOMMERER direkt von zu Hause ab und fahren sie zur Heil- und Pflegeanstalt BAYREUTH. Dort wird sie aufgrund des ersten ärztlichen Gutachtens als „Geisteskranke" eingeliefert.

Als der Arzt sie draußen abholt, sitzt sie in sich zusammengesunken, mit mürrischem, verschlossenem Gesicht im Auto. Sie begrüßt den Arzt nur zögernd und misstrauisch. Die Frage nach ihrem Namen beantwortet sie erst nach längerer Pause, dann aber korrekt. Auch ihren letzten Wohnort weiß sie richtig anzugeben. Ihre Sprechweise ist aber undeutlich und verwaschen, so wie es bei Patienten mit Depressionen manchmal typisch ist. Sie bekommt die Patientennummer 7870 und die Verpflegungsklasse III. Die Aufnahme wird vom Direktionsleiter DR. MARTIN HOHL, ist, bestätigt. Er ist seit dem ersten Jahr der Naziherrschaft 1933 NS-Parteimitglied.

Als Beruf ist in den Aufnahmepapieren „Unfallrentnerin" angegeben, als Geburtstag der 9. Febr. 1898 und als Wohnsitz GRUND Nr. 26, Gemeinde GÖRSCHNITZ im Landkreis Bayreuth. Von dieser Aufnahme erstattet die Klinik Anzeige an den Oberstaatsanwalt BAYREUTH und das Einwohnermeldeamt BAYREUTH. Als Begründung für die Einlieferung ist auch dort *„Geisteskrankheit"* angegeben.

Der Niederschrift beigefügt bzw. angefordert und nachgeheftet sind die nach den Anstaltssatzungen vorgeschriebenen Aufnahmepapiere: Zustimmungserklärung der Angehörigen, Wohnsitzbescheinigung des Bürgermeisters, ärztlicher Fragebogen, Nachweis über die Effekten, Karteiergänzung und Fragebogen für standesamtliche Unterlagen. Es geht in den Parallelstrukturen von Hitlerdeutschland geordnet zu nach preußischen Regeln, pedantisch-genau im Verwaltungsbereich, atemberaubend anarchisch in der Anmaßung über Menschenschicksale.

Gaben ihre Patienten preis: *Heil– und Pflegeanstalt Bayreuth*

Im ärztlichen Zeugnis von Klinikarzt DR. MATZL (nicht korrekt lesbar) vom gleichen Tage, gezeichnet von Dr. HOHL, das dem Antrag an den Landesfürsorgeverband beigefügt wird, ist als Berufsangabe „Kleinrentnerin" ergänzt. Handschriftlich nachgetragen ist, sie leide „an einer Geistesstörung mit suizidalen und zeitweiligen ...zuständen" und bedürfe dringend der Anstaltspflege. Bei der Aufnahme der Kranken handele es sich um einen dringenden Fall im Sinn des Art. 5 Abs. II des Fürsorgegesetzes.

Für Kranke mit mehr als drei Tagen Aufenthaltsdauer müssen die Lebensmittelmarken, mit denen seit Kriegsbeginn 1. September 1939 die Grundnahrungsmittel rationiert sind, der Anstaltsverwaltung übergeben werden. Fett, Fleisch, Butter, Milch, Käse, Zucker und Marmelade, auch Brot und Eier, sind nur noch auf Karte erhältlich. Die Regierung, die von Hitlers Kriegsplänen wusste, hat genug Vorräte angelegt, aber es geht ihr um eine gerechte Verteilung. Die traumatischen Erinnerungen an die Hungerjahre im und nach dem Ersten Weltkrieg waren den Erwachsenen noch gegenwärtig. Dies sollte sich nicht wiederholen. Die Marken werden bei Familie SOMMERER angefordert.

Es fällt ANNA MARGARETA schwer, sich in diese erzwungene Situation einzufinden. Die Enge der Zimmer bedrückt sie. Sie vermisst ihre gewohnte Freiheit von daheim. Sie leistet auf ihre Art Widerstand. Wenn Pflegerinnen ins Zimmer kommen, versteckt sie sich unter der Bettdecke. Sie verweigert das Gespräch und verhält sich ganz unzugänglich. Auf Fragen antwortet sie nur mit einem unverständlichen Brummen und Grunzen und wendet sich mit ablehnender Miene zur anderen Seite.

Sie denkt an das ungezwungene Leben inmitten der grünen Natur zwischen der romantischen Steinach und den Wäldern der Bocksleite daheim. Am folgenden

Abend will sie deshalb draußen spazieren gehen. Sie kann nicht verstehen, dass das Personal ihr das nicht erlaubt. Sie sei doch zuhause auch immer gegangen, wann sie gewollt habe. So fügt sie sich und unterdrückt ihre Wünsche.

Sie beginnt, still in den Tag hinein zu leben, reagiert weiter abweisend und brummig, wenn man sie anspricht und spricht selbst bald so gut wie gar nichts mehr.

Das Todesurteil für Anna Margareta

Am 9. Juli 1940 ersucht Landrat SCHWARZ das Vormundschaftsgericht BAYREUTH um die Aufstellung eines Pflegers zur Regelung der vermögensrechtlichen Fragen für MARGARETE SOMMERER. Bürgermeister ENGELBRECHT von der Gemeinde GÖRSCHNITZ schlägt den Cousin JOHANN SOMMERER d.J. als Pfleger vor, der ist einverstanden.

Auf demselben Schreiben bittet das Vormundschaftsgericht per Vermerk an die Heil- und Pflegeanstalt BAYREUTH, ANNA MARGARETA SOMMERER zu befragen, ob sie *„mit der Einleitung einer Pflegschaft und Aufstellung eines Pflegers einverstanden ist und ob mit ihr eine Verständigung über diese Frage möglich ist“*. So ist auch hier das Selbstbestimmungsrecht des Patienten pedantisch genau aber formal gewahrt. Anstaltsdirektor Dr. HOHL gibt 10 Tage später die Antwort: *„Sommerer Margaretha ist geschäftsunfähig. Sie bedarf der Pflegschaft. Eine ausreichende Verständigung ist mit ihr über diese Frage nicht möglich.“*

Am 14. Juli 1940 füllt der nunmehr auch von Amts wegen als Vormund bestimmte Cousin JOHANN SOMMERER das Formular aus, mit dem er seine schriftliche Zustimmung zur schon längst auf seinen Wunsch vollzogenen Aufnahme seiner Nichte ANNA MARGARETA SOMMERER in die Heil- und Pflegeanstalt BAYREUTH gibt. Bürgermeister ENGELBRECHT bestätigt in Vertretung die Echtheit der Unterschrift und siegelt mit dem Hakenkreuzsiegel der Gemeinde GÖRSCHNITZ.

Was beide nicht bedenken: Sie unterschreiben an diesem Tag unwissentlich das Todesurteil für ihr Görschnitzer Gemeindeglied. Alles verläuft zu diesem Zeitpunkt noch nach den scheinbar üblichen bürokratischen Regeln. Doch die Berliner Mordorganisation „T4“ arbeitet unerbittlich.

Schon seit dem Jahr 1939 hatten im ganzen Deutschen Reich Nachrichten über das mysteriöse Verschwinden von Kindern aus psychiatrischen Einrichtungen die Bevölkerung beunruhigt. Nun fahren die unheimlichen grauen Busse der GeKraT, der „Gemeinnützigen Krankentransport GmbH“, in ganz Deutschland herum. Sie gehören einer Tarngesellschaft der „T4“-Zentrale und holen nun auch Erwachsene in großer Zahl ab. Das spricht sich in der Bevölkerung spätestens seit Mai 1940 herum und löst manche Besorgnis aus.

Dass hinter diesen Aktivitäten die von HITLER persönlich gebilligte und von höchster Stelle geplante und organisierte Maßnahme zur Ausmerzung allen „lebensunwerten Lebens“ steht und bereits im vollen Gange ist, ist den Beteiligten in GÖRSCHNITZ allerdings nicht bewusst und wohl auch nicht vorstellbar. Vieles hat man wohl für bloße Propaganda gehalten und entgegen den Realitäten weiter von einem Rechtsstaat geträumt. Das „Denkmal der Grauen Busse“ erinnert heute an diese schlimme Zeit der tödlichen Rechtsbeugung.

Blockade an der Heilanstalt: Das Denkmal der „Grauen Busse“ von Horst Hoheisel und Andreas Knitz blockiert seit 2006 die alte Einfahrt der ehem. Heilanstalt Ravensburg-Weißenau. Ein zweiter gleichartiger Bus fährt, jährlich wechselnd, die verschiedenen Stätten des Grauens an

Die Vernichtung der Behinderten – von Hitler öffentlich angekündigt

Am gleichen Tag bestätigt Bürgermeister ENGELBRECHT als Geburtsdatum von MARGARETA SOMMERER den 9.2.1898 und als Geburtsort GRUND. Dort habe sie auch ihren gewöhnlichen Aufenthalt und besitze die Deutsche Reichsangehörigkeit.

Zum Terror gegen Behinderte mobilisiert: Aufmarsch der Braunhemden zum Reichsparteitag 1929 durch die Nürnberger Innenstadt

Der Bürgermeister ist selber ein alter NS-Parteigenosse. Er weiß spätestens seit dem chaotischen vierten Parteitag der NSDAP Anfang August 1929 im Nürnberger Luitpoldhain, an dem viele gerade frisch geworbene Weidenberger Parteimitglieder teilnahmen, von den menschenverachtenden Zielen Hitlers und seiner Partei gegenüber den Behinderten. So hatte HITLER vor seinen zehntausenden johlenden und begeistert klatschenden Anhängern und Zuhörern offen verkündigt, dass die *„Beseitigung von 700.000 bis 800.000 der Schwächsten von einer Million Neugeborenen jährlich eine Kräftesteigerung der Nation bedeute und keinesfalls eine Schwächung"*.

Hatte man das nur für übertriebene Propaganda gehalten? Für die Heranzüchtung einer überlegenen arischen Herrenrasse scheute HITLER keine Menschenopfer, und er verfolgte seine Ziele konsequent. Im Jahr 1935 hatte der Diktator deshalb, wieder auf einem Nürnberger Reichsparteitag, gegenüber dem Reichsärzteführer GERHARD WAGNER seine Ziele präzisiert und angekündigt, dass er die „unheilbar Geisteskranken zu beseitigen" suche und zwar spätestens im Falle eines künftigen Krieges. HITLER hat nie leere Prophezeiungen ausgesprochen, sondern Angekündigtes stets wahrgemacht. Jedermann hätte nach sieben Jahren unumschränkter Regierungszeit dieses Despoten von seinen mörderischen Absichten wissen können.

Hegt also Nazi-Bürgermeister ENGELBRECHT in GÖRSCHNITZ wirklich noch keinen spezifischen Verdacht gegen die Naziführung? Hat er wirklich noch Vertrauen in die deutsche Psychiatrie? Oder hat er inzwischen längst auch eine „Schere im Kopf", wie so viele andere?

Dem Bezirksfürsorgeverband wird der Verpflegungssatz für Arme von täglich 2,70 RM in Rechnung gestellt. Er verpflichtet sich, für die Dauer der Anstaltsversorgungsbedürftigkeit das Verpflegungsgeld der Verpflegungsklasse III regelmäßig vorauszuzahlen und auch die besonders vergüteten Auslagen der Anstalt zu ersetzen.

Verlassen und ausgehorcht

Nur ganze drei Verwandtenbesuche bekommt ANNA MARGARETA SOMMERER in den ganzen folgenden drei Monaten in BAYREUTH. Das zeigt der Besuchsbogen, der durch die Unterschriften der Pfleger HÜBNER, LAUTERBUCH und DR. MATZL bestätigt ist. Insgesamt sind es überhaupt nur zwei Personen vom GRUND, die zu ihr kommen. Eine Woche nach der Einlieferung erkundigt sich erstmals die Nichte ELISABETH, die einstige Gefährtin ihrer Kindheit, nach ihr.

In der Anstalt wird ELISABETH gleich ausgehorcht: Wie war die Patientin früher? Was und wie habe sie gearbeitet? Gab es schon länger eine Überlegung, sie in die Heilanstalt zu geben? Die Nichte versucht, wahrheitsgemäß zu antworten und beschreibt die verringerte Belastbarkeit der Patientin beim Arbeiten und ihre starken Depressionen seit dem Unfall. Schon länger habe sich die Familie Gedanken gemacht, die Patientin in die Anstalt zu bringen. ELISABETH ahnt nicht, dass sie damit den Mördern der „T4"-Aktion Argumente an die Hand gibt, die Tante als „lebens-

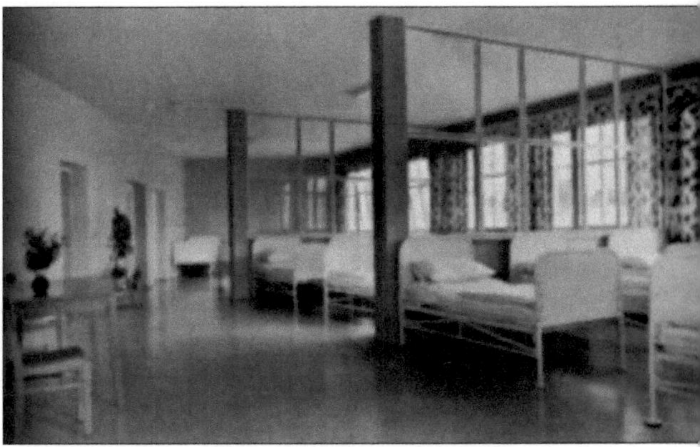

Station auf dem Weg in den Tod: *Patientenzimmer in der Heil– und Pflegeanstalt Bayreuth*

unwert“ zu selektieren. Dass die Mutter sich energisch widersetzt habe, wie ELISABETH beteuert, will niemand zur Kenntnis nehmen.

Zu sehr spricht in diesen Wochen auch das äußere Erscheinungsbild von ANNA MARGARETA gegen sie selbst. Im Allgemeinen liegt sie still im Bett. Doch von Zeit zu Zeit stößt sie, wie schon daheim, gellende Schreie aus: „Ach Gott, ach Gott“. Einen Grund, warum sie so stöhnt und schreit, mag sie dem Personal nicht nennen, denn sie geht davon aus, dass die Pfleger sie ja doch nicht verstehen. Nur Schlafmittel bekommt sie zur Beruhigung verabreicht, immer wieder.

Am liebsten liegt ANNA MARGARETA im Bett und verbirgt sich unter der Decke. Am Tag, wenn sie ins Freie darf, kniet sie manchmal im Gras, das Gesicht zur Erde gekehrt. Einmal schiebt sie ganz plötzlich eine Bank zum Gartenzaun und versucht hinüberzusteigen. Doch kräftige Arme halten sie fest. Es kommt fast zu einem Kampf; sie ist wütend. Aber sie lässt sich weder zu einem Gespräch bewegen, noch zu einer Beschäftigung.

Dann, im Abstand von jeweils drei Wochen, nimmt auch die alte Mutter zusammen mit der Nichte zweimal den beschwerlichen Weg per Bahn und Bus von WEIDENBERG zur Bayreuther Gartenstadt auf sich. Auch sie wird sofort ausgehorcht und bekennt ihre Sorgen, ohne zu ahnen, dass man alle Informationen einmal gegen ihre Tochter verwenden könnte: Ja, man habe die Kranke niemals allein lassen dürfen, immer habe man gewärtig sein müssen, dass sie einen „Selbstmordversuch“ anstellen würde. Diese Versuche hätten alle den Zweck gehabt, die Familie in Aufregung zu versetzen und das Interesse auf die Kranke zu lenken. Ernst gemeint wäre das nie gewesen; aber die Familie habe dadurch doch sehr unter Spannung gestanden.

Den letzten Eintrag in der Patientenakte in BAYREUTH finden wir Mitte August 1940: *„Verhalten ganz unverändert. Spricht kaum ein Wort, wenn man sie anspricht. Stört nachts durch ihr lautes und gellendes Schreien. Macht im Ganzen einen recht schwachsinnigen Eindruck.“*

Auf einem weiteren Fragebogen wird die Mutter ELISABETH SOMMERER als mögliche Hinterbliebene aufgeführt, ein Zeichen, dass man nun mit dem Schlimmsten rechnen muss.

Tödliche Weichenstellung in Bayreuth

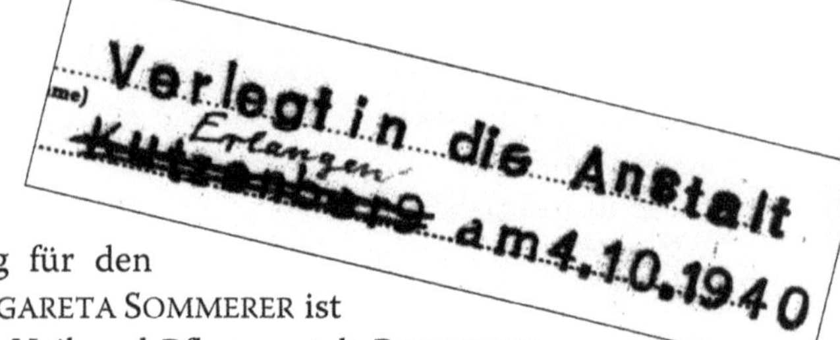

Von entscheidender Bedeutung für den weiteren Weg von ANNA MARGARETA SOMMERER ist nun das Formular, in dem die Heil und Pflegeanstalt BAYREUTH bestätigt, dass die Patientin am 4. Okt. 1940 in die Anstalt ERLANGEN verlegt worden sei. Als Lebensalter sind 42 Jahre und 4 Monate eingetragen, als vorläufige Diagnose nun entgegen dem tatsächlichen Befund „Schwachsinn und Schizophrenie".

Das Blatt enthält ferner den kryptischen Stempel: „Meldebogen 1 ausgelaufen 1. Aug. 1940". Wahrscheinlich ist das der Termin, an dem ANNA MARGARETA SOMMERER bei der „T4"-Zentrale in BERLIN gemeldet worden ist. Per Entscheidung am Schreibtisch ist dort ihre Tötung beschlossen worden. Für den Zielort der Verlegung verwendet die Bayreuther Heil– und Pflegeanstalt ebenfalls einen Stempel, der selbst gefertigten ist und anzeigt, dass es sich bei der Verlegung um eine Serienabfertigung handelt.

Grundbuch-Nummer: 2716 15517 / 16
Meldebogen 1 ausgelaufen
1. Aug. 1940
Heil- und Pflegeanstalt Bayreuth
Name: Sommerer Margarete (bei Frauen auch Mädchenname) Verlegt in die Anstalt Erlangen ~~Kutzenberg~~ am 4.10.1940
Beruf: Kleinrentnerin
Gewöhnl. Aufenthalt: Grund Landkreis: Bayreuth
Aufgenommen zum 1. Male: am 4. Juli 1940
Art der Aufnahme:

Tödlicher Stempel: *Meldebogen für ANNA MARGARETA SOMMERER*

Das dunkle Geheimnis eines geänderten Stempelabdrucks

Beim Abdruck dieses Stempels ist das ursprüngliche Ziel „Kutzenberg" handschriftlich mit „Erlangen" korrigiert. Mit diesem veränderten Eintrag ist, wie zu zeigen ist, das zukünftige Todesurteil erhärtet.

In diesem Zusammenhang ist auch zu fragen: Warum kam es überhaupt zur Verlegung der Patienten? Wer hat über den Zielort entschieden? Und wer hat aus welchem Grund den Stempelabdruck im Nachhinein überschrieben?

Die Anfertigung des Stempels „Kutzenberg" zeigt, dass es bei der Verlegung um eine Massenabfertigung ging. Diese erfolgte, weil die Heil– und Pflegeanstalt BAYREUTH zu diesem Zeitpunkt aufgelöst werden sollte. Diese Einrichtung war dem unbeliebten, karrieregeilen Gauleiter FRITZ WÄCHTLER schon länger ein Dorn im

Auge. Denn ab dem Jahr 1935 wuchs rund um die Heilanstalt in Wendelhöfen die „Hans- Schemm-Gartenstadt“ aus dem Boden. Hier wohnten hohe Nazifunktionäre und ihre Freunde. Wächtler behauptet, dass der Wohngenuss durch die Patienten beeinträchtigt sei.

Pläne eines verhassten Gauleiters vereitelt: *Fritz Wächtler*

WÄCHTLER gibt sich damals sehr besorgt um das nationale und internationale Ansehen seiner „Gauhauptstadt“ Bayreuth. Seine neue Vorzeigesiedlung liegt ihm am Herzen. Er beklagt, dass in den anliegenden Straßen das Schreien und Lärmen der Anstaltsinsassen deutlich vernehmbar sei. Kinder könnten unerwünschte Beobachtungen machen und mancherlei Eindrücke empfangen, die die jugendlichen Empfindungen nachhaltig beeinflussen.

Der Bayreuther Nazi-Oberbürgermeister DR. FRITZ KEMPFLER pflichtet diesen Einwendungen bei: Der weitere Betrieb der Anstalt werde geradezu zur Groteske, wenn erst die Baupläne des Führers verwirklicht seien, stellt er fest. Offenbar erwägt man damals ernsthaft, für den Wagnerenthusiasten HITLER in der Nähe des Festspielhauses eine Villa zu kaufen. Die Stadt will sich mit der Anwesenheit des Diktators schmücken. Er soll dem Volk gegenüber als besitzlos und auf solche Zuwendungen angewiesen dargestellt werden. Dabei weiß jeder, dass HITLER zu dieser Zeit ist längst mehrfacher Millionär ist. Die Tantiemen für sein Buches „Mein Kampf“, das ein Pflichtbuch für jeden Nazi ist, haben ihn zum reichen und finanziell unabhängigen Mann gemacht.

Ruhe für die „Hans-Schemm-Gartenstadt“: *Die Heilanstalt sollte 1940 Wächtlers Plänen zur Erweiterung dieser Paradesiedlung für Nazifunktionäre weichen*

Gauleitung und Stadtführung sind sich also einig, dass die Bayreuther Heil- und Pflegeanstalt abgerissen

Friedrich Kempfler, *seit 1931 NSDAP-Mitglied, von 1938- 1945 Oberbürgermeister in Bayreuth*

werden soll. Doch inzwischen ist der Krieg fortgeschritten. Die Alliierten haben auf Hitlers Überfälle mit einem wachsenden Bombenterror reagiert, der sich gegen die strategischen Zentren in Deutschland, aber zunehmend auch gegen die deutschen Städte und die Zivilbevölkerung richtet. Viele hochfahrende Pläne verfliegen. So unterbleibt auch der Abriss der Heil- und Pflegeanstalt, die Funktionäre müssen ihre Bedürfnisse zurückstellen. Die Einrichtung wird nun für andere Zwecke gebraucht. Die Hitlerjugend setzt durch, dass in die Gebäude ein Heim für „Kinderlandverschickung“ einzieht. Anstatt dass also hier weitere Villen für die Naziclique oder den Führer entstehen, sollen Kinder aus bombengefährdeten Großstädten in der ehemaligen Heilanstalt Zuflucht finden.

Doch was steckt nun hinter dem Stempel und der manuellen Korrektur des Stempelabdrucks, der auf dem Formular für Anna Margaretes Abtransport die Änderung des wohl ursprünglich geplanten Zielortes angibt? Deutlich wird zunächst einmal, dass hinter der Zuweisung der Verlegungsorte für die einzelnen Patienten kein Zufall waltet, sondern wohlweisliche Überlegungen von einzelnen handelnden Personen, über deren Beweggründe nachzudenken ist.

Abtransport mit Bus und Bahn

Über diese „Räumung und Verteilung der Patienten in umliegende Anstalten“ lesen wir bei Maximilian Ettle und Herta Renelt in „Psychiatrie im Nationalsozialismus“ über die Heil- und Pflegeanstalt Bayreuth: *„Schon am 4. und 5. Oktober (1940) verlässt der Großteil der Patienten die Anstalt. In Begleitung von Pflegepersonal werden die [sc. rd. 575] Bayreuther Patienten in die benachbarten Kliniken Ansbach, Erlangen und Kutzenberg verlegt ... [99 Patienten], die nach Aufzeichnungen in ihren Krankenblättern seit längerem als arbeitsfähig beschrieben werden, bleiben zur Aufrechterhaltung des Betriebes der als Kinderheim genutzten Einrichtung zurück“* – sie überleben so den Terror.

Der große logistische Aufwand beim Abtransport der Patienten mit mindestens 12 großen Bussen zum Bahnhof innerhalb von zwei Tagen und von dort mit dem Zug müsste eigentlich das Aufsehen der Bevölkerung erregt haben. 575 Bayreuther Patienten werden zum Bahnhof transportiert. 134 von ihnen werden mit der Reichsbahn in Begleitung von Pflegepersonal nach Kutzenberg gebracht. Aus dieser Zahl werden 61 Patienten weiter in die Tötungsanstalt Schloss Hartheim bei Linz verlegt und fallen dort der Mordaktion der „T4“-Zentrale zum Opfer. Insgesamt 290 Patienten werden von Bayreuth aus in die Heil- und Pflegeanstalt ANSBACH gebracht. Von diesen werden 76 Patienten in Tötungsanstalten ermordet.

151 Patienten werden von Bayreuth nach ERLANGEN verlegt. Von ihnen werden 95 der Aktion „T4“ zugeführt, davon 71 Frauen. Unter ihnen ist ANNA MARGARETA SOMMERER.

Doch keine damalige Zeitung erwähnt die Räumung der Heil– und Pflegeanstalt oder das Schicksal ihrer Patienten. Die „Bayerische Ostmark“, eine der örtlichen Bayreuther Zeitungen, berichtet nur über die geplante Ankunft der Kinder im dort neu eingerichteten Kinderheim der NSV.

Sich auch in Bayreuth und Weidenberg der Opfer erinnern

Insgesamt sterben in den Wochen und Monaten nach dieser Verlegung 228 Bayreuther Patienten gewaltsam. Das ist also fast die Hälfte der damals am 4. und 5. Oktober 1940 Verlegten. Wer erinnert sich ihrer?

Die Stadt COBURG, die einst im Jahr 1929 den ersten NSDAP-Bürgermeister in den Sattel gehoben hat, im Jahr 1930 Hitler beim ersten „Deutschen Tag“ in Franken den Weg bereitet hat und ab 1939 den „Ehrentitel“ »Erste nationalsozialistische Stadt Deutschlands« führen durfte, hat versucht, ihre braune Vergangenheit aufzuarbeiten. Im Jahr 2010, also 70 Jahre nach dem grausigen Geschehen des Mordes an Behinderten und Juden, hat sie begonnen, „Stolpersteine“ in das Stadtpflaster einzulassen. Sie sollen Mahnzeichen für die Opfer aus dem Coburger Land sein.

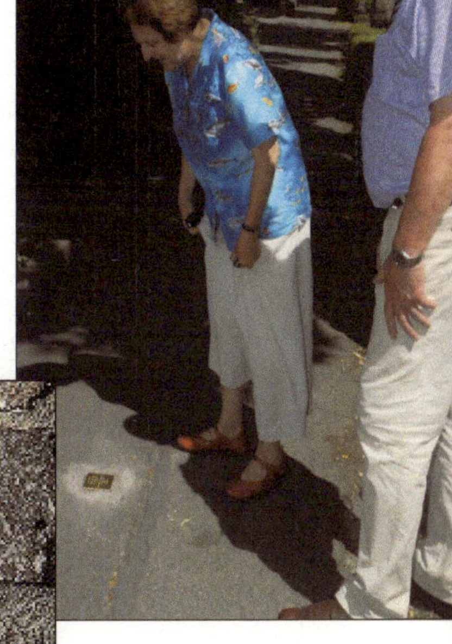

„Stolpersteine“: *Stätten der Erinnerung, hier in Coburg*

Im Bezirksklinikum ANSBACH wurde bereits im Jahr 1992 eine Gedenktafel enthüllt. Im Herbst 2012 folgte ein auffallendes Mahnmal *(Bild)*. Eine große Stahlplatte in Buchform, angesichts der erdrückenden Schwere der Verbrechen symbolisch nach hinten geneigt, wirft einen langen Schatten aus der Vergangenheit in die Gegenwart. Eine eingravierte Strichliste verkörpert in ihrer banalen Auflistung die bürokratische Grausamkeit, mit der die Menschen „abgehakt" wurden. Bei Betrachtung aus der Nähe wird deutlich, dass jeder Strich individuell gesetzt wurde. Dem entmenschlichten Täterhandeln stehen somit 2.000 Opfer einzeln gegenüber.

Vom Oktober 1940 – April 1941 waren hier neben den 290 Bayreuther PatientInnen 602 weitere in sieben Transporten der T4-Aktion in Vernichtungsanstalten gebracht worden. Im Jahr 1941 starben hier außerdem insgesamt 1.200 erwachsene Patienten an der neu eingeführten „Hungerkost"[13], sowie 156 Kinder.

Auch betroffene kirchliche Einrichtungen versuchen sich ihrer Vergangenheit zu stellen. So gemahnt in NEUENDETTELSAU eine Figur des Christus als guter Hirte an die Opfer. Von den 1.700 Patienten der Anstalt NEUENDETTELSAU und ihrer Filialen überlebten 500 Patienten. 1.200 fielen der Todesmaschinerie des Staates zum Opfer.

Während also andere Orte sich schon länger mit der Geschichte ihrer Heil– und Pflegeanstalten auseinandersetzen und Mahnmale für die Opfer errichtet haben, erinnert bis heute kein Mahnmal an die Opfer der Bayreuther Anstalt. Mit den Kapiteln über die Weidenberger Euthanasieopfer soll bewusst angeregt werden, dass sich auch die Stadt BAYREUTH und der Markt WEIDENBERG mit gleicher Anteilnahme in diese Kultur des Erinnerns einreihen.

---

[13] Vergl. dazu auch das Kapitel weiter unten „Martin – Leben im Armenhaus, Sterben an Hungerkost" – Spurensuche Opfer der Armut und der „wilden Euthanasie" aus Weidenberg

Die Auswahl der Opfer in der Selektionsanstalt Erlangen

Die Wahrscheinlichkeit, nach der Verlegung umgebracht zu werden, war für die Opfer je nach Verlegungsort sehr unterschiedlich. Sie betrug in der Heil- und Pflegeanstalt ANSBACH 26,2 %, in KUTZENBERG 52,2 % und war in ERLANGEN mit 62,3 % am höchsten. Das heißt, die handschriftliche Korrektur des Stempels auf dem Personalbogen von ANNA MARGARETE SOMMERER IN „ERLANGEN statt KUTZENBERG" bedeutete eine statistische Verschärfung ihres ohnehin schon hohen Todesrisikos um weitere 10 %. Gibt es dafür eine Begründung?

Auffallend sind zunächst der Familienstand und das Alter der Todeskandidaten, die über ERLANGEN „verschubt" werden. Rd. 66 % von ihnen sind ledig. Ihr Durchschnittsalter beträgt knapp 46 Jahre. Überverhältnismäßig viele Bayreuther Patienten sind ferner weiblich (71 Frauen und 24 Männer), während das Verhältnis in KUTZENBERG annähernd ausgeglichen war (29 Männer, 32 Frauen). In allen drei Anstalten wird bei den später Getöteten eine Diagnose aus dem „schizophrenen" Formenkreis gestellt, mit rund 54 %, vor der Epilepsie mit rund 6 % und der Oligophrenie mit rund 5 %. D.h. der Hauptgrund für diesen Mord ist die angebliche Schizophrenie der Patientin und was man damals alles darunter subsummiert.

Selektionsort mit Hakenkreuzbeflaggung: *Die Heil- und Pflegeanstalt Erlangen um 1940*

Keine auffallenden Unterschiede ergeben sich auch bei der Religionszugehörigkeit der Patienten, die im Wesentlichen der Konfessionsstruktur des Einzugsbereichs entspricht[14].

Daraus ergeben sich die wahrscheinlichen Prüfsteine für die Selektion von ANNA

---

[14] Alle Angaben a.a.O. in „Psychiatrie im Nationalsozialismus", Die Bayerischen Heil- und Pflegeanstalten zwischen 1933 und 1945, ab S. 89, im Artikel von MAXIMILIAN ETTLE und HERTA RENELT über die Heil- und Pflegeanstalt Bayreuth.

MARGARETE SOMMERER. Sie musste sterben vor allem, weil sie starke Depressionen hatte, die man damals dem schizophrenen Formenkreis zurechnete, also als Geisteskrankheit betrachtete; ferner weil sie weiblich, über 40 Jahre alt und zudem arbeitsunfähig war. Demgegenüber dürfte ihre körperliche Behinderung durch die Hüftluxation und den Beinbruch bei der Beurteilung „lebensunwert" eine eher geringere Rolle gespielt haben, da im Krieg die körperliche Versehrtheit für viele durch Bombenverletzung oder Kriegsverwundung zum „Alltag" geworden war.

Mit anderen Worten: Damals konnten also Depressionen das Leben kosten. Das ist besonders gruselig, weil ja diese Depression bei ANNA MARGARETA SOMMERER keineswegs „endogen" war, also auch nicht zu den von den Nazis verfolgten „Erbkrankheiten" gehörte, sondern „reaktiv", sich also nach einem belastenden Stressereignis eingestellt hatte. Es fällt ja auf, dass die Depressionen bei ihr erst ab dem Jahr 1939 einsetzen. Es ist genau der Zeitpunkt, als der akute und unfachmännisch behandelte Beinbruch, den sie sich in der Landwirtschaft zugezogen hat, sie zu Krankenhausaufenthalten zwingt und aus dem Arbeitsleben in der Landwirtschaft wirft. Einsetzende Wechseljahrsbeschwerden, die ja häufig mit Depressionen einhergehen, könnten bei der 42-jährigen hinzu gekommen sein.

In ihrer Klage „Ach Gott, ach Gott" schreit sie ihre ganze Verzweiflung über ein nun nutzlos gewordenes Leben heraus. Wenn sie sich im Bett vergräbt oder ihr Gesicht ins Gras drückt, flüchtet sie vor der totalen Sinnlosigkeit. Auch dürften in dieser Krankheitsphase Erinnerungen an die menschlichen Demütigungen als Krüppel aus der frühen Kindheit und Jugend wieder hochgekommen sein. Die angeborene Hüftverrenkung hatte sie in der Entwicklung doch stark beeinträchtigt und ihr von Seiten der Mitschüler die Verspottung als „Hinkefuß" eingetragen. Ursache und Wesen dieser tief greifenden Depressionen sind aber damals verkannt worden. Die verfehlte medizinische Zuordnung zum Formenkreis „Geisteskrankheit, Schizophrenie" ist für ihren Tod maßgeblich.

Überraschend ist bei der statistischen Auswertung der Selektionsgründe, dass die Diagnose „Schwachsinn", die ja in der Nazi-Propaganda für den erbgesunden Nachwuchs eine so große Rolle spielt, und die auch in den Akten von ANNA MARGARETA SOMMERER auftaucht, für die Selektion eine völlig untergeordnete Rolle spielt. Sie ist auch nach der Faktenlage kaum haltbar: ANNA MARGARETA hat ja am regulären Schulunterricht in GÖRSCHNITZ und am KONFIRMANDENUNTERRICHT in WEIDENBERG wie alle anderen Gleichaltrigen teilgenommen. Ihre Bewertungen durch Pfarrer OTTO HERATH mit der Note I sind sogar auffallend positiv. Allenfalls zeigte sie eine langsame Auffassungsgabe und eine begrenzte Belastungsfähigkeit, mit der aber Lehrer, Mitschüler, Verwandte und Nachbarn umgehen konnten.

Wieso über die ANNA MARGARETA SOMMERER unterstellte, aber gar nicht vorhandene „Schizophrenie" hinaus das Geschlechtskriterium „weiblich" für die Selektion in ERLANGEN eine so deutliche Rolle spielt, kann man nur vermuten. Sie war ledig und konnte im Alter von über 42 Jahren nach Lage der Dinge wohl keine Kinder mehr bekommen. Da sie auch nicht arbeiten konnte, leistete sie somit auch keinen Beitrag zum Nutzen der Volksgemeinschaft. So war ihr Leben nach den Vorstellungen der Nazis „lebensunwert". Nach dem propagandistisch eingeübten Sprachgebrauch war sie eine „Ballast-Existenz". Als Ledige würde ihr Tod auch wohl weniger Aufsehen erregen, als wenn sie eine eigene Familie hätte. Nachdem auch der Vater nicht mehr lebte und die Mutter schon sehr alt war, würden sich nur wenige Menschen für sie einsetzen und nach ihr fragen.

Die Richtigkeit dieser diabolischen Rechnung hatte sich ja schon im Bayreuther Besuchsbuch gezeigt, für das sich die „T4"-Akteure so interessierten: Wenn nur die alte Mutter und die Nichte nach Anna Margaretha fragten, wie die spärlichen Besuche zeigten, und sonst weiter keiner, nicht einmal der Vormund, dann würde ihr Tod auch kein Aufsehen erregen. So war sie ein ideales Opfer für die „T4"-Mordmaschine. Ihr Tod würde mithelfen, die vielen 100 Millionen RM für die Volksgemeinschaft einzusparen, wie sich die „T4"-Organisatoren in ihren gruseligen Rechnungen erträumten.

Doch wer war es, der sie letztlich in ERLANGEN als Mordopfer herausgesucht hat? Und wie ging ihr Weg in den Tod weiter?

Trügerische Idylle: *Heil– und Pflegeanstalt Erlangen*

Auslieferung und Ermordung im Mordschloss Hartheim

Durch die Informationen von HANS-LUDWIG SIEMEN über die Heil und Pflegeanstalt ERLANGEN[15] erfahren wir, dass bereits am 26. Juli 1940 der Direktor dieser Einrichtung, DR. WILHELM EINSLE, der ein besonderer Verehrer des Rassentheoretikers HOUSTON STEWART CHAMBERLAIN war, ein Schreiben des Reichsministers des Inneren erhalten hatte. Es war unterzeichnet vom Reichsgesundheitsminister und SS-Führer DR. LEONARDO CONTI und enthielt die Anordnung, dass auch seine Heil- und Pflegeanstalt Erlangen Meldebögen über ihre Patienten auszufüllen hatte. Eine Kommission von Beauftragten der „T4"- Zentrale vollendete dann vor Ort noch den Vorschlag der Klinik zur Ausfüllung der Meldebögen.

Alle Transporte wurden der Klinik vorher in einem Schreiben des Staatsministeriums des Inneren angekündigt. So gibt am 19. Oktober 1940 der Leiter der Gesundheitsabteilung im bayerischen Staatsministerium des Inneren, DR. WALTER SCHULTZE, der Erlanger Klinik die Anweisung, 120 Patienten zu verlegen. Begründet wird dies nichtssagend mit einem Auftrag des Reichsverteidigungskommissars. SCHULTZE kündigt an, dass die „gemeinnützige Transportgesellschaft" GeKraT, das Tarnunternehmen der Berliner „T4"-Zentrale zur Abholung der Selektierten, sich um die Auswahl der Kranken kümmern werde. Diese Verlegung werde voraussichtlich am 29. Oktober 1940 erfolgen.

In der Hand der „T4"-Organisatoren

Für die Vorbereitung des Transports erhält die Klinik genaue Anweisungen. Unruhige Kranke seien mit den entsprechenden Mitteln für einen mehrstündigen Transport vorzubehandeln. Soweit möglich sei ihnen die eigene Wäsche und Kleidung mitzugeben, andernfalls Leihwäsche, ebenso in einer Verpackung das gesamte Privateigentum. Die Personalakten der Kranken und ihre Krankengeschichten seien den Transportleitern auszuhändigen. Besorgten Angehörigen sollte auf ihre Anfragen als Grund für die Verlegung der Auftrag des zuständigen Reichsverteidigungskommissars genannt werden. Man sollte die Angehörigen beruhigen und darauf hinweisen, dass die neue Anstalt sich alsbald mit ihnen in Verbindung setzen werde.

Die Männer der „gemeinnützigen Transportgesellschaft" erscheinen dann tatsächlich mit Listen in der Klinik. Sie umfassen aber weit mehr Patienten, als letztendlich verlegt werden sollen. Die Direktion muss nun mit der GeKraT die Namen der zu verlegenden Menschen abstimmen. Auf diese Weise bindet die

---

15 AaO S. 159ff

„T4“-Organisation die Anstaltsleitungen in ihr Mordprojekt mit ein und macht sie zu „Mittätern“.

So ist die Ärzteschaft in Erlangen also auch beteiligt, ANNA MARGARETA SOMMERER als Mordopfer auszuwählen. Insofern sind diese Ärzte als Mittäter in ihr Schicksal verstrickt. Diese Ärzte, die hier damals über Tod und Leben entscheidenden, werden übrigens dafür später nie zur Rechenschaft gezogen. Insbesondere der Klinikchef Dr. EINSLE hatte dann im Ruhestand viel Muße, seinem Hobby zu frönen; er ordnete die Abteilung der großen Wagnerbibliothek über den antisemitischen Rassentheoretiker HOUSTON STEWART CHAMBERLAIN.

Tödliche Fahrt ins Blaue: *„Grauer Bus“ der Tötungsanstalt Schloss Hartheim mit Fahrer HANS LOTHALLER 1940*

Mit sieben Transporten werden vom 1. November 1940 bis zum 24. Juni 1941 insgesamt 908 Patienten aus der Heil- und Pflegeanstalt ERLANGEN in die großen Tötungsanstalten verlegt. Der Abtransport erfolgt mit den gefürchteten „Grauen Bussen“ der GeKraT. Sie tragen das Kennzeichen der Reichspost und sind, wie alle Reichspostfahrzeuge, seit Kriegsbeginn grau gespritzt. Sie bringen zunächst 240 Patienten von ERLANGEN nach SONNENSTEIN bei Pirna. Die Oberschwester bereitet den Transport vor.

Vom Pflegepersonal gekennzeichnet

Viele Betroffene wissen inzwischen längst, dass den „Verschubten“ nichts Gutes bevorsteht. „Wenn heute Abend mein Zeug auf dem Nachtkästchen liegt, muss ich morgen mit fort“, so geht das Gespräch längst auch untereinander. Auch die Anstaltsleitung und viele Schwestern wissen, dass dies für ihre Patienten keine Fahrt in den Urlaub ist, sondern in den sicheren Tod, man muss es ihnen nicht extra sagen.

Am Donnerstag, 21. Nov., kommt die Oberschwester auch ans Bett von ANNA MARGARETA SOMMERER. Sie hat ihr die geringe persönliche Habe mitgebracht und legt sie wortlos auf das Nachtkästchen. Ein Zug des Bedauerns überzieht ihr Gesicht. Dann nimmt sie ein Pflaster in die Hand. Darauf sind Namen und Geburtsdatum der Patientin geschrieben. ANNA MARGARETA soll ihren Oberkörper entkleiden. Dann klebt ihr die Oberschwester das Pflaster zwischen die Schulterblätter.

Als es Abend wird, kommt HANS KÜPPERS aus Berlin. Er führt die Aufsicht bei der Durchführung der einzelnen „T4“-Aktionen in den fränkischen Kliniken. Wegen der auffallend kräftigen Männer in seinem Begleitkommando nennen ihn alle den „Schinderhannes". Er will sich vom korrekten Stand der Vorbereitungen überzeugen.

Im Konvoi der Donau entlang

Am Freitag, 22. Nov. 1940, sind wieder graue Busse gekommen, wieder mit dem großen Mercedesstern am Kühlergitter und wieder mit dem Fahrzeugkennzeichen der Reichspost; aber es sind viel mächtigere Fahrzeuge als die bisherigen, sie besitzen doppelte Hinterachsen. In den Fahrgastraum passen mehr Personen hinein. Die Patienten werden hineingeschoben. Bald verlässt der Konvoi ERLANGEN, diesmal allerdings Richtung Süd-Osten. Von den 129 Passagieren, die an diesem Tag transportiert werden, stammen 76 aus der aufgelösten Anstalt BAYREUTH. Sie sind unruhig. Begleitende Schwestern versuchen sie zu beschwichtigen.

Es ist ein frostiger Novembertag. Die Fahrt führt über REGENSBURG und PASSAU die Donau hinab. Für viele ist es das erste Mal, dass sie den malerischen Lauf der Donau und die grüne Landschaft mit ihren markanten Höhenzügen und Flussauen durchfahren. Die Walhalla fliegt vorbei. Wie ein Mäanderband windet sich die Donau durch die saftig-grünen Auen. Kühe stehen auf den Weiden. Die anmutigen Städtchen DEGGENDORF und VILSHOFEN werden durchquert. Die ehrwürdige Dreiflüssestadt PASSAU kommt in Sicht. Die mächtigen Ausläufer des Bayerischen Waldes verlieren sich in der Ferne. Unmerklich wird die Grenze zu Österreich überquert, sie ist seit gut zwei Jahren keine trennende Staatsgrenze mehr.

Denn am 13. März 1938 war HITLER mit seinen Truppen in Österreich einmarschiert und hatte das Land annektiert, dessen Staatsbürgerschaft er 13 Jahre zuvor, im Jahr 1925, bewusst abgelegt hatte. Zwei Tage später hatte er auf dem Heldenplatz

Reiseziel Mordschloss Hartheim *mit den Garagen der grauen Busse 1940*

in WIEN unter dem Jubel Zehntausender Menschen „den Eintritt meiner Heimat in das Deutsche Reich" gemeldet. Ob die Passagiere in den grauen Bussen darüber froh sein sollten?

Klöster säumen den Weg auf der weiteren Fahrt, den Fluss entlang Richtung LINZ. Doch die landschaftlichen Reize können die unfreiwilligen Fahrtteilnehmer gar nicht aufnehmen. Die getönten Fensterscheiben verhindern den Ein- und Ausblick. Auch belasten dunkle Ahnungen das Gemüt. ANNA MARGARETA SOMMERER bleiben nun noch maximal 12 Tage zu leben.

Im Ort ALKOVEN, 10 km vor LINZ, biegen die Busse von der Hauptstraße ab. Auf der Schlossstraße fahren sie ein paar hundert Meter nach Süden. Ihr Ziel ist SCHLOSS HARTHEIM im gleichnamigen Ort.

Mit Tinte für den Tod nummeriert

Was geschah weiter mit ANNA MARGARETA SOMMERER, wie verlief ihr Todesweg? Der Mitarbeiter der Dokumentationsstelle im heutigen „Gedenk- und Lernort" HARTHEIM, Mag. PETER EIGELSBERGER, bestätigt den Transport an diesem 22. November 1940. Ob sein Weg direkt nach HARTHEIM ging oder ob er zur Verschleierung über die Anstalt NIEDERNHART in LINZ/Donau als Zwischenanstalt geführt wurde, lässt sich nicht mit Bestimmtheit sagen. Die damalige Oberösterreichische „Landes-Irren-Heil- und Pflegeanstalt" NIEDERNHART – die heutige Landesnervenklinik Wagner-Jauregg – liegt im südlichen Linzer Ortsteil WALDEGG, 10 km östlich von HARTHEIM. Beide Kliniken, NIEDERNHART und HARTHEIM, stehen zu dieser Zeit unter der Leitung des langjährigen Parteigenossen und SS-Mannes DR. RUDOLF LONAUER. Wie in HARTHEIM, so werden auch in NIEDERNHART Patienten auf der berüchtigten Station V ermordet. Als Stellvertreter und Leiter von NIEDERNHART steht LONAUER der SS-Mann und „T4"-Gutachter DR. GEORG RENNO zur Seite.

Etliche Transporte laufen über NIEDERNHART, weil dort Patienten, die zum Ermorden vorgesehen sind, an der offiziellen Aufnahme vorbei untergebracht werden können. Die Pfleger dort haben die Aufgabe, den Ankommenden mit Tinte eine Nummer auf den Körper zu schreiben.

Morde auch hier: *„Landesirrenanstalt" Niedernhart in Linz*

Doch sind die zukünftigen Opfer zumeist nur wenige Tage dort und werden anschließend nach HARTHEIM überstellt. Einige bringt Dr. RENNO aber auch persönlich schon in NIEDERNHART mit Spritzen oder Medikamenten um.

SCHLOSS HARTHEIM, das Renaissanceschloss der ehemaligen HERREN VON HARTHEIM bei ALKOVEN, 10 km vor LINZ gelegen, ist eine der sechs großen zentralen Tötungsanstalten in dieser Phase der Euthanasieprogramme. Das Schloss war im Jahr 1898 dem Oberösterreichischen Landeswohltätigkeitsverein geschenkt und als „Idiotenanstalt" für Geisteskranke eingerichtet worden. Im März 1940 hatten die Nazis die „Pfleglinge" und das Personal verlegen lassen und die Gebäude zur „Euthanasie"-Anstalt umfunktioniert. In den Erdgeschossgewölben des Ostteils sind seitdem eine Gaskammer, der Leichenraum und ein Verbrennungsofen eingebaut, aber das äußere Erscheinungsbild dieses Schlosses ist weitgehend unberührt geblieben. Nichts deutet für die Neuankömmlinge darauf hin, dass sie in einem Mordschloss angekommen sind.

Das Mordpersonal wirkt harmlos

Auch der Leiter der Tötungsanstalt, RUDOLF LONAUER, wirkt ganz unverfänglich. Obwohl er aus einer österreichischen Familie stammt, in der schon der Vater überzeugter Nationalsozialist war, und obwohl auch die Ehefrau ein fanatisches Parteimitglied war, hätten die eigenen Kinder wohl nie geahnt, dass sie bei Tisch mit einem Mörder zusammensitzen. Am Ende bringen die beiden Mördereltern am 5. Mai 1945 auch ihre eigenen Kinder um und nehmen sich dann selbst das Leben.

Mörderisches Elternpaar: *Dr. LONAUER mit Familie*

LONAUER war der führenden NS-„Euthanasie"-Arzt in der „Ostmark". Er hatte sich in LEIPZIG als Mediziner im Geist der nationalsozialistischen Rassenhygiene ausbilden lassen. Klassische Psychotherapie lehnte er nach den Lehren der Nazis als „jüdisch" ab. Stattdessen praktizierte er unter dem schönfärberischen Begriff „Gnadentod" mit eigener Überzeugung die Vernichtung des schwachen Lebens.

Mordarzt Dr. GEORG RENNO, *Stellvertreter in Hartheim und Niedernhart*

Sein Stellvertreter DR. GEORG RENNO war gebürtiger Elsässer aus STRAßBURG. Auch er war ein überzeugter Nazi und Anhänger der „Euthanasie"-Praxis. In der Pflegeanstalt LEIPZIG-DÖSEN hatte er zu diesem Zweck im Jahr 1940 gemeinsam mit Prof. NITSCHE eine unauffällige Mordmethode, das so genannte Luminal-Schema, entwickelt. Luminal ist eigentlich ein in der Psychotherapie gebräuchliches Beruhigungsmittel und Antiepileptikum. Bei falscher Dosierung tritt aber nach wenigen Tagen der Tod ein. In vielen Heilanstalten, die dann an der dritten Welle der „wilden Euthanasie" beteiligt sind, wird dieses Luminal dann, neben dem Hungertod, zum Mittel der Wahl werden.

Der äußerlich harmlos wirkende RENNO ist tief in das Mordgeschehen verstrickt. Für die über 50 öffentlichen und kirchlichen Heil- und Pflegeanstalten, Altersheime und Siechenanstalten im Bereich der „Ostmark" wählt er als „T4"-Gutachter am Schreibtisch anhand von Meldebögen die Personen aus, die anschließend in den Tötungsanstalten vergast werden sollen. Dabei verwendet er die übliche Praxis. Die zum Tod bestimmten Opfer markiert er in den Listen jeweils mit einem roten „+", während ein blaues „–" bedeutete, dass er die Betroffenen am Leben lassen will.

In HARTHEIM organisiert RENNO in Zusammenarbeit mit LONAUER und dem Hartheimer „Büroleiter" CHRISTIAN WIRTH die Ermordung der geistig Behinderten. WIRTH ist der kaltblütige Hauptmanager in HARTHEIM; er übernimmt im folgenden Jahr als Kommandant das Todeslager SOBIBOR zur Vernichtung der Juden im Osten Europas, während RENNO im Sommer 1941 mit LONAUER zusammen in GUSEN, dem Zwillingslager des nah gelegenen KZ MAUTHAUSEN, eine Selektion an kranken und arbeitsunfähigen KZ-Häftlingen durchführt, die dann im Schloss HARTHEIM ermordet werden.

Wir haben hier eine vielköpfige und vielseitige Mörderbande vor uns. Gleichwohl gibt sich RENNO als Mann der schönen Künste. Im Frühjahr 1941 wirkt er als Laiendarsteller in dem NS-Propagandafilm „Dasein ohne Leben" mit, der vor Ärzten und Psychiatern gezeigt wird. Der Film soll über das elende Leben von missgestalteten Menschen aufklären und „Euthanasie" als die bessere Lösung anpreisen. Im Schloss HARTHEIM spielt der Musikliebhaber Renno oft nach Feierabend in seinem Zimmer oder im Hof auf seiner Querflöte. Nach dem Krieg wird er vor Gericht unverfroren behaupten, in HARTHEIM nur Flöte gespielt zu haben. An seine mörderischen Taten muss man ihn erst erinnern.

Tarnnamen sollen das Geschehen verschleiern

Spezialist für Mordfabriken: *Christian Wirth (vorn links)*

Die Ärzte Lonauer und Renno kümmern sich in Hartheim um die „Abfertigung" der eintreffenden Transporte. Sie untersuchen oberflächlich letztmalig die ankommenden und zur Tötung bestimmten Personen und entscheiden abschließend über die „medizinische Korrektheit" der Auswahl und damit über das Schicksal dieser Menschen. Unter dem Vorwand, sie zur Dusche zu führen, werden alle ausersehenen Opfer in das Gewölbe der Gaskammer gebracht.

Es fällt auf, dass auch die eigentlichen Tötungshandlungen durch ausgebildete Ärzte durchgeführt werden. Dies entspricht der Anweisung durch die oben genannten „T4"-Organisatoren Viktor Brack und Karl Brandt. Sie interpretierten jedenfalls das Ermächtigungsschreiben Hitlers vom 1. September 1939 in diesem Sinne. Danach darf ausschließlich ärztliches Personal Tötungen vornehmen. Also ist auch die Bedienung des Gashahns Aufgabe der Vergasungsärzte in den Tötungsanstalten. Nur im Fall der Abwesenheit der Ärzte oder aus sonstigen wichtigen Gründen darf also nichtärztliches Personal den Gashahn öffnen.

So spielen in der Praxis der Tötung in allen Tötungsanstalten die Ärzte die Hauptrolle. Sie regeln eigenhändig die Gaszufuhr und wachen darüber, dass die Opfer auch tatsächlich tot sind. Langes Leiden widerspricht ihrem Berufsethos.

Lonauer beteiligt seinen Stellvertreter Renno unmittelbar an der Vergasung der Patienten und an der Organisation und Aufsicht über den ganzen Tötungsprozess. Eigenhändig öffnet also auch Renno das Ventil an der Flasche, welches das tödliche Kohlenmonoxidgas in die Gaskammer einleitet.

Anschließend unterzeichnet er unter einem Decknamen standardisierte „Trostbriefe" an Angehörige und die Sterbeurkunden. Bevorzugt gibt er als Todesursache der Patienten „Tuberkulose“ an, obwohl dies von Kollegen wegen des langsamen Krankheitsverlaufs als wenig überzeugend kritisiert wird. Makabererweise erkrankt er dann selbst mehrfach an Tuberkulose.

Im Schriftverkehr nach außen treten diese Mordärzte nie mit ihrem richtigen Namen auf, sondern verwenden stets Tarnnamen. Der bereits genannte, in BRANDENBURG tätige „Euthanasie“-Arzt AQUILIN ULLRICH z.B. nannte sich in Trostbriefen an die Angehörigen „Dr. Schmitt“. Mordarzt RENO in HARTHEIM nennt sich „Dr. Steinert“.

Fröhliche Betriebsfeier: *(Oben) Etwa die Hälfte des 61-köpfigen Hartheimer Mordpersonals sitzt hier fröhlich im Grauen Bus. – (Unten) Dr. RENNO, Bildmitte in Uniform, animiert seine Leute bei Harmonikamusik*

Fröhliche Feiern heben das Betriebsklima

Trotz des düsteren Handwerks versteht es RENNO, mit lokalen Würdenträgern, Angehörigen des SS und dem Personal der Tötungsanstalt fröhlich zu feiern. Mit ihren grauen Bussen, die ihnen sonst die Patienten zum Töten bringen, unternehmen sie im Sommer oder Winter manchen geselligen Betriebsausflug. Zusammen mit dem Personal aus dem nahen Konzentrationslager MAUTHAUSEN verbringen die Hartheimer ihre bunten, feuchtfröhlichen Abende. Mit diesem Führungsstil schafft „Büroleiter“ CHRISTIAN WIRTH bei den Mitarbeitern eine hohe Motivation und empfiehlt sich damit als perfekter Manager für den unvermeidlichen „Men-

Betriebsausflug im Winterschnee: *Hartheimer Mordpersonal mit den grauen Bussen im Winter 1940/41*

schelfaktor", wenn es ein Jahr später gilt, den Holocaust, die Vernichtung der Juden und mancher anderer Verachteter des Naziregimes zu organisieren.

Ein Vater schöpft Verdacht

Die seit Mai 1940 eingehenden Transportfahrten der großen Busse, der regelmäßig vom hohen Schlot des Schlosses aufsteigende schwarze Rauch und auch die beunruhigenden Berichte von Handwerkern und Boten nach Besuchen im Schloss lassen die Bevölkerung des Umlandes freilich bald ahnen, welcher Schrecken sich hier in diesem alten Schloss vollzieht. Insgesamt ermordet das Personal von Mai 1940 bis Dezember 1944 in HARTHEIM nach Schätzungen, gestützt durch aufgefundene Aufzeichnungen, ca. 30.000 Menschen mit Kohlenmonoxidgas. Unter den Ermordeten sind psychisch Kranke, körperlich und geistig Behinderte, sowie Häftlinge aus den Konzentrationslagern MAUTHAUSEN, GUSEN und DACHAU, außerdem Zwangsarbeiter.

Nicht alle schweigen. Ein Vater zeigt im Oktober 1940 den mysteriösen Tod seines Sohnes in HARTHEIM bei der Staatsanwaltschaft an. Er hegt den Verdacht, dass es hier nicht mit rechten Dingen zugegangen sein könnte. Die Behörden in OBERDONAU ersuchen aber den Generalstaatsanwalt FERDINAND EYPELTAUER in LINZ, das Verfahren einzustellen. Doch EYPELTAUER entscheidet mutig anders; er ordnet an, den verantwortlichen Arzt in Schloss Hartheim, GEORG RENNO, auszuforschen und als Beschuldigten vernehmen zu lassen! Im September 1941 erhält EYPELTAUER die Weisung, das Verfahren einzustellen. Er gibt diesem Ansinnen zwar nach und stellt die Untersuchungen auch wirklich ein, gibt aber zugleich sein Amt zurück – eines der wenigen Beispiele von Zivilcourage, die aber leider fruchtlos blieb.

Eine makabere Mordstatistik

In einem Ordner von 39 Seiten haben die Mitarbeiter der Berliner „T4"-Zentrale seit Januar 1940 monatlich die Zahlen der Vergasungen von Behinderten und Kranken aus allen sechs großen Tötungsanstalten im damaligen Reichsgebiet erfasst und sie zu ihrer Selbstrechtfertigung statistisch ausgewertet,. Sie wollen beweisen, welchen volkswirtschaftlichen Nutzen die „Desinfizierung" der „Ballastexistenzen" dem Deutschen Reich durch finanzielle Einsparungen bringt[16].

Verräterischer Rauch: *Verbrennungsofen von Schloss Hartheim in Tätigkeit (Aufn. um 1941)*

Als alliierte Bomben die Villa in der Tiergartenstraße im Sommer 1943 schwer beschädigen, werden diese Akten zunächst in einer eilig im Garten errichteten Baracke verwahrt, in die auch die Büros ausgelagert werden. Doch als die Gefahren weiter anhalten, entschließt sich die „T4"-Zentrale, ihren Betrieb wenigstens teilweise in das vermeintlich feindsichere Österreich zu verlagern. So kommen einige Unterlagen auch nach HARTHEIM. Dort wird die Bürobaracke vor dem Schloss wieder aufgebaut. Als die Amerikaner immer näher rücken, veranlassen die Nazis ab Herbst 1944, dass die verräterischen Akten durch extra entsandte professionelle Aktenvernichter in wochenlanger Arbeit beseitigt werden sollen. Dabei bleibt diese makabere Statistik unbeachtet. Ein amerikanischer Untersuchungsoffizier findet sie, wie oben bereits berichtet, im Juni 1945 in einem Panzerschrank.

Eines dieser Blätter errechnet auf den Reichspfennig genau, dass bei 70.273 „Desinfizierten" und einer Lebenserwartung von 10 Jahren Lebensmittel, Personalkosten, Mieten usw. im Werte von genau 141 Mio. und 775.573,80 RM eingespart wurden. Ein Verwaltungsangestellter bekennt Anfang der 70-er Jahre als Zeuge in einem

[16] Vergl. die oben abgedruckte „Hartheimer Statistik"

Diese Ersparnisse setzen sich wie folgt monatlich zusammen:

Monat :	Jahr:	Zahl d.Desinfiz.	Reichsmark:
Januar :	1940	95	30.324,00
Februar :	"	339	102.513,60
März :	"	995	284.172,00
April :	"	887	238.425,60
Mai :	"	2.726	686.952,00
Juni :	"	3.723	876.355,20
Juli :	"	5.356	1.169.750,40
August :	"	5.791	1.167.465,60
September :	"	4.883	902.378,40
Oktober :	"	4.139	695.352,00
November :	"	3.711	561.103,20
Dezember :	"	2.579	346.617,60
Januar :	1941	2.692	361.804,80
Februar :	"	4.023	405.518,40
März :	"	3.794	318.696,00
April :	"	3.369	226.396,80
Mai :	"	5.815	293.076,00
Juni :	"	5.754	193.334,40
Juli :	"	6.481	108.880,80
August :	"	3.121	-,-
Summe:		70.273	8.969.116,80

Der materielle „Nutzen" der Euthanasie: *Die 1945 aufgefundene „Hartheimer Statistik" der „T4"-Organisatoren errechnet auf 39 Seiten die Einsparungen für die Volksgemeinschaft durch „Desinfizierung" der Behinderten*

Prozess, er habe dieses Zahlenmaterial Ende 1942 zusammenstellen müssen. Als „Hartheimer Statistik" gehören diese 39 Blätter zu den wenigen erhaltenen Originalzeugnissen dieser Verbrechen.

Manipulationen im Schein-Standesamt

Vieles andere über diese unerhörten Verbrechen kann nur aus Knochenfunden, Krankenakten, Zeugnissen der „Euthanasie"-Prozesse nach dem Krieg, Zeitzeugenbefragungen und kleinen Notizen rekonstruiert werden. Zu diesen unersetzlichen Sekundärquellen gehört auch der oben abgedruckte handschriftliche Eintrag über ANNA MARGARETA SOMMERER im Kirchenbuch von WEIDENBERG, der die angebliche „Mitteilung des Standesbeamten" von HARTHEIM dokumentiert: *„Eingeäschert in Hartheim (Oberdonau) am 5. Dez. 1940. Todesursache nach Mitteilung des Standesbeamten: Grippe, Lungenentzündung"*. Diesen hier erwähnten beurkundenden Standesbeamten hat es ja in Wirklichkeit nie gegeben; er gehört zu den damals bewusst gestreuten „Fake-news", die der ganzen T4-Aktion einen Anschein von Recht und Ordnung geben sollten.

Wie eingangs des Buchteils über ANNA MARGARTE SOMMERER schon erwähnt, ist das „Standesamt" in Schloss HARTHEIM keine offizielle anerkannte Behörde, sondern eine fiktive Einrichtung der NS „Euthanasie"-Organisatoren, die helfen soll, die Verbrechen zu verschleiern. Statt der tatsächlichen Todesursachen erdenkt sich Dr. RENNO möglichst unverfängliche Fantasiediagnosen, die hier den Angehörigen bzw. Pfarrämtern mitgeteilt werden. Bei ANNA MARGARETA SOMMERER hat er eingetragen: *„Grippe, Lungenentzündung“*.

Auch die offiziellen Sterbetage werden bei der „amtlichen Beurkundung“ manipuliert; sie werden stets 10 bis 20 Tage nach hinten verlegt. So sollen die gehäuften Sterbefälle zeitlich weiter gestreut und damit weniger auffällig gemacht werden. Außerdem hebt die Verwaltung von den Kostenträgern der Sozial- und Rentenversicherungen Geld für diese Zeitspanne ein, obwohl die Kostenberechtigten längst tot sind. So finanziert sich der Apparat der Aktion „T4" zu einem großen Teil über diesen Betrug und macht dabei auch vor der Ausnutzung der öffentlichen Hand nicht halt.

Keine Zeit mehr für Anna Margareta Sommerer

Wahrscheinlich ist so auch die Zeitspanne, die für ANNA MARGARETA SOMMERER nach ihrem Eintreffen in HARTHEIM am Freitag, 22. Nov. 1940, noch verbleibt, viel kürzer, als sich aus der Nachricht des „Standesamtes“ HARTHEIM an das Pfarramt WEIDENBERG ergibt. Möglicherweise ist sie bereits am Tag ihrer Ankunft oder am nächsten Tag ins Gas geführt und anschließend verbrannt worden.

Dieser faktische Todestag des Opfers ist aber von den Mitarbeitenden der Tötungsanstalt HARTHEIM manipuliert und um zwei Wochen auf diesen 4. Dez. 1940 nach hinten verschoben worden, den Pfarrer REDENBACHER ahnungsvoll im Weidenberger Kirchenbuch einträgt. Tatsächlich dürfte sie also schon am 22. oder 23. November 1940 durch die Hand von Dr. LONAUER oder seines Stellvertreters Dr. RENNO mit Kohlenmonoxidgas ermordet worden sein. Für ihre anschließende Einäscherung war der „Brenner“ JOSEF VALLASTER oder einer seiner Kollegen, BARBEL, BOLENDER, MERTHA oder NOHEL, verantwortlich. Die Knochenreste wurden vermahlen und die Asche in die nahen Flüsse Donau und Traun geschüttet.

Gedenken des Unbegreiflichen

In Schloss Hartheim gibt es ein Gewölbe, in dem die Gruppe der Todgeweihten jeweils gesammelt und dann über einen Steg ins Gas geführt wurden. Hier ist heute eine Gedenkstätte eingerichtet. Sie lädt den Betrachter zur Fürbitte und zum nachdenklichen Verweilen ein. Licht strahlt nur indirekt von den Wänden her. An diesen Wänden entfaltet sich eine schier endlose Liste mit den Namen der Opfer. Hier ist auch der Name von ANNA MARGARETA SOMMERER aufgeschrieben.

Diese Liste lässt den fassungslosen Betrachter etwas ahnen von der grenzenlosen zynischen Grausamkeit des Hitlersystems und seiner willigen Helfer, die angetreten waren, den neuen Menschen zu schaffen und dabei die lebenden Menschen zu Nummern machten und niedertrampelten.

Erinnerung an die Opfer: Gedenkstätte im Schloss Hartheim

Tatsächlich war auch ANNA MARGARETA SOMMERER bis zu diesen Recherchen nicht viel mehr als eine Nummer, willkürlich zum Opfer ausgewählt, weil sie in das Schema derer passte, die man ohne großes Aufsehen als Ballastexistenz liquidieren konnte. Nun besitzt diese Gedächtnisstätte auch diese Dokumentation aus dem Projekt „Myrten für Dornen“ und kann so der Ermordeten nachträglich eine Stimme geben.

Besonders erschüttern muss uns an diesem Ort der Taten aber die unglaubliche Feststellung, dass fast alle Hartheimer Täter damals auch nach dem offiziellen Ende der T4-Aktion ungeniert auf dem Gebiet des Menschenmordes weiter machten. HARTHEIM war für sie tatsächlich die „Fingerübung zum Holocaust“, wie ich es schon oben formuliert habe. Noch unbegreiflicher ist, wie unzureichend diese Verbrechen gesühnt wurden; nur wenige der Täter und Täterinnen fanden einen irdischen Richter.

Verbrechen ohne Ende und ohne Sühne?

Schauen wir auf das ärztliche Personal, so sehen wir mit Entsetzen, wie DR. RUDOLF LONAUER, der Klinikchef von HARTHEIM, nach dem Ende der zentral gesteuerten zweiten Phase der Euthanasie-„T4“-Aktion im August 1941, auch in der dritten Phase der sg. „wilden Euthanasie“, zusammen mit vielen anderen Psychiatern und Kliniken in Deutschland, das massenweise Morden fortsetzt. In Schloss GSCHWENDT, einer Zweiganstalt der Landesirrenanstalt NIEDERNHART in LINZ, wird nun nicht mehr mit Gas, sondern mit den „neuen“ und unauffälligeren Methoden von überdosierten Pychopharmaka und Hungerdiät vielen Patienten das Leben genommen.

Auch dieses System kann nur mit Hilfe vieler weiterer Helfer, Krankenschwestern, Pfleger, Sekretärinnen, Fahrer, Ärzte und weiterer Mitwisser und Mittäter funktionieren. So machen sich noch viele schuldig. Erst als der Bombenkrieg LINZ erreicht, beendet LONAUER diese todbringende Tätigkeit und versteckt sich. Als die

US-Armee immer näher vorrückt, wählt er eine Stunde vor ihrem Eintreffen den gleichen Weg, den auch GOEBBELS und HITLER wählen, die – bis zuletzt uneinsichtig – Herren über ihr eigenes Leben bleiben wollen. LONAUER vergiftet seine Frau mit ihrem Einverständnis, dann bringt er die beiden 7- bzw. 2-jährigen Töchter um und erschießt dann mit der Pistole sich selbst.

Abgesehen vom Leiter dieser Mordanstalt gab es noch zwei weitere Mitarbeiter aus dem Pflegebereich, ANTON SCHROTTMAYER und KARL STEUBEL, die ihrem Leben nach dem Krieg selbst ein Ende setzten. Sie wollten im Hartheimprozess 1946 nicht vor einen irdischen Richter treten und ihre Taten sühnen.

Keine irdische Sühne für die Hartheimer Mörder?

Lonauers Stellvertreter, der Mordarzt DR. GEORG RENNO, also der mutmaßliche Mörder von ANNA MARGARETA SOMMERER, ist einer der zahlreichen von 61 Beteiligten, die zunächst „unauffindbar" sind. Das macht diese ersten Prozesse so unbefriedigend. Nur vier Personen überhaupt werden zu begrenzten Freiheitsstrafen verurteilt; sie kommen aus dem untergeordneten Pflegepersonal.

Gegen RENNO wird aber dann doch noch Anklage erhoben – 16 Jahre später. Nach Kriegsende hatte er sich unter dem erfundenen Namen „Dr. GEORG REINIG" in BOCKENHEIM bei LUDWIGSHAFEN als Arzt niedergelassen; er blieb dort auch bis an sein Lebensende wohnen. Der Pharma-Konzern Schering hatte ihn dort als wissenschaftlichen Mitarbeiter eingestellt und ihn schließlich sogar zum Leiter des Außendienstes gemacht. Bald hatte er sich zu seiner wahren Identität bekennen können, ohne dass dies in Deutschland irgendjemanden kümmerte. Die Österreicher waren es, die durch einen Haftbefehl den Stein allmählich ins Rollen brachten.

Nachdem sie umfangreiche Ermittlungen angestellt haben, die sich wegen fehlender Unterlagen und Beweise und unsicherer Zeugen als schwierig gestalteten, klagten sie schließlich im November 1967 Dr. RENNO bei der Generalstaatsanwaltschaft in FRANKFURT/Main an. Doch geschickt versteht es Renno immer wieder, sich aus der Schlinge zu ziehen. Er leugnet die inkriminierten Tatbestände, verzögert das Verfahren taktisch bzw. später durch medizinische Gutachten, die seine Verhandlungsunfähigkeit beweisen sollen. So resigniert die Justiz. Es kommt im Jahr 1975 zu einer endgültigen Einstellung seines Verfahrens.

1997 stirbt Renno nach einem geruhsamen Leben als Pensionär. Er hat ein gesegnetes Alter von über 90 Jahren erreichen können. Noch auf dem Totenbett beteuert der dem Journalisten WALTER KOHL gegenüber: *„Ich selbst habe ein ruhiges Gewissen ... . Nachdem ich ja gesehen habe, wie die Leute gestorben sind, muss ich mir sagen, das war keine Qual für die, ... es war eine Erlösung".*

Das medizinische und pflegerische Personal hat also kaum juristische Rechenschaft über seine Taten ablegen müssen. Das kann nicht befriedigen. Mindestens ebenso erschüttern muss die Feststellung, dass auch die mörderische Tätigkeit vieler der übrigen Hartheimer Mitarbeitenden aus dem technischen und Verwaltungsbereich damals trotz des offiziellen Endes der zweiten Phase der „Euthanasie“-Aktionen weiterging und dennoch kaum irdische Richter fand.

Diese Leute waren ja alles andere als harmlos. Viele hatten sich mit ihrem in HARTHEIM gewonnenen „Know How“ in ihrem Personalakt qualifiziert und durften jetzt mit Verfügung der allerhöchsten reichsleitenden Organe ihr „Können“ an den neuen Brennpunkten der Menschenvernichtung demonstrieren: in den Tötungs-KZs. Dort setzten sie ihr grausiges Tun nun noch viel umfassender fort. Sie perfektionierten den Betrieb an ihren neuen Wirkungsstätten zur regelrechten „Tötungsindustrie“.

Das Morden der Hartheimer geht weiter

Vom Büroleiter zum Massenmörder: *FRANZ REICHLEITNER, Leiter von KZ Sobibor*

So wird der stellvertretende „Büroleiter“ von HARTHEIM, der Kriminalpolizist FRANZ REICHLEITNER, bald SS-Hauptsturm- führer. Man überträgt ihm die Leitung des 1942 errichteten Vernichtungslagers SOBIBOR an der Ostgrenze des damaligen Distrikts LUBLIN des Generalgouvernements im heutigen Dreiländereck Polen–Weißrussland–Ukraine. Dort ist er verantwortlich für den Tod von 100.000 Menschen. Er stirbt Anfang 1944 bei RIJEKA im Kampf gegen italienische Partisanen.

Der ebenfalls stellvertretende „Büroleiter“ von Hartheim, der Gestapobeamte und Kriminalpolizist FRANZ STANGL, der den Tarnnamen „Staudt“ trägt, hatte sich sonntags im Innenhof von Schloss HARTHEIM harmlos als Musensohn gezeigt: Während Vergasungsarzt Dr. RENNO seine Flötenkonzerte gab, spielte STANGL Zither. Er löst dann im Lauf des Jahres 1942 FRANZ REICHLEITNER als Lagerkommandant im Vernichtungs-KZ SOBIBOR ab und übernimmt dazu auch das Vernichtungslager TREBLINKA. Stangl erweist sich in beiden KZs als geübter und perfekter Organisator des Massenmordes.

Nach dem Krieg ergreift das US-Militär im Jahr 1945 FRANZ STANGL und interniert ihn für zweieinhalb Jahre wegen seiner SS-Mitgliedschaft. Er wird anschließend an Österreich übergeben. Zu der Zeit sind die Juristen noch ohne Kenntnis von Stangls Rolle in HARTHEIM und in den Vernichtungslagern SOBIBOR und TREBLINKA. Als er dann im Jahr 1948 für den Hartheim-Prozess in Untersuchungshaft genommen wird, gelingt es ihm, aus dem Untersuchungsgefängnis zu fliehen. Er

Flucht nach Brasilien: *FRANZ STANGL, Mordorganisator in Sobibor und Treblinka*

gelangt zu Fuß nach ROM. Mit Hilfe des katholischen Klerus und des Roten Kreuzes kann er im gleichen Jahr nach Syrien entkommen. Er lebt dann in DAMASKUS als Weber und Maschinentechniker und lässt sogar seine Familie nachkommen. 1951 emigriert die Familie nach Brasilien. Dort arbeitet STANGL wiederum als Weber und Ingenieur. Seine Frau ist als Buchhalterin bei Mercedes-Benz angestellt. Die beiden können sich zunächst ein kleines Haus auf dem Land bauen. Im Jahr 1965 beziehen sie ein neues größeres Haus in SÃO PAULO. Sie fühlen sich inzwischen so sicher, dass sie dort unter ihrem richtigen Namen leben.

Obwohl man inzwischen schon seit Längerem wusste, dass STANGL für den Tod von nahezu einer Million Menschen mitverantwortlich war, erscheint sein Name doch erst im Jahr 1961 auf der Fahndungsliste der österreichischen Kriminalpolizei. Nazijäger SIMON WIESENTHAL kann die brasilianischen Behörden schließlich im Jahr 1967 überzeugen, STANGL zu verhaften und an die Bundesrepublik Deutschland auszuliefern. STANGL wird im Jahr 1970 vom Landgericht DÜSSELDORF wegen gemeinschaftlichen Mordes an mindestens 400.000 Juden angeklagt und zu lebenslanger Haft verurteilt. Im folgenden Jahr stirbt er in der Haftanstalt an Herzversagen. Er verkörpert den autoritätsgläubigen Polizeibeamten, der seinem Führer im vorauseilenden Gehorsam ohne eigene moralische Bedenken zuarbeitet. Er stellt eines der wenigen Beispiele aus dem Kreis dieser Massenmörder dar, der ein spätes, aber gerechtes Urteil vor einem rechtsstaatlichen Gericht empfängt.

Vom Mordschloss Hartheim zu den Tötungs-KZs Sobibor, Belcek und Treblinka

Blutige Karriere machen damals auch andere Mitarbeiter von Schloss HARTHEIM. Der „Brenner" JOSEF VALLASTER, der wohl auch bei Anna Margareta Sommerers Tod am Gashahn und am Brennofen stand, wird später Aufseher im Vernichtungslager SOBIBOR. Zu seinen Nebenaufgaben in HARTHEIM hatte das Ausbrechen von Goldzähnen gehört. Die Vergasung und Verbrennung der behinderten und kranken Menschen war dort seine Hauptaufgabe.

Weil die Tätigkeit der „Brenner" bzw. „Heizer" in HARTHEIM als „belastend" angesehen wurde, bekamen sie eine überdurchschnittliche Entlohnung bei freier Unterkunft und Verpflegung. Außerdem hatten sie Anspruch auf eine „Erschwernis-Zulage" sowie eine Ration von täglich einem Viertel Liter Schnaps. Für ihr Schweigen kassierten sie eine Schweigeprämie.

Mörder-Karriere in Sobibor:
„Brenner" JOSEF VALLASTER

VALLASTER war verheiratet. Er hatte im September 1940 eine Krankenpflegerin des Tötungspersonals, ELISABETH GUST, geehelicht. Diese war hauptsächlich bei der Transportbegleitung der Opfer in die Tötungsanstalt und beim Ausziehen der Opfer vor der Vergasung eingesetzt. Trauzeuge war seinerzeit der schon mehrfach genannte „Büroleiter" CHRISTIAN WIRTH, der der eigentliche Cheforganisator der Tötungsanstalt HARTHEIM.

Vallaster arbeitete anschließend im Jahr 1942 bei der Errichtung des Vernichtungslagers BELZEC mit und war seitdem auch SS-Mann. Danach war er im Vernichtungslager SOBIBOR als Aufseher über die Vergasung der Opfer und ihre Verbrennung eingesetzt. So war er am Massenmord an hauptsächlich jüdischen Menschen aus dem „Generalgouvernement" beteiligt. Von ihm ist ein bizarres Kuriosum bekannt: Um die Hilfeschreie der Opfer nicht zu hören, hielten er und die anderen SS-Männer Gänse. Immer wenn Menschen ins Gas geführt werden, scheuchten die SS-Leute ihre Gänse auf; das Geschnatter sollte die Schreie übertönen.

Kurz vor dem offiziellen Ende der Mordaktion in SOBIBOR kam es dort am 14. Oktober 1943 zu einem Aufstand der KZ-Häftlinge. Ihnen gelang es, ihren Peiniger VALLASTER zu töten. Doch nur einer kleinen Zahl der Gefangenen gelang die Flucht in die Freiheit.

Auch GUSTAV WAGNER war Mitarbeiter an der „T4"-Aktion und frühes SA- und SS-Mitglied. Nach seiner Hartheimer Zeit avancierte er zum ständigen Lagerleiter in SOBIBOR. Seine „Ehrentitel", „Dämon oder Henker von Sobibor", „der Schlächter", „der lächelnde Todesengel" und „Welfel" (jiddisch für Wolf) sprechen für sich. Häftlinge sagten, er habe nicht Mittag essen können, ohne vorher Menschen ermordet zu haben. Nach dem Krieg half auch ihm der Vatikan zur Flucht nach Syrien, danach, zusammen mit FRANZ STANGL, nach Brasilien, wo er unbehelligt unter dem Tarnnamen „Günther Mendel" bis zuletzt als überzeugter Nazi lebte. Zwar gelang es dem Nazijäger SIMON WIESENTHAL im Jahr 1978, auch diesen Massenmörder aufzuspüren. Doch wies die brasilianische Regierung in diesem Fall, ohne Gründe zu nennen, alle Auslieferungsgesuche zurück.

„Schlächter und Todesengel":
GUSTAV WAGNER

WAGNER empfand bis zuletzt keine Reue. Vor seinem nicht ganz erforschten Tod im Jahr 1979 erklärte er in einem BBC-Interview: *„Ich hatte keine Gefühle dabei ... Es war nur irgendein Job für mich. Nach Feierabend haben wir nie über unsere Arbeit geredet, sondern wir tranken und spielten Karten."*

Wagners Werdegang ist ein Beweis für die These dieses Buches, dass die Ermordung von Behinderten im Rahmen der Aktion „T4" nur eine „Fingerübung" war und der Erfahrungssammlung diente für den anschießenden Holocaust. Auf Grund seiner besonderen „Fähigkeiten", die ihm die Personalakte in HARTHEIM bescheinigte, wurde WAGNER für das Morden in Sobibor ausgesucht.

Christian Wirth – Spezialist für Mordfabriken

Der unter der verharmlosenden Bezeichnung „Büroleiter" in Hartheim fungierende CHRISTIAN WIRTH lohnt die ausführlichste Betrachtung. Sie vermittelt zugleich einen tiefen Einblick in das Mord-System der Nazis.

Erfinder des industriellen Massenmordes: *CHRISTIAN WIRTH*

Als WIRTH nach HARTHEIM kommt, hat er bereits eine umfangreiche Mordlehre hinter sich, erklimmt aber in der Folgezeit atemberaubende Stufen einer eigenen Mörderkarriere. Das frühe NSDAP-Mitglied, SA- und SS-Mann und Kriminalkommissar, ist von Anfang 1940 bereits bei der ersten „Probetötung" von 18 bis 20 geistig Behinderten in BRANDENBURG dabei, noch bevor der oben erwähnte Dr. ULLRICH dorthin kommt. Wahrscheinlich war es Hitlers Begleitarzt KARL BRANDT, der veranlasst hatte, in BRANDENBURG den maßgeblichen Mitarbeitern der Aktion „T4" eine Massentötung vorzuführen: Zu Vergleichszwecken erfolgten die Tötungen alternativ durch CO-Gas und mittels Injektionen.

WIRTH leitet in der Folgezeit die „Büroabteilungen" der Tötungsanstalten in BRANDENBURG, GRAFENECK und ab Frühjahr 1940 in HARTHEIM. In dieser Funktion ist er zuständig für die Sicherheit der Anstalten, die Arbeit der Sonderstandesämter, in denen die Sterbeurkunden der Opfer amtlich gefälscht werden. Er führt das Personal und überwacht den eigentlichen Mordvorgang.

In HARTHEIM entwickelt WIRTH das Prinzip der zukünftigen „Mordfabriken". Danach kann eine kleine, aber hoch motivierte Mannschaft mit den entsprechenden Mitteln sehr effektiv und rationell eine große Anzahl von Menschen in kürzester Zeit beseitigen. Damit die Täter aber der psychischen Belastung gewachsen sind, brauchen sie ein „angenehmes Betriebsklima".

Vermutlich Mitte des Jahres 1940 wird WIRTH von BOUHLER zum reisenden Inspekteur aller „Euthanasie"-Anstalten ernannt. Von Anstalt zu Anstalt fahrend, kümmert er sich bei den Mitarbeitenden um das erstrebte optimale Betriebsklima. Er übernimmt den Auftrag, *„das Personal auf einer möglichst moralischen Höhe zu halten, ... sich um die Freizeitgestaltung des Anstaltspersonals"* zu bemühen, Übelstände im Gespräch mit den Anstaltsleitern zu beheben und auch *„Unehrlichkeiten"*, etwa bei der Ausraubung der Opfer und der persönlichen Bereicherung abzustellen.

Nach dem Stopp der offiziellen T4-„Euthanasie"-Aktion am 24. August 1941 wird auch CHRISTIAN WIRT abgezogen und mit den anderen unbeschäftigten Mordexperten bei der nun anlaufenden „Aktion Reinhard" eingesetzt. Diese Mordaktion in den besetzten Teilen Polens und der Ukraine trägt ihren Namen nach dem Organisator der Judenvernichtung REINHARD HEYDRICH und hat das Ziel, in diesem Kerngebiet des polnischen Judentums alle Juden und Roma auszurotten.

Mit einem Erlass der Zarin KATHARINA d. Gr. im Jahr 1791 waren die Juden aus dem russischen Kernland vertrieben worden. Seitdem war ihnen das Wohnen und Arbeiten in der russischen Einflussspähre nur noch innerhalb eines „Ansiedlungsrayons" erlaubt – russ. „Tscherta osedlosti". Dieser Streifen erstreckte sich auf etwa 700 km Breite und 1.200 km Länge westlich der eigentlichen russischen Westgrenze von den baltischen Ländern an der Ostsee über Polen, Weißrussland, Wolhynien, die Ukraine und Bessarabien bis zu den Ufern des Schwarzen Meeres. Das Gebiet war zuvor großenteils Bestandteil von Polen-Litauen gewesen und mit den Teilungen Polens Ende des 18. Jh. unter russische Herrschaft gelangt. Hier wohnten zu Ende des 19. Jh. rd. fünf Millionen Juden, die durchschnittlich knapp zwölf Prozent, mancherorts aber auch über 50% der Bevölkerung ausmachten[17].

HITLER hatte dem Generalgouverneur für die besetzten Gebiete Polens HANS FRANK versprochen, diesen Herrschaftsbereich mit Beginn des Krieges gegen Russland „judenfrei" zu machen. Insbesondere das Gebiet im Südosten Polens war im Verwaltungskonzept der Nazis relativ unabhängig und sollte als Teil von Hitlers lange propagiertem „Lebensraum im Osten" durch deutsche Ostsiedler kolonialisiert werden.

Zu dieser Zeit wird für die vertriebenen Juden eigentlich noch an eine Ansiedlung auf Madagaskar oder in den Weiten eines besiegten Russlands erwogen. Als aber bereits im Herbst 1941 absehbar wird, dass STALIN freiwillig hier nicht mitziehen würde und dass für Deutschland der Krieg gegen Russland nicht zu gewinnen und

---

[17] Vergl. zu diesem Komplex auch das entsprechende Kapitel im Buch desselben Verfassers „Auf die traut meine Seele, Die Eisenbahnlogistik für Hitlers Feldzüge des Schreckens und das Los der Kriegskinder", ab S. 60.

Tödliche Arbeitslager: *Einlieferung polnischer Juden im Vernichtungslager Belcek 1943*

die Eroberung Russlands unrealistisch war, gibt HITLER grünes Licht für die organisierten Mordhandlungen, insbesondere an der jüdischen Bevölkerung. Es läuft die „Aktion Reinhard“ an, mit der die nationalsozialistische Vernichtungspolitik zu ihrem entsetzlichen Höhepunkt kommt. In BELCEK, SOBIBOR und TREBLINKA werden seit Nov. 1941 regelrechte Todesfabriken errichtet. Sie werden tatsächlich so effektiv organisiert, dass auf Führungs- und Verwaltungsebene nur wenige Täter benötigt werden. Die eigentliche schmutzige Arbeit wird durch Hilfspersonal aus den „Trawniki“[18] und den Lagerinsassen getan.

„Aktion Reinhard“ – Optimierung des Holocaust-Massenmords

Der Hartheimer CHRISTIAN WIRTH tut sich hier organisatorisch besonders hervor. Er wird erster Kommandant in BELCEK, später Inspekteur aller Lager dieser „Aktion Reinhard“, also der Vorgesetzte der Lagerkommandanten auch in SOBIBOR und TREBLINKA und sorgt überall für ein „rationelles“ und „effektives“ Arbeiten. In LUBLIN erklärt er ADOLF EICHMANN, dem „Fachreferenten des Reichssicherheitshauptamtes für die Verfolgung der Juden“, wie die in HARTHEIM entwickelten Einrichtungen zur Vergasung funktionieren. Freilich waren die Anforderungen nun um

[18] Mit dem unten dargestellten Demjanjuk-Prozess im Jahr 2010 rückt erstmals auch die Rolle der sogenannten Trawnikimänner in den Vordergrund. Diese meist kriegsgefangenen Ukrainer, Balten oder Wolgadeutschen wurden von der SS rekrutiert – als Handlanger für den Massenmord in Vernichtungslagern wie Sobibor.

ein vielfaches größer. So experimentiert WIRTH mit immer größeren Gaskammern, in die jeweils über 700 Personen gepfercht werden. Abgase eines Benzinmotors aus einem russischen Panzer töten die Opfer binnen 30 Minuten.

Im Jahr 1942 demonstriert WIRTH vor KURT GERSTEIN, dem Hygienefachmann der SS und späteren Verfasser des weiter unten genannten „Gersteinberichtes", und vor weiteren SS-Leuten persönlich eine solche Massentötung. Chemiegas wie Zyklon B kommt hier noch nicht zum Einsatz

Auf Wirths System vertraut der von HITLER und GÖRING betraute Organisator der Judenvernichtung REINHARD HEYDRICH. Fast blitzartig sollen nach seinem Befehl die von Deutschen besetzten Gebiete in Polen und der Ukraine noch im Jahr 1942 judenfrei sein.

Die Hartheimer Erfahrungen zahlen sich aus. Im Spätsommer 1942 sind die drei Tötungslager voll einsatzbereit. Die Reichsbahn hat hohe Transportkapazitäten zugesagt. Pro Tag und Lager können maximal rd. 20.000 Opfer gebracht werden. Der arbeitsteilig und reibungslos funktionierende Apparat für den Massenmord läuft mit hoher Kapazität und Geschwindigkeit nach einem festen Tagesplan.

Der „Gerstein-Bericht" des bekennenden Christen KURT GERSTEIN, der sich als Regimegegner bewusst zur SS gemeldet hat, um Einblick in das System zu bekommen, schildert erschütternd minutiös den Ablauf des Mordens in Belcek.

Am Morgen gegen 7 Uhr zieht die Lok den bereits wartenden und mit Gefangenen überquellenden Güterzug zu einem der beiden Geleise. Eine Selektion, also Auswahl von Arbeitsfähigen, findet nicht statt. CHRISTIAN WIRTh springt wie ein irrlichternder Kobold umher und gibt mit der Reitpeitsche in der Hand seine Befehle. Eingespielte Teams berauben die Opfer ihrer Wertsachen, Bekleidung und Schuhe. 20 Friseure zugleich trennen den Mädchen und Frauen mit wenigen Schnitten die Haare ab, die in Fabriken in Reichsdeutschland z.B. zu Teppichen verarbeitet werden[19]. Ukrainische Hilfswillige treiben die Opfer in die zahlreichen Gaskammern, die zum Schein Duschköpfe an den Decken haben. Wenn der Motor zur Vergasung funktioniert, sind die Menschen nach spätestens einer halben Stunde tot. Wenn er nicht gleich anspringen will, gellen ihre Schreie auch zwei oder drei Stunden lang.

---

[19] Z.B. hatte die mittelfränkische Filzfabrik ALEX ZINK in Roth solches Haar bestellt und bekam es tonnenweise als „Rohware" geliefert, um daraus Teppiche, Stiefel und Pantoffeln aus Filz herzustellen. Offenbar ist aber wegen wachsender der Transportprobleme in dieser Kriegszeit nicht alles Bestellte ans Ziel gekommen; im Jahr der Befreiung des 1945 wurden z.B. im KZ Auschwitz immer noch 300 Papiersäcke mit 7.000 Kilogramm Menschenhaar gefunden! – Vergl. das Buch desselben Verfassers „In Ängsten und siehe wir leben", S. 288.

Bereits am Nachmittag sind die Wertsachen gesammelt, die Koffer und Kleider ins Magazin gebracht, die Schuhe jeweils zu Paaren zusammengebunden und das Haar zur Weiterverwertung gesammelt. Spätestens in der Nacht haben eingeteilte Juden die Leichen ihrer Landsleute in den großen Gruben dicht beim Lager vergraben. Der Gestank der übergehenden Körper lastet unerträglich über dem ganzen Lager. Zur Vertuschung müssen die jüdischen Kommandos sie später wieder ausgegraben und auf improvisierten Rosten aus Eisenbahnschienen mit Benzin oder Dieselöl verbrennen.

Aufsicht führen die oben bereits genannten „Trawniki-Männer", die ab 1942 als Handlanger beim Massenmord an den Juden in Polen herangezogen und im polnischen Ort TRAWNIKI, 40 km südöstlich von LEMBERG, von der SS trainiert wurden. Historiker bezeichnen sie als „Fußvolk des Genozids".

Einer von ihnen ist der ukrainische Aufseher JOHN DEMJANJUK, der im Jahr 1943 in SOBIBOR Dienst tut; er hat schon vorher in anderen KZs mitgearbeitet und tut dies auch später. Sein Fall erregte durch das sehr späte Gerichtsverfahren ab dem Jahr 2009 internationale Aufmerksamkeit. Er ist der einzige dieser „Trawniki-Männer" geblieben, der wegen seiner Teilnahme an der „Vernichtungsmaschinerie" der Nazis als Kriegsverbrecher verurteilt wurde. Die Verteidiger in diesen Verfahren sahen in ihren Mandanten selbst nur Opfer, die zu ihrem todbringenden Dienst im KZ SOBIBOR wegen des Hungers gezwungen gewesen seien. Andererseits haben viele Zeugen die außerordentliche Brutalität beschrieben, mit der viele „Trawniki" vorgingen. Als Hitlers Helfer machen sie möglich, innerhalb kürzester Zeit das gesteckte Ziel der Ausrottung der Juden im besetzten Polen und den angrenzenden Gebieten zu erreichen.

Späte Sühne für einen Trawnikimann: *JOHN DEMJANJUK*

Im so genannten „Höfle-Telegramm", einem vom englischen Abhördienst aufgefangenen und entschlüsselten Funkspruch an ADOLF EICHMANN, wird allein für das Jahresende 1942 im „Generalgouvernement" die Zahl von 1.274.166 Ermordeten gemeldet, ohne dass die Briten zu diesem Zeitpunkt ahnen, welche tatsächliche Bedeutung diese Zahlen haben.

Einige Häftlinge in TREBLINKA und SOBIBOR wagen, wie oben schon erwähnt, Aufstände. Einzelne können dabei ihr Leben retteten, aber insgesamt sind es weniger als 200 in allen drei Lagern, die das Morden und den Krieg überleben. Anschließend lässt die SS zur Verheimlichung ihrer Mordtaten alle Lagergebäude und

-einrichtungen abreißen und legt als zusätzliche Tarnung auf den Grundstücken Bauernhöfe an.

Von Partisanen oder eigenen Leuten getötet: „Christian der Schreckliche"

CHRISTIAN WIRTH bleibt nach dem Ende auch dieser „erfolgreichen" gewaltigen Mordaktion nicht „arbeitslos". 1943 wird er in Anerkennung seiner „Leistung" direkt zum SS-Sturmbannführer befördert, vergleichbar dem militärischen Majorsrang. Im November 1943 darf er in LUBLIN die „Aktion Erntefest", die Tötung von etwa 42.000 jüdischen Zwangsarbeitern der dortigen Arbeitslager innerhalb von zwei Tagen, beaufsichtigen.

Im Folgejahr 1944, als überall in Europa die Fronten wanken und die Deutschen vor der Übermacht der Gegner auf dem Rückzug sind, lässt sich WIRTH in Italien einsetzen. Er überwacht im Konzentrationslager RISIERA DI SAN SABBA bei TRIEST die Tötung von tausenden Menschen und organisiert dort darüber hinaus die Deportation italienischer Juden in die Vernichtungslager.

Italienischen und jugoslawischen Partisanen gelingt es, WIRTH bei einer Fahrt auf der Straße bei TRIEST einen Hinterhalt zu bereiten. Bei diesem Überfall wird WIRTH getötet. Dabei bleibt offen, ob es nicht jemand von Wirths eigenen Leuten von den „Trawniki-Männern" war, der den tödlichen Schuss in seinen Rücken abfeuerte. Denn CHRISTIAN WIRTH wurde wegen seiner unbarmherzigen Brutalität von den eigenen Untergebenen ebenso gefürchtet wie von den Opfern. Seine Trawniki nannten ihn „Christian der Schreckliche" und „Stuka". Vielleicht wollten sie sich, in der richtigen Erkenntnis, dass das Deutsche Reich bald am Ende sein würde, durch Wirths Tötung für ihren zu erwartenden Prozess ein Alibi verschaffen, das ihre vorgebliche antinazistische Gesinnung beweisen sollte. Als Racheakt plündern deutsche Truppen anschließend die zwei Dörfer BEKA und OCIZLA südwestlich des slowenischen ERPELLE (Hrpelje) und brennen sie anschließend nieder.

Bis zuletzt ist WIRTH völlig uneinsichtig geblieben über sein verbrecherisches Tun. Gern führte er seine mörderische Arbeit anderen vor. Stolz rühmte er stets seine Beteiligung bei der Massenvernichtung der Behinderten im „T4"-Programm, wie auch, dass es ihm gelungen sei, die Massenmorde bei der „Aktion Reinhard" zu „optimieren."

Auf dem deutschen Soldatenfriedhof COSTERMANO in der Provinz Verona wurde er nach Kriegsende gemeinsam mit seinen Mordkollegen FRANZ REICHLEITNER und GOTTFRIED SCHWARZ inmitten 22.000 dort begrabener deutscher Soldaten bestattet. Als zum Volkstrauertag des Jahres 1988 der damalige deutschen Generalkonsul MANFRED STEINKÜHLER den Kranz niederlegen sollte, verweigerte er seine Mitwirkung und forderte die Entfernung der Gebeine dieser drei mörderischen SS-Leute aus dem Friedhof. Als „Kompromiss“ entfernte man lediglich die Angaben über die Dienstgrade auf den Grabsteinen und tilgte ihre Namen aus dem „Ehrenbuch“ des Friedhofs, ließ aber ihre Gräber bestehen.

Anna Margareta Sommerers Schicksal – damals nichts besonderes, aber doch ein Prüfstein für die Menschenwürde

Die Vorstellung mutet gruselig an, dass ein kleiner Mensch aus einem oberfränkischen Dorf, der ein einfaches Weidenberger Gemeindeglied war, solchen Schreckensgestalten ausgeliefert war, die an der Weltgeschichte des Bösen mitfeilten.

Dabei erscheinen Zahlen eher dürr: Was bedeuten die insgesamt über 300.000 Ermordeten der „Euthanasie“-Aktionen“? Was sind 5-6 Millionen „Holocaust“-Opfer? Solche Massenzahlen haben kaum fassbare Konturen.

Ebenso wenig vermag die meisten Leser die Vorstellung zu bewegen, dass zwar die Zahl der eigentlichen Organisatoren dieser Massenmorde sehr klein ist, dass aber andererseits als Mittäter, Helfer und Mitwisser etwa eine halbe Million Menschen „an den Schreibtischen wie auf den Schauplätzen“ beteiligt waren. So war dieses Massenmorden letztlich doch kein Projekt von Einzeltätern oder Einzelbehörden war, sondern es war damals eingebunden in einen breiten gesellschaftlichen Konsens. Das muss auch heute betroffen machen, damit muss man sich weiter auseinandersetzen: Viele Institutionen und Personen aus allen Gesellschaftsbereichen haben etwas gewusst; sie haben ermöglicht, geplant, zugestimmt, entschieden, mitgetragen, organisiert und vollzogen, was dann geschah. Doch bleibt solche düstere Erkenntnis und Betroffenheit meist ohne tief greifende Wirkung. Zu monströs ist das Verbrechen, zu komplex die Verflechtung der Handelnden.

Erst im Blick auf ein einzelnes Schicksal entwirrt sich der Knoten des Unbegreiflichen. Die Konturen der Mitwirkung werden erkennbar, es wird benennbar, wie der der Einzelne in das Tun des Bösen verstrickt war.

Dabei ist einer Vorstellung zu widersprechen. Auch wenn im Holocaust die meisten Täter männlich waren, so ist der Schluss doch wohl unzutreffend, dass das Böse nur „männlich“ ist[20]. Dort wo Frauen die Gelegenheit zur Mitwirkung hatten,

---

[20] In ihrem 2014 auf Deutsch erschienenen Buch „Hitlers Helferinnen: Deutsche Frauen im Holocaust“ (Originaltitel: „Hitlers Furien“) zeigt die US-amerikanische Historikerin Wendy Lower (*1965), dass deutsche Frauen sich während der Nazi-Diktatur nicht edler, humaner oder toleranter verhalten haben als Männer. Gerade dort, wo die Deutschen ihre schlimmsten

wie etwa die „Todesschwester Pauline" in der Anstalt in KAUFBEUREN, von der wir weiter unten lesen werden, sehen wir sie oft in gleicher Brutalität.

So muss man wohl eher verallgemeinernd von der permanent wirksamen Anziehungskraft des Bösen auf alle Menschen reden. Dieser Faszination des Bösen können der Einzelne und auch ein Volk nur entkommen, wenn sie durch ihr Gewissen im Tun gefestigt und durch Herkommen, Familie und Umwelt moralisch stabilisiert sind. Der öffentliche Diskurs muss Orientierung geben über die gültigen ethischen Werte. Und der Rechtsstaat muss seinen Bürgern auch wirklich Recht verschaffen.

Denn *„schüchtern, ohne Dynamik, ist das Gute, unfähig, sich mitzuteilen; das viel eifrigere Böse will sich übertragen und erreicht es, denn es besitzt das zweifache Privilegium, faszinierend und ansteckend zu sein,"* wie der 1995 verstorbene rumänische Philosoph EMIL CIORAN treffend und selbstkritisch in einem seiner typischen Aphorismen schreibt.

Es ist wohl so: Wo der Mensch willig zulässt, dass man ihm eine „Schere im Kopf" implantiert und die Stimme seines Gewissen zum Schweigen bringt; wo der Mensch sich aus christlichen Wertvorstellungen und kirchlichen Bindungen löst; wo der Mensch anfängt, seine Mitmenschen zu klassifizieren und in wertvoll und wertlos, nützlich und überflüssig einzuteilen, da kommt es leicht zum Dammbruch der Moral und des allgemeinen Verhaltens. Die bösen Kräfte, die normalerweise von der menschlichen Kultur und Religion im Zaum gehalten werden, werden plötzlich frei. Die Verführung durch das Böse ist allgegenwärtig.

Einschränkend muss man freilich hinzufügen: Dieses konsequente Morden des Hitlerreichs an den Behinderten, Juden, Roma, Homosexuellen, Jehovas Zeugen und allen dem System Missliebigen hat in seiner Zielgerichtetheit und Perfektion in der Menschheitsgeschichte trotz aller Stalins, Pol Pots und Maos bislang nichts Vergleichbares.

Dass uns diese unheimliche Tatsache eines allumfassenden Bösen berührt, dabei kann uns die sorgfältige Beschäftigung mit dem Schicksal von ANNA MARGARETA SOMMERER und ihrem Gedenken helfen, gerade weil es in dieser dunklen Zeit „nichts Besonderes" ist.

Verbrechen planten und ausführten, wie etwa im Bereich der Euthanasie, waren auch Frauen stets an vorderster Stelle dabei. Es ist ein Kapitel der Frauengeschichte, das der deutsche Feminismus bis heute ausblendet.

SPUREN DER OPFER
– Anteilnahme und Verleugnung –

„MARTIN – LEBEN IM ARMENHAUS, STERBEN AN HUNGERKOST“

– Spurensuche nach einem Opfer der Armut und der „wilden Euthanasie“ aus Weidenberg

ZWEITES Buch:

„MARTIN“ — LEBEN IM ARMENHAUS, STERBEN AN HUNGERKOST

– Spurensuche nach einem Opfer der Armut und der „wilden Euthanasie“ aus Weidenberg

INHALT

I. LEBEN IM ARMENHAUS

Eine bunte Schar von Bewohnern 83
Die kindliche Erinnerung verklärt manche Not 83
Armseliger Alltag im Armenhaus 84
Ein „Donnerbalken“ für den Hygienekomfort 85
Viele Behinderte im Armenhaus 86
Verwarnung für Annäherungsversuche 88
Auch der Totengräber lebt bei den Armen 90
Wenn Träume verwehen
– das ramponierte Leben von Martin und seiner Familie 92
Viele Kinder - viele Sorgen 92
Ein Anfang voller Erwartungen 92
Die „Schneiderbauer“ – noch ärmlicher als Schneider 94
Lichtblicke 95
Vergebliche Suche nach dem Rettungsring 95
Wiederbegegnung mit der Familie 97
Sind psychisch kranke Menschen „Irre“? 97
Arbeitssuche in der Weltwirtschaftskrise und das Emporkommen der Nazis 99

Der Angriff der Nazis auf die Unversehrtheit der Person
Als „asozial“ abgestempelt und durch Sterilisation misshandelt 102
Zwangssterilisation verstößt gegen das Menschenrecht 103
Urteile zur Zwangssterilisation im Minutentakt beim Bayreuther Erbgesundheitsgericht 105
Der Verzweiflung nahe 107
Die letzte Haustaufe im Armenhaus 108
Die Sorgen schlagen auf den Magen 109

II. STERBEN AN HUNGERKOST

Der Tag, an dem Martin verschwand
Ist Martin vergast worden? - so fragten sich damals manche 110
Der kleine alltägliche Widerstand gegen das Terror-Regime 111
Spurensuche nach einem Verschollenen 113
Ein Tipp vom Euthanasieexperten 114
Eingeholt von seiner Krankheit 116
Warum Martin nach Sontheim ging 119
Eine Reformklinik wird zur Euthanasieanstalt 120
Was wirklich mit Martin passiert ist 123
Martin – ein Opfer der dritten Phase der NS-Euthanasie 125
Eine Klinik auf der Suche nach unauffälligeren Mordmethoden
Die Heil– und Pflegeanstalten als Vollstreckungsorte der „wilden Euthanasie“ 126
Kindermord in Kaufbeuren 128
Die Hungerkost hinterlässt Opfer, aber wenig Spuren 131
Leben in der fremden Welt der Psychiatrie 1940-42 134
Eine Frau kämpft um ihren Mann
Sorgen um Martin 136
Wer oder was hat Martin „zum Narren gemacht“? 138
Interventionen und persönliche Besuche in Kaufbeuren 139
Margarethe, die „Lippold-Rettl“, hat Arbeit in Gossenreuth gefunden 141
„Diagnostische Schalterstellung“ 142
Konfirmation ohne Vater 142
Ein letzter vergeblicher Versuch, Martin mit heimzunehmen 143
„Unnütze Esser“ entsorgen
Konfirmation in bedrängender Zeit 146
Und dann ging alles sehr schnell 148

Der Sektionsbericht verrät, was der Leichenschauschein verschweigt 149
Kaum Sühne für das Mordpersonal 150
Die Einstellung der Bevölkerung gegenüber der Euthanasie war sehr zwiespältig 151
Das Leben nach diesem Tod
Irritationen bei der Beerdigung 153
Anteilnahme am Los der Verlassenen 155
Gedenken der Opfer in Kaufbeuren 158
Eindrückliches Opferdenkmal – initiiert von der Gruppe Salzstreuer 162
Martins Geschichte bleibt lebendig 164

I. LEBEN IM ARMENHAUS

Eine bunte Schar von Bewohnern

Die kindliche Erinnerung verklärt manche Not

Wo Kinder aufwachsen, dort ist ihre Heimat. Auch die armseligste Behausung wird in ihrer fantasievollen Erinnerung zur ansehnlichen Villa. Erst wenn sie älter sind, dringen auch Kindern mit schwierigerer Herkunft ihre Elendserfahrungen ins Bewusstsein; diese Bilder des Mangels versuchen sie dann aus ihrer Erinnerung zu löschen, aus Scham, so als hätten sie selbst das Elend verschuldet.

So war das Weidenberger Armenhaus in der Au fast 80 Jahre hindurch Heimstätte vieler armer Leute des Marktes WEIDENBERG, die auf das Leben an dieser Stätte meist nicht stolz waren. Nicht nur Alte, Gebrechliche oder Behinderte wohnten hier, sondern auch jüngere Familien, die mittellos geworden waren. Auch einige Kinder wurden hier geboren; einzelne von ihnen sind in diesem Haus sogar getauft worden. Sie erlebten hier ihre prekäre Kindheit und empfingen von ihrem ersten Lebenstag an eine Prägung ganz eigener Art für ihr ganzes Leben.

Nachdem Kinder die Welt aber völlig anders wahrnehmen als die Erwachsenen, haben sich ihrer Erinnerung, anstatt der Bilder der räumlichen Enge und der mangelnden Hygiene, zunächst ganz andere Eindrücke eingeheftet: der nahe Laubwald, der steile Berghang, an den das Haus hingebaut war, und das dahinfließende Wasser der Warmen Steinach, das nur wenige Meter entfernt vorbei strömte und zum Plantschen einlud. Da gab es spannende Abenteuer bei der Erkundung dieser naturnahen Umwelt, und

Durchziehende Soldaten spielen mit Kindern *im Herbst 1939 am hochgehenden Wasser der Steinach vor dem Armenhaus*

es gab die gegenseitige Anteilnahme am Geschick vieler ungewöhnlicher Menschen in diesem Hause.

Kann man sich für Kinder einen schöneren Abenteuerspielplatz vorstellen, als einen Platz vor dem Haus, den das hochgehende Flüsschen immer wieder in einen großen See verwandelt? Mag man da nicht auch wundervoll mit spritzen, matschen und Rindenboote fahren lassen? Und finden sich nicht immer wieder vorbeischlendernde Bürger, die ein paar freundliche Worte sprechen oder Gutsele aus der Tasche ziehen? Kommt nicht gar der beliebte Pfarrer REDENBACHER persönlich und beugt sich zu den Kindern hinab, um mit ihnen zu scherzen und zu spielen?

Auch fällt im damals verbreiteten einfachen Lebensstil die Armut ja gar nicht besonders auf. Noch bis zum Ende des Zweiten Weltkrieges und darüber hinaus gilt WEIDENBERG als „arme Gemeinde“[21]. In vielen Häusern des Marktortes sieht es zu dieser Zeit nicht viel komfortabler aus. Viele Wohnungen sind eng und dürftig, weil der Platz im Haus für die handwerkliche Arbeit gebraucht wird. Da ist auch der Kontakt, den die Kinder aus dem Armenhaus mit den zahlreichen Nachbarskindern pflegen, die nicht zu den Armen gehören, ganz ungehemmt und auf Augenhöhe.

So sind die Menschen im Armenhaus zwar finanziell und materiell, aber nicht menschlich vom gemeinsamen Leben ausgeschlossen. Man kennt sich im Ort spätestens vom gemeinsamen Besuch der Grundschule. Man ist gewohnt, sich ohne Vorurteile zu begegnen, dafür sorgt schon der Appell des Lehrers. Und man nimmt auch in schwierigen Zeiten am Wohl und Wehe des Anderen Anteil. So zeigen etliche Menschen in WEIDENBERG damals doch viel Herz füreinander. Auch das ist ein Phänomen dieser verbreiteten Armut in WEIDENBERG: hilfsbereite Nachbarschaftlichkeit ist vielen eine selbstverständliche und alltägliche Praxis.

Armseliger Alltag im Armenhaus

Aber wenn auch die Seele der Kinder die Erinnerungen verklärt und ungute Eindrücke ins Positive wandelt, so lebt doch keiner gern und freiwillig in einem Armenhaus. Jeder, zumal wenn er noch jünger ist, versucht irgendwie aus diesem Haus heraus zu kommen und zu einem selbstbestimmten Wohnverhältnis zu gelangen, und sei es noch so bescheiden. Denn in einer Welt, in der niemand als arm gelten will, ist es ein gewaltiges Stigma, wenn einer von öffentlichen Mitteln abhängig ist. Er fühlt sich als Versager, und das drückt ihn nieder. Er nimmt um sich herum Al-

---

[21] Vergl. dazu insbesondere das Kapitel „Arbeit, Wohlstand und Armut bei den ‚Gaasla‘“ in der zweiten Folge des Projektes ‚Myrten für Dornen‘: „Licht und Schatten der neuen Zeit“. Im Abschnitt „Das lange Warten aufs Armenhaus“ ab S. 270 wird auch die Entstehungsgeschichte des Weidenberger Armenhauses eingehend dargelegt.

koholismus und Aggressivität wahr und verfällt beidem später leicht selbst.

Wenn freilich Mitschüler mal einen ersten neugierigen Blick in das Armenhaus werfen, sind sie zumeist entsetzt über den Mangel, obwohl sie doch durchwegs selbst aus ärmlichen Verhältnissen kommen. Doch immer wieder betreten einige das Grundstück. Es sind diese Jahre in der NS-Zeit ab etwa Mitte der 30-er Jahre, die uns jetzt besonders interessieren. Sie erklimmen die Hangstiege, die zur rückseitig gelegenen Haustür des Obergeschosses hinführt. Dann spitzen sie wissbegierig durch diese Eingangstür: die ALWINE, die MARIANNE, der HANS, die BETTY, die FRIEDA, die MATHILDE und wie alle meine Zeitzeugen heißen, die ich befragen konnte. Hier wohnen also die Schulkameraden, deren sozialen Status als „Arme" man als etwas Unheimliches empfindet; sie sind gleichwohl ganz selbstverständlich ihre Spielgefährten!

Das Zusammenleben der vielen Parteien im Armenhaus und in den Familien erscheint den neugierigen Kindern bedrängend beengt, die Dürftigkeit der Einrichtung bestürzt sie. Im kleinen Zimmer stehen zwei Betten; die Decken und Matratzen sind ohne jeden Überzug; daneben stehen zwei einfache Holzstühle. Sonst gibt es fast keine weiteren Einrichtungsgegenstände. Wo sind Schränke, Spielsachen, Schreibtische usw.?

Auch sind alle Kinder im Haus von Läusen geplagt, aber darüber regt sich niemand auf. Von Ungeziefer sind damals die meisten Kinder heimgesucht, dauernd steckt sich eines beim anderen an.

Ein „Donnerbalken" für den Hygienekomfort

Das Armenhaus grenzte unmittelbar südwestlich an das Grundstück der Scherzenmühle an. Es war so an den hohen Steilhang neben der Steinach hingebaut, dass man das erste Obergeschoss über die schon erwähnte Treppe den Hang hinauf erreichen konnte. Dem Haus zur Nordseite hin vorgelagert war ein Hof mit Nebengebäuden; über einem Misthaufen thronte das einzige Klosett; es musste für alle Hausbewohner, sommers wie winters, ausreichen. Es war von einem

Plumsklo überm Misthaufen: *Hier am Hang südwestlich der Scherzenmühle stand früher das Weidenberger Armenhaus*

Holzverschlag umgeben und funktionierte fast wie ein klassischer „Donnerbalken“.

Nach einem Regen konnte es schon mal sein, dass die Feuchtigkeit aus dem Misthaufen austrat und über die Straße rann. Dann wurden auch Vorübergehende auf den Missstand aufmerksam. Das blieb auch in der ganzen Nazizeit so. Doch Kritik an der Gemeinde, an den damaligen Parteifunktionären oder gar am Nazi-Ortsgruppenleiter wurde zu keinem Zeitpunkt laut. Dass Armut ein primitives Leben beinhaltet, hatte sich in den meisten Köpfen seit alters als selbstverständlich festgesetzt. Armsein ist halt so, dachten die meisten.

Dieses armselige Anwesen mit der alten Hausnummer 25 ist es also, das der Markt WEIDENBERG fast 60 Jahre zuvor bereits als Altbau erworben und mit mehrfachen Zuwendungen des königlichen Bezirksamtes ausgebaut hat. Hier wohnten seitdem die unterschiedlichsten Menschen beieinander. Neben der Armut verband sie aber ein gemeinsames trauriges Los: Sie waren vor allem aus gesundheitlichen Gründen trotz guten Willens gehindert, am normalen geregelten Erwerbsleben teilzunehmen.

Viele Behinderte im Armenhaus

Schauen wir auf die damaligen Bewohner und fragen wir nach ihrem Geschick: Wenn man von der vorbeiführenden Kantorsgasse aus das Erdgeschoss des zweistöckigen Sandsteinhauses betritt, hat damals gleich rechts am Eingang der wohl über 70 Jahre alte GOTTLIEB MERKEL sein Zimmer. Er kann sich nur mithilfe von zwei Achselstützen fortbewegen; die Beine schleift er so weit nach, dass manche Kinder, die ihn nur von vorn sehen, meinen, er hätte gar keine eigenen Beine mehr.

Ebenfalls im Erdgeschoss des Armenhauses wohnt auf der linken Seite ein älteres Geschwisterpaar, GEORG und BABETTE SCHMIDT. GEORG kann auch nur mit Krücken laufen, seine Beine sind gelähmt. Seine Schwester wird unter den Nachbarn und Bekannten im Ort nur „die alte Wett“ genannt.

Dieses gemeinsam ergraute Geschwisterpaar hat im Februar 1928 miterlebt, wie die 31-jährige MARGARETHE L. mit ihren damals vier lebenden Kindern, dem 2½-jährigen EDUARD, der 1½ Jahre alten JOHANNA und den eben geborenen Zwillingen BABETTE und TRINA, ins Armenhaus einzog. Sie kannten MARGARETHE bereits von ihrem ersten Aufenthalt im Armenhaus im Jahr 1922, als sie schon einmal unter dramatischen Umständen Zuflucht suchen musste. Die Schmidts hatten seitdem aus der Ferne am ereignisreichen Leben Margarethes teilgenommen.

„Was ist passiert, Kleines?“ fragt die alte Wett besorgt. Sie bemerkt, wie mitgenommen MARGARETHE aussieht; ihr Gesicht ist verheult. „Sie haben ihn eingesperrt!“, bricht es aus der 29-Jährigen hervor. Stockend berichtet MARGARETHE von dem psychotischen Anfall, von dem der Ehemann MARTIN am Tage zuvor heimgesucht worden war. Erst 25 Jahre alt war MARTIN L. zu diesem Zeitpunkt.

An der Steinach 1919: *Haus von Georg Bauer am rechten Ufer Mitte*

Die Familie hatte eigentlich ihr winziges Zuhause beim Taglöhner GEORG BAUER, nicht weit entfernt am Stau der Steinach. Doch als MARTIN seinen Anfall bekam, hatte er zu rasen begonnen und dabei die Tür, vier Fenster und das Bett zusammengeschlagen. GEORG BAUER hatte den kräftigen MARTIN nicht bändigen können. Der Gendarm hatte kommen müssen. Zunächst hatte er MARTIN hinter den furchterregenden Gittern des Gefängnis-Gewölbes im Erdgeschoss des Alten Weidenberger Schlosses verwahrt. Hier vermutet MARGARETHE ihren Mann zu diesem Zeitpunkt noch.

Dass man MARTIN inzwischen mit dem Sanitätsauto ins Krankenhaus nach BAYREUTH gefahren hat, erfährt die Ehefrau erst später. In dem ramponierten Häuschen an der Steinach kann die verwaiste Familie seitdem nicht mehr wohnen. Nun ist also das Armenhaus für sie wieder Zuflucht. Hier sehen die Mutter und ihre Kinder einer ungewissen Zukunft entgegen.

Trotz dieser Katastrophe war es MARGARETHE wichtig, ihre neugeborenen Töchter gleich taufen zu lassen und damit dem Schutz und Geleit Jesu zu unterstellen. Am Sonntag Estomihi, dem 19. Februar 1928, kommt Pfr. FRIEDRICH SCHEIDING in die winzige Wohnung im Armenhaus, um die Taufe zu vollziehen. Ein Taufpate oder eine Patin wird gebraucht. Überwältigt vom Mitgefühl für die junge, überforderte Mutter und ihre vier kleinen Kinder erklärt sich die alte „Wett“ spontan bereit, die Patenschaft für die neugeborenen Zwillinge BABETTE und TRINA zu übernehmen.

Die „Wett“ hat auch eine eigene Tochter, sie wohnt mit in ihrer kleinen Wohnung und ist schon erwachsen. Die Kinder im Haus bekommen amüsiert mit, wenn sie auf Freiersfüßen wandelt. So wird sie später nach Kriegsende in WEIDENBERG einen Flüchtling aus dem Südosten Europas kennenlernen und heiraten. Er erscheint den Nachbarn im Haus recht aggressiv, und sie frotzeln gern: „Das ist wohl ein richtiger Heißsporn." Doch die Verspottete wiegelt stets ab: „Ich weiß gar nicht, was ihr habt, er hat ganz kalte Füße."

Die Schmidts zahlen, wahrscheinlich für die Tochter, eine Monatsmiete von 5 RM, ein recht hoher Betrag von vergleichsweise über 50€ heute für nur wenig Wohnraum. Als einkommenslose kranke Alte dürften sie selbst eigentlich mietfrei auf Kosten der Gemeinde wohnen. Neben ihnen wohnt auch die arme Familie WALLOCH.

Verwarnung für Annäherungsversuche

Ging man nun den Hang hinauf und dann ins Obergeschoss, was die Nachbarskinder oder Schulkameraden ja des Öfteren taten, dann konnte man dort zunächst MARGARETHE SCHWAB finden. Sie wohnte eigentlich nur auf Zeit hier, vielleicht, weil ihr geringes Einkommen ihr kein anderes Wohnen ermöglichte. Sie arbeitete im Schichtbetrieb im Porzellanwerk in SOPHIENTHAL[22]. Einige Zeit später konnte sie sich dann doch noch eine Wohnung in den Häusern des Bauvereins leisten. Und das tat ihr auch gut. Denn das Leben in diesem dürftigen Asyl des Armenhauses auf engstem Raum mit Menschen, die vom Leben gezeichnet waren, verlief nicht ohne Anspannung und Konflikte. So fühlte sich diese MARGARETHE SCHWAB z.B. offenbar einmal belästigt von den Annäherungsversuchen durch einen Mitbewohner. Und so hatte sie sich Hilfe suchend an Bürgermeister RUMLER gewendet.

Dieser Hausgenosse GEORG P. gehörte auch zu den körperlich Behinderten, für die dieses Haus mangels ausreichender Sozialleistungen damals zur letzten Zuflucht geworden war. Auch er kann sich nur mit zwei Stecken fortbewegen. Offenbar fühlt er sich bei der vergeblichen Suche nach ein bisschen Nähe und Wärme im Armenhaus aber missverstanden. Weidenbergs Bürgermeister und Nazi-Ortsgruppenleiter GEORG RUMLER aber will sich als pflichtbewusster Schützer der Frauenehre profilieren. So schreibt er für GEORG P. am 28. Juli 1943 mit eigener Hand und großer Schrift auf einem Abrechnungszettel eine grobe Verwarnung im Stil Friedrichs des Großen; sie legt das ganze Gebaren eines absolutistischen Herrschers in der NS-Zeit an den Tag:

„An Panzer Gg. Wenn er weiterhin zu Schwab Marg. Hs. Nr. 25 geht u. noch einmal ohne besondere Erlaubnis dort angetroffen wird, wird er festgenommen u. im Amtsgericht verwahrt. 28.7.43. Rumler"

---

[22] Mehr dazu im Abschnitt „Geschirr aus Sophienthal" in der 2. Folge des Projektes ‚Myrten für Dornen': „Licht und Schatten der neuen Zeit", ab S. 242.

Diese Drohung entfaltete ihre abschreckende Wirkung. Das Gefängnis war jedem Weidenberger durch eigene gruselige Anschauung von Kindheit an bekannt. Im Eingangsbereich des Alten Schlosses waren die Zellen für jedermann öffentlich einsehbar. Ähnlich einem Western-Gefängnis teilten nur dicke Eisenstäbe die Gewölbe vom Flur ab. Wenn die kleinen Wichtel des NSV-Kindergartens die Treppe zu ihrem Gruppenraum hinaufsprangen oder die jungen Leute zu ihren Gruppenstunden von HJ und BdM im Erdgeschoss dieses Hauses eilten, kamen sie immer automatisch an den Zellengittern vorbei. Dann erzählten sie sich gern Schauergeschichten.

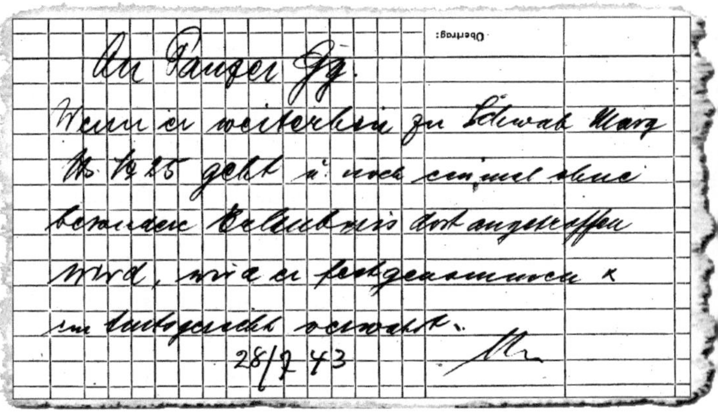

An Panzer Gg.
Wenn er weiterhin zu Schwab Marg
Nr. 1925 geht u. noch einmal ohne
besondere Erlaubnis dort angetroffen
wird, wird er festgenommen u.
im Amtsgericht verwahrt.
28/7 43

Vom politischen Gegner aufbewahrt: *Verwarnung vom Ortsgruppenleiter* GEORG RUMLER *an* GEORG P. *1943*

So war diese Einrichtung des Weidenberger Arrestes einem öffentlichen Schandpfahl nicht ganz unähnlich. Und obwohl dort zu jener Zeit niemand mehr einsaß, außer zur Ausnüchterung, oder, wie im oben genannten Fall von MARTIN, zur Bezähmung seiner Aggression nach seinem psychotischen Anfall, so war doch allein schon die Erwähnung des Gefängnisses ein Schrecken für Jung und Alt.

GEORG P. jedenfalls nimmt die unverhohlene Drohung des Ortsgruppenleiters ernst. Er bemüht sich, aus dem Armenhaus so rasch wie möglich wegzukommen,

Arrest im Schloss: *(li.) Außenfenster der einstigen Gefängniszellen; (re.) Vergittertes Gewölbe im Erdgeschoss des ehemaligen Amtsgerichts*

und er findet kurz darauf eine Alternative. Ein kleines Haus an der Stadelwiese unterhalb des Obermarktes, das es heute nicht mehr gibt andere, wird für ihn zu einer vielleicht etwas menschenwürdigeren Zuflucht.

Der erste demokratisch gewählte Bürgermeister nach dem Krieg, CHRISTIAN SCHILLER, hat den bemerkenswerten Verwarnungszettel des ehemaligen Ortsgruppenleiters in den Rathausakten gefunden und ihn vorsorglich aufgehoben. Dieser erfolgreiche Geschäftsmann und Gelegenheitspolitiker suchte in den damaligen politischen Auseinandersetzungen der Parteien unmittelbar nach dem Krieg Beweismittel für die zweifelhafte Gesinnung des Nazibürgermeisters RUMLER, nachdem RUMLER sich als nun schwarzgespülter „Brauner“ anschickte, die junge Demokratie in WEIDENBERG in ihren Anfangsjahren von seinem Arrestort HAMMELBURG aus zu unterminieren[23].

Auch der Totengräber lebt bei den Armen

Eine weitere kinderreiche Familie wohnt seinerzeit im Armenhaus, ebenfalls im Obergeschoss auf der linken Seite: JOHANN und BABETTE GRIESHAMMER. Sie haben vier Kinder. Der Vater JOHANN ist alkoholkrank, im heutigen Sinn ein „Epsilon-Trinker“. Solche Leute bezeichnete man früher als "Quartalssäufer"; es sind Menschen, die wochenlange Abstinenz üben können und dann doch wieder tagelang völlig unkontrolliert trinken. Sie sind auch für ihre Umgebung eine Herausforderung, weil jeder unsicher ist, wie man ihrem Ansinnen auf Alkohol oder Geld zum Alkoholerwerb verantwortungsbewusst begegnet.

JOHANN GRIESHAMMER ist der Totengräber der Gemeinde, es ist sozusagen sein „Familienbetrieb“; er leitet auch seinen Sohn an. Weil er damit eigene Einkünfte hat, muss er im Armenhaus auch Miete zahlen, 7RM im Monat, vergleichsweise fast 70 €, für die Familie viel Geld. Der Beruf, den er ausübt, gilt seltsamerweise bis in die Neuzeit hinein als nicht „ehrenhaft“, obwohl seine Dienstleistung jedermann irgendwann einmal braucht. Doch keiner fragt danach, welche Gefühle es in einem Totengräber hervorruft, wenn er dauernd direkten Umgang mit Verstorbenen hat. Es sind ja Tote dabei, die manchmal auch auf recht unschöne Weise aus ihrem Dasein abgerufen wurden. Doch jeder will eigentlich nichts anderes sehen als eine „schöne Leich“. So ist es auch dem Totengräber zunehmend recht, wenn er, statt über die Probleme seines Berufes zu reden, ein paar Geldstücke erhält, die ihm zu seinem Suchtmittel verhelfen. Er ist nicht der einzige Totengräber, der so ein Mittel

---

[23] Mehr dazu im Kapitel „Mit Ost-Spionen und alten Seilschaften zum neuen Aufbruch? – Die Entnazifizierung 1946-48 und der holperige Neustart der Parteien-Demokratie in Weidenberg“ in der 6. Folge des Projektes ‚Myrten für Dornen‘.

nimmt, um sich aus dieser Berufsrealität davonzustehlen.

Muntere Chorschüler: *Hier mit Kantor Frey und Pfarrer Rönsch auf dem Weg zur Kirche (Aufn. 1972)*

So beobachten später die Nachbarn, die einst als Kinder und Spielkameraden das Haus betreten hatten, dass Johanns Sohn HEINER nicht nur den Beruf des Vaters übernahm, sondern leider auch manche seiner Gewohnheiten. Auch er brauchte den Alkohol als Betäubungsmittel. HEINER pumpte dabei gelegentlich sogar seinen Pfarrer WOLF JÜRGEN STARKE an; und der ging auf diesen fragwürdigen Handel ein, wenn auch mit säuerlicher Miene. Ja, Totengräber zu sein ist eine ernste und schwierige Sache.

Auch die „Chorschüler" kriegen das mit. Denn zu ihren heiligen Pflichten gehört es, dass sie dem Leichenzug das Kreuz vorantragen. Dabei singen sie den Choral „Nun bringen wir den Leib zur Ruh". Doch wie junge Leute so sind, manchmal möchten sie den Ernst einer Sache hinterfragen und nehmen dann den Totengräber auf die Schippe. So erinnert sich TIM SCHIMEK aus seiner Zeit als Chorschüler noch genau an diesen „Jungenstreich": Statt den Choral korrekt zu singen, setzen sie den Text respektlos auf ihre Weise fort:

„Nun bringen wir den Leib zur Ruh.
Der Grießhammer Johann deckt ihn zu.
Und wenn er wieder aufstehn will,
dann haut er mit dem Spatenstiel."

Man hat aber nie gehört, dass der JOHANN oder andere eine Szene aus diesem Spott gemacht hätten.

Wenn Träume verwehen – das ramponierte Leben von Martin und seiner Familie

Viele Kinder - viele Sorgen

Im gleichen Stockwerk wie die kinderreiche Familie GRIEßHAMMER wohnt im Weidenberger Armenhaus also nun seit dem schicksalsbestimmenden Februartag 1928 die ebenfalls kinderreiche Familie von MARTIN und MARGARETHE L. Seit dem ersten schlimmen Schub seiner psychischen Erkrankung, der zum Verlust der vorherigen Wohnung im Häuschen von GEORG BAUER an der Steinach geführt hatte, hat der körperlich kräftige Mann immer wieder Versuche unternommen, in ein geordnetes Berufsleben zurückzufinden. Aber da sich die Anfälle verschlimmerten, hatte er kein Beschäftigungsverhältnis kontinuierlich durchhalten können. Deshalb hat er auch keine regelmäßigen finanziellen Mittel für ein unabhängiges Wohnen. So müssen seine Kinder nun im Armenhaus aufwachsen.

12 Kinder wurden und werden der Familie nach und nach geboren, davon viermal Zwillinge. Allerdings überleben nur acht aus dieser großen Kinderschar das erste Jahr. Es kommt viel Leben ins Armenhaus, aber auch manche Besorgnis und Trauer.

Auf Kinder haben sich MARTIN und MARGARETHE eigentlich stets gefreut. Dass es in solchen Zeiten und mit so wenig Mitteln für sie schwer werden würde, haben die beiden geahnt. Aber dass es so schwer werden würde, haben sie in ihrem anfänglichen jugendlichen Überschwang wohl eher leichthin überspielt.

Ein Anfang voller Erwartungen

Wenn sie so zurückschauen, fällt ihnen ihr gemeinsamer Beginn ein. Das kleine Dörfchen FENKENSEES liegt unterhalb der „Pfälzer Straße“, der uralten karolingischen Handelsstraße von Franken nach Böhmen. Seine Bewohner halten sich schon immer treu zur Kirchengemeinde Weidenberg. Hier hatte sich das Paar gefunden. MARTIN, der aus SOPHIENTHAL stammte, hatte in FENKENSEES eine Anstellung als Dienstknecht bekommen. Und MARGARETHE, die aus NEUHAIDHOF bei CREUßEN kam, hatte in FENKENSEES als Dienstmagd gearbeitet.

MARTIN war ein kräftiger junger Bursche von stattlicher Körpergröße, damals 19 Jahre alt; und MARGARETHE, Tochter eines Waldwärters, war ein zwar kleines, aber dralles und festes Mädchen mit einem klaren Willen und einer starken Lebenskraft.

Sie war 23, als sie sich begegneten und ineinander verliebten. MARTIN spürte, dass er nun eine liebevolle und anhängliche Partnerin gefunden hatte, die sich um ihn sorgen und ihm auch in schweren Zeiten die Treue halten würde. Bei ihr würde auch sein aufbrausendes Temperament zur Ruhe kommen. Doch welcher Knecht, welche Magd durfte damals damit rechnen, eine „richtige Hochzeit“ machen zu können?

Hochzeiten von armem Dienstpersonal gibt es nur im Märchen! In der damaligen Lebenswirklichkeit hatten Dienstboten eigentlich von der Tradition her gar keine Chance, zu heiraten und ein ordentliches Familienleben zu begründen, das war ihnen bewusst. Auch waren die allgemeinen wirtschaftlichen Verhältnisse in Deutschland in diesen ersten Jahren nach dem verlorenen Ersten Weltkrieg nicht zum Optimismus angetan. Das Geld verlor ja täglich seinen Wert, man konnte dabei zuschauen. Um einen Aufschub bei der Rückzahlung der auferlegten Kriegsschulden des Versailler Vertrages zu erreichen, mochte diese rasante Geldentwertung praktisch sein, doch dem kleinen Mann bescherte sie viel Not. Aber die beiden konnten ja mit ihren Händen arbeiten, und wer noch so jung ist, traut sich viel zu.

In der jämmerlichsten Zeit der Inflation 1921 hatte sich dann bei MARGARETHE eine erste Schwangerschaft angekündigt. Der Arzt sagte ihr, dass es Zwillinge werden würden. Da der Bauer, bei dem sie in Stellung war, sie nur als Arbeitskraft brauchen konnte, musste sie sich für die Geburt eine andere Bleibe suchen. So war sie mittellos ins Weidenberger Armenhaus eingezogen, zum ersten, aber nicht zum letzten Mal im Leben.

Am 13. Juni 1922 kommen hier die Zwillinge KARL und JOHANN zur Welt. Weil das Paar noch nicht verheiratet ist, trägt der amtierende Pfarrer GEORG REDENBACHER die Kinder unter dem Namen der Mutter ins Kirchenbuch ein. Er lädt die Familie in die Weidenberger St. Michaelskirche ein. Am zweiten Sonntag nach Trinitatis, dem 25. Juni 1922, tauft er dort die beiden Kinder. Paten sind der Onkel, die Tante und Margarethes Vater aus Creußen.

MARTIN hat die Vaterschaften anerkannt. Doch bereits kurze Zeit später sterben diese beiden erstgeborenen Kinder. KARL ist noch im ersten Lebensmonat, JOHANN folgt seinem Zwillingsbruder nach einem Vierteljahr in den Tod. Die schlimmen hygienischen Verhältnisse im Armenhaus und die allgemeine Not in dieser Zeit haben sicher das Ihrige zu diesem tragischen Kindersterben beigetragen. Für den jungen Vater MARTIN bricht eine Welt zusammen.

Doch das Paar hatte sich wieder aneinander aufrichten können. In der schweren Zeit der Hyperinflation hatte es sich mit Erfolg um persönliche Einkünfte und um eine eigene Wohnung bemüht und war im folgenden Jahr 1923 die Ehe eingegangen. Gegen eine bescheidene Miete hatten KONRAD und ELISABETH KIEßLING, die Eltern des späteren Orts-Chronisten ADAM KIEßLING, sie im „Hefnerhaus“ am Obermarkt aufgenommen. Die einfache Wohnung im Hinterhaus dieses Anwesen direkt neben der Schneidsäge wird damals zum Ort neuer Hoffnung. Seitdem wird die Familie L. von MARTIN und MARGARETHE mit dem Hausnamen „Schneiderbauer“ belegt.

Die „Schneiderbauer“ – noch ärmlicher als Schneider

Warum man ihnen diesen Hausnamen „Schneiderbauer“ gab, wissen wir nicht. Zumindest MARTIN hat nie als Schneider gearbeitet, dazu waren seine Hände zu ungefügig. Möglich ist, dass MARGARETHE versucht hat, sich durch Näharbeiten etwas hinzuzuverdienen. Wahrscheinlicher aber ist, dass sie immer so arm waren wie die sprichwörtlichen Schneider und andererseits bekannt war, dass sie bei Bauern gearbeitet hatten.

Zuflucht für ein paar Jahre: *MARTIN wohnt 1923 im Hintergebäude des „Hefnerhauses“*

Hier im Hefnerhaus hatten sie für die nächsten vier Jahre ihren gemeinsamen Ehe- und Familienwohnsitz begründet. Im hinteren Anbau, der nur über die seitliche Treppe erreichbar ist, hatten sie sich eine einfache Wohnung eingerichtet. Der Lärm der elektrischen Schneidsäge von KONRAD KIEßLING nebenan war sicher nicht zu überhören. Die Räume sind noch heute fast im Urzustand erhalten. Die Wohnung ist niedrig und wenig wohnlich, die schon damals brüchige Decke ist inzwischen eingestürzt,

Martins Bemühungen um Arbeit hatten dann auch wirklich Erfolg gezeitigt. Damals bestand noch bei den Tongruben an der Alten Bayreuther Straße die nah gelegene Ziegelei von JOHANN KIEßLING[24]. Sie blühte damals und konnte trotz schwerer Zeit viele Ziegel in WEIDENBERG und in der weiteren Umgebung absetzen. Hier wollte MARTIN kräftig mit anpacken.

Doch dann war auch diese Fabrik vorübergehend in wirtschaftliche Schwierigkeiten geraten. Danach hatte MARTIN in einem der Sägewerke eine Anstellung gefunden, wahrscheinlich gleich beim Hefners-Konrad im Haus. Der Lohn, den die

[24] Mehr dazu in der 2. Folge des Projektes ‚Myrten für Dornen‘: „Licht und Schatten der neuen Zeit“, ab S. 228 ff.

Hefners zahlen konnten, war bescheiden, es war ja ein kleiner Familienbetrieb[25].

Zum zweiten Mal hatte sich in dieser Zeit Nachwuchs angekündigt. Der kleine FRIEDRICH war am 26. Mai 1924 zur Welt gekommen; alle wollten ihn nur FRITZ oder „Fritzla“ nennen. Pfarrer REDENBACHER hatte ihn im Anschluss an den festlichen Gottesdienst der Gemeinde am Pfingstsonntag in der St. Michaelskirche getauft. Doch bereits vier Tage später, am 13. Juni 1924, war auch dieses Kind gestorben, der dritte Kindstod nacheinander!

Pfarrer REDENBACHER war die Tragödie sehr zu Herzen gegangen. Am offenen Grab hatte er die Trauer der Eltern und insbesondere die ganze Verzweiflung des jungen Vaters körperlich wahrnehmen können und die Familie zu trösten versucht, soweit Worte und Gesten dies vermögen. Der Vater MARTIN hatte gerade seinen 22. Geburtstag gefeiert. Wie würde er, der trotz seiner kräftigen Statur eine sensible Person war, mit der Wucht dieser Katastrophe zurechtkommen? Noch immer war das Paar trotz dreier Geburten ohne Kinder!

Lichtblicke

Doch knapp ein Jahr nach dem verstorbenen FRIEDRICH war EDUARD zur Welt gekommen. Als Beinamen hatte man bei ihm zusätzlich den Namen seines verstorbenen Bruders FRIEDRICH mit eintragen lassen. Das Andenken des toten kleinen Erdenbürgers, der nur 18 Tage alt werden durfte, sollte nicht verlöschen. Pfarrer JOHANNES HÖRNER, Redenbachers Kollege auf der I. Pfarrstelle, hatte ihn am Sonntag, 17. Mai 1925, getauft. Eine Steinschleiferfamilie aus WEIDENBERG hatte die Patenschaft übernommen. 14 Jahre später würde GEORG REDENBACHER dieses erste überlebende Kind der Familie L. konfirmieren. 1946 würde dieser EDUARD selber eine Familie gründen. Ein Lichtblick also in dieser nicht von Höhenflügen verwöhnten Familie!

Auf EDUARD war dann 1926 die Geburt von JOHANNA gefolgt, die erste überlebende Tochter. Pfarrer HÖRNER hatte sie am Sonntag, 20. Juni 1926, in der Weidenberger St. Michaelskirche getauft. Pate war diesmal Martins Bruder, der Glasschleifer JOHANN L. – Die Meinung von Zeitzeugen, auch JOHANNA sei eigentlich ein Zwillingskind, aber der Zwilling sei verstorben, lässt sich nach dem Taufeintrag nicht aufrecht erhalten.

Vergebliche Suche nach dem Rettungsring

Doch trotz der Freude an nunmehr zwei lebenden Kindern haben sich inzwischen düstere Schatten auf das Gemüt von MARTIN gelegt. Immer wieder hatten sich bei

[25] Mehr dazu aaO. S. 233 ff

dem inzwischen knapp 25-Jährigen auffällige Zeichen einer schweren psychischen Erkrankung bemerkbar gemacht, ein Leiden, das sich in den folgenden Jahren weiter verstärkte. Schubweise übermannten ihn Psychosen und führten dann zum völligen Realitätsverlust und zu gewalttätigen Handlungen, die er sich selbst nicht erklären konnte. MARTIN verlor in solchen Augenblicken völlig die Kontrolle über sich. Er wurde handgreiflich gegen Einrichtungsgegenstände und Menschen. In solchen Phasen war er auch unfähig zur Arbeit.

Und so saß er zugleich in der Armutsfalle. Er erlebte am eigenen Leib den Teufelskreis der Armut. Denn unfähig zur Arbeit zu sein bedeutete ja, keine Einkünfte haben. Kein Geld zu haben bedeutete, nicht angemessen und familiengerecht wohnen zu können. Schlechte Wohnverhältnisse machen krank. Sie wirken sich natürlich auch auf die frühkindliche Entwicklung der Kinder aus. So verschlechtern sich zugleich die Startvoraussetzungen für die nächste Generation.

Weil das Geld nicht ausreichte, musste die Familie sich nach vier Jahren vom Hinterhaus am Obermarkt verabschieden und nach einer noch billigeren Wohnung Ausschau halten. Doch ins Armenhaus wollten sie nicht. Das Stigma, anderen zur Last zu fallen, war für sie schwer zu ertragen.

So mag es ein letzter Versuch gewesen sein, trotz der gesundheitlich eingeschränkten Kräfte das Menschenmögliche für die Familie zu tun, dass die Familie im Jahr 1927 in das oben erwähnte winzige Haus des Taglöhners GEORG BAUER am Stau der Steinach am Südende der Linden eingezogen war. Wahrscheinlich kannten sich die beiden, GEORG BAUER und MARTIN L., von ihrer gemeinsamen Arbeit in der Ziegelei. Vielleicht hatte GEORG bewusst seine Hilfe angeboten.

Doch mit dem psychotischen Schub vom Februar 1928 war mehr als nur Fenster, Tür und Bett in diesem Haus kaputt gegangen. Mit diesem Tag hatte für die Familie der mühselige Kampf um ein menschenwürdiges Überleben trotz Armut begonnen. Und noch schlimmer, was niemand ahnen konnte, für Martin selbst bahnte sich nun ein folgenreiches Verhängnis an. Am Ende wird dieses Drama einmünden in die düstersten Kapitel der Menschenbehandlung im „Dritten Reich“ bei den Euthanasiemorden.

Wir wollen Martins Geschick in unserm Projekt ‚Myrten für Dornen‘ über die Weidenberger Kirchen- und Ortsgeschichte bewusst dieses eigene Kapitel widmen. Denn weil Martins Los sozusagen das männliche Gegenstück ist zum oben beschriebenen Geschick von ANNA MARGARETA SOMMERER, aber eine weiter fortgeschrittene Stufe des Unrechts der Nazizeit sichtbar macht, hat die Weidenberger Öffentlichkeit das Recht, zu erfahren, was erforschbar ist, damit ein nachträgliches Gedenken und eine Anteilnahme möglich werden.

Doch zunächst soll noch ein wenig mehr von diesen Bewohnern des Armenhauses, der Familie L. und insbesondere von ihren Kindern und von ihrem schweren Lebenskampf erzählt werden.

Wiederbegegnung mit der Familie

Einige Wochen nach dem psychotischen Anfall Martins, der zum dramatischen Auszug aus dem Tagelöhnerhäuschen an der Steinach und zur Umsiedlung der Familie ins Armenhaus geführt hatte, konnte auch MARTIN, nachdem er als geheilt aus der Bayreuther Psychiatrie entlassen war, in das Armenhaus einziehen. So ist er vereinigt mit seiner sehnsüchtig wartenden Frau und mit der Schar seiner kleinen Kinder.

Liebevoll nimmt er sie der Reihe nach in die Arme. Wie groß die beiden Ältesten schon sind! Der inzwischen dreijährige EDUARD drückt dem Vater verlegen ein kleines Boot aus Baumrinde in die Hand, das er sonst auf den Wassern der Steinach dahinsausen lässt. „Wenn Du willst, schnitze ich Dir eins aus Holz," sagt der Vater.

JOHANNA ist nun zwei Jahre alt. Sie presst schüchtern die zerschlissene Stoffpuppe in ihren Arm, die sie vom Onkel und Paten JOHANN bekommen hat. Dann bestaunt MARTIN erstmals seine beiden inzwischen geborenen Jüngsten BABETTE und TRINA. Wie hübsch die Zwillinge trotz ihrer Zartheit sind!

MARGARETHE ist erleichtert. Ihr Martin ist nun wieder da und scheint ganz der alte zu sein! Fast fröhlich berichtet sie von der festlich empfundenen Taufe der Zwillinge im Haus und erzählt von der liebevollen Freundlichkeit ihrer alten und neuen Bekannten im Armenhaus. Sie erzählt von der „alten Wett", die so spontan das Patenamt an der kleinen BABETTE übernommen hat, und von der Patin für TRINA, die MARTIN ja kennt, die Schwester von MARGARETHE, die zu der Zeit als Dienstmädchen im nahen DÖBERSCHÜTZ arbeitet.

Die Wiedersehensfreude bleibt für den Familienstand nicht ohne Folgen. Neun Monate später kommen im Armenhaus die Zwillinge FRIEDA und LUISE zur Welt.

Doch wieder künden die Einträge im Taufbuch in dieser Zeit Dramatisches. Pfarrer SCHEIDING hatte schon die bewegende Notiz über Martins Erkrankung im Jahr 1928 gemacht, als MARTIN in seiner letzten Wohnung alles zusammenschlug. Nachdem der Pfarrer die Taufe der erst einwöchigen Zwillinge erstmals an einem Montag gleich nach dem Mittagessen im Armenhaus vorgenommen hat, trägt er nun die schlimme Nachricht ein: *„Vater Martin L., Arbeiter, z.Zt. im Irrenhaus Bayreuth"*.

Sind psychisch kranke Menschen „Irre"?

Mit diesem unverblümten Eintrag im Taufregister, den Pfarrer FRIEDRICH SCHEIDING bei Martins Töchtern FRIEDA und LUISE 1929 vornimmt, verrät er durch seine Begriffswahl, dass er dem Patienten, seinem Gemeindeglied MARTIN, nur wenig

Ehem. Heil– und Pflegeanstalt Bayreuth: *heute Sitz der Bezirksverwaltung von Oberfranken*

Einfühlung entgegenbringt. Denn schon seit Anfang des 19. Jh. ist der hier gewählte Ausdruck „Irrenhaus“ nicht mehr zeitgemäß. Bereits seit 1802 hat sich längst überall, um die Stigmatisierung und Ausgrenzung der Betroffenen zu verhindern, der neutralere Begriff „Psychiatrie“ etabliert. Er soll klar machen, dass auch psychisch Leidende doch Patienten wie andere auch sind, mit Anspruch auf qualifizierte ärztliche Behandlung. Aber noch im Jahr 1870 war die erweiterte Bayreuther Einrichtung auch offiziell „Kreis-Irrenanstalt“ genannt worden. Erst im Jahr 1906, nach weiterer starker Erhöhung der Bettenzahl, als also das Problem der psychisch Belasteten als Volksleiden immer deutlicher wurde, hatte man auch die Einrichtung in Bayreuth mit der damals gängigen Begrifflichkeit in „Heil- und Pflegeanstalt Bayreuth“ umbenannt. Dieser Begriff wurde auch in der NS-Zeit bis Kriegsende beibehalten.

Man sieht aber an diesem Kirchenbuch-Eintrag, dass nicht nur das Volk auf der Straße oder im Wirtshaus, sondern auch Gebildete und bewusste Christen noch gar nicht bedacht haben, wie problematisch es ist, wenn sie Kranke als „Irre“ bezeichnen. Gedankenlos wurden die alten Begriffe weiter verwendet. Welche Belastung musste solches Reden für Betroffene selbst und ihre Angehörigen haben? Und wie sehr spielte man damit auch den Nazis in die Hände, die das Leben solcher „Irren“ aufgrund von Hitlers abstrusen sozial-darwinischen Theorien als „lebensunwert“ und als Schaden am Volkskörper ansehen.

Erstmals sind für FRIEDA und LUISE im Kirchenbuch auch keine Paten vermerkt. Die große Eile der Taufe, die Entscheidung für die sonst äußerst seltenen Haustaufen, noch dazu, abweichend von der Sonntagspraxis, am Montag, das Fehlen der Paten – das alles lässt ahnen, dass große Sorgen die Familie befallen hatten. Die Neugeborenen waren wohl sehr schwach, der Vater war wieder einmal nicht da. Denn MARTIN hatte einen neuen Krankheitsschub erlitten. Am 15. September muss Pfarrer SCHEIDING die bittere Nachricht im Taufbuch vermerken: „Luise verstorben“. Sie ist nur sechs Wochen alt geworden. Die psychische Stresssituation hat sich in der Familie hochgeschaukelt.

Merkwürdig sind seitdem die sich steigernden Fehlangaben im Kirchenbuch über den Herkunftsort der Kindsmutter MARGARETHE L. Statt NEUHAIDHOF heißt es plötzlich DÖBERSCHÜTZ, offenbar eine Verwechslung mit dem Arbeitsort der Schwester; bei späteren Einträgen heißt es FORSTENDORF und dann mehrfach FORKENDORF bei GESEES, so auch zuletzt im Beerdigungsbuch. Die Herkunft von MARGARETHE aus NEUHAIDHOF bei CREUßEN ist aber unzweifelhaft. Hat sich auch MARGARETHE selber durch die schlimmen Ereignisse bei ihren persönlichen Angaben irritieren lassen?

Arbeitssuche in der Weltwirtschaftskrise und das Emporkommen der Nazis

Als MARTIN soweit wiederhergestellt ist, geht er erneut auf Arbeitssuche. Er findet sich in einer großen Schar von Schicksalsgefährten wieder. Die örtlichen Betriebe lahmen und können niemanden einstellen. Deutschland ist seit dem Winter 1929/30 voll in den Sog der Weltwirtschaftskrise geraten, die sich aus dem Zusammenbruch der New Yorker Börse im Oktober 1929 entwickelt hat. Die Industrieproduktion in Deutschland ist binnen kurzer Zeit um rd. 40 Prozent gesunken. Die Zahl der Menschen, die keine Arbeit finden, steigert sich fast um das Fünffache auf schließlich über sechs Millionen Erwerbslose in Deutschland. Das politische Klima ist mit der allgemeinen Katastrophenstimmung rauer geworden.

Mit Erfolg entfesseln die Gegner der Weimarer Republik in diesen Jahren der wirtschaftlichen Krise, anstatt konstruktiv an Lösungsmöglichkeiten mitzuarbeiten, von rechts und links eine beispiellose Agitation gegen die demokratische Ordnung. Seit dem Jahr 1929 tritt die bislang wenig beachtete Nationalsozialistische Deutsche Arbeiterpartei (NSDAP) auch in WEIDENBERG ins breitere Bewusstsein.

Sehr zeitig in diesem Jahr, bereits Ende Februar 1929, gelingt es den Nazis, im Marktort einen wichtigen Stützpunkt zu errichten. GEORG RUMLER hat seinen Schulfreund, den Lehrer, Altnazi und Gründer des Parteigaues Oberfranken, HANS SCHEMM, ins Gasthaus Vogel am Obermarkt eingeladen. SCHEMM ist damals die NS-Leitfigur für Bayreuth und Oberfranken. Er verfügt über eine außerordentliche Rhetorik und Gestik und hält im Monat mindestens 20 politische Reden. Mit einer

Der Urheber der Weidenberger NSDAP:
„Frankenführer" HANS SCHEMM 1929 in Döbraberg,

begeistert bejubelten Hetzrede hat der smarte Hitlerfanatiker SCHEMM eine zunächst noch kleine Gruppe von 17 ersten Parteimitgliedern in WEIDENBERG gewinnen können; zugleich hat er RUMLER an diesem Abend zum Ortsgruppenleiter gemacht. Schemms donnerndes Stakkato wird noch tagelang an Stammtischen und auf der Straße nachgeahmt: *„Wir sind revolutionär, wir wollen den gegenwärtigen Staat stürzen ... An unseren Feinden werden wir Rache nehmen und zwar blutige Rache." „Wir sind nicht objektiv - wir sind deutsch!", „... dass an jedem Laternenpfahl ein Jude baumeln solle."* Neugierig die einen, abgestoßen die anderen, beobachten viele abwartend die Szene[26].

Die Arbeiter, die, wie MARTIN L., politisch eher links stehen, zumal wenn sie aus SOPHIENTHAL stammen, erwarten von HITLER nichts. Auch jüngere und gesunde Arbeitslose sind nun von sozialem Abstieg und Obdachlosigkeit bedroht. Die Zahl derer, die sich aus Verzweiflung das Leben nehmen, steigt. Wer irgendwo eine Arbeitsstelle findet, egal wie weit weg von daheim, ergreift die Chance. Auch MARTIN sucht jetzt auswärts sein Einkommen.

So hat Pfarrer SCHEIDING als Beruf für MARTIN erstmals im Jahr 1932 „Bahnarbeiter" im Kirchenbuch eingetragen. Wir wissen nicht, wie MARTIN dazu gekommen ist und wo er in diesem Jahr gearbeitet hat; wahrscheinlich war er damals bereits erstmalig bei einer Bahnbaustelle in SONTHEIM. Möglicherweise handelte es sich um eine Arbeitsbeschaffungsmaßnahme der damaligen Zeit, die viele Arbeitssuchende auch in entferntere Gegenden führte. Genau diese Konstellation wird es sein, die sich dann 12 Jahre später wiederholt und die dann unmittelbar zu Martins tragischem Ende führen wird.

Im Mai 1932 werden der Familie L. wiederum Zwillinge geboren, zum vierten Mal. Die Zählung der Kinder im Taufbuch setzt theoretisch sogar noch ein weiteres zwischenzeitlich geborenes Kind voraus, es gibt dafür aber keine weiteren Anhaltspunkte.

Die beiden Neugeborenen, RICHARD und WILHELM, werden am Sonntag, 5. Juni 1932, in der Kirche getauft. Wieder sind keine Taufpaten eingetragen. Pfarrer SCHEIDING vermerkt: *„Es fand sich kein Pate. Frau Rosenbauer trug das eine, die Hebamme"* – gemeint ist damals BERTA LOCHMÜLLER – *„das andere Kind"* ...

Übrigens hat RICHARD, der eine dieser unter dramatischen Umständen geborenen Zwillinge, später selber eine Familie gegründet und acht Kinder gehabt. Er konnte im „neuen", aus kommunalen Mitteln finanzierten Armenhaus wohnen, das nach

---

[26] Mehr dazu in der 2. Folge des Projektes ‚Myrten für Dornen': „Seit 1933 sind wir alle nicht mehr normal – Georg Rumler und der Aufstieg der Nazis in Weidenberg von 1929 bis zu ihrem Durchbruch 1933".

dem Abbruch seines Geburtshauses, des alten Armenhauses, im Jahr 1958 in der Straße Am Schreiber errichtet wurde. Er erreichte ein Lebensalter von immerhin 71 Jahren. Sein Bruder WILHELM „Willy" wurde nur 51 Jahre alt. Er war ebenfalls verheiratet und hatte einen Sohn.

Als zwölftes geborenes und zugleich achtes lebendes Kind kommt im Mai 1934 noch als Nachzügler FERDINAND zur Welt; er ist zugleich zwangsweise das letzte Kind der Familie, was noch zu besprechen sein wird.

Im selben Jahr werden die Zwillinge BABETTE und TRINA in der Schule am Obermarkt, dem heutigen Rathaus, eingeschult. Ihre ältere Schwester JOHANNA ist da schon in der ersten Klasse. Der Aushilfslehrer SOMMERER aus Grund, ein naher Verwandter des oben besprochenen Euthanasieopfers MARGARETHA, unterrichtet sie. Die Kinder mögen ihn sehr in seiner lockeren Art. Doch wie die meisten Lehrer seiner Zeit wird auch er sich der Partei der Nazis zuwenden und ein glühender Anhänger Hitlers werden. Davon verspüren aber diese Kinder in seinem Unterricht noch nichts.

Bezaubernd wie die heiter tanzenden Kinder aus Hans Thomas berühmtem Kinderreigen hat der Weidenberger Fotograf ERWIN STENGLEIN das Schulbild dieser

Wie Ludwig Thomas' Reigen: *Klassenbild mit Lehrer Sommerer, aufgenommen 1935von Fotograf ERWIN STENGLEIN, mit den Kindern von Martin L., in der äußeren Reihe 4. von links Johanna, 6. v. li. Babette, 7. v.li. Trina*

Klassen im Schuljahr 1934/35 arrangiert. Hier sind auch Martins drei älteste Kinder zu sehen: Von links stehen im äußeren Kreis als viertes Kind JOHANNA, als sechstes BABETTE und siebtes Kind TRINA. Man ahnt bei der Betrachtung dieser Fotografie nichts von den Sorgen, die sich ihre Familie machen muss. Ihr Vater MARTIN erlebt im gleichen Jahr 1934 in Bayreuth den ersten massiven Übergriff der Nazis auf die Unversehrtheit seiner Person.

Der Angriff der Nazis auf die Unversehrtheit der Person

Als „asozial" abgestempelt und durch Sterilisation misshandelt

Im Jahr 1934, dem ersten Jahr, in dem die neuen Sterilisierungsgesetze der Nazis in Deutschland voll zur Anwendung kommen, wird MARTIN in BAYREUTH vor Gericht zitiert und anschließend gegen seinen Willen zwangssterilisiert.

Es gab damals in WEIDENBERG einige Stimmen, vor allem von Bessergestellten, die diese Maßnahmen für richtig erachteten. Die hohe Kinderzahl der Familie, die angeblich auf Kosten der Allgemeinheit lebten, und ihre Armut war manchen ein Dorn im Auge. Insofern bediente die Nazipropaganda damals die unterschwelligen Vorurteile der Allgemeinheit. Wie oben schon erwähnt, taten die Nazis ja nichts für Arme, sondern schürten mit einer hinterhältigen Propaganda die vorhandenen negativen Einstellungen. Und diese richteten sich ebenso gegen Menschen, in deren Familie psychische Krankheiten vorkamen, wie gegen sogenannte „Asoziale".

Gegen die kinderreichen „Minderwertigen":
Nazi-Propagandaplakat

Die Nazis nutzen den Ausdruck „Asoziale" politisch als Sammelbezeichnung für Menschen aus der sozialen Unterschicht, die sie als „minderwertig" abqualifizierten. Sie zählten dazu ebenso Straftäter, Trinker, Prostituierte und Heimzöglinge, wie Menschen, die aus Gesundheitsgründen nicht arbeiten konnten. Beleidigende Propaganda stellte das Lebensrecht der Betroffenen infrage.

„Volk in Gefahr" 1934: *Der Zeichner setzt arme Vielkinderfamilien mit Verbrechern gleich*

Nie hatte HITLER aus seiner menschenfeindlichen Einstellung einen Hehl gemacht. Schon lange vor der Machtergreifung hatte er in seinem Buch „Mein Kampf" gefordert, dass der „völkische" Staat dafür Sorge tragen müsse, *„dass nur wer gesund ist, Kinder zeugt, dass es nur eine Schande gibt: bei eigener Krankheit und eigenen Mängeln dennoch Kinder in die Welt zu setzen"*. Und auf dem chaotischen Nürnberger Reichsparteitag im Jahr 1929 im Luitpoldpark hatte HITLER vollmundig erklärt, dass die *„Beseitigung von 700.000 bis 800.000 der Schwächsten von einer Million Neugeborenen jährlich eine Kräftesteigerung der Nation"* bedeute und keinesfalls eine Schwächung".

Wenn also viele Menschen, die in die Nazizeit hinein geboren oder von der Nazi-Doktrin beeinflusst waren, in der Hitlerzeit solche menschenverachtenden Maßnahmen, wie die Sterilisierung von Menschen, verbal unterstützt haben, dann haben sie sich dieses vorurteilsbehaftete Denken zu eigen gemacht, ohne sich klar zu machen, für wen sie damit leichtfertig den Lautsprecher spielten.

Zwangssterilisation verstößt gegen das Menschenrecht

Zusammen mit MARTIN werden in der Nazizeit etwa 400.000 Bürgerinnen und Bürger in Deutschland zwangssterilisiert; die Ärzte führen darüber hinaus zahllose zwangsweise Abtreibungen durch.

Nach heutigem Recht in der Bundesrepublik darf kein Mensch ohne seine Zustimmung sterilisiert werden. Eine zwangsweise Sterilisation wäre auch als eine Verletzung der Menschenwürde anzusehen, die nach der Allgemeinen Erklärung der Menschenrechte im Artikel 3 dem Recht jedes Menschen „auf Leben, auf Sicherheit der Person und auf Freiheit" widerspricht. Darüber hinaus verbietet Artikel

5 jede Art der „Folter, grausame und erniedrigende Behandlung". Ähnlich bewertet es die Charta der Grundrechte der Europäischen Union, wenn sie in Kapitel I, Art. 3 jeder Person das Recht auf körperliche und geistige Unversehrtheit zusichert.

Insbesondere die Medizin ist heute gehalten, vor Eingriffen nach vorheriger Aufklärung die freie Einwilligung der betroffenen Person zu erhalten. Eugenische Praktiken, also Eingriffe, die der Steuerung der Geburtenzahlen aus politischen Erwägungen dienen, sind dem Arzt verboten.

Sterilisation kann also nach heutigen internationalen Maßstäben nur freiwillig sein. Das juristische Recht, Menschen, ohne sie zu fragen, gewaltsam ihrer Zeugungskraft zu berauben, haben sich die Nazis aber gleich nach dem Machtantritt im Jahr 1933 im „Gesetz zur Verhütung erbkranken Nachwuchses" selbst eingeräumt.

An sich förderten die Nazis ja Geburten, insbesondere weil sie für ihre Siedlungspolitik „Lebensraum im Osten" viele Menschen brauchten und bei ihrer aggressiven Kriegspolitik mit hohen Menschenopfern rechnen mussten. Andererseits hatten sie mit ihrem Tick von der „Überlegenheit der arischen Rasse" die Absicht, die Bevölkerung „upzugraden" und alles Nichtpassende auszulöschen. Eine aggressive Propaganda in Plakaten, Filmen und Diavorträgen ergoss sich über die Bevölkerung. Arme mit Kinderreichtum wurden Verbrechern gleichgestellt. Eine Fülle von weit reichenden Gesetzen sollte die Umsetzung dieser „rassehygienischen" Ziele sicherstellen.

So verurteilten die Richter der Erbgesundheitsgerichte viele Menschen zur Zwangssterilisation. Darüber hinaus nahmen die Nazis mit den „Nürnberger Gesetzen" unmittelbaren Einfluss auf die Wahl der Geschlechts- und Ehepartner und sprachen das Verbot von Sexualkontakten aus.

Ab 1939 entwickelten die Naziärzte dann, wie oben im Kapitel über „Anna Margaretha Sommer bereits dargestellt, ihre gezielten Mordprogramme zur gänzlichen „Vernichtung lebensunwerten Lebens" und setzten sie im Jahrestakt mit sich dramatisch steigernden Opferzahlen um: Zunächst, im ersten Kriegsjahr 1939, sterben bei der „Euthanasie" von Kindern etwa 8.000 Opfer; dann, ab 1940, werden bei der „T4-Aktion" mindestens 100.000 Erwachsene in zentralen Tötungsanstalten ermordet; ab 1941 kommen bei der „wilden Euthanasie" wahrscheinlich 200.000 weiteren Opfer in psychiatrischen Kliniken und Pflegeeinrichtungen um; dies geschieht zeitgleich mit dem Genozid an Sinti, Roma und Juden mit wohl insgesamt über 5 Millionen Ermordeten. Die Sterilisation war also nur der Anfang eines ganzen aberwitzigen Maßnahmebündels zur Steuerung der gewünschten Bevölkerungszusammensetzung und zur Aussonderung der Unerwünschten.

Die Nazis waren nicht die „Erfinder" der Zwangssterilisation. Auch in anderen

Ländern der Welt wurde, seit Anerkennung von Darwins Theorien über die Entwicklung der Arten, von „Rassenhygienikern" intensiv über eine bewusste Steuerung der Bevölkerungsentwicklung nachgedacht. Vor allem die USA erließen entsprechende Gesetze. Und auch in Deutschland war schon nach den Bestimmungen der Weimarer Republik eine Sterilisation möglich, aber eben auf freiwilliger Basis.

„Die Schwächsten beseitigen:"
Hitler beim Reichsparteitag 1929

Doch was vorher freiwillig möglich war, wurde nun bei den Nazis zum ideologisch begründeten Zwang. Die NS-Machthaber bahnten mit ihren radikalen Gesetzen viel umfassender den Anthropologen, Humangenetikern und Rassenhygienikern in Deutschland den Weg, solche eugenischen Überlegungen in der Alltagspraxis umzusetzen, als dies ihren Berufsgenossen zum Beispiel in Großbritannien oder Schweden erlaubt war. Die meisten dieser deutschen Wissenschaftler schlossen sich bereitwillig und aus Überzeugung dem in ihren Augen „fortschrittlichen" Nationalsozialismus an. Mehr als 90 % von ihnen traten der NSDAP bei, viele waren bei der SS und oder SA.

Das Gesetz zur „Rassenhygiene" wurde sehr weiträumig ausgelegt, es betraf Anstaltsinsassen, Kranke, Behinderte und für „schwachsinnig" erklärte Menschen ebenso, wie Menschen aus ärmlichen Verhältnissen und diente auch der Verfolgung politischer Gegner. Menschen aus Bezirken, die sich in der demokratischen Zeit vor dem Nationalsozialismus in ihrer politischen Einstellung als Kommunisten geoutet hatten, mussten fürchten, sterilisiert oder in Gefängnisse geworfen zu werden. Zu den Bedrohten gehörte auch die Sophienthaler Arbeiterschaft, in der der Kommunismus seit der Gründung nach dem Ersten Weltkrieg Tradition hatte. Dies mag bei der Entscheidung über Martins Sterilisation eine unterschwellige Rolle gespielt haben; Martin L. stammte ja aus Sophienthal.

Urteile zur Zwangssterilisation im Minutentakt beim Bayreuther Erbgesundheitsgericht

Im Frühsommer 1934 zwingt man Martin vor das Erbgesundheitsgericht im Bayreuther Justizpalast. Nach außen hin sollten diese Zwangsmaßnahmen gegen die eigene Bevölkerung den Anschein des Rechtes haben. Im Dezember 1933 hatte die-

Stätte des Unrechts: *Justizpalast Bayreuth, Aufnahme 1910*

ses Gericht seine Arbeit aufgenommen. 24 solcher Erbgesundheitsgerichte gab es allein in Bayern. Sie fällten Urteile im Minutentakt.

Am liebsten hätten es die Nazis gesehen, dass möglichst viele Betroffene selbst den gerichtlichen Antrag auf Sterilisation stellten. Doch nur knapp acht Prozent waren mehr oder minder „freiwillig" bereit, ihre Sterilisation selbst zu verlangen. Die übrigen Sterilisationen erfolgten auf Anzeige. Woher kamen diese Anzeigen?

Durch Gesetz waren nicht nur Richter, sondern auch Ärzte in das Nazi-Terrorsystem eingebunden. Alle Personen, die mit Heilbehandlungen zu tun hatten, waren genötigt, Menschen, die unter das Sterilisationsgesetz fallen könnten, beim Amtsarzt anzuzeigen. Ja, jeder Deutsche durfte Verdachtsfälle melden, ohne dass sein Name in dem Verfahren zur Sprache kam. Das förderte das Denunziantentum. So war es leicht, auch persönliche Gegner zu treffen.

Es hat den Anschein, dass im Fall von MARTIN entweder der seinerzeitige Direktor der Heil- und Pflegeanstalt BAYREUTH Dr. KARL SCHWARZ oder sein Stellvertreter Dr. MARTIN HOHL, der dann im Jahr 1939 die Leitung übernahm, den Antrag formuliert hat. Den Ärzten der Bayreuther Anstalt war MARTIN ja bekannt, weil er nach psychotischen Schüben schon mehrfach dort eingeliefert worden war. Dass der Klinikchef selbst den Antrag auf Sterilisation stellte, war seit Einführung des Sterilisationsgesetzes in Bayreuth der übliche Weg. Von HOHL ist bekannt, dass er Mitglied der NSDAP und der SA war.

Nachdem die Anstaltsleitung allen ihren Patienten die Geschäftsfähigkeit abgesprochen hatte, sah sie sich berechtigt, an ihrer Stelle zu handeln. Weil sie möglichst rasch zum Ziel kommen wollte, bemühte sie sich erst gar nicht um die Zustimmung eines gesetzlichen Vertreters. So gibt die Leitung im Anstalts-Bericht für das Jahr 1934 unumwunden zu, dass es sich bei der vom Gesetzgeber geforderten Freiwilligkeit ja ohnehin nur um einen Schein gehandelt habe.

Die Sitzungen im Justizpalast wurden jeweils von einem Richter als Vorsitzendem geleitet; er hatte zwei Ärzte als Beisitzer. Bei den Verhandlungen des Erbgesundheitsgerichts war ausgerechnet der stellvertretende Direktor der Heil- und Pflegeanstalt BAYREUTH zugleich einer der ärztlichen Beisitzer. Der Mitverantwortliche für die Heil– und Pflegeanstalt fungierte also als Antragsteller und Richter in einer Person. Er hatte wohl auch in Martins Fall das medizinische Gutachten wegen „schizophrener Geistesstörung" erstellt.

Das Urteil dieses Gerichts entscheidet über das Geschick der Betroffenen. Richter und Beisitzer schauen nur kurz in die Akten, erörtern das Für und Wider und fällen dann ihre Entscheidung. Nur 15 Minuten dauert die Verhandlung, die der Betroffene wie ein Angeklagter stumm über sich ergehen lassen muss. MARTIN wird weder angehört noch befragt. Ein Verteidiger ist nicht vorgesehen. Die Öffentlichkeit ist ausgeschlossen. Dann steht gleichwohl fest, dass MARTIN nach dem Gesetz für den erbgesunden Nachwuchs zu sterilisieren sei. Alle Beteiligten müssen sich zum Schweigen verpflichten, sonst droht ihnen Gefängnis.

In diesem ersten Jahr der „Arbeit" des Bayreuther Erbgesundheitsgerichtes ist MARTIN „nur" einer von 26 Patienten, für die die Heil- und Pflegeanstalt BAYREUTH Antrag auf Sterilisation gestellt hatte. Am Ende würden es in BAYREUTH aber insgesamt 1.444 Menschen aus der Stadt und dem Umkreis sein, die im Lauf der Jahre vor dieses Gericht gestellt wurden, davon wurden 1.123 verurteilt und sterilisiert.

Schätzungen gehen davon aus, dass in Deutschland weit über 350.000 Menschen in den sechs Jahren bis 1939 tatsächlich gewaltsam ihrer Zeugungsfähigkeit beraubt wurden. Die Zahl der Opfer, die später in den KZs sterilisiert wurden, darunter auch Kinder, ist darin noch gar nicht eingerechnet, sie ist noch unvergleichlich viel höher.

Die Mehrzahl von Martins Leidensgenossen in BAYREUTH hat man wegen „angeborenen Schwachsinns" verurteilt. Bei anderen, wie MARTIN selbst, ist „Schizophrenie" die Begründung, bei wieder anderen „Epilepsie". Für Fälle, wo keine Krankheit nachweisbar war, hatte man den Begriff des „moralischen Schwachsinns" erfunden. So konnte man eigentlich jede Form eines abweichenden Lebens mit Sterilisierung sanktionieren.

Der Verzweiflung nahe

MARTIN fühlte sich durch das Urteil wie vernichtet und zu neuer Verzweiflung getrieben. Zwar gab es noch eine zweite Instanz, das Erbgesundheitsobergericht, doch MARTIN rechnete sich für den Einspruch keinen Erfolg aus. Eine Chance hatten allenfalls Patienten, die infolge ihres hohen Alters sowieso keine Kinder mehr bekommen konnten. MARTIN hatte gehört, dass andere Leidensgenossen sich schon das Leben genommen hatten, so sehr empfanden sie das ganze Verfahren als persönliche Kränkung und Verletzung ihrer Ehre. Doch um seiner Familie willen wollte er den Nazis diesen Triumph nicht gönnen. MARTIN war dankbar, dass er seine geliebte MARGARETHE und seine acht Kinder hatte. Und er wollte alles tun, um sie und

Der Ort der Sterilisationen: *Das ehemaliger Stadtkrankenhaus Bayreuth, Aufn. vor 1910*

sich selbst am Leben zu erhalten, auch wenn er wusste, welche Schmerzen ihm nach dem Urteil bevorstanden.

Der vom Gericht angeordnete Eingriff geschah zu dieser Zeit üblicherweise chirurgisch und wurde generell im Stadtkrankenhaus in BAYREUTH durchgeführt. Er wurde bei MARTIN am 13. Okt. 1934 vollzogen.

Heute ist so ein Eingriff, den manche Männer oder Frauen freiwillig zur Empfängnisverhütung machen lassen, relativ risikolos. Seinerzeit starben aber in Deutschland insgesamt rd. 5.000 Betroffene an den Folgen dieser Verletzung, also etwa jeder 60-te. Bei den Massensterilisationen in den KZs wurden ab dem Jahr 1941 dann auch „kosten- und zeitsparende" Lösungen, wie hoch dosierte Röntgenstrahlen, erprobt, die oft gefährliche und äußerst schmerzhafte Verletzungen hervorriefen. Doch war es vor allem der angewandte Zwang, der bei den Opfern häufig dauerhafte Traumatisierungen hervorrief.

Die letzte Haustaufe im Armenhaus

Gut zwei Wochen nach der Geburt des jüngsten Kindes FERDINAND ist am 9. Juni 1934 wieder einmal Haustaufe im Armenhaus, diesmal an einem Samstag. Täufer ist Pfarrer THEODOR HOFFMANN.

Er ist im Jahr zuvor neu nach WEIDENBERG gekommen oder, wie er es empfindet, „strafversetzt" worden, wegen eines Vorfalls, bei dem er sich im Recht sah: Er hatte mit Freunden auf einer Lechinsel bei seinem bisherigen Dienstort HAUNSTETTEN nackt gebadet. Weil ihm das von Gemeindegliedern als „unsittlich" vorgehalten wurde, ist er seitdem im Konflikt mit seiner Kirchenleitung. Um den Landeskirchenrat und seinen Bischof MEISER zu provozieren, hat er sich als Scharführer bei der Weidenberger SA gemeldet. Zugleich agitiert er als Geistlicher kräftig im Bereich des Evang. Dekanats Bayreuth und ganz Oberfrankens für die hitlerhörige innerkirchliche Sekte der „Deutschen Christen". Er wird aber in Weidenberg von der Mehrzahl der Gemeindeglieder als „normaler" volkskirchlich eingestellter Gemeindepfarrer wahrgenommen. – Wieder wird die Hebamme BERTA LOCHMÜLLER als Taufpatin gebeten.

Als FERDINAND knapp 15 Jahre später, vier Jahre nach Kriegsende, am 10. April 1949 eingesegnet wird, ist dies die letzte Konfirmation, die Pfarrer REDENBACHER hält. FERDINAND ist nur eine recht kurze Lebenszeit beschieden, er wird gerade einmal 50 Jahre alt.

Für MARTIN L. wechseln nach Ferdinands Geburt Zeiten von Krankheit und neuer Kräftigung. Um die acht Kinder einigermaßen mit dem Lebensnotwendigen zu versorgen, muss jeder in der Familie mit ran. Der Nazistaat lässt die Armen völlig im Stich.

So müssen auch diese Kinder bereits ab ihrem achten oder neunten Lebensjahr, obwohl sie ja noch Schüler sind, die umstrittene Weidenberger „Dienstkinder"-Tradition auf sich nehmen, die die Pfarrer schon um die Jahrhundertwende gebrandmarkt hatten. Bei verschiedenen Bauern der Umgebung helfen sie entsprechend den Möglichkeiten ihrer geringen Kräfte mit und sind froh, wenn sie etwas zu essen bekommen oder ein paar Pfennige mit heimbringen. Auch die besorgten Nachbarn und andere mitfühlende Menschen nehmen am Geschick der Familie Anteil. Die Apothekersfrau schickt ihre Tochter mit Essen oder Kleidung ins Armenhaus oder kommt manchmal auch selbst mit dem Essen vorbei.

Die Sorgen schlagen auf den Magen

Die Belastungen gehen an Martins Ehefrau MARGARETHE nicht spurlos vorüber. Ihre acht Kinder brauchen ja alle etwas zum Essen und zum Anziehen. Mit den schulischen Leistungen steht es auch nicht zum Besten; MARGARETHE hilft den Kindern bei den Hausaufgaben, soweit sie kann.

Ihre Sorgen um MARTIN wachsen, er ist oft so unruhig und gereizt. Er bemüht sich zwar, seine Arbeit ordentlich auszufüllen. Doch dann kommt wieder ein neuer Schub seiner Erkrankung, und er muss erneut ins Nervenkrankenhaus. So ist MARGARETHE oft verzweifelt. Die Sorgen schlagen ihr auf den Magen. Manchmal ist es so schlimm, dass sie es vor Schmerzen nicht mehr aushält. Der Hausarzt diagnostiziert ein Magengeschwür und überweist sie ins Krankenhaus nach BAYREUTH.

So fällt sie eine Zeit lang zuhause völlig aus. Wer kümmert sich um die Kinder? Immer wieder helfen Nachbarn und auch die Bauern aus, bei denen die Kinder als „Dienstkinder" untergebracht sind. So geht es fünfmal in den Jahren von 1935-38. Immer wieder muss Margarethe ihr Magengeschwür im Krankenhaus behandeln lassen. Sie weiß nicht wie es morgen weiter gehen soll.

II. STERBEN AN HUNGERKOST

Der Tag, an dem Martin verschwand

Ist Martin vergast worden? - so fragten sich damals manche

Trotz seiner Erkrankung und der Demütigung durch die Sterilisation gibt MARTIN damals nicht auf. Für die Nachbarn und Ortsbewohner, die ihn kennen, gilt er allerdings wegen seiner immer wieder aufflammenden Aggressionen als „nicht normal". *„Der spinnt"*, sagen die Leute, ohne dass sie eine besondere gesundheitliche Auffälligkeit oder Behinderung beschreiben können.

Doch er hat einen Schutzengel, seine Frau. Sie resigniert nicht, obwohl sie am ehesten Grund dazu hätte. Denn wenn seine psychotische Erkrankung in immer kürzeren Abständen Schübe auslöst, wird MARGARETHE immer als erste zur Zielscheibe seiner Aggression, und die Öffentlichkeit bekommt das auch mit.

Einmal beobachten die Kinder der Nachbarschaft erschrocken, wie MARTIN mit einem Messer in der Hand seine schreiende Frau verfolgt. Anwohner öffnen ihr rasch die Tür und bringen die Frau vor der gefährlichen Wut des Kranken in Sicherheit. Am anderen Tag erscheint wieder alles gut. Die Ehefrau beschwichtigt die besorgten Nachbarn.

Doch eines Tages ist MARTIN verschwunden. Es ist inzwischen das Frühjahr 1940. Nach einem viel zu nassen Sommer und Herbst 1939 hatte es auch einen viel zu kalten Winter gegeben, erstmals nach vielen milden Jahren. Noch Anfang März waren die Temperaturen stark unter 0°. Doch ganz allmählich gelang es der Sonne, die Luft zu erwärmen und den Boden aufzutauen. Am Samstag, dem 9. März, herrschte mäßiger Wind aus Südwest und kaum Niederschlag. Das Thermometer stieg auf 4°. Es war der Tag, an dem MARTIN verschwand.

In der Kindheit vieles beobachtet: *Nachbarn des Armenhauses*

Keiner der sonst aufmerksamen Nachbarn hatte ihn weggehen sehen. Keiner hat gesehen, ob er vielleicht abgeholt und wieder in die Heil- und Pflegeanstalt eingeliefert wurde. Oder ob vielleicht andere ihn abgeholt hatten. Über Polizei oder Gestapo wusste man, dass sie Menschen ohne

Vorwarnung mitnahm. Auch von den grauen Bussen war jetzt immer öfter die Rede, die mit undurchsichtigen Fenstern durch ganz Deutschland fahren; sie bringen Menschen weg, die niemals wiederkommen, das wusste man.

Auch MARTIN kommt niemals wieder. Ein Eintrag im Weidenberger Beerdigungsbuch findet sich aber nicht. Verstohlene Gerüchte machen damals bald die Runde: Er soll abgeholt und vergast worden sein, so sagen etliche und sind darüber empört. Das beweist, dass auch der „kleine Mann“ über die unmenschlichen Schattenseiten des Regimes damals sehr genau Bescheid wusste und sich seine Gedanken machte. Die immer wieder verbreitete Behauptung, man habe damals nichts gewusst, ist eine Schutzbehauptung, die dazu dient, die Erkenntnis der eigenen Hilflosigkeit zu überdecken. Die Menschen wussten und ahnten sehr wohl vieles, was dieses Regime an Bösem und Unheimlichem tat, und sie misstrauten diesem Regime. Aber sie wussten nicht, wie sie es ohne Schaden für ihre Person sagen und wie sie Widerstand leisten sollten.

Der kleine alltägliche Widerstand gegen das Terror-Regime

So sprachen sie über ihre Beobachtungen und Ängste nur im vertraulichen Gespräch untereinander. Wenn die Nazis ihnen in ihrer massiven Propaganda einflüstern wollten, dass es zwei Arten von Menschen gäbe, Menschen mit Lebensrecht und Menschen ohne Lebensrecht, eben „Lebensunwerte“, „Asoziale“ und „Ballastexistenzen“, dann widersprachen sie diesem Regime auf ihre Weise, nämlich indem sie sich ihre Beobachtungen gegenseitig zuflüsterten: Sie trauten es dem Regime durchaus zu und sagten es auch untereinander weiter, dass sie das Verschwinden und die Vergasung von Ortsbürgern „wie du und ich“ jederzeit für möglich hielten. Diese „im Volk verbreitete Meinung“ über das Unrechttun des Hitlerregimes ist insofern bemerkenswert, als die tatsächlichen Ereignisse, etwa in den Biografien von ANNA MARGARETA SOMMER oder MARTIN L., die den Zeitzeugen bis heute unbekannt waren, ihrem Verdacht ja leider Recht geben. Die fast detektivischen Recherchen für das Projekt ‚Myrten für Dornen‘ zu diesem Kapitel über Martins Verschwinden fast 80 Jahre nach den Ereignissen können nun nachträglich beweisen, dass die damals umlaufenden Gerüchte tatsächlich in hohem Maße stichhaltig waren.

Leider hatten die Skeptiker und Kritiker damals keine Chance, mit ihrem Widerspruch gegen das Regime irgendetwas auszurichten, denn die verblüffenden außenpolitischen und wirtschaftlichen Erfolge der Nazis in den ersten sechs Jahren ihrer Herrschaft hatten den Kritikern den Wind aus den Segeln genommen und sie mundtot gemacht. Der Krieg verstärkte dann diesen Anpassungsdruck.

Doch diese Erfolge der Nazis waren von Anfang an teuer erkauft durch den Terror gegen die eigene Bevölkerung. So hatte sich bereits im Jahr 1936/37 der Fall des

Sophienthaler Steinmetzarbeiter JOHANN EISENHUT in WEIDENBERG herumgesprochen, der es gewagt hatte, das Regime zu kritisieren; er war verhaftet und zu Gefängnis verurteilt worden und wäre fast im KZ Dachau gelandet. JOHANN war kein ganz friedlicher Mensch, aber sein Fall hatte weit über die Grenzen seiner ehemaligen KPD-Parteifreunde und Arbeitskollegen hinaus Empörung und Solidarität bis hinauf zu seinem Chef und dann auch beim Ortsgruppenleiter ausgelöst, die sich für ihn erfolgreich einsetzten und so das KZ ersparten[27].

Weitere Zweifel am bislang so erfolgreichen Regime werden dann durch die unerwartete Erfahrung ausgelöst, dass diese Wunderherrschaft der Nazis nicht unverwundbar ist: Gleich nach dem deutschen Überfall auf Polen, bereits am 5. September 1939, fallen als Antwort der Alliierten über WILHELMSHAVEN die ersten Bomben und treffen die Bevölkerung unvorbereitet und schmerzhaft. Und als am 15. November 1939 mit dem 22-jährigen Bauernsohn ROBERT ANGERER aus WAIZENREUTH der erste Weidenberger Kriegstote zu beklagen ist, ist auch jedem Weidenberger klar, dass es gegen diesen ungeliebten Krieg keinen Schutz gibt.

So ist es wohl nicht erst die Einkesselung und die Katastrophe der „siegreichen" deutschen 6. Armee in STALINGRAD Ende des Jahres 1942, die bei vielen Deutschen tiefe Zweifel an ihrem Regime weckt. Sondern eigentlich schon mit dem Kriegsbeginn im Jahr 1939 ist das lange gefeierte Hitlersystem keine Herrschaft der Herzen mehr, so es denn jemals eine solche war, sondern es gilt für viele nun als Willkürherrschaft der schnellen Pistole, des zunehmenden Terrors, der Kriegsnöte und der KZs. Diese ernüchternde Realität kann freilich nach außen hin durch die anfänglichen Kriegserfolge noch eine Weile überdeckt werden. Offene Kritik ist jetzt noch gefährlicher. Wer überleben will, trachtet innerlich danach, dieses System irgendwie „auszusitzen", um einigermaßen unbeschadet davonzukommen.

Chancen für große Heldentaten gegen HITLER sieht der kleine Mann also damals nicht, wohl aber findet er Zeit für viele Taten des kleinen alltäglichen Widerstandes. So gehört auch das Weitersagen solcher Gerüchte, wie über MARTIN, zum kleinen, durchaus nicht ungefährlichen Widerstand. Wie leicht kann einer wegen „Heimtücke" oder „Wehrkraftzersetzung" vor ein Sondergericht kommen. Das wird spätestens mit der Verurteilung des für Weidenberg und die Frankenpfalz zuständigen katholischen Seelsorgers MICHAEL GEIGER im Jahr 1942 deutlich werden, der wegen seines Widerstandes nicht nur für zwei Jahre ins Zuchthaus muss, sondern auch

---

[27] Mehr dazu im Kapitel „Seit 1933 sind wir alle nicht mehr normal – Georg Rumler und der Aufstieg der Nazis in Weidenberg von 1929 bis zu ihrem Durchbruch 1933" in der 3. Folge des Projektes ‚Myrten für Dornen': „Der Anstreicher und seine Lehrjungen – Braune Herrschaft in Weidenberg seit 1929, S. 33 ff.

seine bürgerlichen Ehrenrechte verliert[28]. Der Abscheu einer zunehmenden Zahl von Weidenbergern gegen dieses Unrechtregime wird sich weiter verstärken mit der wiederholten Verhaftung des Fabrikanten und ortsbekannten Nazigegners CHRISTIAN DENNERT durch die Gestapo seit 1940, der dann vor dem Volksgerichtshof in Berlin angeklagt wird und im Zuchthaus Tegel 1943 stirbt[29].

Von Anfang an traut man dem Naziregime jede Unrechttat zu, so auch beim Verschwinden von MARTIN. Was war also damals im Frühjahr 1940 wirklich mit ihm geschehen? Wer sich für die dramatische Lebensgeschichte von Weidenberger Opfern des Nationalsozialismus interessiert, erfährt von diesem tatsächlichen Schicksal Martins aus den Recherchen zu diesem Buch nun zum ersten Mal.

Spurensuche nach einem Verschollenen

Die Spuren aufzudecken und die Fäden zu entwirren, war nicht einfach. Doch stimmt es hoffnungsvoll zu sehen, dass auch im bedrückenden Chaos der damaligen Zeit das notvolle Schicksal eines kleinen Menschen nicht einfach im Nichts verschwand, sondern dass sich Unterlagen darüber finden lassen. Hoffnungsvoll stimmt auch, dass es heute viele Menschen gibt, denen daran liegt, den Opfern nachträglich ihr Gesicht und ihr Menschenrecht zurückzugeben. Wo immer ich mit meinen Nachfragen angeklopft habe, habe ich bereitwillig Auskunft und Hilfe bekommen.

Doch wo fängt man an? Die damaligen Beobachtungen und Gerüchte der Nachbarn ernst zu nehmen, erwies sich als der konstruktivste Ausgangspunkt: Es könnte hier ein Unrecht geschehen sein, bei dem die Nazis auf irgendeine Weise die Hand im Spiel hatten. Also müsste man versuchen, herauszufinden, wo damals solche Menschen wie MARTIN aufgrund ihres Krankheitsbildes hingebracht worden sind.

Die ersten Recherchen verlaufen enttäuschend: Der Bayreuther Geschichtsforscher NORBERT AAS, der um eine möglichst vollständige Opferliste von Euthanasie- und KZ-Opfern aus dem Bayreuther Raum bemüht ist, findet diesen Namen nicht. Auch die Bayreuther Heil- und Pflegeanstalt, das heutige Bezirkskrankenhaus, hat nichts über ihren ehemaligen Patienten MARTIN in ihre Archiven, ebenso wenig die nächstgelegenen Himmelkroner Heime, in die man MARTIN verlegt haben könnte. Auch von hier sind ja seinerzeit Patienten in Tötungsanstalten verschleppt worden.

---

[28] Vergl. das Kapitel „Als Hitlers Gottheit infrage stand – Der Widerstand der Frankenpfälzer und der Überfall der Weidenberger Nazis nach den Hitlerwahlen 1938" in der 4. Folge des Projektes ‚Myrten für Dornen': Christsein am Scheideweg – Weidenberg im Kirchenkampf.

[29] Vergl. das Kapitel „Jenseits der roten Linie" in der vorliegenden Folge.

Das gleiche Ergebnis zeitigen Nachfragen in den Anstalten KUTZENBERG, ANSBACH und ERLANGEN, über die im Oktober 1940 die Umlegungen der Patienten aus der Heil- und Pflegeanstalt BAYREUTH erfolgt sind. Von 575 aus Bayreuth im Oktober 1940 über diese Anstalten verlegten Patienten sind ja 232 in der Tötungsanstalt HARTHEIM ermordet worden, wie wir bei der Spurensuche nach einem anderen Opfer der Gemeinde Weidenberg herausgefunden haben, nämlich zu ANNA MARGARETA SOMMERER aus Grund. Ihr Los ist ja in dieser Folge des Projektes ‚Myrten für Dornen" im Kapitel „Gedenken des Unbegreiflichen" beschrieben worden. Doch bei keiner der oben genannten Anstalten erfahren wir etwas MARTIN L.

Auch eine Anfrage beim Staatsarchiv in BAMBERG führt nicht weiter, ebenso wenig die Recherchen bei der Diakonie in Neuendettelsau oder bei den anderen beiden großen Tötungsanstalten des Naziregimes Hadamar und Pirna-Sonnenstein. Aber die Erlanger haben doch einen wichtigen Tipp, der dann tatsächlich weiterführt. Ich soll den ehemaligen Leiter der Erlanger Klinik, Prof. Dr. HANS LUDWIG SIEMEN, befragen. Er habe sich eingehend mit der Geschichte der Erlanger Heil- und Pflegeanstalt befasst und in seinem Buch „Psychiatrie im Nationalsozialismus" gründlich über das Thema „Euthanasie" gearbeitet, vielleicht hätte er eine Idee.

Ein Tipp vom Euthanasieexperten

Nachdem Dr. SIEMEN sich selbstständig gemacht hat und jetzt privat arbeitet, ist er nicht leicht zu erreichen. Schließlich gelingt es, einen Kontakt herzustellen und ihm das Anliegen zu unterbreiten. Und er hat aufgrund seiner sorgfältigen Recherchen dazu wirklich eine Idee: Auch in die **Heil- und Pflegeanstalt Kaufbeuren** seien damals Patienten aus Bayern eingeliefert worden, vielleicht könnten die Mitarbeiter dort bei der Spurensuche weiterhelfen.

Doch ich bin zunächst skeptisch. Wie sollte MARTIN ausgerechnet von WEIDENBERG ins ferne KAUFBEUREN gekommen sein?

Ein erster Blick in das Weidenberger Meldeverzeichnis des Jahres 1940 endet überraschend: Hier ist unter dem 9. März 1940 eine Abmeldung von MARTIN L.

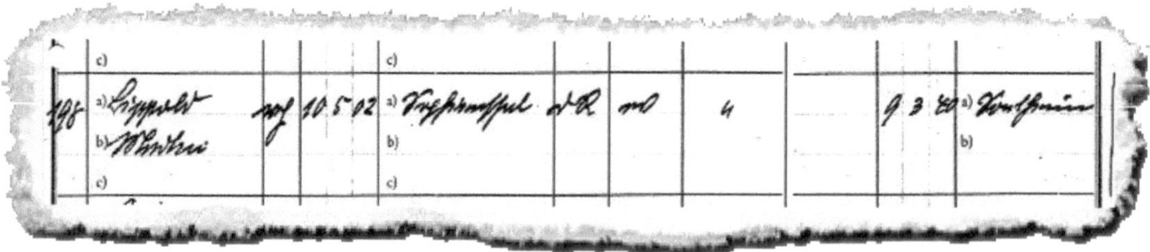

Ausriss Meldeverzeichnis: *Eintrag der Abmeldung Martins im Weidenberg am 9.3.1940*

vermerkt. Am Tag seines „Verschwindens" hat er sich also ordnungsgemäß in WEIDENBERG abgemeldet. Das bedeutet, niemand hat ihn „abgeholt", er hat WEIDENBERG freiwillig verlassen, nicht nur für eine kurzzeitige Abwesenheit, sondern er hat seinen Hauptwohnsitz für einige Zeit verlegt. Ist damit das Gerücht in der Weidenberger Bevölkerung über Martins Verschwinden widerlegt?

Als Ziel ist „SONTHEIM" eingetragen. Unter mehreren Orten gleichen Namens findet sich auch ein Ort, der tatsächlich im Allgäu liegt, nur 23 km Luftlinie nordwestlich von KAUFBEUREN. Könnte dies der Ort sein, zu dem hin sich Martin an diesem Märztag aufgemacht hat? Aber was hätte MARTIN in SONTHEIM gewollt? Und was hätte dieser Ort dann mit der Heil- und Pflegeanstalt KAUFBEUREN zu tun?

Idyllisches Schwabennest: *Sontheim/Allgäu mit Bahnlinie und Ort*

Wie sich herausstellt, ist SONTHEIM eine anmutige kleine Sommerfrische mit rd. 2.500 Einwohnern, typisch im Vorland des Allgäu gelegen, mit einer hübschen barockisierten Pfarrkirche aus dem 15. Jh. und einem kleinen Bahnhof. Die eingleisige Strecke nach Memmingen zweigt in Buchloe von der berühmten „Ludwig-Süd-Nord-Bahn" ab, die als erste durchgängige Eisenbahnstrecke HOF ganz oben in Bayern über NÜRNBERG mit LINDAU ganz unten verbindet, eine Strecke, mit der die Schweizer Bundesbahn heute liebäugelt als Zubringer zu ihrem im Bau befindlichen Gotthard-Basistunnel. Hat MARTIN damals womöglich hier beim Eisenbahnbau Arbeit gefunden? Und ist hier vielleicht etwas vorgefallen, das zu seinem Verschwinden geführt hat?

Eine Anfrage auf gut Glück beim Bezirkskrankenhaus KAUFBEUREN, der Nachfolgeeinrichtung der früheren Heil- und Pflegeanstalt, erbringt ein spannendes und bewegendes Ergebnis. Tatsächlich findet sich in der Patientenkartei dieser Einrichtung eine Krankenakte von MARTIN L.! Die Angaben sind zunächst vage, aber es ist ganz sicher, dass es sich um diesen MARTIN aus WEIDENBERG handelt.

Weitere schockierende Informationen besagen, dass die Heil- und Pflegeanstalt KAUFBEUREN tatsächlich in die schlimme Tragödie der Euthanasie im Dritten Reich verwickelt ist und dass sie in dieser Zeit auch ihre eigene jahrelang verschwiegene schuldhafte Geschichte hat, dass sie sich aber unter ihrem Leiter Prof. Dr. MICHAEL VON CRANACH seit den 90-er Jahren bemüht, diese Geschichte gründlich und transparent aufzuarbeiten.

Es ist die Bereitschaft dieser Einrichtung, mit der Aufarbeitung ihrer eigenen Geschichte auch anderen Forschern Zugang zu gewähren, die es uns heute ermöglicht, Martins Lebensgeschichte bis zu seinem letzten Lebenstag praktisch lückenlos nachzuerzählen.

Dabei hilft uns auch, dass in den Unterlagen dieser Klinik der beinahe vollständige Briefwechsel erhalten ist, den Martins Ehefrau MARGARETHE mit der Klinikleitung über zwei Jahre hinweg geführt hat. Dieser Schriftwechsel ist etwas ganz Besonderes. In den zahlreichen in Sütterlin geschriebenen Briefen und Postkarten zeigt sich eine einfache liebende Frau, die mit der Leidenschaft der „bittenden Witwe" im Evangelium des Lukas um die Heimkehr ihres Mannes ringt.

Es hat in der damals moralisch so verwirrten Zeit ja auch ganz andere Reaktionen gegeben. So kann man leider auch berechnende Angehörige feststellen, die froh waren, ihren Patienten los zu sein. So eiskalt hätte ja auch MARGARETHE denken können, die belastet war von der dauernden Sorge um ihre acht Kinder. In ihrer Erinnerung taucht ja auch immer wieder der Mann auf, der sie in seinen Anfällen mit dem Messer verfolgt. Er wird auf absehbare Zeit zum Lebensunterhalt der Familie nichts beitragen können. Doch unverdrossen und voll Liebe fragt MARGARETHE immer wieder nach ihrem Mann und bittet die Klinikleitung, alles für ihn zu tun.

Aus den Antworten der Klinikleitung sowie aus den Arztberichten werden uns manche bestürzenden Einzelheiten über Martins Zeit in der Heil- und Pflegeanstalt KAUFBEUREN bekannt. Bei diesen Berichten der Heilanstalt fällt besonders auf, was auch sonst in der NS-Zeit für den Umgang von Institutionen, wie Polizei, Behörden, Gerichten, ja sogar Gestapo, mit der Bevölkerung typisch ist, nämlich dass alle Beteiligten peinlich darauf bedacht sind, alle juristischen Formvorschriften einzuhalten. Bei aller Grausamkeit will man dem tatsächlichen Tun doch immer wieder einen Anschein des Rechtes geben. Jeder Vorgang soll juristisch abgesichert sein, alles soll „legal" und korrekt erscheinen.

Eingeholt von seiner Krankheit

So findet sich als erste wichtige Spur bei der Aufdeckung von Martins Schicksal in den Krankenakten eine Überweisung des Städtischen Krankenhauses MEMMINGEN für die Heil- und Pflegeanstalt KAUFBEUREN vom 16. März 1940, also sieben Tage, nachdem MARTIN sein Zuhause in WEIDENBERG verlassen hat. Die ganze Tragödie von Martins Leben konzentriert sich wie in einem Brennglas in dieser

Bescheinigung. Hier werden die Weichen gestellt, die dann gut zwei Jahre später zu Martins schrecklichem Ende führen:

„Auf Veranlassung des Landgerichtsarztes Dr. Keck überweisen wir Ihnen den Patienten L. Johann [sc. gemeint Martin]. Derselbe wurde bei uns vor 2 Tagen [sc. am 14. März 40] von der Gendarmerie eingeschafft, da er sich auffällig benommen hatte. Im Übrigen verweisen wir auf das Schreiben des Landgerichtsarztes Dr. Keck an den Landrat Memmingen vom 14.3.40.“

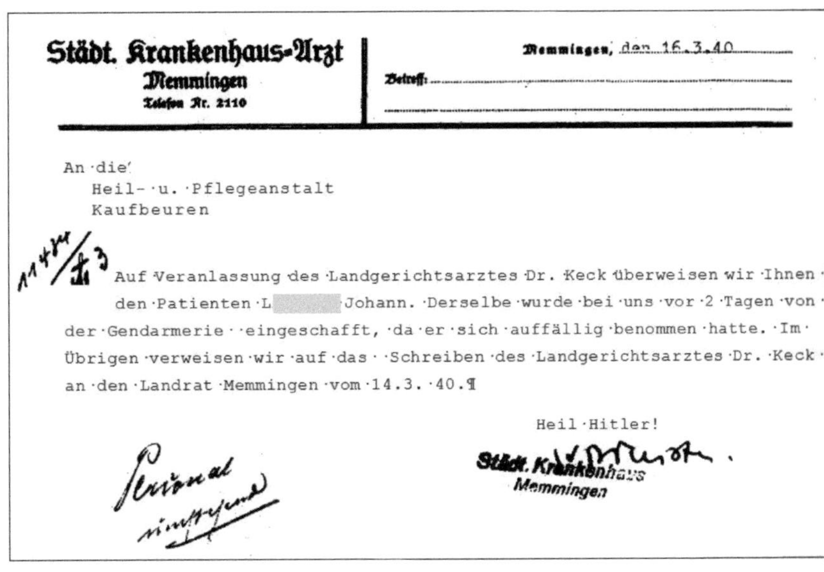

Städt. Krankenhaus-Arzt
Memmingen
Telefon Nr. 2110

Memmingen, den 16.3.40

Betreff:

An die
Heil- u. Pflegeanstalt
Kaufbeuren

Auf Veranlassung des Landgerichtsarztes Dr. Keck überweisen wir Ihnen den Patienten L Johann. Derselbe wurde bei uns vor 2 Tagen von der Gendarmerie eingeschafft, da er sich auffällig benommen hatte. Im Übrigen verweisen wir auf das Schreiben des Landgerichtsarztes Dr. Keck an den Landrat Memmingen vom 14.3.40.

Heil Hitler!

Städt. Krankenhaus
Memmingen

Einlieferungsbescheinigung*: Städt. Krankenhaus Memmingen am 16.3.1940*

Dies also ist die Verbindung zur Heil- und Pflegeanstalt in KAUFBEUREN: Ein erneuter Schub seiner psychischen Erkrankung hat MARTIN im Allgäu ereilt und zur Einlieferung in diese Einrichtung geführt. Auch der Grund seiner Abmeldung von WEIDENBERG nach SONTHEIM wird sogleich klar: MARTIN war dabei, seine neue Arbeitsstelle bei der Bahn anzutreten.

Auffallend für den offiziellen Umgang mit psychisch auffallenden Personen damals ist der vorgeschriebene Amtsweg, der auch die Mitwirkung höhere Ebenen einschließt. Zur Einlieferung in die Psychiatrie ist ein schriftlicher Beschluss des Landrats erforderlich, und nach der Einlieferung muss die behandelnde Klinik sogar einen Bericht an den Regierungspräsidenten abfassen. Wieder einmal bestätigt sich die Beobachtung, wie peinlich, ja geradezu „preußisch genau“ das Nazisystem auf die Einbeziehung aller Ebenen und die juristische Absicherung aller Handlungen achtete. Diese Funktionen waren allerdings alle in der Hand von Parteimitgliedern.

Der Beschluss des Landrats vom 18. März 1940 hat den Betreff *„Verwahrung des gemeingefährlichen Geisteskranken Martin L. in der Heil- und Pflegeanstalt Kaufbeuren“*. Der eigentliche Text des Landratsamtes beschreibt den psychotischen Schub, der bei MARTIN ein so auffälliges Verhalten hervorgerufen hat, dass sich die

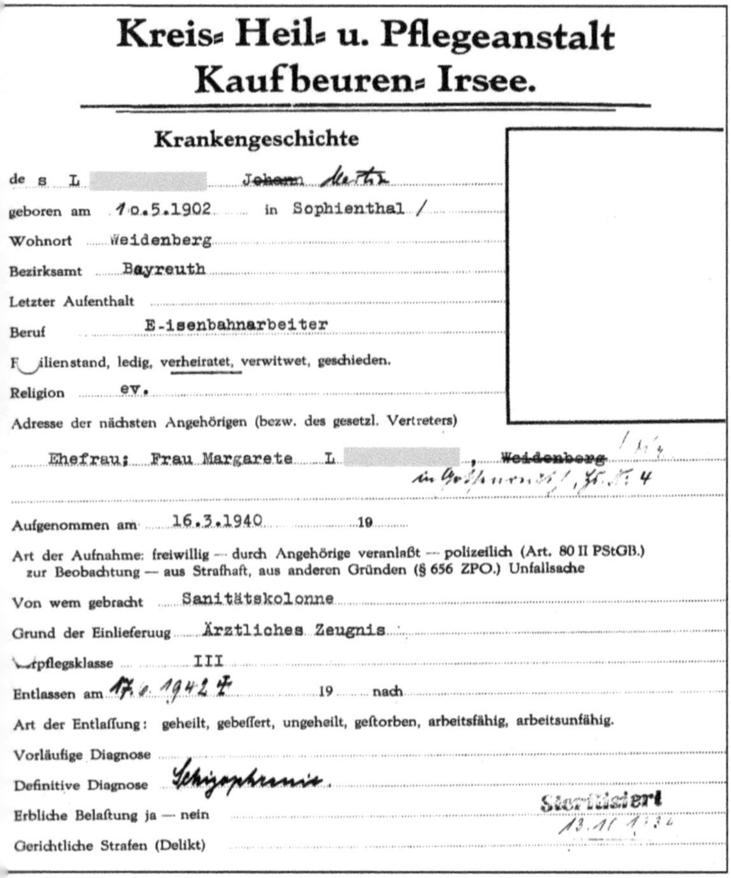

Kreis- Heil- u. Pflegeanstalt Kaufbeuren- Irsee.

Krankengeschichte

des L [geschwärzt] Johann Martin

geboren am 10.5.1902 in Sophienthal /

Wohnort Weidenberg

Bezirksamt Bayreuth

Letzter Aufenthalt

Beruf E-isenbahnarbeiter

Familienstand, ledig, verheiratet, verwitwet, geschieden.

Religion ev.

Adresse der nächsten Angehörigen (bezw. des gesetzl. Vertreters)

Ehefrau: Frau Margarete L [geschwärzt], ~~Weidenberg~~

Aufgenommen am 16.3.1940 19

Art der Aufnahme: freiwillig — durch Angehörige veranlaßt — polizeilich (Art. 80 II PStGB.) zur Beobachtung — aus Strafhaft, aus anderen Gründen (§ 656 ZPO.) Unfallsache

Von wem gebracht Sanitätskolonne

Grund der Einlieferung Ärztliches Zeugnis

Verpflegsklasse III

Entlassen am 17.1.1942 19 nach

Art der Entlassung: geheilt, gebessert, ungeheilt, gestorben, arbeitsfähig, arbeitsunfähig.

Vorläufige Diagnose

Definitive Diagnose Schizophrenie.

Erbliche Belastung ja — nein

Sterilisiert 13.11.1934

Gerichtliche Strafen (Delikt)

Heil- und Pflegeanstalt Kaufbeuren: *Martins Krankengeschichte*

Polizei zum Eingreifen genötigt sah. Danach sei MARTIN am 13. März 1940 von dem Gendarmerieposten ERKHEIM bei SCHLEGELSBERG, einem Weiler nördlich von SONTHEIM, aufgegriffen worden. Er hätte an einem Hochspannungsmast akrobatische Kunststücke ausgeführt, einen Wegweiser und ein Feldkreuz zerstört und in einer Kiesgrube in voller Bekleidung gebadet. Bei der Untersuchung, die dann im städtischen Krankenhaus in MEMMINGEN vorgenommenen wurde, sei er sehr unruhig gewesen, er habe dauernd gesprochen und geschrien und sich gegen jede ärztliche Behandlung gewehrt.

Nach dem Gutachten des staatlichen Gesundheitsamtes MEMMINGEN sei MARTIN geisteskrank. Wegen seiner hochgradigen Erregung und seines Verhaltens sei er als gemeingefährlich zu bezeichnen. Er sei deshalb ja schon in der Heil- und Pflegeanstalt BAYREUTH untergebracht gewesen, wie man durch telefonische Nachfrage inzwischen dort erfahren hat. Da somit seine Verwahrung in einer Heil- und Pflegeanstalt wegen auf Geisteskrankheit beruhender Gemeingefährlichkeit nach dem Polizeistrafgesetzbuch geboten sei, habe man beschlossen zu handeln, wie geschehen.

MARTIN ist also wegen „Gemeingefährlichkeit" eingeliefert worden, die auf angeblicher „Geisteskrankheit" beruhen soll. Seinen Vandalismus an einem Wegweiser und einem Feldkreuz hat man dabei ebenso als Gemeingefahr gewertet, wie seine Selbstgefährdung durch das Turnen am Strommast und sein Baden mit Kleidung im Kiesweiher.

Warum Martin nach Sontheim ging

Aus diesem Beschluss des Landrats und aus dem Bericht, den der damalige Klinikchef Dr. VALENTIN FALTLHAUSER dem Regierungspräsidenten in AUGSBURG gut fünf Wochen später über Martins Einlieferung erstattet, ergibt sich sachlich, dass sich MARTIN in diesem Frühjahr 1940 auf den Weg gemacht hat, um in SONTHEIM eine neue Stelle als Arbeiter bei der Reichsbahn auf einer Baustelle anzutreten. Es ist offensichtlich derselbe Ort, wo er schon früher einmal gearbeitet hat, im Jahr der großen Arbeitslosigkeit 1932.

Damit füllt sich auch der Eintrag im polizeilichen Melderegister des Marktes WEIDENBERG inhaltlich. MARTIN hat sich am Samstag, 9. März 1940, mit dem Zug auf den Weg gemacht, um nach SONTHEIM im Allgäu zu fahren und dort seine neue Arbeit zu beginnen.

Martins Frau, die von seiner Absicht gewusst hat, muss sich dagegen gewehrt haben. Aus einem Brief, den sie zwei Monate nach Martins Einlieferung an die Klinikleitung schreibt, geht hervor, dass ihn sein Freund KARL, mit dem er offenbar schon beim ersten Einsatz bei der Bahn im Allgäu zusammen war, zu dieser Arbeit überredet hat. Er könne dort mehr verdienen, als in WEIDENBERG. MARGARETHE empfindet den Einfluss dieses Freundes KARL als so unheilvoll, dass sie die beiden unbedingt trennen möchte, wenn MARTIN wieder gesund ist. Er hat also seine Arbeitsstelle in WEIDENBERG gegen den Rat seiner Ehefrau verlassen, weil ein Kumpel ihn dazu gedrängt hat, und weil er den Ehrgeiz hatte, für seine Familie im Weidenberger Armenhaus mehr Geld zu verdienen.

6 In Strecke Buchloe-Augsburg nur an S.

404g Buchloe—Memmingen

709 2.3.	715 2.3.		713 2.3.		3893 2.3.	735 2.3.		711 2.3.	Zug Nr Klasse		RBD Augsburg	Zug Nr Klasse	708 2.3.
6.05	6.35 7.30	..	9.00	...	13.00	14.25	...	19.20		ab	München Hbf 406	an	9.40
5.12	6.24 7.55	..	10.10	...	13.23	15.20	...	19.38		ab	Augsburg Hbf 411	an	8.08
6.47	8.55	...	11.25	...	14.18	16.40	...	21.04	0,0	ab	Buchloe	an	6.44
6.54	9.01	...	11.32	...	14.24	16.46	...	21.10	3,8	▼	Wiedergeltingen	▲	6.38
7.00	9.07	...	11.38	...	14.30	16.52	...	21.16	8,3	an	Türkheim (Bay) Bahnhof 404h,n	ab	6.30
7.05	9.11	...	11.43	...	14.32	16.57	...	21.21		ab		an	6.28
7.11	9.17	...	11.49	...	14.38	17.04	...	21.28	12,7	▼	Unterrammingen	▲	6.22
7.20	9.25	...	11.58	...	14.46	17.12	...	21.36	18,8	an	Mindelheim 404p	ab	6.13
7.24	9.28	...	12.03	...	14.48	17.17	...	21.42		ab		an	6.09
7.34	9.36	...	12.13	...	14.56	17.27	...	21.51	24,8	▼	Stetten (Schwab)	▲	6.01
7.44	9.46	...	12.23	...	15.08	17.38	...	22.01	32,5	▼	Sontheim (Schwab)	▲	5.51
7.51	9.53	...	12.30	...	15.14	17.45	...	22.08	38,0	an	Ungerhausen (s. a. 404k)	ab	5.43
7.54	9.55	...	12.33	...	15.16	17.47	...	22.09		ab		an	5.41
8.05	10.05	...	12.43	...	15.27	17.58	...	22.20	46,1	an	Memmingen 404m (s. a. 404k)	ab	5.30
9.24	12.17	...	...	...	...	19.44	...	...		an	Kempten (Allgäu) Hbf 406e	ab	4.24
10.14	13.54	...	...	...	...	20.29	...	...		an	Ulm Hbf 406e	ab	...

Ausriss Kursbuch 1940: *Bahnlinie nach Sontheim*

Viele müssen MARTIN bei dieser Abreise gesehen haben. Denn der Blick in das damalige Kursbuch zeigt, dass er nur mit dem Frühzug um 6:24 Uhr von WEIDENBERG abgefahren sein kann, den damals auch die Schüler nach BAYREUTH und viele Arbeitnehmer benutzten. Er ist dann in BAYREUTH umgestiegen und hat NÜRNBERG um 9:15 Uhr erreicht. Von dort ist er mit dem D-Zug nach TREUCHTLINGEN und weiter mit dem Eilzug nach AUGSBURG gefahren. Um 14:02 Uhr hat er Buchloe erreicht. Rd. eine Stunde später, nach einer Fahrzeit von gut 8 Stunden, ist er in SONTHEIM angekommen. Auf dem kleinen Bahnhof an der eingleisigen Strecke in SONTHEIM hat er den Zug verlassen. Den folgenden Sonntag hatte er noch arbeitsfrei

MARTIN hat sich von der neuen Arbeitsstelle viel erhofft. Er möchte unbedingt mehr zum Lebensunterhalt seiner Familie beitragen. Er fühlt sich ja, trotz der bisherigen Tiefschläge seines Lebens, mit seinen knapp 38 Jahren eigentlich noch kräftig genug, um bei der harten Arbeit bei der Verlegung der Bahngeleise bei Wind und Wetter fest zuzupacken. Gleichwohl muss er damit rechnen, dass ihn seine Krankheit jederzeit einholen und niederzwingen kann, aber er will sich nicht entmutigen lassen. Die Konfirmation der Tochter JOHANNA steht unmittelbar vor der Tür. Vielleicht reicht es für ein paar neue Schuhe, die kostbar sind, weil man sie nur auf Kleiderkarte bekommen kann, und für sonst eine Kleinigkeit.

MARTIN beabsichtigte wohl, diese Arbeit an den Eisenbahngeleisen für längere Zeit auszuüben und ging auch mit entsprechendem Eifer ans Werk. Doch viel schneller als befürchtet hat ihn seine Krankheit eingeholt. Bereits am dritten Arbeitstag sind also seine Aggressionen wieder gekommen, die wir schon von den psychotischen Anfällen in WEIDENBERG her kennen, auch diesmal hat es ihn wieder mit aller Wucht getroffen, er ist handgreiflich geworden. Glücklicherweise beschränkte sich sein Vandalismus auf Gegenstände, MARTIN hat keine Menschen bedroht. Dennoch hat man ihn also als „gemeingefährlich“ eingestuft.

MARTIN gilt nun als „anstaltspflegebedürftig“, das heißt, er steht unter besonderer Aufsicht und wird vorerst medikamentös ruhig gestellt. Eine Verlegung in die Heil- und Pflegeanstalt BAYREUTH, die MARTIN schon öfter behandelt hat, kommt zu diesem Zeitpunkt nicht in Betracht, da die Kostenübernahme ungeklärt ist. Sie hätte sein schlimmes Schicksal möglicherweise nur beschleunigt. Denn wie wir vom Los von ANNA MARGARETA SOMMER wissen[30], sind die Bayreuther Patienten bereits Anfang Oktober 1940 „verlegt“ und eine große Anzahl von ihnen noch im November 1940 im Rahmen der T4-Aktion umgebracht worden. So aber bleiben MARTIN und seiner MARGARETHE noch gut 2 ¼ Jahre Hoffnung.

Eine Reformklinik wird zur Euthanasieanstalt

MARTIN ist nun in der Heil- und Pflegeanstalt KAUFBEUREN untergebracht. Die Geschichte dieser Anstalt ist unmittelbar mit der Geschichte der stationären Psychiatrie in Schwaben verknüpft, die mit der Eröffnung der „Schwäbischen Kreis-Irrenanstalt“ im ehemaligen Benediktinerkloster IRSEE 1849 begann. Nicht

---

[30] Vergl. das Kapitel im Eingang dieser Folge „Gedenken des Unbegreiflichen“, insbesondere ab S. 46.

zufällig liefen die Entwicklungen parallel zur Industrialisierung im 19. Jh. Mit der unvermeidlichen Entwurzelung wurden viele Menschen damals seelisch nicht fertig. Dieses Krankenhaus war damals für ganz Schwaben zuständig, aber rasch zu klein. Eine neue Klinik musste gebaut werden. Die Kreis-Heil- und Pflegeanstalt KAUFBEUREN war dann im Jahr 1876 eingeweiht worden.

Gruselschloss im Park: *Heil– und Pflegeanstalt Kaufbeuren*

Zunächst hatte man dem Problem der psychisch Kranken noch recht ratlos gegenüber gestanden. Doch in den folgenden 50 Jahren waren gerade von KAUFBEUREN viele Impulse für die Entwicklung einer zeitgemäßen stationären Psychiatrie ausgegangen: Das aus England kommende „no-restraint-System“ wurde eingeführt. Es bemühte sich um die Abschaffung von Zwangsmaßnahmen und verfolgte zunehmend eine Arbeitsweise der „offenen Tür“, mit dem Ziel, Normalität und Humanität ins Krankenhaus einziehen zu lassen. So wurden die Arbeitstherapie und die so genannte „Offene Fürsorge“ eingeführt. Die Betreuung der Kranken erfolgte zunehmend ambulant.

In dieser Phase wurde im Jahr 1929 VALENTIN FALTLHAUSER zum neuen Anstaltsdirektor berufen. Er gehörte seinerzeit zu den führenden Reformpsychiatern in Deutschland. Dieser Arzt begann in KAUFBEUREN mit dem viel beachteten Weiterbau einer „Offenen Fürsorge“. Mit dem Konzept der „Außenfürsorge“ bemühte sich die Heilanstalt in ihrem Einzugsgebiet darum, den psychisch Kranken nachzugehen und ihnen vorsorgliche Hilfe anzubieten. Dabei suchte sie die Zusammenarbeit mit den Sozialeinrichtungen und Gesundheitsämter, die über das Land verstreut waren.

Doch mit Hitlers Machtübernahme in Deutschland im Jahr 1933 verliert dieses zukunftsweisende Konzept sofort an Wirkung. Die Nazis vereinnahmen umgehend die gesammelten Unterlagen der Offenen Fürsorge und missbrauchen sie zur praktischen Umsetzung ihrer „rassehygienischen“ Ideologie. Nun lautet das primäre Ziel „Kontrolle statt Behandlung“. Wie so viele angesehene Psychiater der Zeit lässt sich auch FALTLHAUSER unbegreiflicherweise korrumpieren; er wird ein Gefolgsmann der NS-Ideologie. Der geforderten allgemeinen „Volksgesundheit“ wird Vorrang eingeräumt gegenüber den individuellen Bedürfnissen der Patienten.

FALTLHAUSER übernimmt alle rassen- und gesundheitspolitischen Zielsetzungen der Nationalsozialisten. Er gründete eine Ortsgruppe der Deutschen Gesellschaft für Rassenhygiene und lässt sich sogar als Mitarbeiter des rassenpolitischen Amtes der NSDAP anheuern. Zudem lässt er sich, wie es auch der Klinikleiter in BAYREUTH tut, als Beisitzer beim Erbgesundheitsgericht in KEMPTEN einspannen. Dort entscheidet er über Zwangssterilisationen. Der Arzt ist also Richter und Vollstrecker in einer Person.

Vom Reformer zum Massenmörder:
Klinikleiter Dr. VALENTIN FALTLHAUSER

Faltlhausers Ruf eines linientreuen Gefolgsmannes spricht sich rasch herum. Solche Leute werden für die Umsetzung der NS-Rasseprogramme gebraucht. Bald wird er in den „Reichsausschuss zur wissenschaftlichen Erfassung von erb- und anlagebedingten Leiden“ berufen, einer Einrichtung, welche die Kinder-Euthanasie vorbereitet. Ab dem 6. September 1940 ist FALTLHAUSER als „T4- Gutachter“ tätig. Er arbeitet jetzt also für die Zentrale der Organisation von Nazifunktionären und Ärzten, die in BERLIN in der Tiergartenstraße 4 seit dem Jahr 1939 die Vernichtung von behinderten Menschen vorbereiten. In dieser Eigenschaft bearbeitet er Meldebögen von Patienten aus Heil- und Pflegeanstalten und entscheidet darüber, welcher Patient als „Euthanasiefall“ einzustufen ist.

So ist FALTLHAUSER von Anfang an unmittelbar in die Euthanasieverbrechen des nationalsozialistischen Staates einbezogen. Er steht also auch seinem neuen Patienten MARTIN mit einer naziideologisch vorgefassten Meinung gegenüber. Dies wird auch sogleich deutlich. Denn in dem ausführlichen Bericht, den FALTLHAUSER über MARTIN für die Regierung erstellt, diagnostiziert er, bewusst übertreibend, einen „völlig verwirrten Zustand“, obwohl bis dahin nirgends davon die Rede war. Er unterschlägt auch, dass MARTIN bei seiner Einvernahme klar gesagt hat, dass er extra ins Allgäu gekommen sei, um Geld für seine Familie zu verdienen, die ja sonst nichts hätte.

Was wirklich mit Martin passiert ist

Manches andere in Faltlhausers frühem Bericht über MARTIN vom 22. April 1940 klingt scheinbar sachlich. Vieles ist uns schon bekannt und aus anderen Berichten bloß übernommen. So sei MARTIN bereits mehrfach wegen schizophrener Geistesstörung in der Heil- und Pflegeanstalt BAYREUTH untergebracht gewesen. Im März dieses Jahres habe er anscheinend seinen gewöhnlichen Aufenthaltsort WEIDENBERG verlassen, um bei einer Baustelle der Reichsbahn in SONTHEIM Arbeit aufzunehmen. Nach den gepflogenen Erhebungen habe er am 11. und 12. März 1940 auf dieser Baustelle gearbeitet. Am 13. März sei er – hier folgt Faltlhausers folgenschwere Übertreibung – „in völlig verwirrtem Zustand" von dem Gendarmerieposten ERKHEIM in SCHLEGELSBERG aufgegriffen worden.

Martin sei dann dem Amtsarzt in MEMMINGEN vorgeführt worden, der eine geistige Störung und Gemeingefährlichkeit feststellt habe. Daraufhin sei er auf Beschluss des Landrats in die hiesige Anstalt eingeschafft worden. Der neue Schub der schizophrenen Erkrankung, der zur Anstaltseinschaffung geführt habe, sei scheinbar rasch vorüber gegangen und der Kranke sei wieder geordnet gewesen. Doch am 6. April habe ein neuerlicher Schub eingesetzt, der mit hochgradiger Erregung und völliger Verwirrtheit einhergegangen sei, sodass MARTIN L. als unbedingt anstaltspflegebedürftig und auch immer noch gemeingefährlich habe bezeichnet werden müssen.

MARGARETHE L. kann damals nicht wissen, dass ihr MARTIN einem Mordarzt in die Hände gefallen ist. Viele, die FALTLHAUSER noch aus seiner Zeit als Reformpsychiater kannten, ahnten dies ja ebenfalls nicht. Erst nach dem Krieg begannen die Amerikaner hartnäckiger zu recherchieren. Sie wollten Schuldige suchen und bestrafen. Doch es dauerte 40 Jahre, bis dann endlich ein Selbstreinigungsprozess der psychiatrischen Einrichtungen in Deutschland und Österreich einsetzte. So kamen seit den achtziger Jahren des 20. Jahrhunderts endlich die Verstrickungen der damaligen Psychiatrien in das Tötungswerk der Nazis ans Licht. Unfassbar viele Anstalten waren betroffen[31].

Doch MARGARETHE hatte ihre intuitiven Ahnungen. Deswegen bedrängte sie die Klinikleitung in KAUFBEUREN mit vielen handgeschriebenen Postkarten und Briefen, die in den Akten der Anstaltsleitung erhalten geblieben sind. In ihrer einfachen Sprache und in immer wiederholten Sätzen forderte sie die Klinikleitung auf, ihren Mann wieder nach Hause zu entlassen. Sie sollen ihn *„wieder fort schaffen, wenn er*

---

[31] Vergl. dazu auch die „Topographie des Terrors" oben auf S. 34. Auf dieser makabren Landkarte finden sich 68 gerichtsbekannte Orte bzw. psychiatrische Kliniken, in denen zwischen 1939-45 Kinder bzw. Erwachsene ermordet wurden. Sie verteilen sich über den ganzen Bereich des damaligen „Großdeutschland", sowie Elsass und Polen.

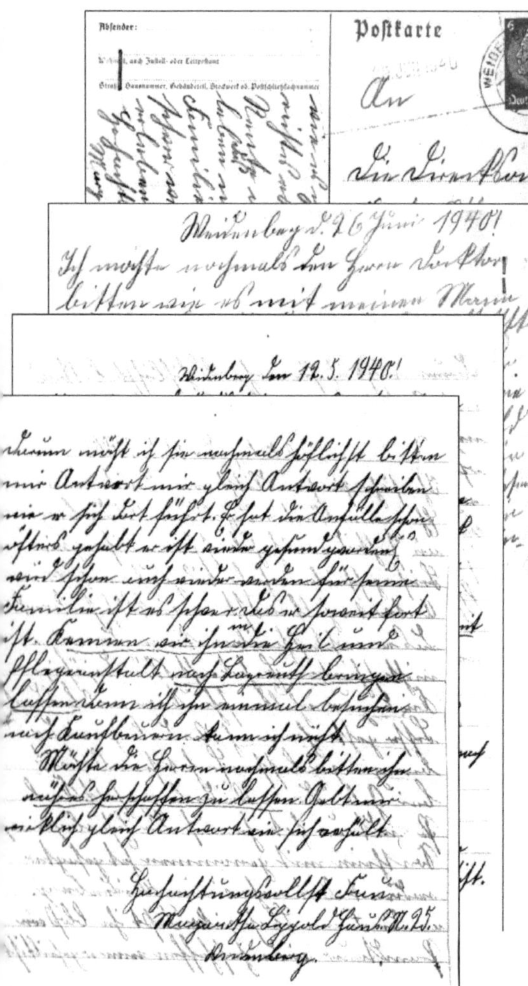
Postkarte

Weidenberg d. 26 Juni 1940!

Weidenberg den 12.5.1940!

Leidenschaftlicher Kampf um den Ehemann: *Margarethes Post an die Klinik*

geheilt ist". „Schaut wenn es bald mit ihm besser geht, ihn nach Weidenberg wieder bringen zu lassen". – „Möchte die Herren nochmals bitten, ihn wenigstens herschaffen zu lassen. Gebt mir wirklich gleich Antwort wie sich verhält."

Sie könnten ihn doch in die Heil- und Pflegeanstalt nach BAYREUTH schaffen, wo er schon mehrmals war. Denn die Möglichkeit, nach KAUFBEUREN zu fahren, sehe sie momentan nicht. Für seine Familie sei es schwer, dass er fort sei. Er habe ja acht minderjährige Kinder zu unterhalten. Er habe die Anfälle schon öfters gehabt und sei wieder gesund geworden, er werde auch diesmal wieder werden.

Doch die Klinik will ihre Wünsche nicht erfüllen. Solange die Zahlungspflicht nicht festgestellt sei, könne eine Überstellung Martins in die Bayreuther Anstalt nicht in Betracht gezogen werden, da die Bayreuther zweifellos Schwierigkeiten mit der Aufnahme machen würden.

Die schreckliche Ironie im Verlauf der weiteren Ereignisse ist, dass diese Entscheidung der Anstaltsleitung in KAUFBEUREN, MARTIN nicht nach BAYREUTH zu bringen, zunächst wie schon gesagt „lebensverlängernd" für ihn ist. So wird MARTIN vor einer Ermordung in der „zuständigen" Tötungsanstalt Schloss HARTHEIM bewahrt. Es sind die Jahre, in denen die Nazis den Krieg nutzen, um in den psychiatrischen Einrichtungen Deutschlands und der besetzten Gebiete praktikable und preiswerte Methoden für eine umfassende Beseitigung von Menschen zu entwickeln, ihre „Fingerübung" für die „Endlösung der Judenfrage", welche dann ab Januar 1942 rasch Schritt um Schritt in die Tat umgesetzt wird.

In der ersten Stufe seit dem 1939 waren es die Kinder, ab 1940 die Erwachsenen mit psychischen Erkrankungen und Behinderungen, die, wie MARGARETHE SOMME-

RER aus der Einöde GRUND bei WEIDENBERG, dem „Gnadentod“ ausgeliefert wurden. Vorgeschlagen von Klinikärzten und ausgesondert von den Funktionären der Organisationszentrale in der Berliner Thiergartenstraße 4, wäre wohl auch MARTIN in diesem Jahr 1940 in einem der Spukschlösser der Nazis zur Menschenvernichtung eingeliefert und ins Gas getrieben worden; da lagen die ahnungsvollen Nachbarn des Weidenberger Armenhauses mit ihrem Verdacht an sich völlig richtig. Auch die Anstalt von KAUFBEUREN war in diese zweite Phase der Euthanasieaktionen verwickelt. Auch von hier aus werden zwischen Ende August 1940 und Anfang August 1941 insgesamt 688 Patienten in den gefürchteten „Grauen Bussen“ zur Ermordung in die Tötungsanstalten in GRAFENECK und Hartheim VERSCHLEPPT, zu einer Zeit, wo MARTIN längst in KAUFBEUREN war. Aber MARTIN steht zum Glück nicht auf den Todeslisten der T4-Verantwortlichen.

Ob der Grund für diese Verschonung darin zu suchen ist, dass die Meldebögen für diese Todeslisten der Berliner bereits zum 1. Januar 1940 beim Reichsinnenministerium vorgelegt werden mussten und MARTIN zu dieser Zeit gerade nicht „auffällig“ war, muss offen bleiben, ebenso die Frage, ob er vielleicht auf der Bayreuther Liste stand, aber, als die Bayreuther Opfer dort abtransportiert wurden, bereits in KAUFBEUREN war und deshalb zunächst davonkam.

Insgesamt wird man wohl sagen dürfen, dass MARTIN eher zufällig nicht mehr Opfer dieses offiziellen „T4-Programms“, also der zweiten Phase der Euthanasie, geworden ist. Denn diese Experten für Massentötungen sind nach ihren Experimenten mit Gas an den Behinderten und Kranken ab Ende 1940 weitergezogen zu fernen Orten im besetzten Polen und in der Ukraine. Dort brachten sie ihr grausames „Know-how“ nun in den Gaskammern und an den Verbrennungsöfen der großen KZs wie BELZEK, SOBIBOR und TREBLINKA ein[32].

Martin – ein Opfer der dritten Phase der NS-Euthanasie

So bleibt MARTIN also zunächst am Leben und macht sich, wie auch seine Frau, Hoffnung auf seine Heimkehr. Die Entscheidung, ihn nicht nach BAYREUTH zu verlegen, entpuppt sich für ihn zwar als lebensverlängernd, aber letztlich doch nicht lebensrettend. Denn was er nicht ahnt, was aber die Gerüchte in WEIDENBERG auf fast profetische Weise vorausgesehen haben, ist, dass er mit Dr. FALTLHAUSER einem Nazi-Mordarzt ganz eigener Art in die Hände gefallen ist. In seiner eigentlich zur Heilung bestimmte Einrichtung in KAUFBEUREN erprobt er gerade neue unauffällige Methoden zur Beseitigung von Menschen. Sie sollen als Modell dienen für viele

[32] Vergl. dazu die ausführlicheren Recherchen oben im Kapitel über den Tod von Anna Margareta Sommerer „Gedenken des Unbegreiflichen“, insbesondere ab S. 68.

andere psychiatrischen Einrichtungen in Deutschland. Sie übernehmen sein Verfahren.

Es ist die Phase der „wilden Euthanasie“ oder mit einem weniger spektakulären Ausdruck „dezentralen Euthanasie“. Dieses Mordprogramm braucht keine speziellen Anweisungen BERLIN, es funktioniert, typisch für den vorauseilenden Gehorsam im Nazisystem, selbstständig aus der Entscheidung der jeweiligen Anstaltsärzte heraus, die „ihrem Führer entgegenarbeiten“ wollen. In diesen folgenden Vernichtungsakt sind die Crème de la Crème der deutschen Psychiatrie-Ärzte und unerhört viele Einrichtungen im ganzen Reichsgebiet direkt oder indirekt verstrickt, weltliche und kirchliche, diakonische und caritative Einrichtungen gleichermaßen, in denen die Patienten nun, statt Pflege und Heilung zu erleben, ihrem Tod entgegengehen.

Der Kaufbeurer Anstaltsleiter Dr. VALENTIN FALTLHAUSER ist für die beteiligten Mörderärzte der Prototyp und entscheidender Wegbereiter. Er hat MARTIN zu einem der Versuchsobjekte und Opfer für die Weiterentwicklung seiner Mordmethoden ausersehen. Anders als Martins unmittelbarer Betreuungsarzt Dr. MANDEL, der in Margarethes Briefwechsel meist der Gesprächspartner ist und ihr immer wieder Hoffnung macht – *„Sie können ihn bald mit heimnehmen“,* – ist FALTLHAUSER derjenige, der die Aussichten auf Heilung stets als „außerordentlich ungünstig“ beurteilt. FALTLHAUSER war ja auch der einzige Arzt, der von Anfang an für MARTIN die Diagnose „unheilbar“ stellte. Er nimmt damit das MARTIN zugedachte Todesurteil vorweg und verfolgt den weiteren Weg bis zur Vollstreckung unerbittlich.

Eine Klinik auf der Suche nach unauffälligeren Mordmethoden

Die Heil- und Pflegeanstalten als Vollstreckungsorte der „wilden Euthanasie“

Erst in dieser dritten Phase der Euthanasie-Aktionen also wird MARTIN zum Opfer. Vom Zeitpunkt seiner Einlieferung an bleiben ihm noch gut zwei Jahre zum Leben. Es ist die Phase der heute sogenannten wilden oder dezentralen Euthanasie, der Massentötung von Behinderten und Kranken, die sich ohne besondere Anweisung von oben allein aus der verblendeten Willkür der Klinikärzte heraus in unzähligen Psychiatrien Deutschlands vollzieht.

Der deutliche Protest der Kirchen damals gegen die Euthanasie hatte nur bewirkt, dass das auffällige T4-Programm der Nazis offiziell eingestellt wurde. Das massenweise Verschwinden von Menschen, ihre „Verschubung“ in öffentlichen Verkehrsmitteln wie der Bahn, die auffälligen grauen Busse der „GeKraT“, die mit undurchsichtigen Fenstern durchs ganze Land fuhren und die immer gleichen Ziele ansteuerten, die rauchenden Schlote der Mordschlösser, das alles hatte viel zu viel Aufsehen erregt und war belastend für das Image eines Regimes, das sich als Hüter der „Volksgemeinschaft“ ausgab. Für die Euthanasieopfer gab es kein Aufatmen, denn die Nazi-Führung erwartete, dass nun unauffälligere Methoden für das Morden entwickelt wurden.

Abtransport der T4-Opfer: *„Grauer Bus“*

Jetzt also soll das Morden in den Kliniken selbst vollzogen werden, unter dem Deckmantel und mit den diskreteren Methoden der ärztlichen Heilkunst. Diese Phase der „wilden“, d.h. nicht von Berlin aus regulierten Euthanasie-Aktionen, ist bis heute noch nicht vollständig aufgearbeitet. Die Dunkelziffer ist wegen der gewählten „diskreten Methoden“ sehr hoch. Manche heute zitierten Opferzahlen gehen immer noch von der anfänglich von den Nazis selbst hochgerechneten „möglichen“ Zahl von 70.000 ihrer Todeskandidaten unter den Behinderten aus. Doch Goebbels selbst hatte die Zahl in seinem Tagebuch im Jahr 1940 bereits auf 100.000 korrigiert. Man rechnet heute mit über 200.000 weiteren Ermordeten nach den rd. 100.000 dokumentierten Fällen des „T4-Programms“, also insgesamt über 300.000 Toten aus den verschiedenen Euthanasieprogrammen. Makabererweise übertrifft ihre Anzahl damit sogar noch die Zahl der deutschen Opfer aus der Judenvernichtung, die sich auf etwa ¼ Million beläuft.

Die Täter, die zum großen Teil vorauseilend aus eigenem Entschluss ohne besondere Anweisung handelten, in der Meinung, den Willen des „Führers“ zu erfüllen, kommen nach dem Krieg meist recht glimpflich davon. Die Mehrheit der beteiligten Ärzte, Pfleger und Helfer bleibt gänzlich unbehelligt, sie können nach ihrer Beteiligung am Massenmord weiter medizinisch und pflegerisch tätig sein.

Die Spur ihrer Verbrechen ist erschreckend. Seitdem die Ärzte in ihren Anstalten nach Abzug der Einweiser aus BERLIN freie Hand haben, fällt auch in der Heil- und Pflegeanstalt KAUFBEUREN unter Leitung des einst renommierten Reform-Psychiaters VALENTIN FALTLHAUSER der drastische Anstieg von Lungenleiden als Todesursache um das 20-fache auf. Das lässt zurückschließen auf die gezielte Anwendung von höher dosierten Medikamenten, wie sie auch sonst in der psychotherapeutischen Praxis verwendet werden, wie Luminal, Veronal, oder vereinzelt Trional und Morphium-Skopolamin. Bei entsprechender Dosierung lähmen diese Mittel das Atemzentrum und entzünden die Lunge. Diese Medikamente sind als Mordmittel kaum zu erkennen, das Ableben der Patienten ist als vorsätzliche Tötung schwerer nachweisbar.

Luminal, das später auch als Phenobarbital bezeichnet wird, ist ein 1912 eingeführter Arzneistoff aus der Gruppe der Barbiturate und wird in der Epilepsiebehandlung sowie zur Narkosevorbereitung eingesetzt. Es ist ein Betäubungsmittel, das als Tablette oder Spritze verabreicht wird und das bis weit in die zweite Hälfte des 20.Jh. hinein ein viel genutztes Schlafmittel war.

Veronal ist ein erstmals 1882 synthetisiertes Barbiturat, das wegen seiner hypnotischen und lang andauernden Wirkung früher gern als Schlafmittel genutzt wurde; es führt aber bei unsachgemäßer Dosierung leicht zum Tode, da es die meisten Stoffwechselprozesse hemmt. Solche Barbital-haltigen Arzneimittel sind heute weltweit nicht mehr im Handel.

Morphium-Scopolamin ist eine Injektion aus alkaloidem Morphin und Scopolamin und wurde bereits im Januar 1940 in BRANDENBURG bei Menschenversuchen erprobt. Ziel der Ärzte war damals, eine möglichst „zweckmäßige" Methode zu finden, um die zum „Gnadentod" bestimmten Opfer umzubringen: Ist es „praktischer", Menschen zu Tode zu spritzen oder sie zu vergasen?, so lautete die Frage. Während die Brandenburger Ärzte einer kleineren Gruppe von Opfern vor den Augen ausgewählter Kollegen und Parteileute Morphium-Scopolamin in tödlicher Dosis injizierten, öffneten sie für andere psychisch erkrankte Personen in einer dazu hergerichteten Kammer den Gashahn. Die Vergasung erwies sich bei diesem „Test" an lebenden Menschen als „rationeller". Deshalb wurde Gas dann bei der T4-Aktion zur Tötung der Behinderten und der nachfolgenden Vernichtung von Sinti, Roma und Juden zur Methode der Wahl.

In KAUFBEUREN wurde eine Injektion mit Morphium-Scopolamin in solchen Fällen verabreicht, wenn Luminal und Veronal allein nicht die beabsichtigte Wirkung zeigten.

Bekannt ist auch, dass in vielen psychiatrischen Kliniken Patienten zu weiteren medizinischen Experimenten benutzt wurden. So verseuchte Dr. GEORG HENSEL aus OY mit Zustimmung von Dr. FALTHAUSER ab 1943 in KAUFBEUREN-IRSEE Kinder und Erwachsene mit Tuberkulosebazillen, um die Auswirkung der Krankheit und Möglichkeiten zu ihrer Bekämpfung am lebenden Objekt zu studieren. Die dramatischen Impfexperimente führten ebenfalls zum schrecklichen Tod der Patienten.

Kindermord in Kaufbeuren

Vor Kindern macht dieses Morden damals jedenfalls keinen Halt. Bekannt wird nach dem Krieg die Leidensgeschichte des „Jenischen" oder, wie man Angehörige dieser Bevölkerungsgruppe damals auch fälschlich nannte, des „Zigeunerkindes"

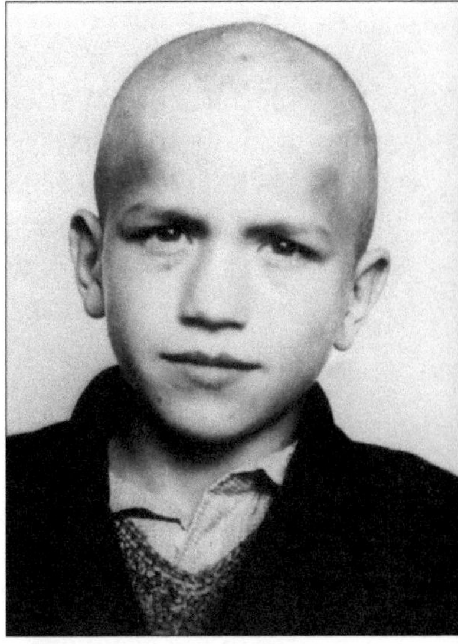

Opfer der Kinder-Euthanasie: *Der 14-jährige ERNST LOSSA in Kaufbeuren*

ERNST LOSSA. Er ist eines von 210 Kindern, welche in die von Dr. FALTLHAUSER geleitete „Kinderfachabteilung“ in KAUFBEUREN eingeliefert und gequält wurden. Nach einer zweijährigen Leidenszeit wurde er im August 1944 hier schließlich ermordet. Der Fall wurde seinerzeit von der amerikanischen Besatzungsmacht nach der Einnahme der Klinik dokumentiert und im Jahr 1948 in KEMPTEN als Beweismittel im Prozess gegen das Anstaltspersonal verwendet. Der Allgäuer Journalist und Autor ROBERT DOMES hat diese beklemmende Begebenheit nach fünfjährigen sorgfältigen Recherchen in seinem Jugendbuch „Nebel im August“ festgehalten.

ERNST LOSSA war im Jahr 1929 als erstes von vier Kindern in einer Familie von „Jenischen“ in AUGSBURG zur Welt gekommen. Seine Eltern gehörten zu den fahrenden Händlern des „Lumpenproletariats“, die mit den Zigeunern aber nichts zu tun hatten, sondern sich aus deutschen Armutsgruppen des Mittelalters und der späteren Kriegszeiten rekrutierten. Sie reisten mit Wandergewerbescheinen in den warmen Monaten des Jahres durch das Land und betätigten sich als Altstoffsammler, Hausierhändler, Scherenschleifer oder Kleinhandwerker. Ernsts Angehörige sollen sich als Restauratoren von Kirchenfiguren angeboten haben. Obwohl sie deutschstämmig waren, wurden sie von den Nazis als „Asoziale“ bezeichnet und verfolgt.

Im Jahr 1933 stirbt Ernst Lossas Mutter im Alter von erst 23 Jahren. ERNST und seine drei Geschwister geraten ins Visier der Nazi- Bürokratie und kommen in Heime. Im Jahr 1936 wird der Vater dieser Kinder, CHRISTIAN LOSSA, als angeblich

Nachfahren von deutschen Armutsgruppen:
Jenische 1924 auf der Schweizer Axenstraße

„Arbeitscheuer" ins Konzentrationslager DACHAU verbracht. ERNST kommt zur Großmutter. Im folgenden Jahr 1937 stirbt die Großmutter. ERNST wird nun in ein klösterliches Waisenhaus eingewiesen. Er kann die Erfahrung der Elternlosigkeit und des Eingesperrtwerdens nicht verarbeiten und wird verhaltensauffällig, er stiehlt, lügt und verweigert sich der strengen Klostererziehung.

Im Jahr 1938 kommt der Vater zunächst aus dem KZ frei. Als ERNST zehn Jahre alt ist, schieben ihn die Nonnen in ein nationalsozialistisches Erziehungsheim nach MARKT-INDERSDORF ab. ERNST kommt im gleichen Jahr zur Gruppe der Jüngeren bei der Hitlerjugend, den „Pimpfen". Im Jahr 1941 wird sein Vater in NÜRNBERG erneut verhaftet und ins KZ FLOSSENBÜRG gebracht. Der junge ERNST wird in einem psychologischen Gutachten als „asozialer Psychopath" abgestempelt und im folgenden Jahr 1942 wegen „schwerer Erziehbarkeit" in KAUFBEUREN in die Nervenheilanstalt eingeliefert. Dabei ist der 13-Jährige weder behindert noch geisteskrank. Einen Monat später wird sein Vater im KZ umgebracht.

ERNST wird in KAUFBEUREN zunächst in die Kinderabteilung untergebracht, später in die Männerabteilung. Im Jahr 1943 bringt man ihn in die Kaufbeurer Nebenanstalt Irsee. ERNST gilt als frischer und aufgeweckter Bursche. Eigentlich mögen ihn die Pfleger. Man sagt, er wusste über die Vorfälle in der Anstalt Bescheid. Er dürfte gesehen haben, wie Kranke besondere Tabletten oder Spritzen bekamen. Am Nachmittag des 8. August 1944 verschenkt er ein Bild von sich an einen Krankenhelfer, er hat „Zum Andenken" darauf geschrieben. Auf Befragen antwortet er, dass er wisse, dass er ja doch nicht mehr lange lebe, aber er wolle sterben, solange der Krankenhelfer noch da wäre, weil er dann wüsste, dass er schön eingesargt würde.

Auf Anweisung des Arztes soll ERNST LOSSA an diesem Tag mit Tabletten umgebracht werden. Sie werden ihm zunächst in den Kaffee, und, zur Sicherheit als Wiederholung, ins Essen getan. Doch ERNST durchschaut das Komplott sofort und verweigert Getränk und Nahrung. Inspektor FRICK sucht einen anderen Weg und ordnet an, ihn in der Nachtwache einzeln zu legen, um Aufsehen zu vermeiden; dann soll ihm die berüchtigte „Todesschwester Pauline" eine tödliche Spritze verabreichen.

Die im Jahr 1900 in der Ukraine geborene Gutsbesitzerstochter PAULINE KNEISSLER war als Nazischwester im Jahr 1937 der NSDAP und verschiedenen ihrer Unterorganisationen beigetreten und seit Januar 1940 Mitarbeiterin bei der T4-Aktion. Durch ihren jahrelangen Einsatz in den Tötungsanstalten von GRAFENECK und HADAMAR war sie erfahren in der Tötung von Menschen. Dr. FALTLHAUSER hatte sie persönlich in der Berliner T4-Zentrale angefordert, da ihm das eigene klösterliche Personal im Umgang mit Patienten viel zu nachsichtig war; den Arzt störte die pflegeorientierte Arbeitsweise der Ordensschwestern, mit der sie bisweilen seine Hungerkost-Anordnungen unterliefen und verhungernden Kranken Brot zusteckten.

FALTLHAUSER hatte für „Schwester Pauline“ eine besondere Abteilung in IRSEE eingerichtet. Seit sie am 15. April 1944 im Haus ist, springt die Todesrate sofort in die gewünschte Größenordnung; wenn sie außer Haus ist, fällt sie vorübergehend ab. Der zuständige Seelsorger, der durch die vielen überraschenden Todesfälle überfordert ist, bekommt von „Schwester Pauline“ vorab eine Liste von Kranken, die jeweils in der Nacht oder am Folgetag „unerwartet“ sterben sollen, damit er sich darauf einstellen kann.

Der Pfleger lügt dem jungen ERNST LOSSA vor, dass er typhusverdächtig sei und deswegen auf ein Einzelzimmer gelegt werde. Er werde nachts eine Typhusspritze bekommen. Als ERNST zu schlafen scheint, kommt PAULINE.

Inspektor FRICK und der Pfleger PAUL begleiten die Mord-Schwester in dieser Nacht. Sie treten an Ernsts Bett. Vergeblich versuchen sie, ihm Luminal einzugeben. ERNST ist vom Geräusch und dem Licht erwacht und verweigert das Medikament. Dann sagt man ihm, er bekäme eine Spritze gegen Typhus und hält ihn an Händen und Füßen fest. ERNST kann sich nicht wehren. PAULINE gibt ihm zur Sicherheit gleich zwei Spritzen des tödlichen Morphium-Scopolamin. Sofort erstarrt Ernsts Körper. Sein Gesicht verfärbt sich blaurot. Am folgenden Tag um 16 Uhr stirbt ERNST LOSSA, ohne noch einmal das Bewusstsein erlangt zu haben. Seine Haut hatte sich inzwischen wie Grünspan verfärbt.

Der 8. August 1944, an dem man ERNST die Spritzen gab, ist der gleiche Tag, an dem der Volksgerichtshof nachmittags in Berlin etliche Widerstandskämpfer des 20. Juli 1944 zum Tode verurteilt. Sie waren Helden. ERNST LOSSA ist kein Held im üblichen Sinn, aber auf seine Weise hat auch er versucht, dem Nazi-Regime seinen kindlichen Widerstand entgegenzusetzen. Er hat bis zur letzten Sekunde seine Persönlichkeit nicht brechen lassen.

Nach dem Krieg wird „Schwester Pauline“, die nach eigenem Bekunden fünf Jahre lang Tausende von Behinderten „abgespritzt" hat, im aufsehenerregenden Schwesternprozess 1948 in FRANKFURT angeklagt. Sie fühlte sich zu Unrecht verfolgt und kommentierte das Urteil: *„Mein Leben war Hingabe und Aufopferung, ... nie war ich hart zu Menschen ... Dafür muss ich heute leiden und leiden“.* Der Verurteilten wurde nach einem Jahr die Verbüßung der Reststrafe von drei Jahre erlassen – ein Jahr Gefängnis für fünf Jahre Morden und wohl 500 persönlich mit eigener Hand ermordete Opfer, das ist ein weiterer trauriger Erweis des Versagens der Justiz in Nachkriegsdeutschland bei der Aufarbeitung der NS-Verbrechen!

Die Hungerkost hinterlässt Opfer, aber wenig Spuren

Bekannt wird die Kaufbeurer Einrichtung aber wegen ihrer besonderen, hier erfundenen „Spezialität“, der „Hungerkost“. Man nannte sie damals auch „Entzugskost“ oder „E-Kost“. Der Anstaltsleiter VALENTIN FALTLHAUSER hat sie bereits 1941 ausgetüftelt und in Kaufbeuren versuchsweise ausprobiert. Sie wird dann im Sommer 1942 in der Anstalt KAUFBEUREN und ab Oktober 1942 in der Zweigabteilung von IRSEE für nicht arbeitsfähige Patienten systematisch eingesetzt. Der Weidenberger MARTIN L. ist in der Versuchsphase eines ihrer ersten Opfer.

Aufgrund seiner Kaufbeurer Erfahrungen mit Opfern wie MARTIN propagiert FALTLHAUSER diese „E-Kost“ dann auch im offiziellen Kollegenkreis der Anstaltsleiter und preist ihre Wirkung dank ihrer vollständigen Fettreduzierung als „todsicher“ und zugleich als völlig unauffällig. Die Bayerische Regierung, die verflochten ist in diese Mordexzesse, ist begeistert. Sie macht diese „Diät“ einer völlig fett- und vitaminfreien Kost in allen psychiatrischen Einrichtungen in Bayern ab November 1942 per Ministerialentschließung zur Pflicht. Anstaltsdirektoren, die sich weigern, sollen entlassen werden. Scheinheilig argumentiert die Regierung, dass in Kriegszeiten jeder verstehe, wenn das Land von „unnützen Essern“ befreit werde.

Damit ist ethisch und in der Praxis der Psychotherapie ein weiterer Schritt in eine Dreiklassenmedizin bis zur tödlichen Konsequenz vollzogen: heilbare, arbeitsfähige und „Unnütze“ Patienten. Bei der T4-Aktion war die Entscheidung über diese Aussonderung noch einem war zentralen Gut-

Herrn Reichsstatthalter in der Westmark
und die Regierungspräsidenten.

Betreff: Verpflegung in den Heil- und Pflegeanstalten.

Beilagen: Nebenabdrucke für die Heil- und Pflegeanstalten des Regierungsbezirks.

Im Hinblick auf die Kriegsbedingten Ernährungsverhältnisse und auf den Gesundheitszustand der arbeitenden Anstaltsinsassen lässt es sich nicht mehr länger verantworten, dass sämtliche Insassen der Heil- und Pflegeanstalten unterschiedslos die gleiche Verpflegung erhalten ohne Rücksicht darauf, ob sie einerseits produktive Arbeit leisten oder in Therapie stehen oder ob sie andererseits lediglich zur Pflege in den Anstalten untergebracht sind, ohne eine nennenswerte nutzbringende Arbeit zu leisten.

Es wird daher angeordnet, dass mit sofortiger Wirkung sowohl in quantitativer wie in qualitativer Hinsicht diejenigen Insassen der Heil- und Pflegeanstalten, die nutzbringende Arbeit leisten oder in therapeutischer Behandlung stehen, ferner die noch bildungsfähigen Kinder, die Kriegsbeschädigten und die an Alterspsychose leidenden zu Lasten der übrigen Insassen besser verpflegt werden.

Auf die am 17.11.1942 beim Staatsministerium des Innern stattgefundene Besprechung mit den Anstaltsdirektoren wird Bezug genommen.

Die Anstaltsdirektoren haben unverzüglich die entsprechenden Massnahmen zu veranlassen.

I.A.
gez. Dr. Schultze

Nr. 3537 k 20

An die Direktion der Heil- und Pflegeanstalt
Kutzenberg

zur Kenntnis und weiteren Veranlassung.

Ansbach, den 15.Dez.1942
(Verwaltung des Bezirksverbandes)

Siegel.

Für die Richtigkeit der Abschrift:
München, den 26.8.1948
J.Sek.

Hungerkosterlass des Bayer. Innenministeriums vom Nov. 1942, *am 15.12.42 weitergeleitet nach Kutzenberg* achtergremium vorbehalten. Nun ist sie dem jeweils behandelnden Arzt überlassen, das bedeutete zugleich eine enorme Ausweitung des wissentlich an der Euthanasie beteiligten Personenkreises.[33]

Die Hungerkost, deren Rezept FALTLHAUSER per Merkblatt an die Kollegen weitergibt, war eine völlig fettfreie Ernährung, die nur ausgekochtes Weiß– oder Blaukraut oder gelbe Rüben und Wasser beinhaltete. Sie führte binnen dreier Monate zum Tod des Patienten. Dr. FALTLHAUSER hatte sich ganz das Nazigedankengut zueigen gemacht, welches dem voll arbeitsfähigen Menschen den absoluten Vorrang vor allen gehandicapten Menschen einräumte. So sollten nun in den Anstalten unheilbar Geisteskranke mit weniger aufbauender Nahrung bedacht werden als arbeitsfähige Kranke. Dabei kalkulierte man bewusst mit ein, dass die schlechter ernährten Kranken auch anfälliger für gefährliche Erkrankungen wurden und so gleichsam auf „natürliche" Weise ums Leben kamen.

Nur wenige vom Kaufbeurer Personal, auch nicht der Abteilungsarzt HANS MANDEL, der MARTIN L. betreute, nahmen Anstoß an Faltlhausers Ernährungsplan. Ihnen leuchtete die offiziell verkündete Begründung ein, dass die Verknappung der Nahrungsmittel in Kriegszeiten „normal" und auch durchaus nicht neu war, sondern von vielen Menschen ja schon im Ersten Weltkrieg erlebt worden sei.

Unter den wenigen Kritikern in KAUFBEUREN war der Oberpfleger KARL EISENSCHMID, ein erklärter Gegner des Nationalsozialismus. Er nannte den Kaufbeurer Nazi-Verwaltungsinspektor FRICK den „Parteityrannen in Irsee" und erklärte nach dem Krieg, dass es trotz der Kriegsverhältnisse damals möglich gewesen wäre, die Kranken besser zu verpflegen. Er erinnerte sich, dass die ausgewählten Patienten über Wochen hinweg nicht einmal Brot bekamen, um dann andererseits in einem kurzen Zeitraum von wenigen Tagen so mit Nahrung überschüttet zu werden, dass ihr Körper das gar nicht mehr verarbeiten konnte. Nach seinem Eindruck sei es die Absicht der Anstaltsleitung gewesen, die Kranken auszuhungern oder so in ihrem Verdauungssystem zu schwächen, dass ihr Tod unausweichlich würde.

Auch der Klinikseelsorger in Kaufbeuren, Pater CLEMENS KESSER, kritisierte den Verwaltungsleiter FRICK in seiner Behandlung der Kranken als „zynisch". Gemeinsam mit dem Irseer Pfarrer beobachtete er ein regelrechtes „Hungersterben" seit Einführung der „E-Kost". Das Leid der Kranken sei entsetzlich. Der Anblick der ausgemergelten, weißlich-gelben Gestalten auf den Stationen wäre kaum zu ertragen. Die Kranken wären oft kaum mehr imstande, sich von ihrem Platz zu erheben. Wenn man auf Station käme, würde man von allen Seiten um ein Stück Brot ange-

[33] SIEMEN, a.a.O.

bettelt. Beide Seelsorger hätten die Überzeugung gewonnen, dass den E-Kost-Empfängern ein gewaltsamer Tod diktiert werden sollte.

Ende des Jahres 1942 gab FALTLHAUSER in seinem Bericht an, dass von 894 Patienten noch 200 in „E-Kost" seien, im Juni des folgenden Jahres keiner mehr. Er „vergaß" dabei zu sagen, dass diese 200 inzwischen nicht mehr lebten.

1.573 Menschen werden es am Ende sein, die nach Angaben der heutigen Klinikleitung in der Heil- und Pflegeanstalt KAUFBEUREN und der angegliederten Klinik in IRSEE damals mit den verschiedenen Methoden des Mordens ihr Leben verloren. Nach den Angaben auf dem Gedenkstein vor der Klinik sind es über 2.000. Unter den Getöteten sind auch 209 Kinder und Jugendliche im Alter von 9-18 Jahren.

Leben in der fremden Welt der Psychiatrie 1940-42

Von all dem wissen die Menschen draußen natürlich nichts Konkretes, sie haben nur ihre Gerüchte. Und auch MARTIN ahnt nichts von dem kommenden Verhängnis. Doch machen sich Martins Angehörige und die Nachbarn in der Weidenberger Au vom ersten Tag an Sorgen. Und diese Sorgen erweisen sich ja am Ende auch als berechtigt. Denn hier in der Heil- und Pflegeanstalt steht MARTIN nun vor seinem letzten Leidensweg, und dieser Weg wird mit seiner vorsätzlichen Ermordung im Namen der Medizin enden. Dafür hält man ihn über zwei Jahre lang fest und unterwirft ihn, nach scheinbar vergeblichen Therapiebemühungen, den Experimenten bei der Erfindung und Erprobung dieser Kaufbeurer Spezialität, der tödlichen „E-Kost".

Verfolgen wir Martins dramatischen Leidensweg von der Einlieferung in die Klinik im Frühjahr 1940 bis in den Tod im Sommer 1942 genauer. Vieles lässt sich aus dem Postkarten- und Briefdialog der Ehefrau und den Anstaltsakten rekonstruieren.

Der erste neue Morgen in der fremden Umgebung bricht an, der 17. März 1940, ein Sonntag. Gut eine Woche ist MARTIN nun von zu Hause fort. Doch welch eine Woche! MARTIN findet sich in einem Saal mit etlichen anderen Männern wieder. Manche scheinen zu schlafen, andere sind nicht ansprechbar. MARTIN fühlt sich gut, er möchte aufstehen und seine Angehörigen informieren. Aber er ist traurig. Er ist doch nach SONTHEIM gekommen, um mit seiner Hände Arbeit für seine Familie Geld zu verdienen! Immer wieder wendet er sich an die Pfleger und klagt, ob er nicht bald herauskommen könnte. Zumindest erlauben sie es ihm, aufzustehen. Er zieht sich an und frühstückt. Immerhin gibt es Tee, Brot und Marmelade. Noch hat die Zeit der „E-Kost" für ihn nicht begonnen.

Außerdem ist es durchaus das Ziel der Klinik, die Kranken, soweit sie prinzipiell arbeitsfähig sind, wiederherzustellen. Es wird ja jede Hand in Deutschland gebraucht in dieser Zeit. So viele Männer sind seinerzeit schon im Krieg eingezogen und müssen daheim und an vielen anderen Orten ersetzt werden, so viel mehr werden noch als Soldaten gebraucht und geopfert für Hitlers monströse Kriegspläne zur Eroberung von „Lebensraum im Osten" und zum „Sieg über den Bolschewismus".

Bei der Aktion „Weserübung" bereiten die Soldaten in diesen Märztagen 1940 auf Hitlers Weisung die Besetzung Dänemarks und Norwegens vor. Der historische Film „Der Feuerteufel" aus der Zeit der Kärntner Befreiungskämpfe gegen NAPOLEON, dessen Regie LUIS TRENKER führt, hat am gleichen Sonntag Uraufführung und wird seitdem in vielen Kinos im Reich gezeigt, auch in den Rosenau-Lichtspielen in WEIDENBERG[34]. Der Film soll zur Einstimmung auf den weiteren Krieg dienen. Der Kampf gegen NAPOLEON steht sinnbildlich für nahen Feldzug gegen Frankreich. Die Franzosen haben in der Vorahnung ihre „Tour de France" deshalb schon auf unbestimmte Zeit verschoben. Die deutschen und die französischen Truppen liegen einander zu diesem Zeitpunkt am Westwall gegenüber und belauern sich gegenseitig.

Die saarländische Bevölkerung ist evakuiert. Über 1.000 Saarländer sind als Gäste auf Zeit in WEIDENBERG in den Häusern untergebracht. Sie werden später in der katholischen Michaelskirche in Rosenhammer ein Gedenkschild mit den Worten Jesu hinterlassen: *„Ich war fremd, und ihr habt mich aufgenommen".*[35] Im selben Monat befiehlt HEINRICH HIMMLER die Errichtung des KZ AUSCHWITZ.

Es ist derselbe Palmsonntag, also der Sonntag vor Ostern, an dem die Älteste von Martins Töchtern, die knapp 14-jährige JOHANNA, konfirmiert werden soll.

In den Weidenberger Kirchenbüchern findet sich über die Konfirmation dieses Mädchen kein Eintrag. Das bedeutet aber nicht, dass die Konfirmation für JOHANNA damals ausgefallen sein muss. JOHANNA lebt zu dieser Zeit ja als „Dienstkind" auf einem Bauernhof in ÜTZDORF, das kirchlich zur Bayreuther Gemeinde St. Johannis gehört. Die aufnehmenden Familien gewähren vielen Dienstkindern aus armen Häusern oft sehr engen Familienanschluss und kümmern sich dann auch um die Konfirmation. So ist JOHANNA wohl um Ostern 1940 in

Auswärts konfirmiert: *JOHANNA auf einem frühen Bild als Zweitklässlerin*

[34] Vergl. das Kapitel „Eis von der Oma, Kino vom Opa – Die Weidenberger „Rosenau-Lichtspiele" im Wandel der Zeiten 1926-1971" in der 4. Folge des Projektes ‚Myrten für Dornen': „Christsein am Scheideweg.

[35] Vergl. das Kapitel „Gäste und Fremdlinge – Evakuierte, Zwangsarbeiter, Flüchtlinge und Heimatvertriebene in Weidenberg 1939-1950" in der 6. Folge des genannten Projektes: „Untergehen und Aufstehen" – Der Alltag unter Kriegsbedingungen und das Danach".

der markgräflichen Pfarrkirche St. JOHANNIS konfirmiert worden. Der Vater kann aber an dieser Feier nicht teilnehmen.

Aber er hat sich eine Postkarte besorgt. Nach dem Frühstück setzt sich MARTIN an einen Tisch und schreibt an seine Familie. Durch ihn persönlich erfährt seine Familie zum ersten Mal, was wirklich geschehen ist und dass er an seine Frau und die Kinder denkt. Es soll aber alles möglichst unverfänglich und freundlich klingen, damit sich seine Angehörigen keine Sorgen machen. Dann steckt er die Karte in den Briefkasten.

Auch am Mittag wird er bei Tisch satt. Am Nachmittag geht er hinaus in den Garten. Noch liegt Schnee. Aber das Wetter hat sich weiter erwärmt, ein paar Sonnenstrahlen lugen aus den Wolken, der Kraft des langen harten Winters scheint gebrochen.

Auch in den darauf folgenden Tagen fühlt sich MARTIN gut. Am nächsten Samstag kann er bei den Arbeiten im Haus mit helfen, das tut auch ihm gut. Er ist ruhig und fröhlich. So scheint der Anfall, dessentwegen er eingeliefert worden ist, rasch vorüber zu gehen. Der Kranke wirkt wieder geordnet.

Doch der Frühling ist für psychisch Anfällige durchaus eine kritische Zeit. Die erwachenden Naturkräfte können für die empfindliche Seele ein Stress sein. Da setzt bei MARTIN am 6. April 1940 ein neuerlicher Schub ein. Wieder ist MARTIN hochgradig erregt, auf seine Umgebung wirkt er verwirrt. Der Abteilungsarzt erklärt ihn erneut für gemeingefährlich und setzt ihn unter besondere Beobachtung. Er gilt nun endgültig als unbedingt „anstaltspflegebedürftig“.

Eine Frau kämpft um ihren Mann

Sorgen um Martin

Martins Ehefrau MARGARETHE ist bestürzt. Auf ihre erste Anfrage per Postkarte hat ihr die Anstaltsleitung geantwortet, dass in dem auffälligen Befinden ihres Mannes keine Änderung eingetreten sei und dass auch in absehbarer Zeit keine Aussicht bestehe, dass sich sein Zustand wesentlich günstig ändere. MARTIN sei fast dauernd unruhig und erregt, häufig verwirrt und gereizter Stimmung, sodass meist eine geordnete Unterhaltung mit ihm nicht möglich sei. Man habe ihn häufig im Einzelzimmer unterbringen und unter Beruhigungsmitteln halten müssen, weil er wiederholt gewalttätig geworden sei und auch Kranke und Pfleger angegriffen habe. Erst seit einigen Tagen sei eine Beruhigung eingetreten.

Dann erfährt MARGARETHE von den Behandlungsmethoden der Klinik und ist erschrocken: *„Wir behandeln ihn zur Zeit zeitweise mit Elektroschocks"*. Die Elektrokrampftherapie, die man seinerzeit missverständlich als „Elektroschocktherapie" bezeichnete, wird in der Psychiatrie eigentlich nur zur Behandlung äußerst schwerer psychischer Störungen eingesetzt, wenn Körperkrämpfe das Leben des Patienten bedrohen oder Selbstmordgefahr besteht und Medikamente die Verspannungen nicht lösen können. Ein elektrischer Impuls mittels Strom am Schädel soll eine nachhaltige Entspannung bewirken. Man erhofft auch für MARTIN, dass er „für eine gewisse Zeit wieder geordneter und ruhiger wird", wie der Abteilungsarzt Dr. MANDEL der besorgten Ehefrau mitteilt.

Diese Therapie war in Deutschland seit dem Jahr 1939 allgemein in Gebrauch und sollte die Insulin-Schocktherapie ablösen, nachdem Insulin im Krieg knapp war. Dass damit auch Gehirnschädigungen hervorgerufen werden können, verschweigt der Arzt. Dagegen lädt er im Vertrauen auf diese Therapie die Ehefrau mit Hitlergruß ein: *„Sie können Ihren Mann jederzeit besuchen. Heil Hitler! I.A. Dr. Mandel."*

In ihrer großen Sütterlin-Schulschrift schreibt sich die Ehefrau ihre Enttäuschung von der Seele: *„Auf meinen Mann kann ich mich nicht mehr verlassen. Bin allein mit meinen acht lieben Kindern."* Als Absendeadresse taucht nun erstmals „GOSSENREUTH" auf und wird auch auf folgenden Postkarten und Briefen, zunächst abwechselnd mit der Adresse des Weidenberger Armenhauses, immer wieder erscheinen. Dem Geheimnis dieser Adresse wird unten noch nachzugehen sein.

In ihrem Brief vom 26. Juni 1940 *„an die Direktion Heil-Pflegeanstalt in Kaufbeuren bei Memmingen Schwaben"*, nun wieder aus dem Armenhaus, beteuert MARGARETHE, dass sie für alle acht unmündigen Kinder aufkommen müsse und dafür *„keine Rente oder ein Hausgeld"* bekomme, und ihr Mann sei doch so krank. Sie bittet die Klinik um Unterstützung. Bisher war nur klar, dass ihr Mann selbst für die Heilungskosten aufkommen sollte. Die Ehefrau möchte deshalb unbedingt wissen, ob er heilbar oder unheilbar sei.

In der Antwort, die Dr. MANDEL postwendend im Namen der Klinik gibt, beschreibt er, dass es sich bei MARTIN um das gleiche Leiden handele, *„weswegen er bereits viermal in der Heil und Pflegeanstalt Bayreuth untergebracht war."* In seinem Befinden sei noch keine wesentliche Besserung eingetreten. Es wechselten immer noch Tage ab, an denen er sehr unruhig und laut sei und völlig verkehrt daherrede, mit Tagen, an denen eine gewisse Beruhigung eingetreten sei. Eine Heilung in absehbarer Zeit sei nicht recht wahrscheinlich, wenn auch eine weit gehende Besserung zu erwarten sei. Doch ließe sich ein Zeitpunkt dafür nicht angeben. Ein Antrag auf Gewährung einer Invalidenrente sei zu Anfang 1940 gestellt worden. Frau L.

solle sich deswegen an die Landesversicherungsanstalt Ober- und Mittelfranken wenden. Solange die Frage nicht entschieden sei, welcher Landesfürsorgeverband für die Kosten aufzukommen hätte, Schwaben oder Oberfranken, könne auch eine Verlegung in die Anstalt Bayreuth nicht durchgeführt werden. Das körperliche Befinden ihres Mannes sei aber sonst in Ordnung.

Der zuständige Arzt bestätigt also bei Martin ein gutes körperliches Befinden. Diese positive Beurteilung des körperlichen Zustandes wird sich auch bis zuletzt nicht ändern und so das Rätsel seines Todes und die Frage nach den Ursachen umso deutlicher zuspitzen.

Wer oder was hat Martin „zum Narren gemacht"?

Zu allen Lasten, die die Ehefrau in dieser Zeit zu tragen hat, gehört auch die Erfahrung, dass inzwischen über sie und ihren Mann geredet wird. Dabei fallen aber nicht die Mitbürger auf, die durchwegs besorgt und teilnahmevoll sind, sondern die näheren Angehörigen. Diese zeigen eher wenig Verständnis für Martins Krankheit und für die prekären Lebensumstände der Familie und machen ihr Vorwürfe. Besorgt fragt Margarethe deshalb am 28. Juli 1940 bei der Klinikleitung in einem Brief an, ob die Krankheit ihres Mannes vielleicht durch äußere Umstände hervorgerufen worden sei. Sie hat ein Gespür dafür, dass der Tod ihrer ersten drei Kinder und das ärmliche Leben auch für Martin ein solcher seelischer Stress waren, dass dies in einem sensiblen Menschen wie ihm die Krankheit ausgelöst haben könnte.

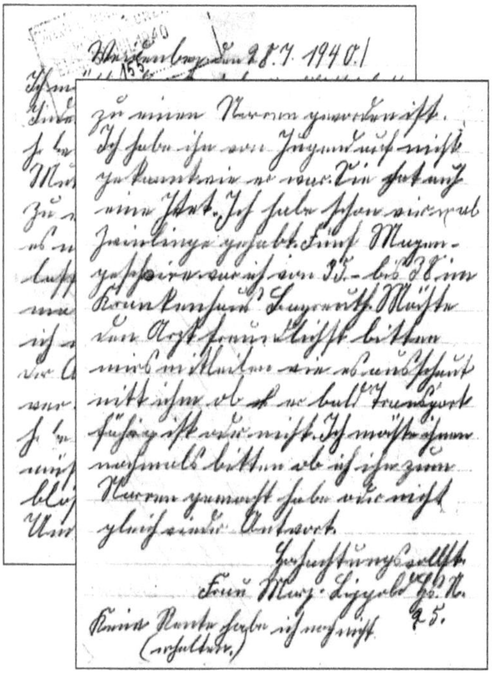

Noch viel tiefer fühlt sich Margarethe freilich von der Bemerkung der Schwiegermutter getroffen, die ihr in aller Öffentlichkeit nun vorwirft, Margarethe habe Martin *„zu einen Narren gemacht."* Margarethe ist empört, sie sieht ihre Liebe infrage gestellt. Sie möchte sich so etwas von dieser Frau nicht mehr sagen lassen. Wenn sie den Vorwurf nochmal höre, wolle sie eine Anzeige machen.

Der Arzt möge ihr doch mitteilen, wer der schuldige Teil sei. Sie habe schon so vieles mit ihrem Martin durchmachen müssen. Die Schwiegermutter würde sie den ganzen Tag nur beißen und anschreien und behaupten, dass

Sorgenvolle Briefe: *Immer wieder schreibt Margarethe Lippold an die Klinikleitung in Kaufbeuren, Eingang dieses Briefes am 29. Juni 1940*

MARGARETHE schuld sei und dass MARTIN zu einem „Narren" geworden sei. MARGARETHE könne natürlich nicht sagen, wie er von Jugend auf gewesen sei, sie habe ihn ja damals noch nicht gekannt. Aber sie habe sich stets Sogen um ihn gemacht. Auch ihre fünf Magengeschwüre, wegen derer sie in der zweiten Hälfte der 30-er Jahren in der Bayreuther Klinik gewesen sei, seinen dafür ein Zeichen.

Um sie persönlich zu beruhigen, teilt ihr die Klinik mit, *„dass die Erkrankung Ihres Mannes nicht durch äußere Umstände veranlasst ist, sondern auf einer ungünstigen Erbanlage beruht und einen schicksalsmäßigen Verlauf nimmt."* Diese Auskunft soll MARGARETHE von diesem grässlichen Schuldvorwurf der Schwiegermutter entlasten, sie sei Schuld am psychischen Zustand ihres Mannes. Diese ärztliche Auskunft ist aus heutiger Sicht aber ein wenig undifferenziert. Äußere Lebensumstände können ja als Stressfaktoren das Ausbrechen von psychotischen Schüben durchaus begünstigen.

Natürlich trug MARGARETHE keine „Schuld", dass diese Krankheit bei ihrem Mann ausgebrochen war. In der gleichen Weise hätte sich auch Martins Mutter selber nach ihrem möglichen Anteil fragen müssen. Aber für einen ehrgeizigen Menschen wie MARTIN, der trotz aller negativen Umstände für seine Frau und seine Familie etwas bieten wollte, waren der Tod der ersten Kinder und die dauernden armseligen Umstände sicher ein außerordentlicher Stressfaktor. Andererseits war es ebenso sicher die Liebe seiner Frau in allem Elend, die ihn trotz Krankheit immer wieder zum optimistischen Tun angespornt hatte.

Letztendlich ist diese Auskunft des Arztes damals in Wahrheit vor allem aus dem Grund wenig tröstlich, weil jedem in Deutschland, auch in WEIDENBERG oder KAUFBEUREN, in diesen Tagen des Juli 1940 bekannt ist, dass die Nazis mit Kriegsbeginn einen großen Feldzug nicht nur gegen andere Völker, sondern auch gegen die eigene Bevölkerung begonnen haben. Es ist ein Feldzug, bei dem alle, die an vererbbarer Erkrankung oder Behinderung leiden, in der Gefahr stehen, ausgerottet zu werden. Die grauen Busse, die im ganzen Land in diesem Jahr unterwegs sind, um betroffene Menschen in die Gaskammern und Verbrennungsöfen zu transportieren, sind ein drohendes Menetekel. Dem Denunziantentum ist Tor und Tür geöffnet. Auch nach KAUFBEUREN kommen diese Busse, um Menschen abzuholen. Jeder kann zusehen. Und auch im fernen WEIDENBERG weiß man davon.

Was aus ärztlicher Sicht also als Beruhigung gedacht war, dass eben nicht die äußeren Umstände für Martins Krankheit ursächlich seien, sondern die ungünstige Erbanlage, das wirkt in Wahrheit angesichts dieser mörderischen Aktivitäten der nationalsozialistischen Rassenhygiene bedrohlich. Was kann es also heißen, dass die Krankheit „einen schicksalsmäßigen Verlauf nimmt"?

Interventionen und persönliche Besuche in Kaufbeuren

Anscheinend ist es diese unmittelbare Sorge um ihren Mann, die MARGARETHE in dieser Zeit zu dem Beschluss treibt, ihn trotz der hohen finanziellen und praktischen Hürden persönlich zu besuchen. Bereits für den 16. Juni 1940 ist ein solcher Besuch mit einem ihrer Söhne im Krankenakt vermerkt, wohl dem kleinen FERDINAND. Doch ist der Eintrag durchgestrichen. Das könnte bedeuten, dass der Besuch zwar geplant war, aber in letzter Minute abgesagt wurde, ob von der Mutter oder von der Klinikleitung, ist unbekannt. Ein zweiter Besuch in den Weihnachtstagen 1940 scheint aber dann wirklich zustande gekommen zu sein.

Dieser Besuch war mit der hohen Erwartung verknüpft, den Mann mit heimnehmen zu können. Doch leider erfüllt sich diese Hoffnung nicht, die Klinikleitung will angesichts von Martins unbefriedigendem Befinden kein grünes Licht geben. Auch eine Woche später können sie in ihrer routinemäßigen Mitteilung keine wesentliche Besserung bescheinigen. Der Kranke sei zeitweise noch erregt, laut und störend, an anderen Tagen freilich auch wieder ruhiger und zugänglicher. Zu einer ständigen Beschäftigung sei er nicht zu gebrauchen. Er sammle alles Mögliche, was er im Hof finde. Eine Entlassung sei vorerst noch nicht möglich.

MARGARETHE lässt nicht locker. Anfang Februar 1941 drängt sie „den Herrn Oberarzt Dr. Mandel“: *„Ist er wirklich noch nicht beisammen bei Gedanken? Es ist auch schwer für ihn und seine Familie.“* Dann lässt sie MARTIN ausrichten, dass eine der beiden Zwillingstöchter vor ihrer Konfirmation steht, *„ob ers annimmt oder nicht, es werde ihm unser lieber Gott auch schon wieder helfen.“*

MARGARETHE bestätigt der Klinik auch, dass MARTIN endlich mal selbst wieder der Familie geschrieben habe. Sie weiß, mit seinen klobigen Händen fällt ihm das Schreiben schwer, er tut es nicht sehr gern. Obwohl sie selbst auch nur Volksschulbildung hat, hat sie doch die Ratschläge der alten Volksschullehrer beherzigt und das Lesen und Schreiben in der Schulzeit ernst genommen. Ihre Schrift entspricht der Deutschen Volksschrift, die der Grafiker und Buchgestalter LUDWIG SÜTTERLIN in der Kaiserzeit auf Wunsch des königlich-preußischen Kultusministeriums entworfen hatte und die sich zur Zeit der Weimarer Republik in ganz Deutschland verbreitet hat.[36]

---

[36] Diese Sütterlinschrift wurde auch im Dritten Reich noch acht Jahre lang in leicht variierter Form gelehrt, bis sie genau am 1. September dieses Jahres 1941 in einer seltsamen Entscheidung der Naziführung abgeschafft wurde: Der Reichsleiter der NSDAP und engste Führervertraute MARTIN BORMANN ließ in einem Rundschreiben verkünden, dass neben der Deutschen Kurrentschrift ab sofort auch die Sütterlinschrift verboten sei. Als Begründung musste der alles bestimmende Antisemitismus der Nazis herhalten, obwohl er hier völlig ver-

Dieses zu ihrer Schulzeit eingeübte Sütterlin-ABC zelebriert MARGARETHE mit großer Schrift Buchstaben für Buchstaben sorgfältig, auch wenn es an der Zeichensetzung mangelt und sie einen eigenwilligem Satzbau pflegt. Das Lesen und Schreiben öffnet ihr den Zugang in die Welt, die ihr zu diesem Zeitpunkt existenziell wichtig ist: die so ganz andere Welt der psychiatrischen Kliniken und Ärzte. Hier wird MARGARETHE, zumindest auf dem Papier, stets ernst genommen; ihre Postkarten und Briefe werden beantwortet und sorgfältig in den Akten abgeheftet. Im Frühling 1941 plant sie erneut nach KAUFBEUREN zu kommen.

MARGARETHE schreibt, sie habe sich bei der Bahn befragt, was die Fahrt nach Kaufbeuren koste, nämlich 94,80 Mark hin und zurück. Hier dürfte sich aber wohl verhört haben. Der Preis damals betrug nach der gültigen Kilometertariftabelle in der 2. Klasse 48 Reichsmark, also die Hälfte der von MARGARETHE befürchteten Summe. Allerdings war das Bahnfahren im Vergleich zu heute, gemessen am damaligen Durchschnittseinkommen, ungeheuer teuer. Die Fahrt von WEIDENBERG nach KAUFBEUREN würde bei angepasstem Geldwert heute den enormen Betrag von annähernd 500 € kosten, und die Fahrt dauerte damals über 11 Stunden! Der Sparpreis heute beträgt hin und zurück 44 € und die Fahrtdauer auch ohne ICE-Benutzung nur 6 Std.

In ihrer prompten Antwort hält die Klinik einen Besuch jederzeit für möglich. Die Ärzte bedauern aber, dass in dem Befinden von MARTIN keine wesentliche Besserung eingetreten sei. Die Phasen wechselten ständig. An eine Entlassung sei weiterhin nicht zu denken. Bei Erregungszuständen werde er auch gewalttätig. Wegen seines Sammeltriebes habe man ihn in letzter Zeit nicht mehr im Freien beschäftigen können. Auch in der Abteilung nehme er den andern Kranken alles weg und sei oft recht störend.

Wiederum bestätigt die Klinik den körperlich robusten Gesundheitszustand von MARTIN. Sie hätten ihn auch von der bevorstehenden Konfirmation seiner Zwillinge verständigt, er sei darüber sehr erfreut gewesen und sei mit der Einsegnung der Kinder einverstanden.

Margarethe, die „Lippold-Rettl“, hat Arbeit in Gossenreuth gefunden

Nicht nur mit der Klinik, sondern auch zwischen den Eheleuten besteht in dieser Zeit ein reger schriftlicher Kontakt. MARGARETHE gibt als Adresse wieder „Gossenreuth“ an. Bei der Recherche stellt sich heraus, dass sie seit dem Weggang Martins von Anfang an eine eigene Arbeit gesucht hat, um die Kinder, soweit sie noch bei ihr

---

fehlt war. Tatsächlich ging es wohl darum, dass Hitlers Verlautbarungen bei der angestrebten Weltherrschaft von allen unterjochten Völkern gelesen werden konnten.

wohnten, zu ernähren. Auch ihre anderen Kinder, die als Dienstkinder bei Bauern in der Umgebung lebten, wollte sie unterstützen. Im landwirtschaftlichen Anwesen von LEONHARD und BABETTE KNOPF, geb. HARTMANN in GOSSENREUTH hat MARGARETHE eine Stelle als Aushilfe gefunden.

Sie arbeitet dort auch gern im Freien. Man nennt sie auf dem Anwesen die „Lippold-Rettl“. Sie wird mit Naturalien, also Lebensmitteln für ihre Familie, „bezahlt“. MARGARETHE, diese kleine, hagere Frau, ist zäh, trotz ihrer großen körperlichen und seelischen Beanspruchung. Allerdings macht sich eine Einschränkung bemerkbar. Ihr ist die dauernde Anspannung in den Jahren „auf den Magen geschlagen“. Sie leidet weiterhin unter schmerzhaften Magengeschwüren. Schließlich muss sie sich, nach zahlreichen Klinikaufenthalten, den Magen sogar weitgehend entfernen lassen.

Möglicherweise kam der Tipp für die Arbeitsstelle in GOSSENREUTH von Leonhardts Schwester, die in Fenkensees Nr. 6 in das Anwesen HEINZ eingeheiratet hat. In FENKENSEES hatten ja MARGARETHE und MARTIN L. als junge Erwachsene bis zum Jahr 1922 selbst gearbeitet und sich damals dort näher kennengelernt. MARGARETHE scheint dann über die Mitarbeit am Knopf-Hof hinaus auch eine Zeit lang bei Familie KNOPF im Haus Aufnahme gefunden und so vorübergehend das Armenhaus verlassen zu haben. Denn ab Frühjahr 1941 gibt sie den Weiler GOSSENREUTH auf ihren Schreiben an die Klinik als ihre eigene Wohnadresse an.

„Diagnostische Schalterstellung“

In diesem Frühjahr 1941 hat MARGARETHE noch Hoffnung, ihren MARTIN retten zu können. Immer wieder bedrängt sie weiterhin die Klinikleitung in KAUFBEUREN und hofft auf positive Auskunft. Ihr Mann habe ihr doch geschrieben, dass er wieder ins Freie dürfe. Immer wieder antwortet Dr. MANDEL: *„In dem Befinden Ihres Mannes hat sich nichts geändert.“* Die ruhigeren Phasen hielten meistens nur kurze Zeit an, er sei oft laut und nachts oft recht störend.

Und dann hört man förmlich, wie in KAUFBEUREN endgültig die diagnostischen Weichen umgestellt werden: *„Es handelt sich bei ihrem Mann um einen schizophrenen Defektzustand,“* teilt nun auch Dr. MANDEL der besorgten Frau am 16. April 1941 mit. Damit hat auch der Mediziner, der innerlich bisher auf ihrer und Martins Seite gestanden hat, seinen eigenen inneren Schalter umgelegt und eine Entscheidung getroffen. MARTIN steht auch für ihn nun potenziell auf der Abschussliste. Wenn nicht doch noch eine unerwartete Besserung eintritt und MARTIN in den Arbeitsprozess zurückgeführt werden kann, dann droht ihm das gewaltsame Ende. Denn der Staat will sich von „unnützen Essern“ befreien, und die Klinikleitung ist entschlossen, ihn dabei zu unterstützen.

Konfirmation ohne Vater

Trina: *Hier als Erstklässlerin*

In diesem von Sorgen belasteten Frühsommer findet die Konfirmation des einen Zwillings TRINA statt. Pfarrer REDENBACHER, der seit dem Weggang seines Kollegen THEODOR HOFFMANN als Pfarrer in WEIDENBERG allein Dienst tut und beide Pfarrstellen versorgen muss, segnet TRINA im Kreis ihrer Schulkameraden am 8. Juni 1941 in der Weidenberger St. Michaelskirche ein. Sie arbeitet zu dieser Zeit als „Dienstkind" in WAIZENREUTH bei der Familie ZAPF. Ihre Zwillingsschwester BABETTE, die zur gleichen Zeit als „Dienstkind" in ALTENREUTH lebt und arbeitet, wird erst im folgenden Frühjahr konfirmiert.

Zu dieser Zeit sind auch die Konfirmandensprüche für die Kinder wieder im Kirchenbuch eingetragen, nachdem Pfarrer HOFFMANN, der Exponent der hitlerhörigen „Deutschen Christen" in Oberfranken, während seiner Amtszeit diesen Brauch unterbunden hatte. Allerdings verraten die Sprüche, die Pfarrer REDENBACHER für Martins Kinder ausgewählt hat, kein besonderes seelsorgerliches Engagement, sie müssen für diese Konfirmandinnen in ihrer Situation zwar fromm, aber doch recht rätselhaft geklungen haben. Solche Segenssprüche zur Konfirmation sollen ja eigentlich geistliche Lebensmittel sein, doch wenn die Kinder am Nachmittag nochmals zusammenkamen und ihre Sprüche aufsagen mussten, gerieten sie sicher ins Stocken. Für TRINA heißt es, aus Luk. 10,42: *„Eins aber ist not, Maria hat das gute Teil erwählt, das soll nicht von ihr genommen werden"*; und das Wort für BABETTE aus Joh. 1,16 lautet: *„Von seiner (Christi) Fülle haben wir alle genommen Gnade um Gnade"*.

Ein letzter vergeblicher Versuch, Martin mit heimzunehmen

Weil MARGARETHE das kommende Verhängnis ahnt, will sie trotz ihrer Armut und der vielen Arbeit erneut MARTIN besuchen. Sie bittet um Auskunft, ob MARTIN besuchsfähig ist, damit sie ihr Geld nicht umsonst verfahre.

Die scheinheilige Antwort von Dr. MANDEL Anfang Juli 1941 weckt in ihr große Hoffnung: *„Sie können ihren Mann Herrn Martin L. jederzeit besuchen. Sein Befinden hat sich in den letzten Tagen verhältnismäßig gebessert. Hält sein Zustand weiterhin an, so können sie ihn sehr wahrscheinlich mit nach Hause nehmen. Heil Hitler!"*.

Als MARTIN dann auf eine Postkarte von MARGARETHE nicht antwortet, beschließt sie, den Besuch wirklich in die Tat umzusetzen: *„Nächsten Samstag will ich einmal zu ihm bestimmt kommen, wenn es Ihnen möglich ist, gebt mir gleich die* *nächsten Tage wieder Antwort welche [sc. fränkisch für „wegen"] der Fahrt. Gruß Frau Margarethe L. in Gossenreuth bei Knopf."*

Die Klinik teilt nun mit, dass sie an MARTIN eine erneute Elektroschockkur durchgeführt habe und sein Befinden im Ganzen besser geworden sei. Der Kranke dränge sehr auf Entlassung. Er beschäftige sich im Holzhof der Klinik mit den dort anfallenden Arbeiten und könne jederzeit besucht werden. Sollte das erhoffte Wunder der Gesundung tatsächlich eingetreten sein?

Am 14. September 1941 macht sich MARGARETHE wirklich auf den langen und kostspieligen Weg nach KAUFBEUREN. Die militärische Lage für die Deutschen im Osten klingt in diesen Tagen ganz nach Sieg. Die Deutschen hätten riesige Teile der russischen Südostarmee umzingelt, meldet nach der Fanfare aus Liszts Le Préludes die grelle Stimme des Sprechers für die Wehrmachtsmeldungen aus dem Volksempfänger.

Es ist ein Sonntag, doch der Sommer scheint zu Ende, das Wetter ist für diese Zeit viel zu kalt. Kündigt sich ein neuer ernster Winter an? An diesem Sonntag führt das „Winterhilfswerk" der Nazis seine erste Sammlung durch. Es wird bekannt, dass die Landser gar nicht für einen Winterkrieg im eisigen Russland gerüstet sind.

MARGARETHE nimmt denselben Frühzug nach BAYREUTH, den auch ihr Mann genommen hat. Nach vielfachem Umsteigen kommt sie in KAUFBEUREN endlich um 17:17 Uhr an. Die stark mittelalterlich geprägte Stadt ist bis dahin von Bomben verschont geblieben und bleibt es auch fast bis Kriegsende. MARGARETHE sucht den Weg durch die unzerstörte historische Altstadt mit den stattlichen Rokokohäusern der Kaiser-Max-Straße und wendet sich dann zur Klinik, die sie ja von ihrem ersten Besuch schon kennt. Nach einem halbstündigen Fußmarsch erreicht sie das auffallende Klinikgebäude an der Kemnater Straße.

Friedliches Stadtbild in Kriegszeiten: *Kaufbeuren Kaiser-Max-Straße, 1942*

Der im Jahr 1876 eingeweihte Hauptbau der Klinik, der ursprünglich mit seinem großen Springbrunnen vor dem Eingang und einem Uhrturm mit den Glocken auf dem

Enttäuschender Besuch: *Die Heil– und Pflegeanstalt Kaufbeuren um 1940*

Dach ein wenig skurril, aber freundlich gewirkt hatte, erscheint nun in Kriegszeiten durch den dunklen Tarnanstrich fremd und abweisend. „Heil– und Pflegeanstalt" steht auf einem nüchternen weißen Schild. MARGARETHE betritt das Haus. MARTIN, der auf sie gewartet hat, kommt ihr schon entgegen. Freudig fallen sich beide um den Hals.

Seine Frau kann im Haus auch zum Abendessen bleiben. Viel Zeit bleibt den beiden Eheleuten aber nicht. Denn noch in der gleichen Nacht muss MARGARETHE schon wieder die Heimfahrt antreten. Um 22:05 Uhr geht der Nachtzug vom Bahnhof KAUFBEUREN ab. Er fährt nur sonntags. Der Anschluss in BUCHLOE läuft über NÜRNBERG immerhin bis zum Bahnhof SCHNABELWAID durch. Da kann man versuchen, im Abteil ein bisschen zu schlafen.

Vor dem Morgengrauen um 3:26 Uhr ist SCHNABELWAID erreicht. Auf den Zug nach BAYREUTH muss MARGARETHE nun aber bis 7:06 Uhr warten. Zum Glück ist der Wartesaal offen. Sie kann sich im Trockenen ein wenig hinsetzen und dösen. In BAYREUTH geht es gleich weiter mit dem Dampfzug Richtung WARMENSTEINACH. Übermüdet erreicht MARGARETHE um 8:40 Uhr WEIDENBERG. Der ¾-stündige Fußweg über HEẞLACH den Berg hinauf nach GOSSENREUTH erscheint endlos, wenn man müde ist. Doch glücklich kann sie ihren kleinen FERDINAND in die Arme schließen. Die freundliche Familie KNOPF hat auf ihn über Nacht aufgepasst.

Doch wieder ist aus dem innigen Wunsch beider Eheleute nichts geworden, MARTIN hat nicht mit heimfahren dürfen. Alle sind nun tief enttäuscht und niedergeschlagen.

„Unnütze Esser" entsorgen

Konfirmation in bedrängender Zeit

Das Jahr vergeht. MARGARETHE lässt trotz aller Enttäuschungen weiterhin nicht locker. Sie nimmt sich vor, sobald es geht, MARTIN wieder zu besuchen, wie ein weiterer erhaltener Brief aus GOSSENREUTH an die Klinik zeigt.

Inzwischen ist das Jahr 1942 angebrochen, das Schicksalsjahr der Deutschen im Nationalsozialismus. Das Kriegsglück wendet sich, der Terror nach innen steigert sich, die Angst vieler Menschen wächst. Sie ahnen, dass Deutschland nicht zu retten ist und erleben mit, dass nun auch die letzten moralischen Dämme brechen. Die Transporte von Juden aus allen Teilen des von Deutschen besetzten Europa in die Vernichtungslager sind nicht mehr zu verheimlichen, weil dabei oft ganz Deutschland durchquert wird. Die Zahl dieser Transportzüge strebt einem Höhepunkt zu.

In den Heimen für Behinderte entledigt sich die viel beschworenen „Volksgemeinschaft" aus Kostengründen ihrer „unnützen Esser". Zu diesem Zeitpunkt hat auch der Kaufbeurer Klinikchef Dr. VALENTIN FALTLHAUSER seinen Beitrag zur „Endlösung" an den Behinderten fertig. Er erprobt das Konzept seiner „Hungerdiät" nun an einigen seiner Patienten, die für den Arbeitsprozess nicht mehr geeignet erscheinen. Ab jetzt wird ihre Ernährung zunehmend auf die vitaminarme, fettfreie Kost auf Wasserbasis umgestellt, die FALTLHAUSER ersonnen hat.

Hoffnung bis zuletzt: *Besuchswunsch sechs Wochen vor Martins Tod*

Unverdrossen und mit immer gleichen Worten bohrt MARGARETHE L. Monat um Monat bei der Klinikleitung in KAUFBEUREN nach. In großen steilen Sütterlinbuchstaben stellt sie Martins Abteilungsarzt zur Rede. Dass MARTIN körperlich gesund ist und sich an Tagen eines ruhigen Befindens mit leichten Arbeiten beschäftigen darf, wie ihr mitgeteilt wird, ist ihre einzige Hoffnung.

Trotz der großen Belastungen soll aber auch BABETTE ihre Konfirmation bekommen. Sie arbeitet seit Kriegsbeginn mit ihrem vier Jahre jüngeren Bruder WILLY als „Dienstkind" beim Landwirt HOLZBAIERLEIN in ALTENREUTH und ist dort wie ein eigenes Kind aufgenommen.

Der Ehefrau KATHARINA HOLZBAIERLEIN war die kleine „Babet" schon als Kind aufgefallen. Wenn die Bäuerin nach WEIDENBERG zum Einkaufen hinunter ging, wählte sie den Weg über ROSENHAMMER entlang der Steinach und kam dann in der Au direkt beim Armenhaus vorbei. Dort sah sie des Öfteren die Kinder draußen spielen. „Babet" saß am Wasser der Steinach. KATHARINA sprach das Mädchen an, sie wollte wissen, was sie da mache und wie es ihr gehe. Darauf sagte BABET: *„Hunger hätt' ich!"*. Diese Worte brannten sich der Bäuerin tief in die Seele ein, sie wurden auch den folgenden Generationen weiter erzählt und prägten so das allgemeine Bild vom Armenhaus. Aus diesen ersten Kontakten war „Babets" eigenes Dienstkinderverhältnis in ALTENREUTH entstanden.

Im bäuerlichen Anwesen der Gasteltern mussten die Kinder schon früh tüchtig mitarbeiten. Das tat „Babet" dann auch all die folgenden Jahre hindurch ihr ganzes Leben lang, bis dort die Landwirtschaft aufgegeben wurde und sie selbst eine kleine Rente beziehen konnte. In der Familie wurde sie auch als älterer Mensch noch als eine absolute Bereicherung empfunden. Sie war bescheiden und in ihrer kleinen Welt zufrieden.

Allzuviel hat die „Babet" von ihrer Kindheit später nie berichtet; vielleicht wollte sie die Erinnerungen an das armselige Leben im Armenhaus verdrängen. Manchmal erzählte sie, dass ihr die Geschwister, um die sie sich schon als kleines Kind kümmern musste – und dabei meinte sie wohl vor allem ihre vier Jahre jüngeren Brüder, die beiden Zwillinge RICHARD und WILLY, sowie den sechs Jahre jüngeren FERDINAND, – das wenige Essen, das eigentlich für sie bestimmt war, auch noch wegschnappten. Essen blieb deshalb immer sehr wichtig für sie.

Aber am „Weißen Sonntag", dem 12. April 1942, ist „Babets" Konfirmation. An Geschenke und große Feiern ist in dieser ärmlichen Zeit bei den bedrückenden Kriegsverhältnissen natürlich nicht zu denken. Aber die Michaelskirche auf dem Weidenberger Gurtstein ist trotzdem mit Kränzen und Girlanden an den Emporen festlich geschmückt. Der Gottesdienst wird für die Jugendlichen zum feierlichen Höhepunkt am Ende ihrer Kindheit.

In das Kirchenbuch hat Pfarrer REDENBACHER nach Babettes Konfirmation neben dem Namen des Vaters MARTIN als Beruf noch „Bahnarbeiter" eingetragen, obwohl natürlich alle zu diesem Zeitpunkt wissen, dass er bereits zwei Jahre in der Heilanstalt KAUFBEUREN ist. Später ist im Kirchenbuch hier das Wort „verstorben" nachgetragen, freilich ohne Datum. Tatsächlich bangen

Konfirmandin: *„Babet" 1942*

die Kinder zu diesen Tagen noch um die Heimkunft ihres Vaters und lassen sich von der Mutter und den Verwandten gerne vertrösten. Sie ahnen das kommende Drama nicht.

Und dann ging alles sehr schnell

Am 30. April 1942 kündigt Margarethe in der Kaufbeurer Klinik nochmals an, dass sie Martin erneut besuchen möchte und ob er denn besuchsfähig sei. Mit beruhigenden Kurzbescheiden der leitenden Ärzte hält die Klinik die besorgte Frau weiter hin. Anscheinend ist bei Martin alles wie immer in den letzten zwei Jahren. Noch am 5. Mai 1942 erhält Margarethe eine dieser schablonenartigen Mitteilungen, dass in dem Befinden ihres Mannes keine Änderung eingetreten sei. Aussicht auf eine günstige Wendung des wechselhaften Zustandes bestehe aber nicht. Angeblich wird er zeitweilig weiter mit Elektroschocks behandelt und sei dann ruhiger. Er sei aber körperlich völlig in Ordnung und könne jederzeit besucht werden.

Die letzte positive Nachricht der Klinik erfolgt am 3. Juni 1942, verbunden mit der seltsamen Mitteilung, dass Martin sein mitgenommenes Geld, um das seine Ehefrau gebeten hat, angeblich selbst benötige und nicht nach Hause schicken könne. – Dann geht alles plötzlich ganz schnell.

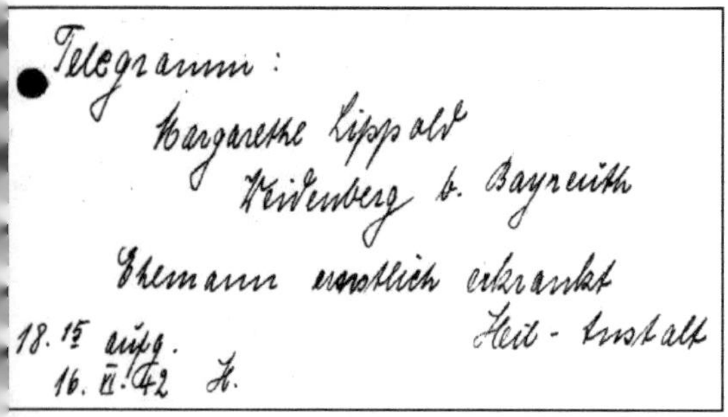
Telegramm:
Margarethe Lippold
Weidenberg b. Bayreuth
Ehemann ernstlich erkrankt
Heil-Anstalt
18.15 aufg.
16.VI.42 H.

Schlimme Ahnung: *Telegramm am 16. Juni 42*

Wie ein Schlag trifft es Margarethe, als der Postbote knapp 14 Tage später am 16. Juni 1942, einem Dienstag, ein Telegramm bringt, das die Klinik um 18:15 Uhr gesendet hat: *„Ehemann ernstlich erkrankt. Heilanstalt"*.

Margarethe ist schockiert. Hat man Martin nicht immer wieder und bis zuletzt eine robuste Gesundheit attestiert? Was kann passiert sein?

Doch ihre schlimmsten Befürchtungen bestätigen sich rascher als gedacht. Am folgenden Tag kommt ein weiteres schockierendes Telegramm: *„Ehemann verstorben. Telefonischer Anruf wegen Beerdigung sofort erbeten. Heilanstalt, Satzger."*

Margarethe kann es nicht fassen, eine Welt bricht zusammen. Mit zitternder Hand greift sie nochmals, wie so oft in diesen Monaten, zum Stift und bittet die Klinikleitung um Aufklärung und um Zusendung einer Sterbeurkunde: *„... ich möchte den Herrn Oberarzt Dr. Mandel freundlichst bitten möglichst seine Sterbeurkunde zu schicken ..."*

Die Klinik antwortet noch am selben Tag. Der Ton des Abteilungsarztes wirkt nach den zwei Jahren des intensiven Dialogs mit der gequälten Frau nun kühl und mitleidlos: „*... Ihr Mann, Martin L., ist an einer eitrigen Lungenentzündung gestorben. Die Erkrankung setzte plötzlich ein und verlief sehr rasch. Trotz sofort verabreichter Arzneien ließ sich das Leiden nicht beeinflussen. Die Sterbeurkunde bekommen Sie direkt vom hiesigen Standesamt zugeschickt, was von uns dort beantragt wurde. Die Effekten ihres Mannes werden am Montag von hier abgeschickt. Heil Hitler. I.A. Dr. Mandel*“.

Die Todesbescheinigung meldet das Ableben von MARTIN L. für den 17. Juni 1942 morgens um 5:56 Uhr. Die angegebenen Todesursachen irritieren: Der Leichenschauschein gibt als Todesursache verschleiernd eine „eitrige Rippenfellentzündung“ an.

Im Sektionsbericht ist aber nun von „Empyem rechts“ die Rede, also von einer zusammengefallenen Lunge, eine erstaunliche Diagnose bei einem Mann, der kurz vorher nach dem Zeugnis der Klinik körperlich völlig gesund war. Doch handelt es sich bei dem Befund ja nur um sekundäre Erscheinungsbilder einer gezielten und durch Ärzte und Helfer herbeigeführten absichtlichen Tötung.

Leichenschauschein — Anlage 1

Register Nr.: 53 — Monat: Juni — Jahr: 1942
Sterbeort: Kaufbeuren — Kreispolizeibehörde: Kaufbeuren
Straße: Kemnatherstr. — Hs.-Nr. 16
Pfarrei: Kaufbeuren — Standesamtsbezirk: Kaufbeuren
Wohnort: Weidenberg — Kreispolizeibehörde: Bayreuth
Straße: Nr.25 — Hs.-Nr.
Familienname: L i p p o l d — Vorname: Martin
Stand oder Beruf: Hilfsarbeiter
Familienstand: ledig, verheiratet, getrennt, geschieden, verwitwet. verheiratet
Alter: 40 Jahre 1 Monate
bei neugeborenen Kindern: — Tage — Stunden
Bei Kindern unter 15 Jahren ist anzugeben, ob ehelich oder unehelich.
Religion: evangelisch
Tag und Stunde des Todes: 17.6. 19 42 5 Uhr 56 Min.
Dauer der Krankheit: seit 1928 , schubweiser Verlauf seit 1940 i.hies.Anstalt.
Name der Krankheit (Grundleiden*) Schizophrenie
Begleitkrankheiten: Empyem (eitrige Rippenfellentzündung) Lungengangrän ?
Nachkrankheiten:
Todesursache*) Eitrige Rippenfellentzündung (110 a) (114 b)
Nach wessen Angabe: Dr.med.Mandel, Medizinalrat I.Kl.
(Name, wenn möglich Unterschrift des behandelnden Arztes oder Name der Hebamme)
Bei Selbstmord:
Art des Selbstmordes:
Mutmaßliche Ursache:
Bei tödlicher Verunglückung:
Ursache der Verunglückung:
(z. B. Verbrühen, Erschießen, Maschinenverletzung, Überfahren durch Kraftwagen, Sturz vom Fahrrad, Kraftrad usw., elektrischer Strom usw.)
Berufs- oder Betriebsunfall?
Tag und Stunde der Leichenschau: 17.6. 19 42 9 Uhr 50 Min.
Zulässige Beerdigungszeit: zwischen dem 19.und 20.6.1942
Bemerkungen: seziert 5,56 Uhr

Mandel
(Unterschrift des Leichenschauers)

*) Unter „Grundleiden“ ist das dem Todesfall zugrundeliegende Krankheitsbild zu verstehen (z. B. Gefäßverkalkung, Lungentuberkulose, Typhus, Gelenkrheumatismus, Keuchhusten, usw.) dagen unter „Todesursache“ das den Tod letztlich herbeiführende Ereignis (z. B. Schlaganfall, Lungenblutung, Herzschwäche, Lungenentzündung usw.) Hierher gehören auch Begleit- und Nachkrankheiten. Das erkrankte Organ ist nach Möglichkeit zu benennen (z. B. Krebs des Magens, Abszeß der Niere, Eiterung des Kniegelenks.) Bei Mord und Totschlag ist anzugeben, ob durch Feuerwaffen (schneidende und stechende Werkzeuge oder sonstige Mittel).

Maiß Nr. 122. Verlag J. Maiß, München, Herrnstr. 8

Traurige Bestätigung: *Leichenschauschein vom 17. Juni42 von Dr. Mandel*

Der Sektionsbericht verrät, was der Leichenschauschein verschweigt

Dieser Sektionsbefund behauptet zwar einen „guten Ernährungszustand“, gibt andererseits aber eine verräterische Gewichtsangabe preis. Danach habe der Körper des stattlichen und noch bei der letzten Begegnung mit der Ehefrau gewohnt kräftig erscheinenden Mannes nur noch 60 kg gewogen!

Auch äußerlich dürfte MARTIN in diesen letzten Tagen ebenso erbärmlich ausgeschaut haben, wie die oben von Zeugen bereits beschriebenen anderen Hungerkost-Patienten. Da er aber ein kräftiges Herz hatte, lässt der Hinweis auf die „verabreichten Medikamente“ vermuten, dass man nach Art des Hauses trotz Hungerkost auch womöglich medikamentös noch nachgeholfen hat. Beweisbar ist das im Nachhinein nicht.

Sektionsbefund:

Leiche in gutem Ernährungszustand.60 kg.Körpergewicht. G
Gehirn: 1260 gr.Makroskopisch ausser zahlreichen Blutpunkten im Querschnitt o.B.
Herz: 410 gr. Klappen zart, Muskulatur kräftig. Sonst o.B.
Lungen: Linke Lunge 715 gr. Rechte Lunge 540 gr. Linke Lunge lufthaltig, makroskopisch keine entzündlichen Veränderungen. In der rechten Pleurahöhle Empyem, eitrige Flüssigkeit etwas mehr als 2 Liter. Pleuritis, sowohl die das Lungengewebe überziehende Pleura, wie die den Rippen anliegende Pleura zeigt reichliche Belege.
Rechte Lunge völlig atelektatisch, luftleer, geht im Wasser sofort unter. Am Lungenrand in der nächsten Nähe der Pleura mehrere gangränverdächtige weiche Stellen des Lungengewebes. An dieser Stelle war die Lunge auch stellenweise mit dem Rippenfell fest verwachsen.
Lunge wird eingesandt. (Eglfing,Prosektur.)
Leber: 1710 gr. Makroskopisch o.B. Galle mit Galle gefüllt.
Milz: 115 gr. o.B.
Nieren: Rechte Niere 160, linke Niere 170 gr. Makroskopisch o.B.
Magen und Darm o.B.
Diagnose: Schizophrenie. Empyem rechts. Lungengangrän ?
Todesursache: Empyem. (110) 114 b)
Ma.

Verräterischer Sektionsbefund:
Nur 60 kg Gewicht bei einem einst stattlichen Mann

Faltlhausers Experiment war also erfolgreich! Nun kann er seine diskrete Mordmethode allen Kollegen der Psychiatrie in Deutschland anpreisen. Im Herbst des gleichen Jahres wird auf seinen Vorschlag die Hungerkost zum Gesetz für alle Bayerischen Psychiatrien.

Wenn FALTLHAUSER vor dem eigenen Personal zynisch behauptete, man gebe E-Kost nur an solche Patienten aus, *„die für die Volksgemeinschaft nichts mehr leisten können und bisher auch nicht viel geleistet haben und geistig nicht wussten, was sie aßen"*, so war dies zumindest im Fall MARTIN L. eine glatte Lüge. MARTIN war es immer wichtig gewesen, etwas zu leisten, und er war auch geistig voll da. Getötet wurde in seinem und auch in den anderen Fällen aus Überzeugung, um gezielt Platz zu schaffen und mehr Ressourcen bereit zu stellen für solche, denen man das Prädikat „lebenswert" zugesprochen hatte, nicht aus sachlichen oder medizinischen Erwägungen.

Kaum Sühne für das Mordpersonal

Gemeinsam mit vier weiteren Angehörigen des Kaufbeurer Anstaltspersonals wird Dr. FALTLHAUSER drei Jahre nach Kriegsende 1948 vor dem Landgericht AUGSBURG wegen der Beteiligung an Euthanasieverbrechen angeklagt. Ihm wird die *„Mitwirkung am ‚Euthanasie-Programm' durch den Transport von Geisteskranken in die Tötungsanstalten, sowie durch Teilnahme an der Tötung erwachsener und jugendlicher Patienten mittels Luminaltabletten, Morphium-Scopolamin-Injektionen und unzureichender Ernährung" zur Last gelegt.* Schließlich verurteilt man ihn wegen Anstiftung zur Beihilfe zum Totschlag zu einer Haftstrafe von drei Jahren. Darauf wird seine Zeit im US-Gewahrsam angerechnet.

Die weitere Vollstreckung der Reststrafe wird wiederholt wegen angeblicher „Haftunfähigkeit" aufgeschoben und schließlich nach einer Begnadigung durch den bayerischen Justizminister im Jahr 1954 erlassen. FALTLHAUSER stirbt im Jahr 1961 im gesegneten Alter von 84 Lebensjahren in MÜNCHEN. Als Begründung für seine Taten verwendete er vor Gericht die gleichen Argumente, die auch das Gros der übrigen in die Morde verstrickten Ärzte angaben, um ihr Unrecht schönzureden: Sie behaupteten, ihr Tun wäre für die Betroffenen eine Erlösung gewesen, ein „Gnadentod", eben „Euthanasie":

„Mein Handeln geschah jedenfalls nicht in der Absicht eines Verbrechens, sondern im Gegenteil von dem Bewusstsein durchdrungen, barmherzig gegen die unglücklichen Geschöpfe zu handeln, in der Absicht, sie von einem Leiden zu befreien, für das es mit den heute bekannten Mitteln keine Rettung gibt, also als wahrhafter und gewissenhafter Arzt zu handeln."[1]

Gnädig davongekommen: *Mordarzt Dr. VALENTIN FALTLHAUSER*

Die Einstellung der Bevölkerung gegenüber der Euthanasie war sehr zwiespältig

Innerhalb von zwei Jahren hat Martins Ehefrau MARGARETHE einen intensiven Briefwechsel mit der Klinikleitung geführt; sie hat dabei mindestens 15 Briefe bzw. Postkarten geschrieben. Dazu hat sie auch an den Ehemann viele Briefe und Postkarten gerichtet und ihn mindestens zweimal persönlich in KAUFBEUREN besucht, trotz der großen damit verbundenen Opfer. Dies ist auch der Klinikleitung bei der historischen Aufarbeitung des Unrechts in KAUFBEUREN aufgefallen. Solche häufigen Anfragen einer Ehefrau nach dem Befinden ihres Mannes sind damals eine Besonderheit, stellten die Mitarbeitenden fest. Das ist ein ganz wichtiger Befund. Denn immer wieder wird ja bei den Historikern die These geäußert, die Angehörigen hätten damals *zu wenig* nachgefragt und so dem Euthanasieprogramm der Nazis keinen wirklichen Widerstand entgegengesetzt. Der leidenschaftliche Briefwechsel einer einfachen Frau widerlegt dies als Vorurteil, zumindest für diesen Einzelfall.

Trotz der Tatsache, dass sie im Armenhaus lebte, mit dem Schreiben große Schwierigkeiten hatte, mit der Verantwortung für ihre große Familie überfordert war und für die teuren Bahnfahrten eigentlich kein Geld hatte, tat sie, was mit ihren Kräften möglich war. Solches selbstvergessenes Handeln gehört zum typischen Widerstand der kleinen Leute gegen den Terror des Naziregimes aus dem persönlichen Empfinden von Anteilnahme am Los der Opfer, den wir in WEIDENBERG auch sonst beobachten können.

Wie viele weitere Angehörige es in Deutschland gegeben hat, die damals mit der gleichen Leidenschaft gekämpft haben, ist unbekannt. Es gibt aber in der Tat leider

Zusatzschild warnt vor Typhus: *Heil– und Pflegeanstalt Kaufbeuren 2. Juli 1945 bei der Übergabe an die Amerikaner. – Das Bild entstammt dem Archiv des Holocaust-Museums in New York. Es wurde im Juni 1945 von der amerikanischen Besatzungsmacht aufgenommen. Erst zu diesem Zeitpunkt betraten die Sieger erstmals die Heil- und Pflegeanstalt Kaufbeuren. Ein wirkungsvolles Schild im Vordergrund, welches auf angebliche Typhusgefahr hinweist, hielt die Amerikaner wochenlang fern.*

auch Zeugnisse für manche verbreitete Gleichgültigkeit und Lieblosigkeit gegenüber Menschen, die vom Euthanasie-Projekt der Nazis bedroht waren.

So wird von Angehörigen berichtet, die sogar froh waren, wenn ihr Sorgenkind in der Psychiatrie endgültig verschwand. Diese Verstrickung vieler Angehöriger gehört zur großen Tragödie des Euthanasie-Terrors und ist im allgemeinen Bewusstsein unbekannt oder wird immer noch verdrängt. Das Morden der Nazis geschah nicht ohne Zustimmung und oder gar Mitwirkung von Teilen der Bevölkerung, insbesondere von Angehörigen.

So berichteten später Zeugen aus der Anstalt Kaufbeuren von unfassbar gleichgültigen Reaktionen, die sie bei Eltern beobachteten, deren behinderte Kinder in der Kinderfachabteilung Kaufbeuren „behandelt“, das heißt: zu Tode gebracht werden sollten. Es scheint, dass manche Eltern damals froh waren, ihr behindertes Kind los zu sein.

Ernst T. Mader schildert eine solche schockierende Begebenheit[37]: Als wieder einmal die Tötung von 68 Kindern bevorstand und dem Direktor zu Ohren kam, in der Bevölkerung wisse man davon, habe er die Schwester Oberin aufgefordert, allen 68 Elternpaaren zu schreiben, sie sollten, wenn sie Angst um ihre Kinder hätten, diese doch abholen. Einen einzigen Buben hätten seine Eltern mit nach Hause genommen. Alle anderen hätten nach der Todesmeldung sogar Briefe an die Klinik geschickt, in denen sie sich für die „Sorge“ um ihre Kinder bedankten!

---

37 Ernst T. Mader, Das erzwungene Sterben …, S. 33 ff.

Des Öfteren hätten auch die Ordensschwestern den Eltern persönlich zu sagen versucht: *„Nehmens doch Ihre Kinder mit!“* Nicht einmal der in der Klinik tätige parteifanatische Inspektor FRICK hätte etwas dagegen gehabt. Doch fast niemand habe sein Kind mit heimgenommen. Anders als von MARGARETHE L. und ihren Nachbarn in WEIDENBERG wurde die Euthanasie in Deutschland damals von vielen Betroffenen also bewusst geduldet, des Öfteren wurde sie auch begrüßt und bisweilen sogar unterstützt!

Das Leben nach diesem Tod

Irritationen bei der Beerdigung

MARTIN L. starb an den Folgen der Hungerkost am 17. Juni 1942. Ein Eintrag im Weidenberger Beerdigungsbuch oder in den Weidenberger Melderegistern fand sich bislang noch nicht, kann aber jetzt nachgeholt werden.

Wie die Todesanzeige der Klinikleitung verrät, wurde MARTIN als „Armenleiche“ behandelt, das heißt, die Stadt KAUFBEUREN kam für die Kosten auf, da Martins Familie minderbemittelt und MARTIN an diesem Ort seines Klinikaufenthalts gemeldet war.

Eigentümlich und bislang unerklärlich sind die Vermerke in dieser Meldung, dass die Aufgabe des „Leichensagers“ einem Katholiken anvertraut und entsprechende Mitteilung an das katholische Pfarramt und den katholischen Geistlichen erfolgt seien. Denn aus seinen Krankenakten, die der Klinik ja bekannt waren, war zu ersehen, dass MARTIN evangelisch war. Zudem war KAUFBEUREN als alte Reichsstadt damals mehrheitlich evangelisch und hatte evangelische Seelsorger. Welchen Grund hatte also dieser Vermerk?

Alter Friedhof Kaufbeuren: *Beigesetzt vom evangelischen Pfarrer*

Vielleicht ist damals der katholische „Leichensager“ in Vertretung des evtl. verhinderten evangelischen Kollegen mit der Abwicklung der Beerdigung betraut worden, und vielleicht sind deshalb irrtümlich auch alle katholischen Amtsstellen angestrichen worden. Dieser „Leichensager“, an anderen Orten damals auch Leichenbitter oder Leichenbesorger, in Schwaben wegen des klagenden Tons auch „Leichensäger“ genannt, ist eine typisch Kaufbeurer Institution, die in der kommunalen Friedhofsordnung verankert ist. Er entspricht heute dem Bestatter bzw. Beerdigungsunternehmer und hat u.a. die Aufgabe, die Benutzung der Bestattungseinrichtungen zu ordnen. Er kümmert sich um die Überführung des Verstorbenen zum Friedhof, legt den Bestattungstermin fest und bereitet die Trauerfeier und die Beerdigung vor. Dieses öffentliche Amt war seinerzeit offenbar konfessionell geordnet.

Wahrscheinlich hat also der katholische Leichensager von KAUFBEUREN die Organisation der Beerdigung von MARTIN L. vorgenommen. Die anfängliche Vermutung, MARTIN sei aus unbekannten Gründen auch durch einen katholischen Priester bestattet worden, hat sich durch die Recherchen beim Klinikarchiv und den Pfarrämtern aber als gegenstandslos erwiesen. Es hat sich vielmehr herausgestellt, dass im Sterbebuch des Standesamtes KAUFBEUREN Martins Tod auf Grund der rechtlich geforderten persönlichen Anzeige durch einen Anstaltsangestellten richtig mit „evangelischer Religionszugehörigkeit“ beurkundet ist. Auch enthalten die Kirchenbücher des Katholischen Pfarramtes KAUFBEUREN keinerlei Hinweise, dass hier Martins Tod angezeigt, beurkundet oder eine katholische Beerdigung durchgeführt wurde.

Dagegen findet sich in den Kirchenbüchern des evangelischen Pfarrarchivs der Dreifaltigkeitskirche Kaufbeuren korrekt der Eintrag von Martins Tod am 17.Juni 1942. Vermerkt ist dabei, dass MARTIN L. am 19. Juni vom evangelischen Stadtpfarrer HANS SEIFERT auf dem seinerzeitigen Städtischen Friedhof an der Friedensstraße nordwestlich vom Bahnhof, dem heute sog. „Alten Friedhof“, beerdigt wurde.

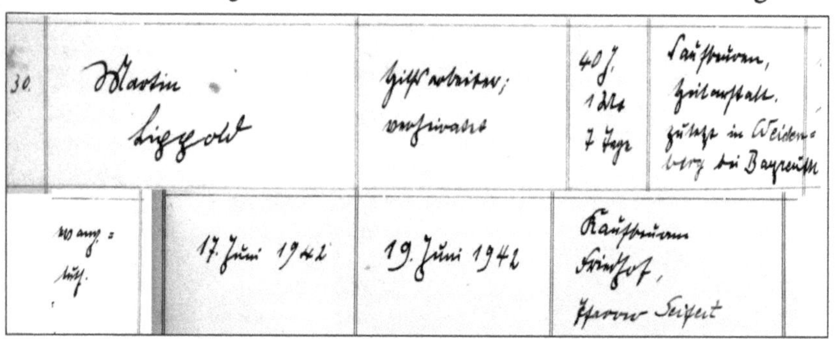

30.	Martin [illegible]	Hilfsarbeiter; verheiratet	40 J. 1 Mt 7 Tage	Kaufbeuren, Heilanstalt, gebürtig in Weidenberg bei Bayreuth
[illegible]	17. Juni 1942	19. Juni 1942	Kaufbeuren Friedhof, Pfarrer Seifert	

Im Evangelischen Kirchenbuch der Dreieinigkeitskirche Kaufbeuren 1942 eingetragen: *Bestattung von Martin L. am 19. Juni*

Ob Angehörige oder Pflegepersonal an der recht kurzfristig anberaumten Bestattungsfeier teilgenommen haben, ist nicht bekannt. Jedenfalls dürfte es eine sehr einsame und stille Bestattung gewesen sein, die aber doch unter Gottes Wort mit Vaterunser und Segen an diesem freundlich-warmen Junifreitag vollzogen wurde.

Anteilnahme am Los der Verlassenen

Dass mit Martins Tod nicht nur ein Menschenleben ausgelöscht, sondern auch eine arme vielköpfige Familie in noch tiefere Armut gestürzt wurde, beschäftigte damals auf höherer politischer Ebene niemanden, auch nicht in WEIDENBERG.

Anders handeln seinerzeit die Nachbarn und Bekannten. Familie KNOPF, bei der MARGARETHE in GOSSENREUTH bislang gearbeitet hat, bietet an, sie und ihre Kinder, soweit sie zu dieser Zeit noch mit im Armenhaus leben, zunächst einmal bei sich aufzunehmen. Der Platz ist allerdings beschränkt. Am 6. Januar1943 meldet sich MARGARETHE offiziell bei der Gemeinde GÖRSCHNITZ mit dem Wohnsitz GOSSENREUTH an.

Sie trägt unter diesem Wohnsitz zugleich auch zwei ihrer Söhne mit ein, den zu dieser Zeit 8-jährigen FERDINAND und den inzwischen 17-jährigen EDUARD. Letzterer wird aber im gleichen Monat zum Reichsarbeitsdienst abkommandiert. Er kommt zu einer Abteilung in SCHONDRA, die im damaligen Notstandsgebiet der hohen Rhön tätig werden sollte. Sie legen im Moor Drainagen, entfernen die vielen Steine von den kargen Feldern, forsten Jungwald auf, pflanzen Fichten und bauen Kartoffeln an. Leider ist der wirtschaftliche Erfolg dieser Arbeiten marginal.

Dann benötigt die Gastgeberfamilie in GOSSENREUTH den Wohnraum für den Einzug der eigenen Oma. Deshalb verlässt MARGARETHE das Anwesen am 31. Juli 1944 und zieht zunächst wieder ins Armenhaus in WEIDENBERG ein, das ihr so viele Jahre ihres Lebens eine Zuflucht war.

In der Mehrzahl arbeiten ihre übrigen Kinder zu dieser Zeit immer noch als Dienstkinder bei Bauern in der Umgebung. Die Praxis des „Dienstkinderwesens“, die von den Weidenberger Pfarrern eine Generation zuvor noch als ausbeuterisch und als Hemmschuh für die Bildung der Kinder gebrandmarkt worden war, erweist sich in dieser besonderen Situation des Elends doch auch als ein Segen. Die Kinder erleben eine herzliche Aufnahme bei ihren Arbeitgebern und oft einen regelrechten Familienanschluss. Sie bleiben alle lange Zeit bei ihren Gastfamilien, einzelne sogar ihr ganzes Leben. Vielfach erinnert man sich auch heute noch gern an sie.

Sie müssen aber hart arbeiten, eben wie typische Mägde und Knechte der Zeit. Und einzelne Bauern gibt es, die diese prekäre Situation auch ausnutzen. Doch in der Mehrzahl fühlen sich die Kinder angenommen wie liebe Verwandte oder sogar wie an Kindes statt.

JOHANNA, die fünftgeborene, aber zweite Überlebende der Geschwisterschar wohnt zum Zeitpunkt des Todes ihres Vaters schon etliche Jahre bei ihrer Bauernfamilie in ÜTZDORF, sie wird im vorletzten Kriegsjahr 18 Jahre alt.

Wiedersehen bei der Goldenen Konfirmation: *BABETTE (li.) und FRIEDA 1994*

Die als sechste und siebente geborenen Zwillinge BABETTE und TRINA, die zu der Zeit immer noch in ALTENREUTH bzw. WAIZENREUTH leben und arbeiten, sind nun 16 Jahre alt. BABETTE hat es menschlich besonders gut getroffen; sie kann Zeit ihres Lebens in ALTENREUTH bleiben. Bis zu ihrem Tod lebt sie zusammen mit den Eigentümern des Anwesens in einer Wohnung. Das herzliche Verhältnis wird von allen als ganz selbstverständlich betrachtet, sie gilt dort als Teil der Familie. Für die Kinder dieser Familie ist BABETTE „Babysitter" und Spielgefährtin. Ihr manchmal kindliches Gemüt wird von den Kindern sehr geschätzt, denn sie ist zu fast jeder „Schandtat“ bereit. Auch mancher Heiliger Abend bleibt in Erinnerung: Bis tief in die Nacht muss die „Babet“ mit den Kindern „Puppenküche" spielen. Auch die Enkel der Gastfamilie werden von ihr noch gehütet, auch ihnen ist sie eine geduldige Spielkameradin.

Solange es ihre Kräfte zulassen, betätigt sich BABETTE weiterhin im Haus und drum herum. Sie hat die Zähigkeit ihrer Mutter und erholt sich auch von schweren Operationen erstaunlich gut. Sie hält Kontakt mit ihren Geschwistern, trifft sich mit ihnen bei festlichen Gelegenheiten und beteiligt sich an der Jubelkonfirmation ihrer Gemeinde. Im Jahr 2009 stirbt sie im Alter von 81 Jahren.

Ihre Schwester TRINA arbeitet als Magd auf dem Hof von „ZAPFEN-HEINER“ und RINA, die in der Ortsmitte von WAIZENREUTH einen Bauernhof und eine Gastwirtschaft betreiben. Sie bekommt einen Sohn SIEGFRIED. Später heiratet sie nach MENGERSREUTH und bekommt zwei weitere Söhne.

Schulbild als Erinnerung: *FRIEDA als 8-Jährige*

Das achte geborene und fünfte überlebende Kind von MARTIN und MARGARETHE L. ist FRIEDA. Als im Jahr 1944 ihre Mutter ins Armenhaus zurückkehrt, ist FRIEDA gerade 15 Jahre alt geworden. Sie lebt als Dienstkind bei der Familie PREIßINGER im Einzigenhof bei Brüderes. Damit gehört sie kirchlich zur Gemeinde BIRK. Wie bei Dienstkindern auch sonst üblich, kümmert sich Friedas Gastfamilie um ihre Konfirmation.

Frieda als Konfirmandin
in Birk 1944

Zusammen mit dem 13-jährigen Sohn der Familie tritt sie am 2. April 1944 in der evangelischen Kirche St. Veronika zu BIRK vor den Tisch des Herrn.

Sie lebt seit ihrem elften Lebensjahr auf diesem Anwesen und wird als ledige Dienstkraft dort ihr ganzes weiteres Leben verbringen. Die Familie schätzt ihre Fröhlichkeit und ihre Kinderliebe. Sie kann zwar als Folge ihrer misslichen Kinderzeit kaum lesen und schreiben, aber in den praktischen Fertigkeiten im Haus und Hof ist sie fleißig und schnell. Auch wenn der Birker Pfarrer sich im Kirchenbuch etwas hochmütig zu dem abschätzigen Urteil „beschränkt aber brav" verleiten lässt, gilt sie für die Familie doch als „unsere Frieda" und wird voll akzeptiert. Für die Jüngeren ist sie „wie eine Oma". Als sie dann am 11. Juli 2002 im Alter von 72 Jahren stirbt und auf dem Friedhof von SEYBOTHENREUTH bestattet wird, ist die Trauer um sie in der Familie ehrlich und tief.

Die Zwillinge RICHARD und WILHELM, die als zehnte und elfte der Familie geboren sind, haben, als ihre Mutter GOSSENREUTH verlässt und ins Armenhaus zurückkehrt, inzwischen ein Alter von 12 Jahren erreicht. Dass MARGARETHE sie nicht mit ins Einwohnerverzeichnis des Marktes WEIDENBERG einträgt, hat seinen Grund darin, dass auch diese beiden Buben als Dienstkinder bei Bauern wohnen. RICHARD lebt und arbeitet in seiner Kindheit auf einem Bauernhof in GÖHRAU. Auch er wird von den Bauersleuten ganz in die Familie aufgenommen und bekommt dann hier seine Konfirmationsfeier.

Weil die Gastfamilie zur Kirchengemeinde NEMMERSDORF gehört, findet der Konfirmationsgottesdienst für RICHARD am Palmsonntag 1946 in der dortigen evangelischen Kirche „Unsere liebe Frau" statt. Nach seiner Heirat wird er das „neue", aus kommunalen Mitteln finanzierte Armenhaus in WEIDENBERG am Schreiber beziehen und selbst eine große Familie mit schließlich acht Kindern gründen.

Sein Zwillingsbruder WILLY, der zusammen mit seiner Schwester BABETTE als Dienstkind in ALTENREUTH lebt, wird am Weißen Sonntag 1947, dem 13. April, in WEIDENBERG durch den seit 1945 eingeführten neuen Pfarrer auf der I. Pfarrstelle, HELLMUT HEIM, konfirmiert.

Während der Älteste der Familie, EDUARD, in diesem Jahr 1947 nun 19 alt wird, kann der Jüngste, das 12. geborene und achte überlebende Kind von MARTIN und MARGARETHE L., FERDINAND, seinen 10. Geburtstag feiern. Die Mutter findet, nach der vorübergehenden Aufnahme im Armenhaus, zunächst eine kleine Wohnung in der Au auf der anderen Straßenseite gegenüber dem Armenhaus. Später kann sie dann eine Wohnung im Haus Nr. 18 an der Steinach beziehen. Hier stirbt MARGARETHE am 27. Februar 1965 im Alter von 67 Jahren.

Es waren eher nicht viele Menschen, die sich damals gefragt haben, wie schafft diese kleine, zerbrechliche Frau diesen gewaltigen Berg von Aufgaben und Zumutungen zu bewältigen, die ihr das Leben diktiert, , wie schaffen das ihre Kinder? Was ihre prekäre Situation angeht, so ist sie in diesen Jahren vor und nach dem Kriegsende eine unter vielen. Im Markt WEIDENBERG gibt es in dieser Zeit unzählige Baustellen der Not: Evakuierte aus den bombardierten Großstädten suchen Aufnahme, Flüchtlinge werden dem Ort zugewiesen und strömen herein, dann folgt eine enorme Zahl von Heimatvertriebenen aus dem Sudetenland, die kaum mehr als einen Koffer beim Verlassen ihrer Heimat packen durften und die sich hier nun endlich ansiedeln dürfen und ihr Leben ganz neu beginnen wollen.

So sind viele damals mit der Bewältigung der eigenen Not beschäftigt. Am Ort und in der Umgebung sind es eigentlich nur die kleinen Leute, die sich um das Los der Verlassenen im Armenhaus kümmern, die Mitschüler, die Nachbarn, und vor allem die Bauern, die diese Armutskinder aufgenommen haben, sowie einige weitere barmherzige Seelen. Wer damals wegschaute und nichts tat, meinte im Recht zu sein. Denn unterschwellig lastet ja auf allen Behinderten und Kinderreichen stets ein großes Vorurteil: Selber schuld! Und die Nazis hatten alles getan, diesen Makel zu befördern und zu vertiefen. Diese Intoleranz blieb lange in den Köpfen vieler Menschen haften.

Gedenken der Opfer in Kaufbeuren

Dass auch die Einrichtungen, die eigentlich für die Gesundheit und das Wohl der Menschen dasein sollten, die Heil– und Pflegeanstalten, sich in Nazi-Deutschland so tief in die Vergrößerung des Elends mit hinein verstrickt haben, lag in den ersten Jahren und Jahrzehnten nach dem Krieg außerhalb jeder Vorstellung und blieb deshalb lange Zeit unerkannt. Erst in den achtziger Jahren des 20. Jh. wagten es einzelne gewissenhafte Anstaltsleiter, der schlimmen Geschichte ihrer Einrichtung in dieser schrecklichen Zeit auf den Grund zu gehen. Sie wollten einen glaubwürdigen Neuanfang der einst so fortschrittlichen und durch das Nazisystem so gründlich korrumpierten Psychiatrie in Deutschland herbeiführen.

Die bereitwillige und freundliche Kooperation bei den Recherchen zu diesem Buch zeigt, wie wichtig es den seinerzeit beteiligten Kliniken heute ist, ihre eigene Verstrickung nicht zu verdrängen oder zu verschweigen. Vielmehr wollen die Mitarbeitenden bewusst und regelmäßig der Opfer gedenken, die in dieser grauenvollen

Gebetslichter am Schreckensort:
Mahnstein in Kaufbeuren

Zeit der Nazi-Diktatur entwürdigend zu Tode gebracht worden sind; sie wollen den Angehörigen ihre Anteilnahme zum Ausdruck bringen und ihnen würdige Orte für das Gedenken zur Verfügung stellen.

Eine ganze Reihe von eindrücklichen Mahnzeichen wurden in den letzten 25 Jahren in Kaufbeuren an den Denkorten aufgestellt. So haben die Mitarbeitenden des Bezirkskrankenhauses KAUFBEUREN im Jahr 1989 zum 50. Jahrestag nach Beginn der Euthanasieaktion vor der Krankenhauskirche St. Thomas einen Gedenkstein gestaltet und aufgerichtet und laden seitdem jedes Jahr im Umfeld des 27. Januar – seit dem Jahr 1996 in Deutschland der offizielle Gedenktag für die Opfer des Nationalsozialismus – zum ökumenischen Gedenkgottesdienst ein. Der schlichte Findling trägt die Inschrift: *„Zum Gedenken an die über 2.000 Patienten der Anstalt Kaufbeuren-Irsee, die in den Jahren 1940-1945 als Opfer des ‚Euthanasie-Erlasses' ermordet wurden."* Vornamen mit Jahreszahlen erinnern an einzelne Opfer.

Im Sommer 2006 wurde ein metallenes Monument auf dem einstigen Anstaltsfriedhof der Heilanstalt KAUFBEUREN errichtet. Dieser Friedhof war im Jahr 1943 auf dem Gelände der Anstalt aufgrund der hohen Opferzahlen angelegt worden und wurde später wieder aufgelassen. Das Mahnmal trägt die Aufschrift: *„Zum Gedenken an die*

Erinnerung an vorenthaltene Menschenwürde:
Mahnmal auf dem ehem. Anstaltsfriedhof Kaufbeuren

Toten und Opfer der NS-Euthanasie". Auch im Bereich des Klosters IRSEE, das damals zum Komplex der Kaufbeurer Anstalt gehörte und bis zuletzt ein Ort des Menschenmordens war, weisen seit dem Jahr 1981 Mahnmale und Tafeln auf die schreckliche NS-Vergangenheit dieser Einrichtung hin.

Ergreifendes Triptychon: *Zynischer Kindermord in Kaufbeuren-Irsee*

So fand Mitte der 1990er Jahre im ehemaligen Leichenhaus der Heil- und Pflegeanstalt IRSEE, in der sogenannten Prosektur, ein großformatiges Triptychon seinen Platz, das BEATE PASSOW zur Erinnerung an die jüngsten Opfer der NS-Euthanasie gestaltet hat. Die Münchener Künstlerin greift mit ihrem schockierenden Kunstwerk auf Fotografien von Kindern zurück, welche die Täter einst von ihren Opfern angefertigt haben, und stellt diesen Bildern Auszüge eines Briefwechsels gegenüber, den der damalige ärztliche Direktor von Kaufbeuren und Irsee, Dr. VALENTIN FALTLHAUSER, mit dem Oberarzt in der Kinderheilstätte MITTELBERG bei OY im Allgäu 1939 bis 1946, Dr. Georg HENSEL, geführt hat. Dieser Mediziner hatte damals in KAUFBEUREN-Irsee die Tbc-Versuche an behinderten Kindern vorgenommen.

Ein besonders eindrückliches Mahnmal für die Euthanasieopfer aus den Anstalten IRSEE und KAUFBEUREN in der Zeit des Nationalsozialismus hat der Bezirk Schwaben als Träger dieser Einrichtungen bereits im Jahr 1981 von Bildhauer MARTIN WANK, UNTERTHINGAU, entwerfen lassen. Dieser Künstler hat seiner bewegenden großen Bronzeplastik den Titel gegeben: *„Lass mich Deine Leiden singen"*. Auf einer hohen Stele greifen viele Hände nach oben nach einer schlanken Gestalt, die auf einem Globus steht. Es bleibt offen, ob es die Hände derer sind, die nach dem Menschen greifen, um sich seiner zu bemächtigen, oder derer, die selbst von dem

Griff nach ihrer Menschenwürde betroffen sind. Dieses Mahnmal wurde im Grün des ehemaligen Anstaltsfriedhofes IRSEE aufgestellt und am 22. November 1981 feierlich eingeweiht.

Lied vom Leid: *Bronzeplastik für Euthanasieopfer in Irsee 1981*

Mit Recht erinnerte die Kaufbeurer Krankenhausseelsorgerin ADELHEID WEIGL-GOSSE, mit der der Autor für seine Recherchen seinerzeit Kontakt aufnahm, am Gedenktag des 27. Januar 2013 daran, dass die Generation der Zeitzeugen allmählich aussterbe; so müsse die Erinnerung nun auch durch solche Mahnzeichen und Mahnsteine aufrecht erhalten werden.

Der einstige Bundespräsident ROMAN HERZOG hatte im Jahr 1996 diesen 27. Januar als offiziellen bundesweiten Gedenktag für die Opfer des Nationalsozialismus ins Leben gerufen; er bezog bewusst auch die Euthanasieopfer mit ein. Doch wahrscheinlich noch längst nicht jedem Deutschen ist klar, was es bedeutet, wenn am 27. Januar in Deutschland alle öffentlichen Gebäude beflaggt und die Flaggen halbmast gesetzt werden. Bewusst hat die Bundesrepublik Deutschland denselben Tag als Datum für das Gedenken gewählt, an dem im Jahr 1945 das KZ AUSCHWITZ-BIRKENAU von der Roten Armee befreit wurde.

Der Blick geht an diesem Tag aber hin zu allen Menschen, denen im Terror der Nazizeit Unrecht und Leid zugefügt wurde. Nachdem für viele Bürger AUSSCHWITZ weit weg und die Verflechtung der Deutschen mit den Taten dort nicht jedem anschaulich ist, hilft es vielleicht, sich gerade auch mit den Opfern der Euthanasie aus der eigenen Gemeinde zu beschäftigen und sich klar zu machen: So nah lag damals auch für die kleinen Leute die Gefahr, selbst als Opfer in das Unrecht verstrickt zu werden; so nah liegt andererseits das Lob des kleinen Heldentums und Widerstands im Alltag, der von manchem Mitfühlenden geleistet wurde.

Mit Martins Lebensweg kreuzen sich ja viele Lebenswege anderer Menschen, die in der einen oder anderen Weise betroffen sind, als verstrickte Täter, als mitbetroffene Opfer, oder als kleine Helden des Alltags. Die Gesinnung, die zum verkehrten Tun führt, ist in jedem Menschen auch heute vorhanden, wie die Gesinnung, die zum Tun des Guten drängt. Das eine vom anderen zur rechten Zeit zu unterscheiden und sich dann auch persönlich zu entscheiden, ist die nie endende Aufgabe, der sich jeder Mensch in seinem Leben nicht nur einmal stellen muss.

Eindrückliches Opferdenkmal – initiiert von der Gruppe Salzstreuer

Eine besondere Idee hatten im Jahr 2008 die Kaufbeurer „SALZSTREUER", eine Gruppe junger Menschen mehrerer Kaufbeurer Schulen, die sich gegen rechte Gewalt wenden und an die nationalsozialistische Verbrechensherrschaft erinnern wollten. Ausgangspunkt war die Beobachtung, dass bei den öffentlichen Gedenkfeiern am Volkstrauertag vor allem ältere und immer die gleichen Menschen teilnehmen. Deshalb wollten sie einen zentraleren Standort, um auch die Jugend mehr mit einbinden zu können. Ihren Namen „Salzstreuer" leitet die Gruppe von ihrer Absicht her, bewusst „Salz in die Wunde des Nationalsozialismus" zu streuen.

Auf der Grünfläche vor dem Jugendzentrum an der Schraderstraße errichteten sie ein zentrales Denkmal für die drei Opfergruppen des Nazi-Regimes in KAUFBEUREN, der Juden, Zwangsarbeiter und Euthanasie-Opfer, und weihten es am 9. November 2008, dem Gedenktag an die Reichspogromnacht, feierlich ein. Schirmherr des Projektes war Dr. MICHAEL VON CRANACH, der von 1980-2006 ärztlicher Direktor der Kaufbeurer Klinik war. Er war maßgeblich an der Erforschung der Verstrickung der Psychiatrie bei der Euthanasie beteiligt und ist Mitherausgeber des wichtigen aufklärenden Buches „Psychiatrie im Nationalsozialismus", das auch für die Auswertung der Recherchen zu den Weidenberger Euthanasiefällen ANNA MARGARETHA SOMMERER und MARTIN sehr hilfreich war.

„Die Salzstreuer" werden von BEATRICE ALTMAN-SCHEVITZ ehrenamtlich betreut und haben durch Gedenkveranstaltungen, Demonstrationen und ihre Wanderausstellung *„Es war auch hier"* auf sich aufmerksam gemacht. Da die Gruppe selbst nicht rechtsfähig ist, lief das Vorhaben der Denkmalerrichtung unter dem Dach des Stadtjugendrings. Es wurde zudem durch das Bundesprogramm *„Vielfalt tut gut – Jugend für Vielfalt, Toleranz und Demokratie"* gefördert. Für die konkrete Umsetzung suchten sich die Jugendlichen Profis, die sie in den Irseer Künstlern ROMAN

HARASYMIW und PETER R. MÜLLER fanden. Den Vorstellungen der Jugendlichen zufolge sollte das Denkmal aus drei unterschiedlichen, zwei Meter hohen stilisierten Oberkörpern mit Gesichtern bestehen. Sie sollten aus Eisen geschnitten und miteinander verbunden sein und auf einem begehbaren großen Dreieck am Boden aufragen. Auf diesem Dreieck wird der örtliche Zusammenhang der Opfergruppen mit KAUFBEUREN durch Schriften näher bestimmt: *„KZ Steinholz“, „Euthanasie Heil- und Pflegeanstalt“, „Zwangsarbeiter Kaufbeuren“.*

„Und Du“? - *Salzstreuerdenkmal in Kaufbeuren*

Auf den drei aufgerichteten Köpfen sind jeweils die Wörter zu lesen: *„Mitläufer“, „Widerstand“,* sowie *„Und du?“* Das erste Gesicht des „Mitläufers“ hat überhaupt kein Auge und will sagen: Dieser Mensch schaut weg und ignoriert die demokratiefeindlichen Machenschaften in seinem Land. Die zweite Figur des „Widerständigen“ hat einen Sehschlitz, durch den sie das Geschehen betrachtet. Die letztgenannte Figur des „Und du“ hat eine glänzende Kugel als Auge, als Medium zum Hingucken; in ihr spiegelt sich der Betrachter wider, er soll somit zum selbstständigen Nachdenken angeregt werden. Er soll sich fragen: Wie würdest du dich in einem Regime, wie dem der Nazis damals, verhalten?

Inzwischen gibt es mit der Aktion „Stolpersteine“ des Kölner Künstlers GUNTER DEMNIG in über 30 Orten Deutschlands und in Europa ebenfalls besondere Hingucker für diese Opfer der NS-Zeit. Indem DEMNIG vor dem letzten Wohnort der Opfer Gedenksteine aus Messing ins Trottoir verlegt, will er *„die Erinnerung an die Vertreibung und Vernichtung der Juden, der Zigeuner, der politisch Verfolgten, und*

Salz in den Wunden der Vergangenheit:
Das Salzstreuerdenkmal von oben

Homosexuellen, der Zeugen Jehovas und der Euthanasieopfer im Nationalsozialismus lebendig" erhalten. Denn ein Mensch sei erst vergessen, wenn sein Name vergessen sei, sagt Demnig. Ein solcher „Stolperstein" im Pflaster vor dem ehemaligen Weidenberger Armenhaus an der Scherzen wäre sicher ein angemessener Weg, dem Euthanasieopfer Martin L. nachträglich seine Menschenwürde wiederzugeben. Bisher hatte die Gemeinde dafür noch kein offenes Ohr.

Doch das beschriebene Mahnmal der „Salzstreuer" in Kaufbeuren übt gerade in dieser Hinsicht des drohenden Vergessens eine ganz eigenartige unmittelbare Wirkung aus, indem es den Betrachter mit einbezieht. Es ragt unter den bisher in Deutschland errichteten Mahnmalen für das hier erinnerte Geschehen als etwas ganz besonderes heraus und stellt den heute Lebenden die Frage, wie man an Orten, wo damals Opfer wohnten, ihre Namen vor dem Vergessen bewahren und sich mit den Umständen ihres Geschicks auseinandersetzen kann.

Martins Geschichte bleibt lebendig

Es ist sicher nicht einfach, die Erinnerung an die Opfer noch 70 Jahre nach den grausigen Geschehnissen wachzuhalten. Mit der Errichtung von ergreifenden Mahnmalen allein ist es nicht getan. Wie kann man die Brücke schlagen vom Leid der damaligen Opfer zur Lebenswelt der heuten lebenden Menschen, insbesondere auch der nachwachsenden Generation?

Der bereits erwähnten Klinikseelsorgerin von Kaufbeuren, Adelheid Weigl-Gosse, ist dieser Brückenschlag ein existenzielles Anliegen. Sie war es auch. die als erste die fertig recherchierte Lebensgeschichte von Martin L. aus Weidenberg bereits zu Anfang des Jahres 2013 einer breiteren Öffentlichkeit im fernen Kaufbeuren bekannt gemacht hat. Am 27. Januar, dem bereits erwähnten Tag der Opfer des Faschismus, fand am Gedenkstein vor der Klinik zunächst eine anschauliche Aktion der Schule statt: Luftballons wurden mit Lebenswünschen versehen – und wurden dann zerplatzt. Danach ergriff die Klinikseelsorgerin das Wort:

Unantastbare Menschenwürde:
Klinikseelsorgerin
Adelheid Weigl-Gosse

Liebe Mitbürgerinnen, Mitbürger, Gäste und Mitchristen!

Ich möchte mich bei Euch, liebe Schülerinnen und Schüler herzlich bedanken für die Aktion, die ihr eben durchgeführt habt. Wir begehen gerade die Gedenkveranstaltung für die Opfer der Euthanasie in ganz Deutschland, und ganz besonders gedenken wir der Opfer hier bei uns. Und doch schieben sich zwischen damals und heute Jahre. Das Gedenken droht abstrakt zu werden.

Da habt ihr das Schicksal einer Frau nacherzählt, habt uns Anteil nehmen lassen an ihren Hoffnungen. Beim Zerplatzen der Luftballons ist uns allen spürbar geworden, wie viel Leid mit der psychischen Erkrankung verbunden war.

Ihr habt einem vergessenen Namen eine Geschichte und ein Gesicht gegeben. Ich danke Euch.

Kürzlich wurde ich mit einer historischen Anfrage konfrontiert. Ein evangelischer Pastor, Jürgen Taegert, hat sich auf die Suche gemacht nach einem Gemeindemitglied, das einst zu seiner jetzigen Heimatgemeinde gehörte und das in der damaligen NS-Zeit „abhanden" gekommen ist. Es war detektivische Kleinarbeit nötig, um aus Archiven versprengte Hinweise zu einem Gesamtbild zusammen zu fügen.

Herr Taegert hat sich auf die Spurensuche von Martin L. begeben. Einfache Arbeitsverhältnisse ließen sich nachweisen, Aufenthalte im Armenhaus und reicher Kindersegen. 12 Kinder sind seiner Frau und ihm geschenkt worden, davon vier Zwillingspärchen. Doch nur acht Kinder haben das erste Lebensjahr überlebt. Martin L. wurde krank, psychotisch. Er kam ins damals noch so genannte „Irrenhaus“ von Bayreuth.

Ich möchte jetzt nicht seine ganze Lebensgeschichte nacherzählen. Ich möchte nur aus der historischen Arbeit von Jürgen Taegert Überschriften der Lebensgeschichte vorlesen und bitte Sie, liebe Zuhörerinnen und Zuhörer, diese Überschriften mit ihrer eigenen Fantasie anzureichern und mit ihrem Herzen zu hören.

Armseliger Alltag im Armenhaus - -
Das ramponierte Leben von Martin und seiner Familie - -
Viele Kinder, viele Sorgen - -
Ein Anfang voller Erwartungen - -
Lichtblicke - -
Vergebliche Suche nach dem Rettungsring - -

Sind psychisch kranke Menschen „irre"? - -
Als „asozial" abgestempelt und durch Zwangssterilisation misshandelt- -
Der Verzweiflung nahe - -
Die letzte Haustaufe im Armenhaus - -
Der Tag, an dem Martin verschwand - -

Jürgen Taegert hat viele Archive durchstöbert, Fachleute und Zeitzeugen befragt und schließlich herausgefunden, dass Martin L. damals bei uns in der Nähe, in Sontheim, eine Arbeit suchte, alsbald aber in die damalige Heil- und Pflegeanstalt in Kaufbeuren eingewiesen wurde.

Was für ein dornenreicher Weg für ihn und für seine Frau, die nun mit einfacher Arbeit und kärglichstem Einkommen ihre acht Kinder ernähren und alleine groß ziehen musste, was für eine Anforderung und Überforderung!

Und doch hielt sie bei aller Not den Kontakt zu ihrem Mann und zur Klinikleitung aufrecht. Sie unternahm sogar aus Sorge Fahrten nach Kaufbeuren. Wir dürfen das nicht verknüpfen mit heutigen Vorstellungen, wo man sich ins Auto setzt und losfährt. Die Frau hatte kein Auto. Sie musste den Zug nehmen, 11 Stunden Bahnfahrt, zu einem auf heutige Verhältnisse umgerechneten horrenden Fahrpreis von 500 €, und das für eine Frau, die sich nur gerade so mit ihrer Kinderschar über Wasser hält.

Es ist das Kriegsjahr 1941. Frau L. schreibt Karten an die Klinik und erhält schablonenartige Antworten. Und dann geht alles sehr schnell.

Martin L. sei plötzlich erkrankt. Und kaum hat diese Nachricht die Familie erreicht, wird schon per Telegramm der Tod des Vaters mitgeteilt.

Wie viel Hoffnung ist mit dem Tod dieses Menschen erloschen; die Hoffnung eines Mannes auf ein Leben, das sich entfalten darf, auf Glück, auf Genesung; die Hoffnung einer Frau auf Partnerschaft, die Sehnsucht von Kindern nach der Begleitung und dem Schutz durch einen Vater.

Gottlob leben wir heute in ganz anderen Zeiten.
Gottlob erhalten Menschen mit psychischen Erkrankungen vielfache Hilfe und Förderung. Und doch leben wir in einer Zeit, die ihre Gesellschaft als Leistungsgesellschaft umschreibt.

Damals galt als höchster Wert die Arbeitsfähigkeit und Gesundheit. Und heute? - -

Gedanken äußeren sich in Worten. Worte bringen Werke hervor. Werke spiegeln den Geist der geltenden Werte wieder. Was sind für uns heute die höchsten Werte?- -

Es ist nicht genug, dass jeder das für sich alleine überlegt. Damit die Menschenwürde unantastbar bleibt, müssen wir uns zusammen tun, müssen darüber auch als Institutionen nachdenken und entsprechend handeln - - -“

SPUREN DER OPFER
– Anteilnahme und Verleugnung –

„JENSEITS DER ROTEN LINIE“
– Ein Weidenberger in den Klauen von Gestapo und Volksgerichtshof

Die Akte Dennert-Weidenberg 1930-1945

DRITTES BUCH:

„JENSEITS DER ROTEN LINIE“ — EIN WEIDENBERGER IN DEN KLAUEN VON GESTAPO UND VOLKSGERICHTSHOF

- Die Akte Dennert-Weidenberg 1930-1945

INHALT

Ein Unternehmer am Scheideweg

Gespräche am Gartenzaun 171
Eine nazikritische Familie 173
Ein Pfarrer macht sich Sorgen 175
Der Weidenberger Unternehmer für Rechenschieber kam aus Hamburg 177
Als Gymnasiast im Kriegsdienst 179
Kriegsbegeisterung trotz Kirchenwarnung 180
Eine Kriegsverwundung mit Folgen 182
Einstieg bei der väterlichen Firma für Erfolg versprechende Stabrechner 184
Ungleiche Trennung in Zeiten des Börsenkrachs 186
DEWE - Dennert in Weidenberg, 187
Ein folgenreicher NSDAP-Parteiaustritt 188
Judenfeindschaft in Deutschland – im Ausland kritisch betrachtet 190
Erfolgreiches Unternehmertum mit Nazi-Protektion in Hamburg 191

Ein schwarzes Schaf in Weidenberg 195

KZ für Querulanten 195
In der Falle der Denunzianten 196
Erneut zum Kriegsdienst einberufen 197
Preußische Genauigkeit und Nazi-Willkür bis zur „Endlösung der Judenfrage“ 200

Das Drama nimmt seinen Lauf 204

Arbeit in der Feuerlöschgerätefirma 204

Eine herzzerreißende Tragödie in der geprüften Familie 207
Ein Arbeitsplatz unter Zwangsarbeitern 210
Carl Tabel – ein rücksichtsloser und hündisch ergebener Nazikarrierist 214
Kirchenkampf in Creußen 217
Willkür gegen Pfarrer und Mitarbeiter 219
Eine verhängnisvolle Entscheidung 221

In der Lawine des Unheils **222**
Ein Arbeitsplatz im Kriegsjahr 1943 222
Kollegen zwischen Mitmenschlichkeit und Fanatismus 226
Kontaktfreudige Zwangsarbeiter 229
Gefährlich gereizte Stimmung bei der deutschen Führung 231
Mussolinis Verhaftung bringt in Creußen die Lawine ins Rollen 233

Verfängliche Gespräche **237**
Der Denunziant in der Eisenbahn 237
Was die Zeugen später über den Vorfall sagen 239
Tabel warnt seine Belegschaft 240
Eine Stimmung, die zum Leichtsinn verlockt 242
Das Lied vom „Anstreicher Hitler“ 244
Warum Goebbels damals seinen „Titanic-Film“ zurückzog 246
Die Ängste der Deutschen vor den Bolschewisten und das Massaker von Demmin 247
Dennert verliert seinen Arbeitsplatz 250
Eine verhängnisvolle Szene um den Unterhalt der Soldatenfrauen 252

Ein Parteiappell mit Folgen **254**
Wie eine junge Frau zur gefährlichen Denunziantin wird 254
Ein schicksalsentscheidender Morgen 256
Bormanns Appell sollte den Verteidigungswillen beflügeln 258
Handlanger der Denunziation, um die eigene Haut zu retten 260

In den Fängen der Gestapo **262**
„Gestapo“ – ein Postkürzel, das Terror verspricht 262
Tabels Anzeige gegen Dennert an die Gestapo – durch Zufall wieder aufgefunden 266
Ein Chef, der seinen Mitarbeiter dem Volksgerichtshof ausliefert 270
Verhöre und Schuldvorwurf bei Kripo und Gestapo 271

Als Untersuchungshäftling des Volksgerichtshofes in Berlin-Moabit **274**
Der oberste Ankläger des Volksgerichtshofes verfasst die Anklageschrift 274

Tödliche Anschuldigungen wegen „Wehrkraftzersetzung“ und Feindbegünstigung“ 277

Vernichtung von Gegnern statt Rechtsprechung 280

Strengste Isolation zur „innere Läuterung“ im Untersuchungsgefängnis Alt-Moabit 281

Ein fehlgeschlagener Auftrag zur Untersuchung von Dennerts Geisteszustand 284

Die Rechtsanwälte werden aktiv 285

Der Volksgerichtshof – ein gnadenloses Organ für die „Volkshygiene“ 288

Hinter repräsentativer Biedermaske ein Blutgericht 289

Verachtet vom „Blutrichter“ 291

Plötzlich wollen alle Dennert helfen 293

Im Gefängnis Tegel und vor dem Volksgerichtshof **296**

Kinder für den Führer – egal wie 296

Ein gelenktes und zugleich selbst gestaltetes Leben im Gefängnis 297

Fallbeile für Widerstandskämpfer und für die DDR-Justiz 298

Vorbereitung auf die Hauptverhandlung 300

Eine Anklage auf wackligen Füßen 301

Ein sensationeller Sitzungsverlauf 304

Die Verteidigung positioniert sich 306

Ein ereignisreicher April 1944 307

Besuch in der Gefängniszelle 310

Irmgard Dennert beim Volksgerichtshof 311

Im Tal der Tränen **314**

In tiefster Schwäche 314

Eine schlimme Nachricht von Gefängnisleitung und Gefängnisseelsorger 315

Ein Gefängnisgeistlicher im Widerstand 317

Das Verfahren vor dem Volksgerichtshof endet ohne Klarheit über die Todesursache 319

Eine mutige und tröstliche Bestattung 321

Rätsel und tröstliche Tatsachen **323**

Ein verwirrender Kirchenbucheintrag stellt die Todesursache infrage 323

Keine Sühne für die Verbrechen gegen die Menschlichkeit 324

War Dennerts Tod ein „Mord“? 326

Schuldige und Gerechte 329

ANHANG.

Literatur- und Quellenliste 331 / Gesamtplan „Myrten für Dornen“ 335

Ein Unternehmer am Scheideweg

Gespräche am Gartenzaun

WENN PFARRER GEORG Redenbacher zur Steinach hinunterging, um spazieren zu gehen oder zu angeln, dann kreuzte sein Weg nicht nur den Platz vor dem Armenhaus mit seinen Bewohnern, der alten „Wett“, die mit ihrer Tochter hier hauste, dem Totengräber GRIESHAMMER, oder den zahlreichen Lippoldkindern, die am Wasser der Steinach spielten und die eine Zeitlang jedes Jahr mehr wurden. Sondern nebenan grüßte ihn auch das emsige Klappern der Scherzenmühle. Ihr genau gegenüber lag die alte Porzellanfabrik. Hier wohnte die ortsbekannte Familie DENNERT.

Bekannt war die Dennerts nicht nur durch die kleine Firma „DEWE“ für Rechenschieber, die sie hier seit dem Jahr 1930 aufgebaut hatten und die den Namen Weidenbergs in alle Welt hinaus trug. Bekannt war auch, dass das Familienoberhaupt ein Jahr nach der Machtübernahme der Nazis, im Jahr 1934, nach anfänglicher Euphorie aus der NSDAP wieder ausgetreten und seitdem ein erklärter Gegner Hitlers war, der mit seiner Meinung nicht hinter dem Berge hielt.

Am Gartenzaun bei ihrem Haus verweilte Pfarrer REDENBACHER häufig und suchte dann das Gespräch mit CHRISTIAN DENNERT oder seiner Frau IRMGARD. Oft öffnete er auch die Gartentür zum Grundstück. Dann sah man ihn mit DENNERT auf und ab gehen und reden.

CHRISTIAN DENNERT hatte die insolvente Porzellanfabrik, die früher in diesem Haus an der Au betrieben worden war, oder vielmehr genau genommen den linken Teil dieses Fabrikgebäudes, im Jahr 1930 mit Hilfe seiner Mutter META aufgekauft und den rechten Teil gemietet. Hier

Ein alte Porzellanfabrik: *Haus Dennert an der Au*

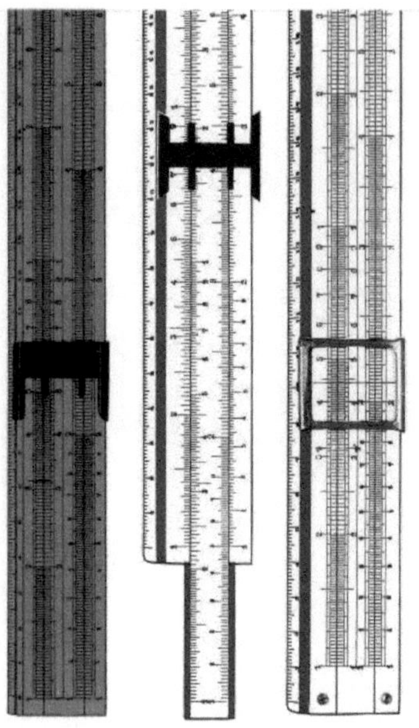

Rechenstäbe, *Entwicklungsstufen*

hatte er seine Fabrik für Rechenstäbe eingerichtet. Stolz prangte das Schild „DEWE“ für „Dennert Weidenberg“ über dem Eingang. Von hier gingen einige Jahre hindurch Spezialprodukte wie Präzisions-Rechenstäbe, Zeichenmaßstäbe und Glasteilungen in alle Welt. Rechenstäbe waren die damals von allen Ingenieuren benutzten Vorläufer der Taschenrechner. Auch für Oberschüler und für technische Zeichner waren lange Zeit präzise Zeichenmaßstäbe und -dreiecke unentbehrlich.

Die Angehörigen der Familie DENNERT fielen in WEIDENBERG schon dadurch auf, dass sie, wie sie selbst meinten, „hochdeutsch“ sprachen. Man hätte also meinen können, dass jeder sie versteht. Doch zumindest beim Vater CHRISTIAN taten sich manche Oberfranken schwer. Das lag daran, dass die Familie aus Hamburg stammte und ihre Aussprache die typische nasale Hamburger Dialektfärbung aufwies. Immerhin war aber doch das jüngste ihrer vier Kinder, der muntere TIM, ein Weidenberger „Gewächs“. Er wurde im Jahr 1934 hier im Haus wie es sich damals gehörte mit Hilfe einer Hebamme geboren. Anschließend wurde er in der St. Michaelskirche von Redenbachers Kollegen Pfarrer HOFFMANN evangelisch getauft. Sein weiterer Vorname war ALFRED nach seinem Taufpaten, dem Rechtsanwalt ALFRED RIETZSCH aus Plauen. Dieser Rechtsanwalt wird im Geschick der Familie noch eine wichtige Rolle spielen.

Die älteren drei Kinder UTE, HANS und HILKE waren in den aufeinanderfolgenden Jahren 1924–26 in HAMBURG geboren, aber dann nach dem Umzug alle in WEIDENBERG eingeschult worden. Das heißt, sie erlebten den Schulunterricht vom ersten Tag an in ihrer neuen Heimat Oberfranken mit. Die Dennerts galten als eine nette Familie. Kinder aus der Nachbarschaft kamen öfters in den Hof der Fabrik, um mit den Dennert-Kindern zu spielen. Diese hatten sich durch den Kontakt mit den Spielkameraden, Mitschülern und Freunden schnell an die Mentalität und Sprache der Oberfranken gewöhnt und angepasst.

Die Älteste, UTE, war hübsch wie ihre Mutter, wirkte aber manchmal ein bisschen stolz und unnahbar wie der Vater. Doch war sie durchaus kontaktfreudig.

Ebenso wie ihre jüngere Schwester HILKE hatte sie auch etliche Jahre bei den Weidenberger Chorschülern mitgesungen und kannte so die Pfarrer und das kirchliche Leben in Weidenberg zur Zeit des Kirchenkampfes. Sie bekam so auch manches mit von der damals laufenden Auseinandersetzung zwischen den Nazis und der

Evangelischen Kirche, auch wenn die beiden Geistlichen, der deutsch-christlich eingestellte Pfarrer HOFFMANN und der heimliche Bekenntnispfarrer REDENBACHER, sich bemühten, die Weidenberger Gemeinde in diesen Konflikt möglichst wenig hineinzuziehen. Das Verhältnis dieser beiden Pfarrer erschien jedenfalls den Gemeindegliedern nach außen hin ungetrübt.

Nun stand UTE vor ihrem Absprung zur Ausbildung als Krankenschwester. REDENBACHER hatte ihr beratend zur Seite gestanden. Welchen Weg sollte sie wählen?

Eine nazikritische Familie

Wie alle Dennert-Kinder war auch UTE zu einer nazikritischen Haltung erzogen. Zwar hatten die beiden Großen, UTE und HANS, daheim durchgesetzt, dass sie an den Treffen der Hitlerjugend bzw. des BdM teilnehmen durften. Doch während andere Kinder sich einen Spaß damit machten, möglichst zackig den Arm empor zu reißen und sich mit „Heil Hitler" anzubrüllen, fielen Dennerts Kinder stets dadurch aus dem Rahmen, dass sie nie den Hitlergruß gebrauchten. Ihre Eltern wollten das nicht. Das war im ganzen Ort bekannt, allein schon deshalb, weil ihr abweichendes Verhalten in dieser angepassten Zeit so auffiel.

Aus glückliche Tagen: *CHRISTIAN DENNERT mit HANS, TIM, UTE und HILKE im Januar 1935*

Ortsgruppenleiter GEORG RUMLER verstieg sich sogar zu der Unterstellung, CHRISTIAN DENNERT selbst hätte diese Haltung seinen Kindern „aufgezwungen", was natürlich Unsinn war. Wer damals zum kritischen Denken erzogen war, dem musste man die Kritik an der Lächerlichkeit der Nazisymbole nicht noch aufzwingen.

Nachteile gegenüber anderen Kindern sind ihnen aber aus der Einstellung des Elternhauses und der Verweigerung des Hitlergrußes, soweit bekannt, nicht erwachsen. Mit anderen Worten: Es war damals, zumindest für Kinder und Jugendliche, durchaus möglich, sich den scheinbaren Zwängen zu entziehen. Auch andere Kinder und Jugendliche in WEIDENBERG mieden die Teilnahme an den Treffen der „braunen“ Staatsjugend BdM (Bund deutscher Mädel) oder an der HJ (Hitlerjugend), ohne erkennbare Nachteile zu erleiden. Es war eher eine Frage des persönlichen Mutes und der Bereitschaft, einen eigenen Weg einzuschlagen.

Für UTE war die Meinung wichtig, die sie bei ihrem Pfarrer REDENBACHER erspürte. Er indoktrinierte ja niemanden, wies höchstens mit feiner Ironie auf manchen Missstand des Naziregiments hin.

So hatte UTE, die einen sozialen Beruf suchte, sich auch nicht für die „braunen Schwestern“ der nationalsozialistischen Volkswohlfahrt (NSV) beworben, sondern sich für den großen Zehlendorfer Verband für evangelische Diakonie entschieden. Dieser im Jahr 1894 gegründeten kirchlichen Schwesternschaft gehörten auch in der Nazizeit 15 Mutterhäuser an; hier waren rd. 6.000 Schwestern aktiv. Freilich waren auch diese kirchlichen Einrichtungen seit dem Jahr 1933 „gleichgeschaltet“, d.h. auf das Machtzentrum der Hitlerdiktatur ausgerichtet worden und dem von den Nazis

Schwesternschülerin des Zehlendorfer Verbandes: *UTE DENNERT (rechts vorn stehend)*

kontrollierten Dachverband der Fachschaft deutscher Schwestern und Pflegerinnen angeschlossen. Seit dem Jahr 1936 gab es keine freien Schwesterschaften mehr.

Seltsamerweise hatten erstaunlich viele Verbände kirchlicher Diakonie diese Naziherrschaft anfangs gar nicht als Bedrohung wahrgenommen, sondern im Gegenteil ernsthaft geglaubt, nun werde mit HITLER das Reiches Gottes auf Erden errichtet. Während die Kommunisten und Freidenker nach dem Ersten Weltkrieg kämpferisch-atheistisch aufgetreten waren und den Kirchen manche Schrecken eingejagt hatten, hatte sich HITLER stets „positiv christlich“ gegeben, wie er es nannte, und so die Illusion verbreitet, er wäre der wahre gottgesandte Messias der Neuzeit.

Viele diakonische Einrichtungen und ganze Diakonissenschaften hatten sich HITLER deshalb förmlich an den Hals geworfen, manche hatten sich zu einer wahren Mystifizierung Hitlers und einer gottgleichen Hitlerverehrung verstiegen. Solcher abwegiger Optimismus, der sich zum Opportunismus formte, war dann allerdings spätestens mit Kriegsbeginn fast überall verflogen. Seitdem ging es nur noch darum, so viel wie möglich an christlicher Identität auch unter den entwürdigenden Zumutungen der Naziherrschaft zu bewahren. Als UTE dann zur Ausbildung WEIDENBERG verließ, erkundigte REDENBACHER sich deshalb oft auch schriftlich nach ihrem Ergehen und nahm an ihrem Weg persönlichen Anteil.

Ein Pfarrer macht sich Sorgen

Nun aber, seit Anfang der 40-er Jahre, beschäftigte Redenbacher besonders das Befinden von Utes Vater CHRISTIAN. Dessen Aussehen, seine körperliche Haltung, sein zunehmender Verfall, den er nicht erst in den letzten Monaten, sondern schon seit mehreren Jahren glaubte beobachtet zu haben, machten dem Pfarrer wachsende Sorgen. Er mochte CHRISTIAN in seiner kühlen und etwas reservierten Art, die so ganz anders war als das scheinbar kontaktfreudige, aber manchmal auch ein bisschen laute und direkte fränkische Wesen. Mit CHRISTIAN suchte er deshalb immer wieder das Gespräch über den Gartenzaun und vertiefte sich dann auch in manche hochgeistige Auseinandersetzung.

Auf die Kinder der Nachbarschaft hatte CHRISTIAN DENNERT anfangs ein bisschen herrisch gewirkt, sie machten lieber einen Bogen um ihn. Sie erachteten ihn aber als einen „feinen Mann“. Er war körperlich stattlich, etwa 180 cm groß und schlank.

Die Kinder suchten Kontakt eher mit Dennerts Kindern und seiner Frau, welche ganz leger war und zwanglose Begegnungen mit jedermann suchte. Des Öfteren kam sie mit einer großen Kanne bei den Kleinbauern am oberen Markt vorbei, um für ihre große Familie Milch zu holen; sie fand dann immer auch Zeit für ein kleines Schwätzchen.

Von Enttäuschungen gezeichnet: *CHRISTIAN DENNERT um 1940*

Doch CHRISTIAN DENNERT hatte sich sichtbar und spürbar verändert in diesen letzten zwei oder drei Jahren. Seine hohe und einstmals stolze und stattliche Gestalt erschien seit einiger Zeit gebückt und gedemütigt. Das Gesicht, dessen Züge einst entschlossen und durchsetzungsfähig gewirkt hatten, war nun hager und eingefallen. Dass herausfordernde „Hitlerbärtchen" der frühen Jahre hatte zunächst einem schmal geschnittenem, quer zum Mund verlaufenden Schnurrbart Platz gemacht und wirkte nun immer struppiger. Tiefe Falten an Nase und Mund verrieten zunehmende Resignation. Seine Stirn zeigte zunehmend Ansätze von Geheimratsecken und Sorgenfalten. Sein einst dichtes schwarzes Haar trug er nun meistens bürstenartig kurz geschnitten.

CHRISTIAN wirkte auf seine Mitmenschen nun manchmal wie einer, der sich selbst nicht mehr gut ist. Bisweilen konnte er arg aufbrausen. Die Nachbarn und Bekannten hatten dabei den Eindruck, als würde er mit der Zeit immer cholerischer. Doch ließ er seine Wut nicht an seiner Familie aus. Obwohl die körperliche Züchtigung von Kindern in den Familien damals noch an der Tagesordnung war, hat man kaum je beobachtet, dass er seine Kinder in dieser Weise bestrafte.

Andere Mitbürger hatten Pfarrer REDENBACHER bestätigt, dass sich DENNERT immer mehr zurückziehen würde. Überraschend für einen Fabrikanten hatte DENNERT ja nie einen Führerschein gemacht und auch kein Auto besessen. Außer Haus war er bald kaum noch anzutreffen. Wenn er im Eisenbahnzug fuhr, verdrückte er sich neuerdings immer mehr ins Eck und vermied jedes Gespräch. Im Wirtshaus war er früher häufiger gewesen. Dann hatte er gern kräftig gegen die Nazis gewettert und seinem Ärger Luft gemacht. Manchmal hatte er sein Unbehagen auch mit Alkohol heruntergespült. Nun sah man ihn in Gasthäusern kaum noch.

Wenn DENNERT mittags durch seinen Garten schritt, mussten auch die Nachbarskinder, die sonst gern zum Spielen kamen, leise sein. Dann schien er ganz unnahbar. Er hatte die Hände auf dem Rücken und schritt meditierend wie auf einem Bild von Spitzweg auf und ab. Ganz klar und eigentlich für jedermann erkennbar waren das Anzeichen einer tiefen Depression. Was war mit dem einst so stolzen Mann geschehen?

Viele sagten damals, das wären die Spätfolgen einer Verletzung, die DENNERT im Ersten Weltkrieg als freiwilliger Kriegsteilnehmer erlitten hatte und die nun zunehmend sein Persönlichkeitsbild veränderte. Ein feindlicher Gewehrschuss hatte ihn damals am Kopf getroffen und war quer durch sein Gehirn gegangen. DENNERT hätte dabei auch sterben können. Nun sei er gewissermaßen geistig behindert, so meinten die einen. Andere sagten, diese Schwermut wäre schon immer ein Teil seines Wesens gewesen und ein Familienerbe. Allerdings waren alle, die ihn jetzt in der einen oder anderen Weise beurteilten, Menschen, die ihn erst *nach* seiner Verwundung kennen gelernt hatten und die deshalb auch nicht vergleichen konnten, ob er früher anders war.

Teilhaber im großväterlichen Werk:
CHRISTIAN DENNERT um das Jahr 1925

Der Weidenberger Unternehmer für Rechenschieber kam aus Hamburg

Auch Pfarrer REDENBACHER kannte ihn ja erst seit etwa 10 Jahren. Jetzt versuchte er sich zu erinnern. In den ersten Jahren ihrer Bekanntschaft, als Dennert im Jahr 1930 frisch nach WEIDENBERG gekommen war, hatte REDENBACHER noch das Gefühl, einem erfolgsverwöhnten und optimistisch in die Welt blickenden Großstadtdandy gegenüberzustehen, der damit rechnet, mit

Findiger Unternehmer: *JOHANN DENNERT 1880 mit Belegschaft und Produkten*

viel Schwung und leichter Hand nun auch in der Provinz Fuß fassen zu können. Was hatte denn DENNERT überhaupt dazu veranlasst, von der weltläufigen Großstadt HAMBURG in ein so abgelegenes Provinznest wie WEIDENBERG zu wechseln? Dennert hatte ihm immer wieder Einblicke gegeben in das Leben und Denken der erfolgreichen Gründer im Industriezeitalter in HAMBURG, zu denen seine Vorfahren zählten.

Eigentlich waren Dennerts Vorfahren immer evangelisch. Ursprünglich waren sie in Sachsen beheimatet. Sie waren dort als selbstständige und erfolgreiche Handwerker empor gekommen, als Müller mit eigener Mühle, oder als Zimmerleute oder Mechaniker. Ein solcher findiger und geschickter Mechaniker war der im Jahr 1829 geborene JOHANN CHRISTIAN DENNERT gewesen, Christians Großvater. Er hatte sich als 31-Jähriger nach HAMBURG aufgemacht und dort im Jahr 1862 mit seinen Ersparnissen eine Werkstatt für Instrumente der Vermessungstechnik von CARL PLATH übernommen. Im folgenden Jahr hatte er in MARTIN PAPE einen gleichge-

Kurzes Eheglück: *META und JEAN DENNERT, Christians Eltern*

sinnten Partner gefunden und mit ihm die Firma DENNERT UND PAPE gegründet.

Gemeinsam hatten sie geodätische und mathematische Instrumente gefertigt. Fünf Jahre später waren sie wohl aus steuerlichen Gründen in die Wohlersallee im einst dänischen und nun preußischen ALTONA umgezogen. Im Jahr 1872 hatte DENNERT sein erstes Spezialprodukt, einen Rechenstab nach französischem Vorbild, vorstellen können. Die Teilungen hatte er zunächst in Buchenholz graviert und eingeschwärzt und dasselbe auch mit Messing und Elfenbein probiert.

Seit dem Tode Papes 1884 war JOHANN DENNERT der Alleinbesitzer. Auf der Suche nach einem geeigneteren Werkstoff gelingt ihm im Jahr 1886 mit dem Einsatz von weißem Zelluloid-Furnier der Durchbruch. Weitere Verbesserungen machen den erzeugten Stab zu einem weltweit gesuchten Präzisionsinstrument für alle, die mit raschen Berechnungen zu tun haben. Wer solche Geräte herstellen will, muss Genauigkeitsfanatiker sein.

1908 übergibt der nun 80-jährige JOHANN DENNERT in sein Werk an seine Söhne, den 1865 geborenen RICHARD und den 1869 geborenen JOHANN „Jean“. Die Firma hat zu dieser Zeit rd. 50 Mitarbeitende. Dem Verantwortungsbereich von RICHARD DENNERT werden die Rechenstäbe, die Vermarktung und die Verwaltung zugeordnet, und JOHANN DENNERT kümmert sich um die Weiterentwicklung der Vermessungs- und mathematischen Instrumente.

Als Gymnasiast im Kriegsdienst

Jeans ältester Sohn CHRISTIAN DENNERT ist zu der Zeit noch Schüler in der Abschlussklasse des städtischen Realgymnasiums ALTONA, als am 28. Juni 1914 mit der Ermordung des österreichischen Thronfolgers Erzherzog FRANZ FERDINAND durch Mitglieder der Studentenorganisation Mlada Bosna die Balkankrise eskaliert. Auf

Österreichs Ultimatum zur Untersuchung des Attentats will SERBIEN nicht vollständig eingehen. Deshalb erklärt am 28. Juli Österreich-Ungarn den Serben den Krieg.

Wie beim unaufhaltsamen Umfallen von einmal angestoßenen Dominosteinen entwickelt sich daraus zunächst am 1. August 1914 der Kriegseintritt Deutschlands und dann innerhalb von nur vier Tagen mit dem Kriegseintritt Frankreichs, Englands und seiner Dominions und vieler weiterer kleinerer Staaten der Erste Weltkrieg. Bei gutem Willen aller Seiten wäre dieser Krieg leicht vermeidbar gewesen; doch wurde er von der weltweiten Kriegsbegeisterung auch der Gegner befeuert, von denen jeder seine eigenen Kriegsziele verfolgte und Chancen für eine Machterweiterung witterte.

Dass dann am Ende Deutschland die Alleinschuld an diesem Krieg zugewiesen wurde und ihm im Versailler Vertrag neben schmerzvollen Gebietsverlusten auch noch horrende Reparationskosten aufgebürdet wurden, wurde von der deutschen Bevölkerung ungerecht empfunden und gehört, wie schon der Kriegsbeginn, zu den großen geschichtlichen Fehlern und Tragödien einer nicht lernbereiten Menschheit. Man wollte nicht erkennen, dass mit dieser einseitigen Schuldzuweisung und Demütigung Deutschlands bereits der Keim gelegt wurde für die nächste noch furchtbarere weltweite Auseinandersetzung. Ohne diese politischen Fehler bei der Eröffnung und Beendigung des Ersten Weltkrieges hätte es ein Emporkommen Hitlers mitsamt der ganzen nachfolgenden schrecklichen Geschichte wohl nie gegeben.

Dennert ließ sich, wie die meisten Deutschen damals, von der allgemeinen Kriegsbegeisterung anstecken und meldete sich am 1. August 1914 noch als Schüler wie viele seiner Alterskollegen freiwillig als Soldat für diesen Krieg, aus „patriotischer Überzeugung", wie er und die anderen das sahen. Er wird dem Landesschützenregiment 211 zugeteilt, das in Bayreuth seinen Heimatstandort hat. Kurz zuvor, am 23. Juli, war Dennert 18 Jahre alt geworden, das Mindestalter für einen, der Wehrdienst leisten wollte. Die Kriegsbegeisterung im Volk und bei der Jugend war in den ersten Monaten unbeschreiblich.

Kriegsbegeisterung trotz Kirchenwarnung

Die Warnungen der Kirchen vor diesem Krieg wollte niemand hören. Die Kirchen gehörten zu den wenigen Profeten, die, wie die damaligen Kirchlichen Amtsblätter zeigen, von vom Kriegseintritt mit Österreich abrieten. Bereits lange Zeit, bevor vor auch in der Bevölkerung die Gewissheit eines bösen Ausgangs wuchs, beschrieben die Kirchen diesen Krieg als ein Gericht Gottes für Sünde und menschliche Schuld.

Insbesondere die Bayerische Landeskirche wertete den Krieg deshalb nicht als patriotisches Ereignis, sondern vielmehr als Anlass zur Buße, wie der amtierende Kirchenpräsident FRIEDRICH VEITH damals nicht müde wurde zu predigen. Er

Kirchenpräsident: *FRIEDRICH VEIT*

schärfte seine kriegskritische Haltung auch seinen Pfarrern ein und untersagte ihnen den Dienst mit der Waffe. Wer damals als Theologiestudent, Vikar oder Pfarrer zum Militär wollte, musste seine Kirchenlaufbahn beenden. Nur Lazarettdienste oder Seelsorge waren den bayerischen evangelischen Pfarrern erlaubt.

So hatte auch GEORG REDENBACHER in den Jahren 1917 bis 1919 am Krieg teilgenommen, aber nicht als Soldat, sondern als Feldgeistlicher an der Westfront[38]. Sein späterer Kollege, der DC- und Nazi-Pfarrer Theodor Hoffmann, der unbedingt zum Militär wollte, hatte seine Kirchenlaufbahn deshalb abbrechen müssen. Hoffmann war erst auf seinen Antrag hin nach dem Ersten Weltkrieg nur mit Mühe wieder in den Kirchendienst aufgenommen worden, eine kriegskritische Haltung mit deutlichen Konsequenzen, die Hoffmann seiner Kirche nie verziehen hat und die in ihm den Keim legte zur Daueropposition gegen seinen zukünftigen Landesbischof[39].

Auch ADOLF HITLER, der vor dem verpflichtenden Kriegsdienst in Österreich noch geflüchtet war, wollte sich damals in Deutschland dann seltsamerweise zu den Kriegsbegeisterten gerechnet wissen. Sein späterer Leibfotograf HEINRICH HOFFMANN „entdeckte" ihn nachher auf seiner Aufnahme vom 2. August 1914 in der kriegsbegeisterten, jubelnden Menge am Münchner Odeonsplatz. Dieses berühmte Foto könnte allerdings, wie manche Wissenschaftler vermuten, auch eine bewusste geschickte Retusche und Fälschung sein, die später im Kampf um die Macht Hitlers seine Vaterlandstreue beweisen sollte.

HITLER war allerdings nicht der einzige, der damals in Deutschland vor Begeisterung seinen Hut schwenkte und sich einberufen ließ. Zu Tausenden unterbrachen Jugendliche wie DENNERT damals ihre Schulausbildung, um sich für den Militäreinsatz mustern zu lassen. Kriegsdienstverweigerung wäre unter den Betroffenen als verwerflich erachtet worden. Die Kritik der Kirchen am Krieg, von der heute viele

---

[38] Vergl. den Abschnitt „Redenbacher als kaiserlicher Militärseelsorger" in der 1. Folge des Projektes ‚Myrten für Dornen', S. 17 ff: „Licht und Schatten der neuen Zeit – Alltagsleben in der Vorahnung der Katastrophe".

[39] Vergl. zur Vita von THEODOR HOFFMANN insbesondere das Kapitel „Das Trojanische Pferd der Nazis – Pfr. Theodor Hoffmann und die Deutschen Christen 1933-1942" in der 4. Folge des genannten Projektes: „Christsein am Scheideweg".

Hoffmanns Propagandabild: *Hitler in der kriegsbegeisterten Menge 1914*

nichts mehr wissen, erschien in der öffentlichen Meinung damals als äußerst unzeitgemäß und brachte ihnen viel Unverständnis und Gegnerschaft in der Bevölkerung ein. Waffendienst galt als Ehrendienst für Kaiser, Volk und Vaterland. Viele Jüngere versuchten sogar, sich älter zu machen, um in die Armee aufgenommen zu werden. Mit Schulbüchern im Tornister zogen damals viele ins Feld.

Ein Regierungserlass verfügte am 10. Juli 1915, dass diese kriegsfreiwilligen Heeressoldaten ihr „Notabitur" nachmachen durften. CHRISTIAN DENNERT nutzte deshalb, wie viele seiner Alterskameraden, im gleichen Monat einen Fronturlaub und legte an seiner Schule in ALTONA in Uniform sein „Kriegsabitur" ab.

Eine Kriegsverwundung mit Folgen

Wieder zurück an der Front wird DENNERT von einer Gewehrkugel getroffen, die seinen Schädel durchschlägt. Er kann gerettet und wiederhergestellt werden. Doch viele sehen in diesem Ereignis den Hauptgrund für seine später immer wieder auftretenden manisch-depressiven Anfälle. Dennoch bleibt er seltsamerweise zunächst im aktiven Kriegsdienst. Als Auszeichnung wird ihm das Eiserne Kreuz II. Klasse verliehen. Er wird zum Unteroffizier befördert und als solcher im Jahr 1918 entlassen. Sein Vater JEAN ist bereits im Kriegsjahr 1916 verstorben. Christians Mutter META tritt bei der Verantwortung für die Firma in die Rechte und Pflichten ihres Ehemannes ein.

Weltkriegssoldat:
CHRISTIAN DENNERT 1916

CHRISTIAN strebt nun in der Nachfolge seines Vaters zunächst die Rolle als Ingenieur im Betrieb an. Das bedeutet, er muss studieren. Er geht nach Kriegsende im Jahr 1918 zunächst als Student der Ingenieurwissenschaften an die nah gelegene und fachlich anerkannte Technische Hochschule in HANNOVER, bleibt dort fünf Semester und legt ein technisches Vorexamen ab.

Christian ist sportlich und zu dieser Zeit auch durchaus noch gesellig veranlagt. In seinem ersten Semester meldet er sich bei der Turnerschaft Hansea-Hannover aktiv und öffnet sich auch für das gesellige Leben dieser Studentenverbindung. Man benennt ihn aber bezeichnenderweise bald mit dem ‚Biernamen' „Tacitus", eine Anspielung auf seine manchmal schweigsame Zurückgezogenheit trotz aller fröhlichen Geselligkeit. Es ist dieser depressive Zug, der bei ihm immer wieder sichtbar wird, von dem man nicht weiß, ob er mit der Kriegsverletzung zusammenhängt; er belastet ihn zeitlebens.

DENNERT bleibt seiner Studentenverbindung aber ein Leben lang treu. Im Jahr 1927 führt ihn diese Corporation in ihrem Adressenverzeichnis zunächst als auswärtigen Inaktiven und dann als Dipl.-Ing. und „Alten Herrn" mit Wohnsitz in HAMBURG-ALTONA, Wohlersallee 4. Im Vademecum der Jahre 1933 und 1935 der Verbindung erscheint er bereits als Ingenieur und Prokurist der Fa. META DENNERT K.G. WEIDENBERG mit Wohnung in WEIDENBERG Nr. 218. Als die Studentenverbindungen sich in der Hitlerzeit auflösen bzw. gleichschalten lassen müssen, erscheint Dennert im Jahr 1939 als Mitglied der „Kameradschaft Widukind" im

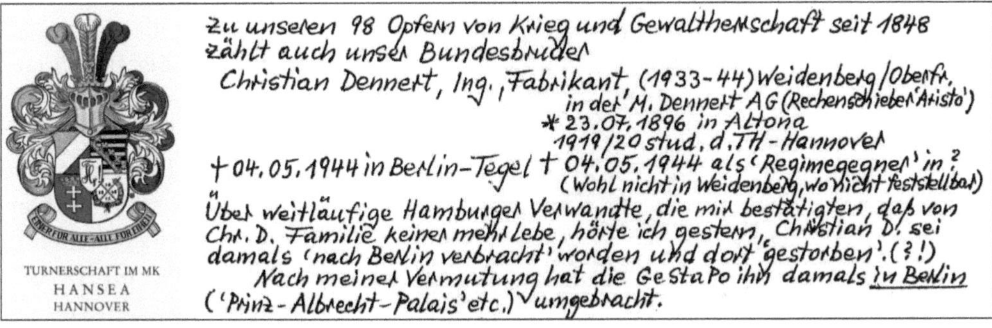

Zu unseren 98 Opfern von Krieg und Gewaltherrschaft seit 1848
zählt auch unser Bundesbruder
Christian Dennert, Ing., Fabrikant, (1933-44) Weidenberg/Oberfr.
in der 'M. Dennert AG (Rechenschieber 'Aristo')
* 23.07.1896 in Altona
1919/20 stud. d. TH-Hannover
† 04.05.1944 in Berlin-Tegel † 04.05.1944 als 'Regimegegner' in ?
(Wohl nicht in Weidenberg, wo nicht feststellbar)
Über weitläufige Hamburger Verwandte, die mir bestätigten, daß von Chr. D. Familie keiner mehr lebe, hörte ich gestern, Christian D. sei damals 'nach Berlin verbracht' worden und dort 'gestorben'. (?!)
Nach meiner Vermutung hat die GeStaPo ihn damals in Berlin ('Prinz-Albrecht-Palais' etc.) umgebracht.

Bundesbrüderliches Gedenken an die Opfer der Nazi-Gewaltherrschaft:
Christian Dennerts Turnerschaft Hansea in einem Nachruf

NSDStB, Hochschulring Hannover, sowie der ihr angeschlossenen Altherrenschaft. Handschriftliche Zusätze vermerken dann als Erkenntnisstand im Jahr 1948: „... gestorben Mai 44".

Diese Studentenverbindung hat dann in den 90-er Jahren eine Liste ihrer Mitglieder unter der Überschrift „Opfer von Krieg und Gewaltherrschaft" verfasst. Ein Abdruck der zweiten dieser mit 11 Seiten recht umfangreichen Liste vermerkt unter *„DENNERT, CHRISTIAN, ... Biername ‚Tacitus', aktiv: 1919/1920, Bund Hansea-Hannover, Titel: Ingenieur, Fabrikant. Bemerkungen: ‚Verstarb' als Regimegegner. Datum und Ort 1944 Berlin-Tegel, bestätigt durch Standesamt Reinickendorf von Berlin".* Das Wort „verstarb" ist in dieser Opferliste tatsächlich bewusst in Anführungsstrichen gesetzt, weil man bereits damals, ohne noch Genaueres zu wissen, annahm, dass Dennert im Jahr 1944 ein Opfer der nationalsozialistischen Willkürherrschaft geworden ist. Weitere Recherchen der Verbindung führten dann zu der Annahme, dass er in Berlin von der Gestapo umgebracht worden sei.

Einstieg bei der väterlichen Firma für Erfolg versprechende Stabrechner

DENNERT hat nach seinen ersten Studiensemestern in Hannover im Jahr 1921 ein weiteres Semester an der Universität in HAMBURG studiert. Ab dem Jahr 1922 geht er dann für zwei weitere Semester an die Technische Hochschule in DANZIG. Die hier ansässige deutschsprachige Bevölkerung lebt seit dem Jahr 1920 mit dem neuen Status der Stadt als „teilsouveräner, selbstständiger Freistaat unter dem Schutz des Völkerbundes".

In Freude und Leid verbunden:
CHRISTIAN und IRMGARD DENNERT 1925

DENNERT schließt hier sein Studium ab, legt aber nach eigenem späterem Bekunden kein Staatsexamen ab. Wie die Bezeichnung „Dipl.-Ing." zustande kommt, ist also nicht ganz klar. Vielmehr engagiert er sich nun ab dem Jahr 1923 im Betrieb seines Vaters bzw. Onkels in ALTONA als Praktikant, später als Betriebsingenieur. Im gleichen Jahr 1923 heiratet er die hübsche und mit 27 Jahren gleichaltrige Hamburgerin IRMGARD RITTER. Sie ist erheblich kontaktfreudiger als CHRISTIAN und hält ihm in den kommenden schweren Zeiten, soweit sie kann, den Rücken frei.

Sie wird mit allen Fasern ihres Lebens auch um ihren Mann kämpfen bis zu seiner letzten Stunde. Doch in den ersten Jahren ihrer Ehe ist den beiden das Leben wohlgesonnen. In dem kurzen Zeitraum 1924–26 werden ihnen ihre drei ersten Kinder geboren.

Seitdem der Onkel RICHARD 1924 verstorben ist, wird der Betrieb von dessen jüngstem Sohn, dem 24-jährigen GEORG MARTIN, weitergeführt. Bald wird CHRISTIAN der Prokurist. Er kann also nun in einem bestimmten Handlungsrahmen die Firma allein vertreten. Ab dem Jahr 1925 nennen sie die Firma nun DUPA, nach der alten Firmenbezeichnung DENNERT UND PAPE.

Nachdem die Firmenbilanz in der Inflationszeit nach dem Ersten Weltkrieg einen schweren Einbruch erlitten hat, erholt sie sich allmählich wieder, insbesondere da ab dem Jahr 1926 die Rechenstäbe wegen ihrer Präzision und einfachen Handhabung nun auch für das Rechnen in Schulen als geeignet befunden und eingeführt wurden. Diese Stabrechner gelten im Unterricht als den Logarithmentafeln ebenbürtig und behalten ihre Bedeutung praktisch bis in die siebziger Jahre des 20. Jahrhunderts, bis ihnen die modernen elektronischen Taschenrechner rasch den Rang ablaufen. Noch der Pilot der Mondfähre Apollo 11, Buzz Aldrin, der am 21. Juli 1969 nach seinem Kommandanten NEIL ARMSTRONG als zweiter Mensch den Mond betritt, soll an seiner Armbanduhr einen Rechenschieber in Kreisform getragen und für die Berechnung der Landeoperationen benutzt haben.

Mit der neuen Betriebsleitung durch die beiden Cousins kommt es zu einer internen, nie offen eingestandenen Konkurrenz, über die sich die Firmengeschichte der Aristowerke, der Nachfolger von DUPA, bis heute aber vornehm ausschweigt. Der allmählich sich aufschaukelnde Konflikt legt beiden die Trennung nahe.

Zunächst einmal bekommt CHRISTIAN DENNERT im Jahr 1928 im Betrieb große Unannehmlichkeiten. Beim Volksbegehren „Kinderspeisung statt Panzerkreuzer“, das die KPD in Hamburg initiiert hat, gibt er sich vaterländisch und stimmt mit seiner Frau zusammen für die Erbauung des sg. „Panzerkreuzers A Deutschland“. Seine Wahl wird im Betrieb bekannt. Die Arbeiterschaft, die in ALTONA damals mehrheitlich kommunistisch ist, ist aufgebracht und wendet sich gegen ihn als Chef seines Teilbereichs. DENNERT gibt sich, wie es seine Art ist, aufrecht aber nicht diplomatisch. Damit ist der Keim gelegt für einen dauerhaften Zwiespalt auch zwischen den beiden Chef-Cousins.

Ungleiche Trennung in Zeiten des Börsenkrachs

Offiziell ist es dann aber der Börsenkrach am „schwarzen Donnerstag", dem 24. Oktober 1929, der seine Schockwellen rasch bis Europa aussendet und die weltweiten Absatzmärkte auch der Firma DENNERT wegbrechen lässt. Scheinbar will die Firmenleitung nun nach billigeren Produktionsstandorten und neuen Märkten in Deutschland suchen. So stellt die Firmengeschichte in ihrem Stammbaum der Chefs lapidar, aber sehr ungenau fest, dass CHRISTIAN DENNERT im Jahr 1930 nach WEIDENBERG gegangen sei und dort die Firma DEWE gegründet habe und diese Firma „bis zu seinem Tod im zweiten Weltkrieg" geführt habe.

Diese letztere Notiz, die so auch in den Artikel von Wikipedia gelangt ist, erweckt die Vorstellung, dass Dennert 1944 als Soldat „gefallen" sei und durch den Tod des Chefs die Firma beendet worden sei, was beides nicht stimmt. Auch fügt die Firmenchronik in seinem Fall kein Bild bei, obwohl die Beschaffung solcher Bilder ein leichtes gewesen wäre. Es scheint fast, als sollte CHRISTIAN DENNERT nachträglich als schwarzes Schaf der Familie gebrandmarkt werden. Warum tut die Hamburger Firma das, was ist geschehen?

Auch CHRISTIAN DENNERT selbst spricht im Rückblick auf diese Zeit des Öfteren von den „wirtschaftlichen Schwierigkeiten", die zur Trennung geführt hätten und gibt gutgläubig an, dass die Cousins damals einvernehmlich eine Teilung der Arbeitsgebiete vorgenommen hätten. Die Abteilung Rechenschieber sollte nach WEIDENBERG verlegt werden, während die Fertigung der Vermessungsgeräte in ALTONA bleiben sollte. Doch scheinen in Wahrheit die unterschiedlichen Persönlichkeiten der Cousins der eigentliche Hintergrund für die Trennung gewesen zu sein. In diesem persönlichen Konflikt zieht CHRISTIAN dann eindeutig den Kürzeren.

Porzellanfabrik an der Au: *Hier residierte DEWE (Luftbild 1927)*

Es war wohl so, dass die Zusammenarbeit in der Leitung des Betriebs den beiden ungleichen Verwandtem zunehmend Schwierigkeiten bereitete: GEORG, obwohl altersmäßig jünger, macht als Sohn des älteren RICHARD stärkere Ansprüche geltend, denen CHRISTIAN als Sohn des jüngeren JEAN, obwohl er schon länger im Betrieb, nichts entgegensetzen kann. So trennen sich beide im Krisenjahr 1930. CHRISTIAN entschließt sich in WEIDENBERG zu einem Neuanfang. Er wird dabei unterstützt von seiner Mutter META, die mit ihm nach Oberfranken zieht und bis zum Jahr 1936 Eigentümerin des Betriebes bleibt.

Mit einer ganz erbärmlichen Ausstattung an Geräten und Rechten, wie die dürftige Liste der mitgenommenen Gegenstände ausweist, lässt man ihn in HAMBURG ziehen. CHRISTIAN steht bei seiner Ankunft praktisch vor einem Nullpunkt. Er wohnt zunächst am Obermarkt im Pfarrgässchen zur Miete, im Haus, das später ERNA HEINLEIN gehörte, nicht weit vom zweiten Pfarrhaus. Er kann dann unten an der Steinach den schon genannten Gebäudeteil der alten Porzellanfabrik in der Au erwerben und lebt dort sehr zurückgezogen. Im Jahr 1931 zerbricht der Zusammenhalt mit dem in HAMBURG weiter tätigen Zweig der Familie vollends. Die beiden Inhaber, die sich nichts mehr zu sagen haben, trennen endgültig ihre Betriebe.

Es ist sicher diese Ausbootung in HAMBURG, die sich nachhaltig in das Gemüt von CHRISTIAN DENNERT eingräbt und seine zunehmend wechselnden Stimmungen zwischen Euphorie, Depression und Wutausbrüchen erklärbar macht. Dass eine Disposition für eine depressive Haltung auch schon vorher da war, zeigt sich an scheinbaren Nebensächlichkeiten, wie dem oben genannten Biernamen „Tacitus“, den ihm seine Kollegen in der Studentenverbindung gegeben hatten. Denn damit spielten sie ja nicht auf den berühmten römischen Geschichtsschreiber an, sondern vielmehr auf das immer wieder zu beobachtende Verhalten Dennerts, sich zurückzuziehen ins eigene Innere und zu schweigen, wenn Konflikte anbrandeten. Denn nichts anderes als „der Schweiger“ bedeutet ja Tacitus.

DEWE - Dennert in Weidenberg,

Trotz dieser spannungsreichen Umstände und der offensichtlichen Benachteiligung gelingt es CHRISTIAN, seine neue Firma DEWE im Markt zu positionieren. Seine alten weltweiten Kontakte helfen ihm dabei. Die Hauptmärkte sind England und die USA. Doch ihm fehlt das nötige Kapital zur Ausweitung seines Provisoriums in der alten Weidenberger Porzellanfabrik. Auch kann er sich keine Fachkräfte leisten, die die Produkte weiter entwickeln.

DENNERT selbst ist eigentlich mehr Praktiker und Ingenieur, aber nicht innovativer Erfinder. Die übrigen Mitarbeitenden, wohl kaum mehr als ein Dutzend, sind großenteils angelernt und stammen aus dem Markt WEIDENBERG. Sie erlernen die notwendige Präzision im Rahmen ihrer praktischen Tätigkeit bei der Herstellung der Firmenprodukte. Immerhin gelingt es, die Mitarbeiterschaft soweit zu qualifi-

Höchste Präzision gefordert: *Rechenstabfertigung*

zieren, dass die Produkte bei den Kunden Anerkennung finden und nachgefragt werden. Aber der Mangel an Fachpersonal, insbesondere an erfindungsreichen Konstrukteuren macht sich bald bemerkbar. Die angelernten Kräfte können bei der notwendigen Weiterentwicklung der Geräte für einen dynamischen Markt nichts einbringen.

Ein folgenreicher NSDAP-Parteiaustritt

Die Einstellungen bzw. Verstrickungen der Nazizeit sind es, durch die sich dann beide Firmen völlig unterschiedlich weiterentwickeln lassen. Zwar reagieren die Chefs in HAMBURG und WEIDENBERG anfangs gleich auf die Machtübernahme in Deutschland durch die Nazis. Beide Firmenzweige öffnen sich im Jahr 1933 den neuen Machthabern, in der Hoffnung, am erwarteten Aufschwung teilnehmen zu können. Doch sie machen recht unterschiedliche Erfahrungen mit den Nazis.

CHRISTIAN DENNERT erhofft sich eine Unterstützung gerade auch kleinerer Betriebe und tritt deshalb im Jahr 1933 in die NSDAP ein. Er wird schwer enttäuscht. Er war vor der Machtübernahme aufgrund seiner deutsch-nationalen Gesinnung Anhänger, der deutschnationalen Volkspartei DNVP, aber nicht Mitglied. Diese rechtskonservative Partei hatte bis zuletzt einen eigenen Weg neben dem Nationalsozialismus Hitlers gesucht, aber im Juni 1933 die Vergeblichkeit dieser Bemühungen erkannt und sich selbst aufgelöst und der NSDAP angeschlossen. Vielleicht kommt daher die falsche Angabe in allen Berichten über DENNERT, er sei bereits im Jahr 1930 in die NSDAP eingetreten.

Nach eigenem Bekunden hatte er aber vor der Machtübernahme keine Verbindung mit der nationalsozialistischen Bewegung. Erst im Jahr 1933 habe er sich als Mitglied bei der NSDAP aufnehmen lassen, sei aber bereits nach einem Jahr wieder ausgetreten, weil er festgestellt habe, dass die großen Betriebe bevorzugt würden und die kleinen Betriebe unter einem Übermaß an Steuern ächzen müssten. Er habe Steuern zahlen müssen, sodass er in Schulden gekommen sei. Unterstützungen habe er nicht in Anspruch nehmen wollen, so bekennt er später.

DENNERT gibt dann noch einen weiteren tieferen Grund für seinen Parteiaustritt und seinen Groll gegen die Nazis an, nämlich eine Kränkung seiner Rechtschaffenheit. Danach habe man ihn im zweiten Jahr seiner Parteimitgliedschaft mit der regionalen Leitung des Amtes für Technik betraut. Diese Parteidienststelle der NSDAP wurde am 31. Mai 1934 gegründet und stand unter Leitung von FRITZ TODT, der später als Vorgänger Speers die gesamte Kriegswirtschaft verantwortete. Der Auftrag, den diese Nazi-Dienststelle DENNERT per Rundschreiben erteilte, war perfide: Er sollte die Firmen der Region um WEIDENBERG auskundschaften und im Geheimen die politische Stimmung und soziale Einstellung der einzelnen Werke und Industrieunternehmen in seinem Bereich feststellen.

Dies brachte das Fass zum Überlaufen. DENNERT sah sich als Werksspion missbraucht. Außerdem beurteilte er das Vorgehen dieser Nazidienststelle als unberechtigten Eingriff in die Freiheit des Unternehmertums. Damit hatte er einen grundlegenden Wesenszug der Naziherrschaft erfasst, den er von nun an bekämpft: ihre völlige Respektlosigkeit gegenüber den grundlegenden Persönlichkeits- und Freiheitsrechten der Bürger.

DENNERT ist so verärgert, dass er seinen sofortigen Austritt aus der in NSDAP erklärt. In seiner aufrechten, unbeugsamen Art entwickelt er sich in der nächsten Zeit immer mehr zu einem Regimegegner. Er zieht sich zurück, hält sich sehr viel zuhause auf und pflegt wenig Umgang mit andren Menschen.

Wer ihn trifft, erlebt ihn als einen unbeugsamer Kritiker der Nazis und Hitlers. Er äußert sich zwar nicht laut, aber stets deutlich, wenn er angesprochen wird. Das spricht sich im Markt WEIDENBERG herum. Auch ganz unbekannte Leute reden über ihn, ergreifen Partei für ihn oder lehnen sein Verhalten ab. Manche kritisieren ihn als Querkopf und üblen Hetzer, andere haben von ihm nie ein regimekritisches Wort gehört.

Der damalige Nazi-Ortsgruppenleiter GEORG RUMLER wird z.B. später behaupten, dass er immer wieder versucht habe, DENNERT auf den „ rechten Weg“ zu bringen und mit dem Nationalsozialismus zu versöhnen. DENNERT sei aber in politischer Hinsicht „unzuverlässig“ und ein hoffnungsloser Fall. Er, RUMLER, hege die Vermutung, dass Dennert einen geistigen Defekt habe, woran er kranke.[40]

---

[40] Die einschlägigen Texte wurden erstmals bereits in der 3. Folge des Projektes ‚Myrten für Dornen‘ vorgestellt: „Der Anstreicher und seine Lehrjungen – Braune Herrschaft in Weidenberg seit 1929“.

Die Folgen bekommt DENNERT bald zu spüren. Das Gefühl, dass man ihm nun immer häufiger Knüppel zwischen die Beine wirft, trügt ihn nicht. Mit seinem Geschäft geht es bergab. Als im Ausland deutlich wird, dass in Deutschland seit der Machtübernahme der Nazis im Jahr 1933 schrittweise die Juden bedrängt und entrechtet werden, schlägt das sofort auf seine Aufträge durch. Mit der nachlassenden Auslandsnachfrage bricht ein Grundpfeiler von Dennerts Geschäft weg.

Judenfeindschaft in Deutschland – im Ausland kritisch betrachtet

Es wird im Ausland kritisch wahrgenommen, dass die Nazis seit April 1933 die Deutschen aufrufen, jüdische Geschäfte, Arztpraxen und Anwaltskanzleien zu boykottieren, außerdem dass sie sie per Gesetz von Staatsämtern ausschließen und sie zur Auswanderung nötigen. Durch die „Nürnberger Gesetze" verbieten sie seit dem Jahr 1935 die Eheschließung mit Juden und verlangen „Ariernachweise". Mit der „Reichspogromnacht" am 9. Nov. 1938 und Übergriffen auf Eigentum, Religion und Leben der Juden verschärfen sie den Druck. Pässe werden mit „J" wie „Jude" gestempelt, Führerscheine und Radios werden eingezogen, und den Juden wird der Besuch von Theatern und öffentlichen Schulen untersagt. Seit dem Jahr 1941 wird das Tragen des gelben „Judensterns" zur Pflicht gemacht. Im Januar 1942 beschließt die Wannseekonferenz die „Endlösung" der Judenfrage, also die Vernichtung der Übriggebliebenen in Deutschland und ganz Europa.

Ein schleichender Exodus der Juden setzte bereits in den Jahren seit 1933 ein; die anderen, die nicht auswandern wollten oder konnten, wurden Opfer der beschlossenen Vernichtung. Die Zahl der deutschen Juden ist freilich viel geringer, als man heute meistens gefühlsmäßig annimmt. Nur" gut ½ Million Juden haben bis Anfang des Jahres 1933 in Deutschland gelebt, eine Zahl, die so gering ist, dass man sich eigentlich wundert, wieso HITLER und die Nazis sie überhaupt so zum Zentrum ihres Feindbildes gemacht haben. Sie machten kaum 1 Prozent der damals existierenden deutschen Bevölkerung aus! Davon können in den Jahren ab 1933 immerhin rd. 290.000 auf oft abenteuerliche Weise ausreisen oder die Flucht ergreifen, obwohl die wenigsten Länder des Erdkreises sich damals als aufnahmewillig erweisen.

Rd. 30.000 Juden können in Deutschland trotz Terror und Krieg überleben, weil sie arische Partner haben oder sich verstecken oder sich bei KZ-Transporten befreien können. Rd. 200.000 Juden aus Deutschland kommen ab etwa dem Jahr 1941 in den Vernichtungslagern um. Weitere über 5 Millionen Juden – sie leben vor allem im „Ansiedlungsrayon", den Zarin KATHARINA d. Gr. nach der Vertreibung der Juden aus dem russischen Kernland westlich der russischen Grenze verordnet hat – ermorden die Deutschen dann mit Beginn des Russlandfeldzuges im Osten zunächst mit Hilfe ihrer speziell geschulten Einsatzkommandos und dann in den extra errichteten Vernichtungs-KZs. Sie karren auch aus allen anderen von ihnen besetzten Ländern Europas Juden zur Vernichtung an.

Auch wenn vom Umfang dieser Schreckenstaten in den 30-er Jahren noch nicht viel zu ahnen ist, so rufen doch schon der wachsende allgemeine Judenhass und die Willkürakte der Nazis im Ausland sofort Kundenreaktionen hervor. Die bewusste Ablehnung deutscher Produkte verstärkt sich dann mit der Besetzung Österreichs und der Tschechei im Jahr 1938.

DENNERT bringt seitdem keine Aufträge mehr herein. Nachfragen aus Deutschland erhält er nur noch wenige. Gegen die großen Firmen, insbesondere die Konkurrenz der eigenen Familie in Hamburg mit ihren „Aristo"-Produkten, dazu Faber-Castell und Nestler, kann er nicht ankommen, obwohl er, wie er überzeugt ist, gute Ware liefert. So verschlechtert sich seine finanzielle Lage in diesen Jahren ständig. Finanzielle Rücklagen hat DENNERT nicht. Zwei Mitarbeitende kann er am Ende gerade noch beschäftigen. Mit Kriegsbeginn ist das Geschäft endgültig kaputt.

Erfolgreiches Unternehmertum mit Nazi-Protektion in Hamburg

Ganz anders und weitaus erfolgreicher verläuft die Entwicklung in HAMBURG, wo GEORG DENNERT, der jüngste Sohn von RICHARD DENNERT, die Firma DUPA nun als Alleineigentümer weiter führt. Er bietet sich dem neuen Regime gleich als Partner an, kann aber einen Eintritt in die NSDAP vermeiden.

Dem Rohstoffmangel Rechnung tragend, entwickelt die Firma einen erfolgreichen Ersatz. Den Troisdorfer Kunststoffwerken war im Jahr 1905 nicht nur die Erfindung des Celluloid gelungen, aus dem viele Gegenstände des täglichen Gebrauchs, wie Kämme usw. entstanden, sondern im Jahr 1933 gelang ihnen auch die Entwicklung des „Astralon". Diese Kunststofffolie eignete sich wegen ihrer sehr glatten Oberfläche und ihres geringen Schwundes hervorragend zur Furnierung von Zeichen- und Messgeräten. DUPA nannte diesen Kunststoff nun „Aristopal" und hatte damit ein patentiertes Material, dass alle technischen und wirtschaftlichen Ansprüche befriedigte.

So unterläuft die Hamburger Firma die Verabredungen mit den Weidenbergern, denen eigentlich die Produktion von Rechenschiebern überlassen werden sollte. Um sich endgültig von der auch weiterhin in WEIDENBERG laufenden Rechenschieberfertigung abzugrenzen, gibt sich die Hamburger Firma nach ihrem neuen Material den Namen „Aristo". Unter diesem Namen ist sie dann auch bis weit in die Nachkriegszeit hinein bekannt. Welcher ehemalige Schüler kennt nicht das „Geodreieck" von Aristo? Jeder hatte es in seinem Federmäppchen und musste es in Schul- und Hausarbeiten anwenden können.

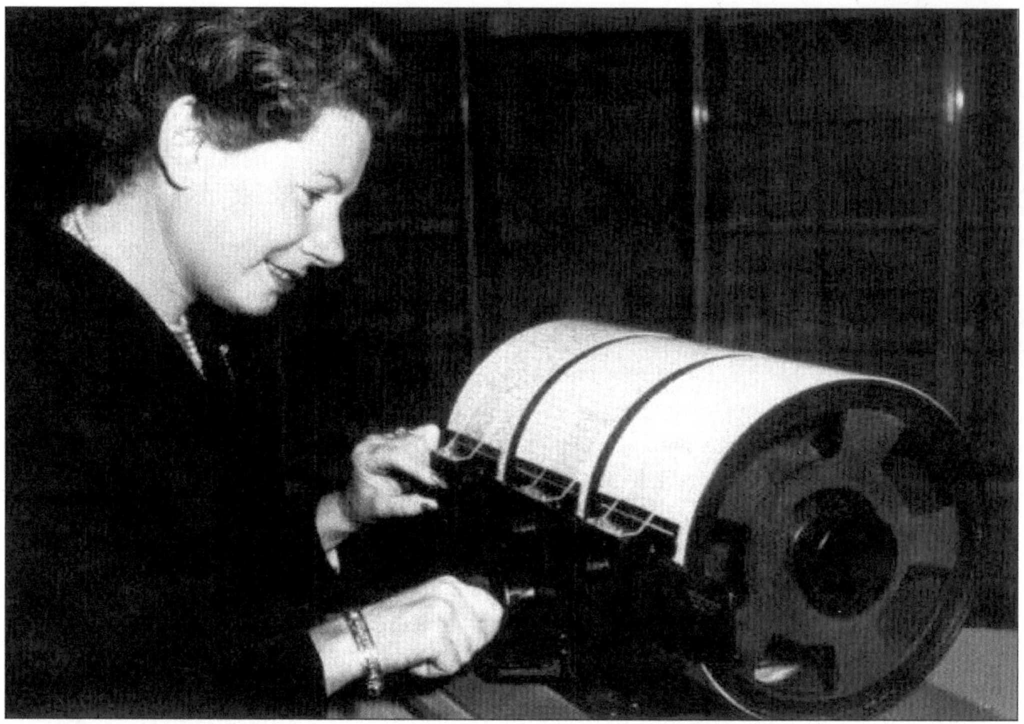

Weitgehend unbekanntes Rüstungsprodukt: *Dennert-Aristo Drehrechner um 1940*

Die Hamburger gehen noch weiter. Anders als der Nazikritiker CHRISTIAN DENNERT öffnet sich das Hamburger Werk auch für die Interessen der Nazis an kriegswichtigen Produkten und kann so zunehmend seine Produktion steigern. Die Navigationsinstrumente und Rechenscheiben werden z.B. für Torpedoausweich- oder Schießmanöver von U-Booten genutzt. Neuentwicklungen vereinfachen die Bedienung der Rechner und machen die Ergebnisse genauer. So werden zylindrische Höhenrechenschieber für astronomische Berechnungen gebaut. Kreisförmige Dreieckrechner entstehen für die Luftnavigation; Kreisrechenschieber von gewaltigen 40 cm Durchmesser und lange Walzen-Drehrechner werden für trigonometrische Berechnungen hergestellt.

Im Fertigungsplan der Kriegswirtschaft erscheint die Hamburger Firma DENNERT UND PAPE unter dem Kürzel DUP, während die zu diesem Zeitpunkt längst nicht mehr existierende Weidenberger Firma DEWE in diesem Wirtschaftsplan noch im Jahr 1944 unter dem Kürzel MDE erscheint. Dieser Plan beinhaltete die wichtige Erlaubnis, die kostbaren Rohstoffe für die Fertigung auch unter den restriktiven

Bedingungen der Kriegswirtschaft zu beziehen. Insgesamt sind rd. 20 deutsche Firmen bekannt, die zu dieser Zeit ähnliche Produkte fertigen.

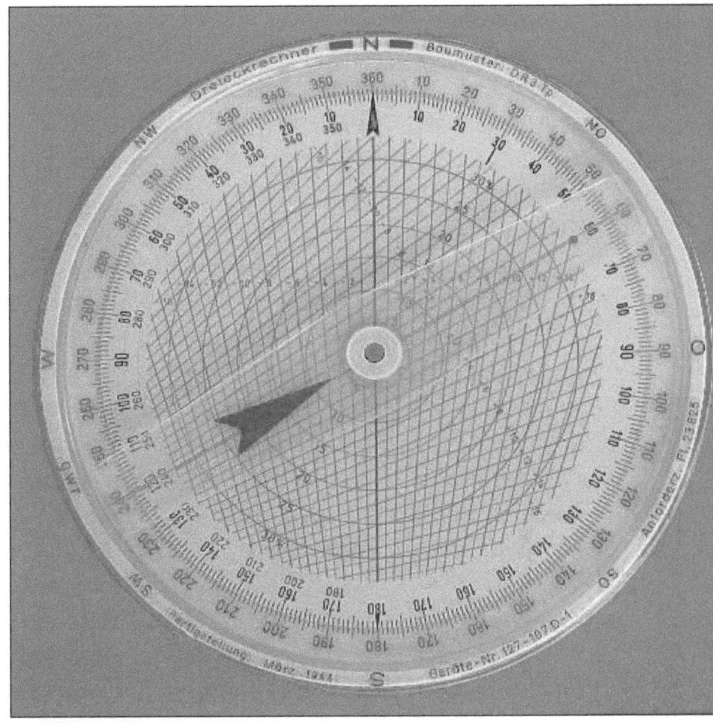

Instrument für Luftnavigation:
Dennert „gwr" Dreieckrechner, gefertigt März 1944

Um den Ort der Herstellung vor Bombenangriffe geheim zu halten, bezeichnet DUPA seine kriegswichtigen Geräte an Stelle des Firmennamens mit dem geheimnisvollen Code „gwr". Nachdem es damals noch keine praxistauglichen Computer gibt, erweisen sich diese Instrumente als unentbehrliche Hilfsmittel für die Konstruktion und Kursberechnungen bei Flugzeugen, Schiffen und beim Heer und dann vor allem bei der Entwicklung der Raketen. Die Arbeit Wernher von Brauns und seiner Mitarbeiter in Peenemünde ist ohne die Rechenstäbe von Aristo und anderen Firmen gar nicht denkbar.

Auf staatliche Anweisung wird im Juni 1943 ein Teil des Betriebes aus Hamburg nach Bludenz/Vorarlberg ausgelagert und so dem Bombenhagel der Alliierten entzogen. Im zweiten Stock der Schokoladenfabrik Suchard findet die Produktion von Navigations- und Kartengeräten für das deutsche Heer ihre Fortsetzung. Nach Ende des Zweiten Weltkrieges wird dieser Betrieb nach Wörgl/Tirol verlegt und als selbstständige österreichische Firma ARISTO-Instrumente Dennert KG weiter geführt. Sie geht später in „Rotring", heute „GEOtec Zeichen- und Kunststofftechnik GmbH" auf.

Zurück zur weiteren Entwicklung damals in Hamburg. Da viele Mitarbeiter zum Kriegsdienst eingezogen waren, wurde die Hamburger Belegschaft mit mindestens 30 Zwangsarbeitern aus Frankreich, Dänemark und der Ukraine aufgefüllt. Es entstanden für sie Lager und Baracken. Sie stellten bis Kriegsende rüstungswichtige mathematische Instrumente her: Dreiecksrechner, Standortfinder oder große Rechenscheiben für Schiffe. Die Werkstattleiterin GRETE ENGELBRECHT war für die Arbeitseinteilung zuständig und kochte auch für die Zwangsarbeiter typische Mangelmahlzeiten der Zeit aus Steckrüben, Pferdefleisch und Kohl.

Als der Krieg zuende war, wurden die Ukrainerinnen mit etwas Geld ausgestattet und zogen heim. Zu ihrer großen Bestürzung wurden sie dort aber nach ihrer Rückkehr nicht mit offenen Armen empfangen. Vielmehr wurden sie in ihrem Heimatland nun als Verräterinnen betrachtet, die mit dem Feind kooperiert hatten. Entsprechend schikanös wurden sie behandelt. Nachdem sie im Krieg durch die Nazis verschleppt und zur Zwangsarbeit nach Deutschland geschafft worden waren, erlebten sie nun im Sowjetsystem eine erneute Drangsalierung. Was weiter mit ihnen geschah, ist unbekannt.

Das Hamburger Firmenmanagement konnte aber durch die Kollaboration mit den Nazis im Gegensatz zum Weidenberger in dieser Zeit gut überleben.

Nach dem Krieg wird die Hamburger Firma wegen ihrer Nazivergangenheit zunächst unter Treuhänderschaft gestellt, doch können die Eigentümer die Firma im Jahr 1948 wieder zurückkaufen. Bereits 12 Jahre später kann sogar ein neues großes Werk in HAMBURG-STELLINGEN errichtet werden. Denn die Rechenstäbe erweisen sich auch noch lange Zeit nach dem Krieg an den Hochschulen als unentbehrlich. Sie werden im Jahr 1962 sogar an den Volksschulen eingeführt und erleben so bis 1970 eine letzte Blüte. Dann aber geht es rapide bergab. Den billigen Taschenrechnern aus Japan kann Aristo nach einem ersten missglückten eigenen Taschenrechnerversuch nichts entgegensetzen. Im Jahr 1978 werden die marktfähigen Firmenteile verkauft.

Über die „glorreiche" Vergangenheit von „DUPA" und „Aristo" findet man im Internet viel. Diese Firma arbeitet ihre eigene Geschichte in einem „Aristo-Lexikon" im Internet sehr geschickt auf. Über ihre Naziverflechtung schweigt sich die Firma selbst aber weitgehend aus. Der Weidenberger Nazigegner CHRISTIAN DENNERT erscheint dort wie das einzige schwarze Schaf in der Familie. Von seinem tatsächlichen Ende in den Mühlen von Gestapo und Volksgerichtshof als Opfer dieses Regimes erfährt man nichts.

Etwas anders geht das mit öffentlichen Zuschüssen eingerichtete Museum für Kunst und Kulturgeschichte in ALTONA mit der Geschichte der Dennertwerke um. In der Ausstellung „Aristo – Vermessenes Altona" wird erstmals die Naziverflechtung der Firma mit aufgearbeitet und auch die Geschichte der Zwangsarbeiter recherchiert. Christian Dennerts Los bleibt aber auch hier unerwähnt.

Ein schwarzes Schaf in Weidenberg

KZ für Querulanten

Ein schwarzes Schaf ist CHRISTIAN DENNERT nicht nur für seine Hamburger Verwandten, sondern schon bald in der Hitlerzeit auch in der Marktgemeinde WEIDENBERG. Dem Ortsgruppenleiter ist es peinlich, dass er solch einen „unverbesserlichen" Querulanten und Nörgler in seiner Gemeinde hat. Er möchte, dass der Markt WEIDENBERG genauso geschlossen hinter dem Nazisystem steht, wie es die nahe gelegenen Nazihochburgen BAD BERNECK und CREUßEN vormachen, die beide zu Rumlers Propagandagebiet als Kreisredner für den Bereich BAYREUTH - ESCHENBACH gehören.

Für GEORG RUMLER steht DENNERT deshalb ganz oben auf der Liste der zu „Behandelnden". Doch wie kann man jemanden ändern, der „krankhaft von der Richtigkeit seiner Ansicht überzeugt, selbst wenn alle Tatsachen dagegen sprechen", wie RUMLER dem Kreisleiter in einem Gutachten mitteilt. Er hat schon überlegt, ihn als erzieherische Maßnahme in „Schutzhaft" zu bringen, wie es sein Kollege CARL TABEL in Creußen auch in einigen Fällen seinen Ortsbürgern angedroht und praktiziert hat.

Mit diesem schönfärberischen Begriff „Schutzhaft" wollen die Nazis der Öffentlichkeit einreden, dass sie den Betreffenden vor dem vermeintlichen Zorn des Volkes in Schutz nehmen wollen. In Wahrheit verbirgt sich hinter dem Ausdruck ein Instrument, mit dem die Nazis vom ersten Tage ihrer Herrschaft an Gegner des Regimes disziplinieren, nämlich die Unterbringung in einem Gefängnis oder Konzentrationslager ohne jegliche persönlichen Rechte. „Ab nach Dachau" wird zu einem geflügelten Drohwort weit über diese Zeit hinaus, das seine einschüchternde Wirkung nicht verfehlt. Doch „mit Rücksicht auf eine kinderreiche Familie" habe man in Dennerts Fall „von einer Einweisung in das Konzentrationslager abgesehen", so erfahren wir aus einem unverblümten Gutachten der Nazi-Kreisleitung.

Doch was nun? Soll der Mann also weiterhin die Atmosphäre in der für solche Widerreden aufgeschlossenen Marktgemeinde vergiften dürfen? Der Ortsgruppenleiter hat einen idealen Plan: Obwohl DENNERT eigentlich längst in einem Alter ist, das ihn für einen normalen Wehrdienst nicht mehr als geeignet erscheinen lässt, kann diese Institution doch eine erzieherische Wirkung ausüben. Nachdem das Wehrgesetz von 1935 jeden deutschen Mann vom vollendeten 18. bis zum vollendeten 45. Lebensjahr als wehrpflichtig bezeichnet, tut sich hier eine Möglichkeit auf, DENNERT loszuwerden und ihn zu disziplinieren. DENNERT ist jetzt 43 Jahre alt, da lässt sich also noch etwas machen.

Im höheren Alter noch einmal eingezogen:
Leopoldkaserne am Bayreuther Röhrensee

So veranlasst Ortsgruppenleiter RUMLER, dass CHRISTIAN DENNERT im Mai 1939 in BAYREUTH zu einem Kursus beim Heeresversorgungsamt als Verwaltungsunteroffizier eingezogen wird. Es ist die Phase, in der Dennerts Firma in den letzten Zügen liegt, eigentlich würde er hier vor Ort gebraucht, um vielleicht doch noch das Schlimmste abzuwenden.

In der Falle der Denunzianten

DENNERT, der die wahren Gründe und die Gespräche der „Hoheitsträger" hinter den Kulissen nicht kennt, folgt verärgert aber gehorsam in die Leopoldkaserne am Bayreuther Röhrensee – und tappt sogleich in die aufgestellte Falle. Es war damals gerade das Gesetz heraus gekommen, dass Wehrmachtangehörigen die Hoheitsträger der Partei zu grüßen hätten. Das war neu und eigentlich eine Verletzung des Ehrgefühls der Soldaten, denn damit stellte sich die Partei über die Armee. Ungeniert und ohne Vorsicht redet DENNERT deshalb auf der Stube gegen diese neue Bestimmung. Er wird bei den Vorgesetzten gemeldet und sogleich in der Militärarrestanstalt in Untersuchungshaft gesteckt.

Nach 11 Tagen kommt er wieder auf freien Fuß. Da hat er noch Glück gehabt. Denn sonst hätte man ihn wohl nach den Paragrafen des Heimtückegesetzes oder den Bestimmungen der Heeresdienstverordnung jetzt wirklich ins Konzentrationslager gesteckt. Aber in seinem Fall hatte ein Erlass des „Führers" gegriffen, den DENNERT nicht kannte und von dem er auch erst viel später erfährt, nämlich die „Generalamnestie zu Hitlers 50. Geburtstag" am 20. April 1939. Hier hatte HITLER, ob nun aus Gefühlsseligkeit oder aus Berechnung, allen Regimegegnern die Hand gereicht, um sie zur Versöhnung mit seinem Regime einzuladen. HITLER brauchte ja jeden für seinen schon länger geplanten Krieg zur „Eroberung von Lebensraum im

Osten". Allein aus dem KZ BUCHENWALD waren an „Führers Geburtstag" 2.300 Häftlinge, zum Teil Regimegegner der ersten Stunde, freigekommen. Und es gab unter den Amnestierten manchen, der sich nun z.B. freiwillig zum Militär meldete, um sein früheres regimefeindliches Verhalten „wieder gutzumachen".

Ortsgruppenleiter RUMLER verschweigt seinem Opfer CHRISTIAN DENNERT diesen Hintergrund seiner baldigen Befreiung. Obwohl er ihn doch in Wahrheit mit seiner Einberufung erst selbst in diese Situation gebracht hat, behauptet RUMLER auch später immer wieder ungeniert, er habe persönlich DENNERT damals aus dem Gefängnis geholt. DENNERT und seine Frau sollen glauben, sie hätten es bei RUMLER wirklich mit einem guten Menschen zu tun.

Aufatmend und nichtsahnend bemerkt DENNERT später: „Das war der einzige Fall, dass ich in politischer Hinsicht aufgefallen bin."

Erneut zum Kriegsdienst einberufen

Doch es ist nicht das letzte Drama für diesen Mann, mit dem es das Schicksal schon lange nicht mehr gut meint. Dennerts Leidensweg ist noch lange nicht zu Ende. RUMLER kann ihn ja in WEIDENBERG nach wie vor nicht brauchen, nachdem DENNERT noch nicht geläutert ist und solch eine Läuterung auch nicht in Sicht ist. Er bleibt ein latenter Unruheherd in der Gemeinde. Dem muss unbedingt der Riegel vorgeschoben werden. Da ergibt sich schon kurze Zeit später eine neue Möglichkeit, ihn loszuwerden.

Die Vorbereitungen für den Krieg, zunächst für den Feldzug gegen Polen, sind in Deutschland im vollen Gange. Im Vorfeld werden manche Experten gebraucht, die schon Kriegserfahrung haben. So macht RUMLER die Entscheidungsträger im Wehrkreis XIII BAYREUTH erneut auf DENNERT aufmerksam; man könnte DENNERT doch zum aktiven Kriegsdienst einziehen.

So wird DENNERT zum 26. August 1939, ziemlich genau 25 Jahre, nachdem er im Ersten Weltkrieg zum ersten Mal bei den Landesschützen als Soldat aktiv war und schwer verwundet wurde, erneut zu den in BAYREUTH stationierten Landesschützen eingezogen. Seine Einheit, die 56. Kompanie, gehört zum Landesschützen-Bataillon XIV im Wehrkreis XIII, der große Teile von Ober- und Unterfranken und der Oberpfalz umfasst. Sie ist Teil der Sicherungsdivisionen, die im Kriegsfall die rückwärtigen eroberten Heeresgebiete sichern sollen. Erst jetzt eröffnet ihm der Bayreuther Oberstaatsanwalt, dass seine Sache vom Mai des Jahres, wegen der er 11 Tage im Arrest saß, amnestiert worden sei. Aber seine Firma in WEIDENBERG wird nun von Amts wegen „stillgelegt".

Dann beginnt mit dem Überfall auf Polen am 1.September 1939 wirklich der Krieg. Bereits kurz darauf, am 15. September, wird Dennerts Bataillon von BAY-

REUTH nach Südpolen verlegt und der 8. Armee, Heeresgruppe Süd, Armeegruppe WÖHLER, unterstellt. Dennerts Kampfauftrag ist nicht mehr der Angriff auf Polen, den haben andere, jüngere inzwischen rasch erledigt. Seine Einheit ist vielmehr für die Organisation im besiegten Hinterland zuständig, speziell für die Aufsicht über die Kriegsgefangenenlager; sie hat die Feldpostnummer 34.309.

So sehen wir DENNERT zunächst in seinem Einsatz bei der Oberfeldkommandantur rückwärtige Armeegebiete 530 und dann ab 28. September bei der „Korück" 582. Im folgenden zweiten Kriegsjahr 1940 wird seine 56. Kompanie in „4. Kompanie" umbenannt und der Kommandantur Stalag XXI A in SCHILDBERG in Posen unterstellt.

„Stammlager", im militärischen Sprachgebrauch „Stalag", war in der Zeit des Nationalsozialismus die Bezeichnung für Lager zur Unterbringung Kriegsgefangener. Die korrekte Bezeichnung lautete eigentlich „Mannschaftsstamm- und Straflager", im Unterschied zu den Lagern für Offiziere. Ursprünglich waren also die „Stammlager" nur für die Mannschafts- und Unteroffiziersdienstgrade des Gegners bestimmt. In solchen Stammlagern durften gemäß der zweiten Genfer Konvention von 1929 nur Kriegsgefangene – also keine Zivilisten – festgehalten werden. Traditionell und gemäß der Haager Vereinbarung wurden Offiziere zunächst getrennt von ihren Mannschaften in sg. „Oflags" untergebracht. Doch als dann im Laufe des Krieges die Zahl an Gefangenen ins Unermessliche steigt, begann man, auch Offiziere in Stammlagern einzusperren.

CHRISTIAN DENNERT fügt sich in seine Rolle. Sein Vorgesetzter, der Stabszahlmeister im Generalskommando XXI A in Posen R. ULLBRICH, bescheinigt ihm für seine Dienstzeit vom 26. Aug. 1939 bis 16. Juli 1940 ein „allgemein ruhiges Wesen"[41]. Er bestätigt, was wir schon wissen, er habe ihn als „verschlossen und nachdenklich" empfunden und sich Gedanken über „seine Zurückgezogenheit" gemacht, die er ebenso „auf seine aus dem Weltkrieg erlittene Verwundung", wie auf die „wirtschaftlichen Rückschläge" zurückführe. Doch sei die „von ihm an den Tag gelegte Gesinnung ... stets und ständig deutsch und nationalsozialistisch" gewesen. Er attestiert ihm auch Linientreue. Er könne sich „nicht entsinnen, von ihm eine deutschfeindliche Äußerung gehört zu haben." Militärisch sei er „ein pflichtbewusster, gewissenhafter, korrekter Soldat gewesen, dessen Charaktereigenschaften" er „nur das beste Zeugnis ausstellen" könne.

---

[41] Alle folgenden Angaben entstammen den Akten der Gestapo und des Volksgerichtshofes, die Dennerts Enkel TIM SCHIMEK im Bundesarchiv in Berlin aufgespürt und freundlicherweise dem Verfasser des Projektes ‚Myrten für Dornen' zur Verfügung gestellt hat. Mehr dazu weiter unten.

Auch sein ehemaliger Hauptfeldwebel RICHARD bescheinigt DENNERT, „seinen Dienst zur vollsten Zufriedenheit seiner Vorgesetzten ausgeführt" zu haben. Als Kamerad habe „er sich in der Kompanie die größte Beliebtheit erworben." Politisch habe er sich „in keiner Weise etwas zu Schulden kommen lassen." Durch seine gute Führung sei er 1940 zum Feldwebel befördert worden.

Ähnlich klingt es auch in der nachdenklichen Beurteilung, die Dr. THEIS später in Erinnerung an seine Militärzeit 1939-40 an Rechtsanwalt SCHWARZ zur Verteidigung Dennerts vor dem Volksgerichtshof schickt. THEIS gibt hier an, dass er praktisch während der ganzen Militärzeit des damaligen Unteroffiziers Dennert in der gleichen Kompanie gedient habe. Er könne bestätigen, „dass Dennert von Anfang an durch eine beinah scheue Zurückhaltung auffiel und sich auch später hin als Kammerunteroffizier möglichst in seine jeweilige Behausung zurückzog." Auch er macht sich über die Ursache dieses „absonderlichen Verhaltens", wie er es nennt, seine Gedanken und hält den im Feldzuge der Jahre 1914/18 erlittenen Kopfschuss für eine mögliche Ursache.

Für die Kinder nur ein Spiel: *Tochter UTE in der Uniform des Vaters im Jahr 1940*

Die Kollegen, die DENNERT wegen seines Entgegenkommens und Diensteifers schätzten, hätten sich damals bemüht, „ihn zu kleinen Kameradschaftsunternehmungen heranzuziehen", allerdings nur mit schwachem Erfolg. Auch THEIS schließt aus Andeutungen, dass DENNERT bedrückt ist durch seine geschäftlichen Sorgen. Doch habe er sich trotz seiner Zurückgezogenheit im Kreise der Kameraden und seiner Weidenberger Landsleute allgemeinen Ansehens erfreut.

So hat für DENNERT diese unverhoffte Einberufung zum Militärdienst im fortgeschrittenen Alter doch durchaus ihren eigenen Wert. Sie lenkt ihn von seinen Problemen ab. Er erlebt viele kameradschaftlich eingestellte Menschen, die sich bemühen, ihn zu verstehen und zu öffnen. Und der Weidenberger Ortsgruppenleiter ist froh, ihn los zu haben. Doch auch RUMLER als Nazifunktionär hat auf Dauer keinen unendlichen Zugriff auf Dennerts Militärzeit. Denn entsprechend den Wehrgesetzbestimmungen muss das Militär DENNERT trotz des Kriegsfalles spätestens zum 31. März, der der Vollendung seines 45. Geburtstages folgt, aus dem Heeresdienst freigeben, das wäre also im Jahr 1941 gewesen.

Tatsächlich wird CHRISTIAN DENNERT bereits unmittelbar zu seinem Geburtstag im Juli 1940 entlassen. Denn auch ein Willkürstaat wie das NS-Regime hat den Ehrgeiz, zu beweisen, dass seine Handlungen stets den gesetzlichen Bestimmungen entsprechen und darüber hinaus sogar Milde kennen. Scharfe Willkürmaßnahmen treffen in der Regel nur den, der sich außerhalb der Nazi-Gesetze bewegt. Die zweckentsprechende Formulierung der Gesetze ist also das Geheimnis jedes Willkürstaates, mit dem er die Gerechtigkeit seines Handelns beweisen will.

Preußische Genauigkeit und Nazi-Willkür bis zur „Endlösung der Judenfrage"

Das zeigt sich auch sonst in der Praxis des Nazistaates: Für alles hat er eine umfassende Flut an Gesetzen, Verordnungen und Bestimmungen erlassen. Alles muss durch ein verfasstes Gesetz geregelt sein. Auch das Unrecht, das dieses Regime begeht, braucht seine Paragrafen und Anweisungen. Nur für den Holocaust fehlen die Anweisungen von ganz oben.

HITLER und seine Leute befleißigen sich ansonsten, wie wir immer wieder beobachten, einer geradezu preußischen Akribie, alles in gesetzlichen Bahnen verlaufen zu lassen, wobei „gesetzlich" aber nichts zu tun hat mit parlamentarisch-demokratischer Rechtssetzung in einem freiheitlichen Rechtsstaat und juristischer Kontrolle im heutigen Sinn. Denn eine Gewaltenteilung existiert im „Führerstaat" nur fragmentarisch. Den diffusen Ausdruck „Germanische Demokratie", mit dem HITLER in den ersten Auflagen von „Mein Kampf" vollmundig sein angestrebtes Herrschaftssystem bezeichnete, hat er bereits im Jahr 1930 in einer Überarbeitung seiner Programmschrift durch „unbedingte Führerautorität" ersetzt. Er will sein Grundprinzip des „Führerstaates" schon vor der Machtergreifung öffentlich machen, sodass jeder, der ihn wählt, weiß, worauf er sich einlässt: Alle Staatsgewalt geht vom „Führer" aus, der an der Spitze steht. Er will seine Macht mit niemandem teilen. Seinen Willen sollen seine ergebenen Gefolgsleute gehorsam erfüllen. Sie tun das in manchen Bereichen dann sogar vorausahnend und vorauseilend, ohne auf besondere Befehle zu warten, so in besonders verhängnisvoller Weise schließlich bei der Judenvernichtung.

Am höchsten zählt aber der schriftlich bekundete Wille des „Führers". Er gilt als Gesetz und ist im Konfliktfall auch jedem parlamentarisch verabschiedeten Gesetz übergeordnet. Auch dem schlimmsten Handeln im Nazistaat liegt, wie wir schon bei der Euthanasie gesehen haben, zumindest eine schriftliche Anweisung Hitlers zu

Grunde. Das Handeln der Täter ist also in dieser Hinsicht „legal", also dem Führerwillen entsprechend. Eigenmächtigkeit und Willkür einzelner Hoheitsträger außerhalb solcher Anordnungen würde dieser Staat streng bestrafen.

Nur der Genozid an den Juden, Sinti und Roma und die Vernichtung weiterer Randgruppen ist ein Bereich des Unrechts und des Bösen, wo sich eine solche unmittelbare schriftliche Anweisung Hitlers bis heute nicht finden lässt. Allenfalls das Rundschreiben 33/43 g der Parteikanzlei Hitlers unter Leitung von MARTIN BORMANN vom 11. Juli 1943 kann man als verklausulierte schriftliche Bestätigung Hitlers zum Judenmord lesen. BORMANN teilt hier allen Parteigliederungen „im Auftrag des Führers" mit, dass „bei der öffentlichen Behandlung der Judenfrage ... jede Erörterung einer zukünftigen Gesamtlösung unterbleiben" muss. Es könne „jedoch davon gesprochen werden, dass die Juden geschlossen zu zweckentsprechendem Arbeitseinsatz herangezogen werden."

Es erweist sich hier als Märchen, wenn von alten Nazi-Sympathisanten behauptet wird, dass HITLER von der Judenvernichtung *nichts gewusst* habe. Ob er freilich den „Holocaust" von Anfang an auch *gewollt* hat, ist eine unter Historikern intensiv diskutierte offene Frage. Die hier gebrauchten verschleiernden Begriffe „Endlösung" und der „zweckentsprechende Arbeitseinsatz" waren Hitlers offizielle Sprachregelungen für die systematische Judenvernichtung in den besetzten Gebieten, die spätestens mit dem Kriegsbeginn gegen Russland am 22. Juni 1941 ins Auge gefasst worden war. Dagegen ist das Adjektiv „zukünftig" beim Ausdruck „Gesamtlösung" blanker Zynismus, da ja die industrielle Judenvernichtung zum Zeitpunkt des Bormannpapiers im Jahr 1943 längst in vollem Gange war.

Alternativen zur Vernichtung, nämlich Zwangsumsiedlungen der europäischen Juden nach Palästina, Ecuador, Kolumbien, Venezuela, Uganda oder Madagaskar, wie sie aus verbreiteten antisemitischen Einstellungen heraus in verschiedenen Ländern Europas bereits seit Ende des 19. Jh. diskutiert wurden, haben seit dem Jahr 1937 auch die Nazis erwogen und geprüft. Am 2. März 1938 hatte ADOLF EICHMANN, der spätere Cheflogistiker des Holocaust, zu diesem Zweck zunächst den Auftrag für eine „außen-politische Lösung der Judenfrage" erhalten.

Anfangs verabscheuten die Nazis wohl die Vorstellung eines gewaltsamen Genozids. Zu barbarisch und für den „moralisch höher stehenden" germanischen Menschen nicht angemessen erschien ihnen, was der psychopathische Massenmörder STALIN ihnen in den 20-er und 30-er Jahren des 20. Jh. mit 30 Millionen Opfern aus den Völkerschaften der Sowjetrepubliken vorexerziert hatte. Waren es anfangs die Gewaltexzesse der bolschewistischen Revolution, die Russland zum Schlachthaus gemacht hatten, so waren seit 1932 die unzählige Opfer durch Hungersnöte nach der Zwangskollektivierung („Holodomor"), durch politische Säuberungen, Schauprozesse, Straflager und Deportation von ganzen Völkerschaften hinzugekommen.

Angewidert von diesem Blutbad könnte die Suche der Nazis nach Alternativen ernst gemeint gewesen sein. Doch alle Pläne hatten sich bei näherem Hinsehen als undurchführbar erwiesen. Niemand wollte die Juden freiwillig aufnehmen. Auch einzelne auswanderungswillige Juden erlebten immer wieder verschlossene Türen in aller Welt. STALIN ging auf Hitlers Nachfrage zur Ansiedlung von Juden in weniger besiedelten Gegenden seines Riesenreiches erst gar nicht ein. Russland pflegte ja seine eigenen Judenpogrome, erlaubte aber seit 1939-41 immerhin 10.000 aus Polen geflüchteten Juden den Transit durch Sibirien in das judenfreundlichere Japan.

Aber nun schien der Krieg gegen Russland den Nazis scheinbar die Möglichkeit zu eröffnen, die Juden auch gegen Stalins Willen weit in den Osten abschieben zu können. HERMANN GÖRING beauftragte sechs Wochen nach Beginn des Russlandfeldzuges REINHARD HEYDRICH mit der Gesamtorganisation der „Endlösung der Judenfrage", die zunächst wohl noch eine Umsiedlung zum Ziel hatten.

Seitdem begannen die gewaltsamen Bahntransporte ins „Generalgouvernement", das zunächst nur als Zwischenghetto vorgesehen war. Auch dort wollte die Juden aber längerfristig niemand haben. Als sich im Herbst 1941 abzeichnete, dass der „Blitzkrieg" gegen Russland gescheitert war, begann mit Hitlers Billigung die zielgerichtete planmäßige Ermordung der Juden.

Die „Wannseekonferenz" am 20. Januar 1942 war es dann, die das Konzept der Judenvernichtung radikalisierte und den Kreis der Mittäter enorm erweiterte. HEYDRICH bezog nun Naziführer aus den Reichsministerien, Sicherheitsdienst, Sicherheitspolizei, Reichs- und

Organisationsort des Völkermordes:
Gästehaus von SiPo und SD am Berliner Wannsee im Jahr 1942

Parteikanzlei und die Leitung des Generalgouvernements mit ein und setzte bei ihnen die systematische Organisation und Koordinierung der Maßnahmen durch. Für das Protokoll war SS-Obersturmbannführer ADOLF EICHMANN zuständig, Heydrichs Referent für „Judenangelegenheiten".

Dieser Genozid beruht also auf der eigentümlichen Dynamik des „Führerstaates". Er ist nicht aus einem einzelnen schriftlichen Befehl Hitlers entstanden, sondern er erwuchs aus dem immer wieder zu beobachtenden Bedürfnis vieler Nazi-Funktionäre, dem Führer willfährig „entgegen-zuarbeiten", wie der englische Historiker IAN KERSHAW diese Deutung des Führerwillens beschreibt[42]. Es hatte genügt, dass Hitler sich schriftlich in „Mein Kampf" und seit seiner berüchtigten Reichstagsrede vom 30. Januar 1939 immer wieder auch mündlich in der Öffentlichkeit zur Ausrottung der Juden bekannt hatte, um seine Handlanger zum konsequenten mörderischen Tun anzustiften. So hatte HITLER zum fünften und letzten Mal am 8. November 1942 in einer öffentlichen Rede zur Judenvernichtung erklärt:

„Sie werden sich noch der Reichstagssitzung erinnern, in der ich erklärte: Wenn das Judentum sich etwa einbildet, einen internationalen Weltkrieg zur Ausrottung der europäischen Rassen herbeiführen zu können, dann wird das Ergebnis nicht die Ausrottung der europäischen Rassen, sondern die Ausrottung des Judentums in Europa sein. Sie haben mich immer als Propheten ausgelacht. Von denen, die damals lachten, lachen heute Unzählige nicht mehr, und die jetzt noch lachen, werden es vielleicht in einiger Zeit auch nicht mehr tun."

Seine Vasallen trugen diese Bestialität ihres Leitwolfs stets mit. Bereits am 16. Dezember 1941 hatte Propagandaminister JOSEPH GOEBBELS, der sich immer wieder auf diese Hitlerreden berief, in einem Artikel für „Das Reich" in vorauseilendem Gehorsam geschrieben:

„Wir erleben gerade den Vollzug dieser Prophezeiung und es erfüllt sich am Judentum ein Schicksal, das zwar hart, aber mehr als verdient ist. Mitleid oder gar Bedauern ist da gänzlich unangebracht."

Mit dem Beginn des Krieges hatte die Moral in Deutschland also keine Heimat mehr. Die unsichtbare „Rote Linie", die in Deutschland schon seit Hitlers Machtergreifung das Volk teilte, hatte die Naziideologie nun auch in den besetzten Ländern Europas eingezeichnet. Und die Willkür des Systems traf jeden, der jenseits der imaginären Roten Linie lebte oder der sich dieser Linie allzu sehr zu nähern wagte. Das wurde auch CHRISTIAN DENNERT schließlich zum Verhängnis.

---

[42] IAN KERSHAW „Hitler", 2009, insbesondere S. 345 ff.

Das Drama nimmt seinen Lauf

Arbeit in der Feuerlöschgerätefirma

Nun kommt also CHRISTIAN DENNERT von seinem Einsatz bei der Wehrmacht nach WEIDENBERG zurück, und GEORG RUMLER hat seit August 1940 sein Problem wieder, das er meinte, durch die schikanöse Einberufung Dennerts so elegant gelöst zu haben.

RUMLER erinnert sich einer verwirrenden Szene, die er mit DENNERT während seiner Einsatzzeit in Polen erlebt hat. Als dieser einmal auf Urlaub nach Hause gekommen war, hatte er sich beim Ortsgruppenleiter im Alten Schloss gemeldet und zu seiner Überraschung zackig mit „Heil Hitler!" gegrüßt. Erstaunt hatte ihn RUMLER gefragt: „Bisher hat doch noch niemand von Ihrer Familie so gegrüßt." Da hatte DENNERT ironisch erklärt: „Sie wundern sich, Herr Bürgermeister, aber beim Militär lernt man alles, schließlich weil man muss."

RUMLER darf also bei diesem standhaften Hamburger Christian Dennert mit einem nicht rechnen, nämlich, dass der sich wirklich in seinem Personenkern je verbiegen ließe, auch nicht in der tiefsten Erniedrigung.

Das Problem für DENNERT ist freilich, dass er nun auf der Straße steht. Seine Fabrik für Rechenstäbe existiert nicht mehr. Nur die linke Haushälfte des alten Fabrikgebäudes in der Au gegenüber der Scherzenmühle gehört ihm noch. Sein Stolz gebietet ihm, eine neue Arbeit zu finden, um seine Familie ernähren zu können. Er beklagt zwar, dass die Nazis seiner Familie in der Zeit, die er beim aufgezwungenen Militärdienst verbracht hat, keine ordentliche Unterstützung gezahlt hätten. Zugleich bekennt DENNERT aber selbstbewusst, dass er vor den Nazis auch nicht wie ein Bettler erscheinen wolle. So wendet er sich an das Arbeitsamt. Aufgrund seiner zeichnerischen Fertigkeiten und Organisationserfahrungen bittet er um eine Vermittlung als Ingenieur.

Die Arbeitslosigkeit, die an ihrem Gipfel im Jahr 1932 6 Millionen Arbeitssuchende erfasst hatte, war in den folgenden Jahren dank Arbeitsdienst und verschiedener Arbeitsbeschaffungsmaßnahmen kontinuierlich bis fast auf den Nullpunkt gesunken ist. Dennoch muss DENNERT einige Monate warten. Schließlich findet er ab dem 1941 in der Fabrik für Feuerlöschgeräte PAUL LUDWIG in BAYREUTH eine Anstellung als technischer Zeichner. Dort arbeitet er bis zum März 1943.

Der im Jahr 1851 in BERNECK geborene Firmengründer PAUL LUDWIG, Sohn eines Wagnermeisters, hatte im Jahr 1876 in der Richard-Wagnerstraße in BAYREUTH zunächst in den Räumen des Spritzenfabrikanten GEORG KÜBEL ein Sattler-Geschäft eröffnet; hier fertigte er Kutschen, Landauer und Schlitten. 11 Jahre später hatte er die Glockengießerei von RUDOLF HEINZ übernommen. Inzwischen hatte PAUL LUDWIG durch seine Mitgliedschaft bei der Freiwilligen Feuerwehr BAYREUTH auch Erfahrungen mit der Funktion und Konstruktion von Feuerspritzen gesammelt. Er entwickelte nun selbst nach dem damaligen Stand der Technik moderne Spritzen und konnte bald die ersten ausliefern.

Feuerwehr Lengenfeld: *Spritze von Paul Ludwig 1897*

Im Jahr 1892 lieferte er der Feuerwehr BAYREUTH-ALTSTADT die erste vierrädrige Feuerspritze. Dieser Typ wurde dann auch von anderen Feuerwehren in Oberfranken und der Oberpfalz bis an die tschechische Grenze bestellt. Das noch funktionsfähige Exemplar der Waldershof-Lengenfelder Feuerwehr ist heute im Museum von MARKTREDWITZ zu bewundern.

Die steigende Nachfrage hatte aber erfordert, dass LUDWIG größere Räumlichkeiten erwerben musste. Im Jahr 1905 war er deshalb in den auffallenden, großen Backsteinbau in der Richard-Wagner-Str. 40-42 umgezogen, der heute im Vorderhaus die Norisbank und die Gaststätte Schinner beherbergt. Bald belieferte die Firma fast alle bayerischen Bezirke.

Nach dem Ersten Weltkrieg, im Jahr 1920, hatte sein Sohn FELIX, der gerade 30 Jahre alt geworden war, die Geschäftsführung übernommen. Dieser vielseitige Ingenieur konnte mit staatlicher Förderung seine erste motorgetriebene Spritze entwickeln. Er belieferte u.a. WEIDENBERG im Jahr

Richard-Wagner-Str. 40-42:
Ehemals Sitz der Firma PAUL LUDWIG

„HJ-Spritzen“: *Übergabe März 1941 in Bayreuth*

1929 mit einer vierrädrigen Kleinmotorspritze. Im Jahr 1936 erhielten auch die nahgelegenen Dörfer LESSAU und FENKENSEES von ihm tragbare Spritzen.

FELIX LUDWIG fiel in der Nazizeit dadurch auf, dass er zwar einen Parteiausweis der NSDAP besaß, zugleich aber ein überzeugter Anhänger der Bekennenden Kirche war. So trug er sich am Höhepunkt des Kirchenkampfes 1937 in die aufliegenden Listen als Bekennender Christ und Gegner der hitlertreuen „Deutschen Christen“ ein. Es war das gleiche Jahr, in dem sein Vater, der Firmengründer PAUL LUDWIG, im hohen Alter von 86 Jahren verstarb. Auch im Umgang mit Juden bewegte sich FELIX LUDWIG jenseits der roten Linie, indem er dem Judenboykott bewusst nicht folgte. Man hätte also meinen können, dass er auch mit einem Querdenker wie CHRISTIAN DENNERT zurechtkommt.

DENNERT meldet sich also im August 1940 bei seinem neuen Arbeitgeber. FELIX LUDWIG beschäftigt zu dieser Zeit im Vorderhaus und in den Werkstätten im hinteren Hof in der Richard-Wagnerstraße rd. 40 Mitarbeitende. Er untersteht im Rahmen der verstärkten Rüstungsmaßnahmen Hitlers dem Reichsminister für Bewaffnung und Munition FRITZ TODT und ab 1942 direkt Hitlers Rüstungsminister ALBERT SPEER. Bereits mit Kriegsbeginn ist er angewiesen, alle Fahrzeuge statt in Feuerwehrrot nun im Dunkelgrau der Wehrmachtsfahrzeuge zu lackieren.

Speziell für den Luftschutz soll FELIX LUDWIG neue, leicht zu handhabende Spritzen fertigen. DENNERT ist einer, der dank seiner Ausbildung als Ingenieur und Zeichner die Konstruktion begleiten soll. So entsteht die sg. „HJ-Spritze“. Sie dient der Ausbildung von Jugendlichen im Feuerlöschdienst und bewährt sich bei den Bombenangriffen und Bränden in BAYREUTH.

LUDWIG ist mit Dennerts Arbeit zufrieden. Doch unerwarteterweise kommt er mit ihm menschlich nicht besonders gut zurecht. Dem Inhaber ist bereits vor der Einstellung zugesteckt worden, dass DENNERT nichts für den nationalsozialistischen Staat übrig hätte. Deshalb hatte der Chef seine Büroangestellten angewiesen, sich mit DENNERT in keine Unterhaltung einzulassen, die auf ein politisches Gebiet überwechseln könnte. Doch ist DENNERT auch seinerseits vorsichtig, er hält sich in diesem Betrieb mit staatskritischen Äußerungen völlig zurück.

Man hatte Dennerts Chef aber auch von der schweren Kopfverletzung aus dem Weltkrieg berichtet. Das war vielleicht nicht klug. Denn nun beobachtet LUDWIG seinen neuen Mitarbeiter genauer. Er meint bei ihm ein auffälliges Verhalten zu beobachten, ohne dass er das genauer zu beschreiben vermag; DENNERT benehme sich oft recht sonderbar und sei schwer zu behandeln, sagt er.

FELIX LUDWIG lässt sich leider von diesen Vorurteilen leiten, er fragt DENNERT gar nicht nach Gründen für sein auffälliges Verhalten, wie es vielleicht das Gebot der Mitarbeiterführung gewesen wäre. Er unterstellt ihm vielmehr, dass er einen kleinen geistigen Defekt habe. So empfinden alle im Werk die Situation als unnatürlich und spannungsgeladen. Hat der Chef trotz seiner christlichen Einstellung wohl nichts mitgekriegt von dem Drama, das sich zwischenzeitlich in der Familie DENNERT ereignet hat und dass seinen Mitarbeiter seelisch belastet?

Eine herzzerreißende Tragödie in der geprüften Familie

Eigentlich hätte HILKE, Drittälteste der Dennertkinder, in diesem Jahr 1941 konfirmiert werden sollen. Der Sonntag vor Ostern, der Palmsonntag, war für ihre Konfirmation vorgesehen gewesen. Es war die erste Konfirmation in diesem Jahr. Eine zweite Einsegnungsfeier war wegen der großen Zahl der Jugendlichen für den Sonntag Trinitatis festgesetzt, denn in diesem Jahr waren zwei Jahrgänge zu betreuen. Der Anlass war, dass die Naziführung eine Vereinheitlichung des Schuljahrs im ganzen Deutschen Reich und in den besetzten Gebieten anordnete.

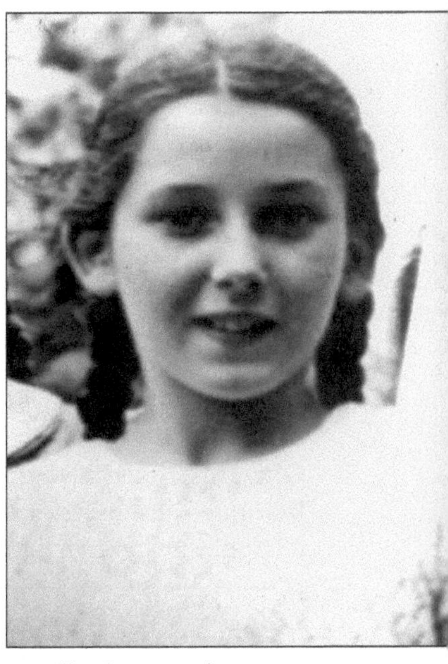

Ein allzu kurzes Leben: *HILKE DENNERT*

Das war neu, denn weder im Kaiserreich noch in der Weimarer Republik war der Schuljahresbeginn einheitlich geregelt. Bis dahin begann und endete das jeweilige Schuljahr je nach Gebiet und Land zu unterschiedlichen Zeiten im Frühjahr oder zur Erntezeit. In vielen Gegenden Deutschlands wechselte das Schuljahr seit Anfang des 20. Jahrhunderts zu Ostern, eine Regelung, der sich im Jahr 1920 auch Bayern anschloss. Für die Hauptschüler in der achten Klasse fiel die Konfirmation also mit dem Ende ihrer Schulzeit zusammen. Der Ausdruck „Aus der Schul‘ kommen“ konnte somit gleichbedeutend mit „konfirmiert werden“ gebraucht werden. Das wurde nun anders. Denn HITLER suchte für das Schuljahr eine einheitliche Lösung, die seinen europäischen Großmachtträumen entgegenkam. In den meisten anderen europäischen Ländern begann das Schuljahr nach den Sommerferien. Deshalb wurde der Schuljahresbeginn im ganzen Deutschen Reich seit dem Jahr 1941 auf September festgelegt[43].

Auch das Einschulungsalter wurde verändert und um ein halbes Jahr vorgezogen. Galt bisher: „Für alle Kinder, die bis zum 30. Juni das 6. Lebensjahr vollenden, beginnt mit dem Anfang des Schuljahres die Pflicht zum Besuch der Volksschule," so hieß es im Reichsschulpflichtgesetz jetzt: „Für alle Kinder, die im Laufe des Kalenderjahres das 6. Lebensjahr vollenden ...

Übrigens wurden im selben Jahr und aus den gleichen Motiven per Normalschrifterlass im Auftrag Hitlers alle gebrochenen Schriften, darunter die deutsche Sütterlinschrift, abgeschafft und die „Deutsche Normalschrift" mit lateinischen Buchstaben als Ausgangsschrift an den Schulen angeordnet.

HILKE DENNERT gehörte zu den Älteren, sie war Schülerin der achten Klasse. Zusammen mit 11 weiteren Mädchen und acht Jungen hatte sie sich bei Pfarrer REDENBACHER in den zwei voraus laufenden Jahren auf ihre Einsegnung gefreut und vorbereitet. Doch dann gab es Anfang Februar für alle einen Schock. Von einem Tag auf den anderen fehlte HILKE auf einmal in der Schulklasse und in der Konfirmandengruppe. Sie sei ins Krankenhaus in BAYREUTH eingeliefert worden, flüsterten die Kinder einander zu. Was war geschehen?

Da hatte es kurz zuvor Ende Januar einen Zwischenfall gegeben. Es war ein kalter Winter. Draußen lag viel Schnee, eine willkommene Gelegenheit für die Kinder, um auf die Hänge um Weidenberg zu strömen und dort Ski zu laufen, der große Modesport seit den 20-er Jahren. Hatte man keine Ski, dann suchte man sein Vergnügen doch in wilden Schneeballschlachten. Die Mitschüler erinnern sich noch heute. HILKE war in ihrer fröhlichen Runde dabei gewesen und hatte sich beim Schneeballwerfen beteiligt. Auf einmal schrie sie kurz auf und presste dann die Hand ans Ohr. Ein Schneeball hatte sie am Kopf getroffen, an der Schläfe im Bereich des Ohrs. Besorgte Mitschüler brachten die Weinende heim. Es wurde schlimmer. Die Mutter telefonierte vom einzigen Telefon beim hilfsbereiten Nachbarn nach dem Sanitäts-

---

[43] Diese Regelung wurde nach dem Krieg in Deutschland von den Besatzungsmächten rückgängig gemacht, nur Bayern blieb beim Schulanfang im September. Mit dem „Hamburger Abkommen" vom 28. Oktober 1964 beschlossen dann alle Bundesländer, das Schuljahr wie in Bayern und den europäischen Nachbarländern am 1. August beginnen zu lassen und die Schulpflicht auf neun Jahre zu verlängern. Durch seine besondere Ferienregelung außerhalb des für alle anderen Bundesländer geltenden Turnus blieb aber in Bayern auch danach der September für den Schuljahrsbeginn erhalten.

auto. Die Mitschüler erfuhren: die Fahrt geht nach BAYREUTH ins Krankenhaus. Wenige Tage später wird ihnen die schockierende Nachricht eröffnet, Hilke ist am 3. Februar im Krankenhaus gestorben.

Was damals wirklich geschehen ist, darüber weichen freilich die Berichte der Zeitzeugen voneinander ab.

Das Kirchenbuch vermerkt, sie sei an einer Hirnhautentzündung verstorben. Viren, Bakterien oder andere Erreger haben sich also in den verschiedenen Schichten der Hirnhaut, die zusammen mit Gehirn- und Rückenmarksflüssigkeit das Gehirn und Rückenmark umschließen und schützen, verbreitet und so den raschen Tod der Patientin verursacht. Heute bekämpft man diese Erkrankung mit sofortigen hohen Antibiotika-Gaben. Dieses Mittel stand damals noch nicht zur Verfügung.

Manche meinen, der Schneeball habe damals eine alte Wunde am Ohr bzw. am Kopf getroffen und wieder zur Entzündung gebracht. Die einen sagen, diese Wunde habe daher gerührt, dass sie als Kind vom Balkon gestürzt sei. Sogar von einer damals am Schädel eingesetzten Metallplatte ist die Rede. Die anderen sagen, sie sei wegen einer Mittelohrentzündung operiert gewesen. Das wäre denkbar, und eine Folge davon könnte gewesen sein, dass sie ein wenig schwerhörig war. Jedenfalls war es eine Tragödie, und die Mitschüler fühlten sich mitverantwortlich.

Am 06. Februar 1941 hält Pfarrer REDENBACHER in der St. Stephanskapelle die Trauerfeier für seine Konfirmandin HILKE. Es ist ein winterlicher Donnerstag. Alle Schüler und Lehrer der Weidenberger Hauptschule und viele betroffene Bewohner des Marktortes sind zum Friedhof am Weidenbach unter der Bocksleite gekommen. Sie mochten HILKE. Sie war nicht nur eine gute Schülerin, sondern fiel auch durch ihre ranke „nordisch-hübsche“ Gestalt und durch ihre „hochdeutsche" Sprache allgemein auf.

Die Kinder sind in Tränen aufgelöst. HILKE war ihnen eine sehr liebe Freundin gewesen, sie hatte auch jüngere Mitschüler akzeptiert und gern mit ihnen gespielt. In diesen Wochen hatte die ganze Klasse damals ein Gedicht gelernt, welches auch als Volkslied nach HEINRICH HEI-

Im Schatten von St. Stephan: *Hilkes Grab*

NE in Liedheften wie dem Zupfgeigenhansel überliefert ist: *"Es fiel ein Reif in der Frühlingsnacht"*. Abweichend von den heute umlaufenden verschiedenen Textversionen soll aber die nächste Gedichtzeile ein wenig mystisch so gelautet haben: *„Da flatterten die Blütenblätter tief zur Mutter Erde, diese nahm sie willig auf"*.

Das kleine Grab für HILKE grenzt unmittelbar an die Böschung nördlich der Apsis der Stephanskapelle an. Hierhin macht sich der Zug der Trauernden nach der gottesdienstlichen Feier auf den Weg. Pfarrer REDENBACHER hat in seiner Predigt HILKE und den Anwesenden das Wort aus der Offenbarung des Johannes 3,11 mitgegeben: *„Halte, was du hast, dass dir niemand deine Krone nehme"*. Zwei Schülerinnen sind zum Aufsagen des Gedichtes am Grabe bestimmt, eine von ihnen ist FRIEDA PONATER. Doch sie ist so in Tränen aufgelöst, dass ihre Stimme versagt. Ihre Mitschülerin ELLI muss einspringen; sie kann die Verse vor der versammelten Trauergemeinde zu Ende sprechen.

Von diesem Drama der Familie DENNERT weiß Christians Chef FELIX LUDWIG in BAYREUTH offenbar nichts. Sein schweigsamer Angestellter CHRISTIAN DENNERT wollte ihm anscheinend von sich aus auch nichts sagen. So findet LUDWIG seinen Mitarbeiter nur merkwürdig, ohne Genaueres zu wissen, er fragt nicht nach und bemüht sich auch nicht weiter um ihn. Als der kriegsbedingte Materialmangel die Produktion stark zurückgehen lässt, wird DENNERT dann Ende März 1943 entlassen. Er ist wieder arbeitslos.

Ein Arbeitsplatz unter Zwangsarbeitern

Für einen neuen Anlauf schlägt ihm das Arbeitsamt eine freie Stelle im Metallwerk TABEL in CREUßEN. DENNERT soll im technischen Büro bei der Arbeitsvorbereitung eingesetzt werden und sich am 15. Juni 1943 bei seinem neuen Chef CARL TABEL melden. DENNERT hat schon manches über dieses Werk und seinen Chef gehört. Vieles erzählt man sich damals hinter vorgehaltener Hand.

Das Werk ist damals Creußens größter Arbeitgeber, es gilt zu dieser Zeit als Rüstungsbetrieb und beschäftigte im Jahr 1942 bereits rd. 800 Mitarbeitende bei ständig weiter steigender Tendenz, bei Kriegsende werden es 1.200 sein. Die weitaus meisten hier Tätigen sind Zwangsarbeiter. Sie kommen aus 11 verschiedenen Ländern, die von den Deutschen besetzt sind, vor allem aus Tschechien, aber auch aus Polen, Frankreich, Belgien, Russland.

Nach dem Sturz Mussolinis am 25. Juli 1943 und der Kapitulation Italiens am 8. September werden sogar Männer dieses ehemaligen deutschen Bundesgenossen als Zwangsarbeiter nach Deutschland verschleppt. So kommen über 100 Italiener in diesen deutschen Rüstungsbetrieb. Offiziell sollen sie als „freiwillige Zivilarbeiter" gelten, aber tatsächlich sind auch sie gegen ihren Willen rekrutiert, was dem heim-

Rüstungsproduktion mit Zwangsarbeitern: *Das Metallwerk Carl Tabel in Creußen um das Jahr 1940*

lichen Gespräch der deutschen Arbeitskollegen eine besondere Note gibt. Denn einerseits hält HITLER noch seine Hand über einst viel bewunderten Bundesgenossen Mussolini und verwendet ihn als Marionette im deutsch besetzten Norditalien; andererseits sind die Italiener durch ihre Kapitulation nun Gegner.

Je nach Nation und Art ihres Zwangsaufenthaltes tragen die ausländischen Mitarbeiter unterschiedliche Kleidung. Sie sind auch in unterschiedlichen Ortsbereichen in CREUßEN untergebracht. Da sind Kriegsgefangene oder im Ausland angeworbene oder zwangsrekrutierte Zivilisten, die in Unterkünften über das südöstliche Stadtgebiet verteilt sind. Sie unterhalten einen gewissen Kontakt mit der Creußener Bevölkerung und genießen manche Bewegungsfreiheit. Die größte Gruppe unter den Kriegsgefangenen, etwa 50 Belgier, haust geschlossen im Saal der Gaststätte Maisel. Einige weitere Zwangsarbeiter sind in Steinbaracken im Rosental, andere auf der Vogthöhe einquartiert.

Dazu kommen bereits ab dem Jahr 1942 etwa 300 russische Gefangene, die zunächst in einer Turnhalle auf dem Lagergelände untergebracht werden; später errichtet man für sie ebenfalls Baracken. Sie werden von Tabels Leuten bewacht und dürfen das Lager nicht verlassen.

Die größte Zahl der Creußener Zwangsarbeiter – am Ende sind es etwa 600 – kommt aus Tschechien[44]. Unter ihnen sind auch Deutschstämmige aus dem Gebiet der Sudeten, die aber ihr Deutschtum aus politischen Gründen nicht so vor sich her tragen und sich HITLER nicht so an den Hals werfen wollten, wie die meisten anderen Sudetendeutschen. Diese tschechischen Zwangsarbeiter sind zumeist wegen politischer Delikte in ihrem Heimatland verhaftet und nach Deutschland verschleppt worden. So hatten es einige z.B. daheim gewagt, ausländische Rundfunksender abzuhören; sie waren deshalb wegen „Rundfunkverbrechen" verurteilt worden. Andere hatten Plakate geklebt, mit denen sie gegen die Besetzung ihres Landes durch Deutschland protestieren wollten. Etliche waren im Zuchthaus BAYREUTH-ST. GEORGEN eingesperrt, aber für die tägliche Arbeit in CREUßEN abgestellt worden.

Im Werk genießen die Tschechen geringere Rechte, sie sind auch Übergriffen des Chefs und der leitenden Abgestellten in höherem Maße ausgesetzt. Die nicht in Bayreuth inhaftierten Tschechen leben in CREUßEN abgeschottet von der Bevölkerung in Baracken im Stockheim. Es sind dieselben Baracken am heutigen Thietmarplatz, in denen dann nach dem Krieg die Flüchtlinge und Heimatvertriebenen untergebracht werden. Ein etwa 500 Meter langer Tunnel unter der Neuhofer Straße hindurch verbindet diese Barackensiedlung mit dem Firmengelände.

Die Zwangsarbeiter aus dem Zuchthaus St. Georgen werden von ihren Aufsehern bewacht und durch diesen Tunnel direkt zur Fabrik hingeführt und auch wieder zurückgebracht. Bei Bombenangriffen wird der Tunnel auch als Luftschutzkeller von allen Werksangehörigen genutzt.

Wenn bei den politischen Gefangenen aus Tschechien die Strafzeit abläuft, stehen sie vor der Wahl, sich wirklich nach Hause entlassen zu lassen oder freiwillig zu bleiben. Es hat sich bei ihnen nämlich damals herumgesprochen, dass sie bei der Heimkehr zur Gestapo nach PRAG verbracht würden und dass man sie von dort ohne jede rechtliche Grundlage weiter in KZs wie FLOSSENBÜRG oder THERESIENS-

---

[44] Vergl. zu diesem Komplex und überhaupt zur Zwangsarbeit im Metallwerk TABEL in Creußen das Buch von HERMANN HIERY und FRANK SPÖRRER „Creußen, Geschichte einer oberfränkischen Stadt 1800-2000". – Zur Aufarbeitung der Situation in Creußen in der Nazizeit sind auch im Nordbayerischen Kurier insbesondere aus der Feder des Redakteurs und Creußener Bürgers PETER ENGELBRECHT immer wieder Artikel erschienen. Eine wichtige Rolle dabei spielte dabei als wichtige Zeugin in jüngster Zeit auch Frau ERIKA KALKOFEN-FRAHNE aus DORTMUND. Sie hat auch den Verfasser des Projektes ‚Myrten für Dornen' im Jahr 2017 zu einem Informationsaustausch besucht. Ihr Großvater FRANZ FRANK wurde im Jahr 1942 von den Nationalsozialisten aus politischen Gründen u. a. im genannten Zuchthaus Bayreuth-St. Georgen inhaftiert und musste von Oktober 1943 bis August 1944 bei TABEL Zwangsarbeit leisten. Der Kommunist war im grenzüberschreitenden Widerstand tätig.

TADT transportieren würde. So entschließen sich einige lieber, sich weiter im Werk TABEL gegen ein bescheidenes Entgelt als reguläre Angestellte beschäftigen zu lassen. Sie dürfen dann in CREUßEN in Privatunterkünften wohnen und haben sogar Anrecht auf ein bescheidenes Krankengeld.

Im Werk sollen alle diese Zwangsarbeiter nun Güter für die Rüstung fertigen. In großer Stückzahl entstehen zunächst Munitionskästen für Maschinengewehre. Als weiteres Standbein der Rüstungsproduktion baut die Firma auch eine besondere Gattung von Beiwagen für die militärisch genutzten BMW-R12-Motorräder. In Fortsetzung einer Vorkriegsproduktion unter eigenem Markennamen wird TABEL damit zu einem der drei Standardausrüster der Wehrmacht für dieses Produkt.

Kradmelder: *BMW-R12 und Beiwagen „Cete"*

Motorradnarren, denen die einstigen Militärmaschinen von BMW heute Kult sind, kennen diese Beiwagen unter dem Namen „Cete" und nennen seinen Fertiger CARL TABEL aus CREUßEN „geheimnisumwittert". In einer arg rechtslastigen Betrachtungsweise übergehen sie weitgehend Tabels tiefe Naziverstrickungen und behaupten fälschlich, dass er „nach Kriegsende in den Säuberungswellen eines Besatzungsregimes in Bayern untergegangen sei, das nach stalinistischen Methoden fanatische Großsäuberungen in der Wirtschaft betrieb." Schon die Wehrmacht habe ihn im Jahr 1941 in der Betriebsanleitung zur R12 respektloserweise in einen Engländer verwandelt. Damit spielt man auf die Verschreibung seines Namens „Table" in dieser Anleitung an.

Scheinwerfer, geöffnet D605/3, S.6
Linke Seitenwagenseite (Royal Table)
Rechte Seitenwagenseite (Royal Table und BMW.)
Einstellen des Sturzes von Krad und Seitenwagen

In der Wehrmachtsbetriebsanleitung zum Engländer gemacht: *Table statt Tabel*

Tatsächlich kann TABEL nach dem Krieg, nach erfolgreicher Entlastung bei den Entnazifierungsprozessen als „Mitläufer“, sein Werk bald weiterführen und noch einen geruhsamen Lebensabend genießen. Er stirbt erst im Jahr 1963 im Alter von 76 Jahren.

Vor allem damals in den ersten Kriegsjahren haben diese Seitenwagen-Gespanne, die es schon seit der Reichswehrzeit gab, ihren besonderen Ruf. Wegen ihrer Wendigkeit und Schnelligkeit eignen sie sich einerseits besonders für Kradmelder, andererseits für die Aufstellung ganzer Kradschützenkompanien. Der Schütze auf dem Beiwagen bedient ein fest montiertes Maschinengewehr. Mit blitzschnellen Vorstößen sollen sie Brückenköpfe und Schlüsselstellungen erobern und so den nachfolgenden Panzern und Infanteristen den Weg bahnen. Erst zum Ende des Krieges hin werden sie zunehmend vom komfortableren „VW-Kübel“ abgelöst.

Daneben baut die Firma TABEL seit dem Jahr 1940 auch Lafetten für Luftabwehrgeschütze. Vor allem aber lebt sie von Tabels lukrativem „Patent“ für Rohrreinigungsbürsten für Kanonen, für die CARL TABEL ein reichsweites Herstellungsprivileg besitzt und ausnutzt.

Für die Vorbereitung dieser Arbeit also soll CHRISTIAN DENNERT in seiner Abteilung sein Know how als technischer Zeichner einbringen. Damit wäre er unmittelbar an der Produktion von Kriegsgütern beteiligt. Dieser moralische Aspekt ist das eine, was ihn beschäftigt. Und diesem Werk steht nun CARL TABEL vor. Und diese Tatsache beschäftigt DENNERT noch viel mehr. Denn TABEL soll sich Gerüchten zufolge in CREUßEN als Nazi noch viel fanatischer gebärden, als RUMLER es in WEIDENBERG tut.

Carl Tabel – ein rücksichtsloser und hündisch ergebener Nazikarrierist

Am 31. Januar 1887 als Sohn eines Schneidermeisters in BARTH in Pommern in der Nähe des Darß geboren und damit fast 10 Jahre älter als DENNERT, lebt TABEL seit dem Jahr 1909 zunächst als Kaufmann in der Pegnitzhütte in Oberfranken. Seit seiner Heirat 1910 mit JOHANNA KRAGLER wohnt er in deren Geburtsort CREUßEN. Die beiden haben eine Tochter, doch die Mutter verstirbt bereits im Jahr 1916 im Kindbett. 1918 heiratet Tabel in zweiter Ehe MARIA WOLFRUM, die Tochter des damaligen Creußener Stadtarztes. Deren Schwester ist mit Rechnungsrat GUSTAV SCHRÖDER verheiratet, der in der Geschichte von CHRISTIAN DENNERT noch eine besondere Rolle spielen wird.

Im Jahr 1912 hat TABEL das Metallwerk gegründet; es hatte sich rasch zum größten Arbeitgeber in CREUßEN entwickelt und konnte diesen Rang trotz starkem Auf und Ab bis zum Jahr 1945 beibehalten. TABEL fertigte im Akkord zunächst Zivilgüter, wie Metallschutzkapseln für Taschenuhren, Metallschränke und Ofentüren. Manches davon ging auch ins Ausland. Von der Weltwirtschaftskrise ab dem Jahr

Rücksichtsloser Karrierist: *CARL TABEL*

1932 war deshalb auch er betroffen. Ende des Jahres 1933 ist seine Firma praktisch bankrott, er kann gerade noch sieben Angestellte und zehn Arbeiter beschäftigen.

Doch TABEL erweist sich als einer, der rücksichts- und bedenkenlos die eigenen Interessen zu verfolgen versteht. Um in CREUßEN etwas durchzusetzen, droht er gern an, seinen Betrieb zu schließen. Wenn die Existenz seiner Firma auf dem Spiel steht, wird er immer politisch aktiv, so schon in den 20-er Jahren, als er sich für linke und rechtsliberale Gruppierungen öffnet. Ab dem Jahr 1929 schließt er sich zunächst dem Verein der Gewerbetreibenden an. Doch mit der Weltwirtschaftskrise wechselt er die Pferde. Wie auch viele andere Unternehmer der Zeit setzt auch CARL TABEL auf die NSDAP, in der Hoffnung auf Unterstützung und Aufträge.

Seine Nazikarriere beginnt er mit einem doppelten Betrug. Als im März 1933 klar wird, dass die Nazis nun endgültig die Macht haben und diese Macht auch behalten werden, datiert er nachträglich seinen Parteieintritt vom April 1933 auf den 30. Januar vor. Und als Hitler am 9. November 1933 das „Goldene Parteiabzeichen" stiftet, gelingt es TABEL, ein solches irgendwo zu ergattern. Es soll ihn als „alten Kämpfer" ausweisen.

Das Medaillon in der Größe einer 2-Euro-Münze zeigt in der Mitte ein schwarzes Hakenkreuz auf weißem Grund; es ist kreisförmig umgeben von einem goldenen Schriftzug „Nationalsozialistische DAP" auf rotem Grund, um den wiederum ein goldener Eichenkranz gelegt ist. Es ist sozusagen der innerparteiliche Orden der NSDAP, den Hitler zum 9. November 1933 gestiftet hat. Es würdigt die „Alten Kämpfer" bis zum Verbot der Partei 1923 und die neuen Mitglieder ab 1925 bis zur Mitgliedsnummer 100.000. Außerdem kann das Goldene Parteiabzeichen auch aufgrund „besonderer Verdienste" verliehen werden und macht dann den Träger automatisch zum Parteimitglied. Einzig bei aktiven Soldaten ruht die Parteimitgliedschaft entsprechend dem Wehrgesetz. Stolz zeigt CARL TABEL dieses Abzeichen überall vor, obwohl es ihm überhaupt nicht zukommt. Doch als ihn ein ehemaliger Angestellter, der nachmalige Fabrikant FRIEDRICH NEUNER, verwundert anspricht, fliegt der Betrug auf. Es kommt zu einem Parteiordnungsverfahren wegen dieser Lüge.

Von Tabel erschlichen: *Goldenes Parteiabzeichen für alte Kämpfer*

Nur seine Zusicherung, zukünftig absolute Parteitreue zu zeigen, rettet TABEL, er kommt mit einem saftigen Bußgeld für die Parteikasse glimpflich davon. Ab jetzt ist er ein devoter Gefolgsmann Hitlers und ein hündisch ergebener Diener des Regimes. Der Grund für diese Ergebenheit bleibt im Ort nicht verborgen und trägt ihm bei seinen Gegnern einige Häme ein. Freilich, seinen „Verräter" NEUNER, der ihn damals auf dieses Parteiabzeichen angesprochen hatte, verfolgt er nun zeitlebens voll Grimm und Rachegelüsten. Auch anderen gegenüber, die ihn „enttäuschen", zeigt sich dieser stiernackige Unternehmer in gleicher Weise stets nachtragend und schreckt vor der drastischen Denunzierung anderer nie zurück.

Ernannte Tabel zum Ortsgruppenleiter: *Gauleiter HANS SCHEMM 1934 mit HJ-Pimpf*

Die Partei verzeiht ihm. Sein Gauleiter, der smarte HANS SCHEMM, bestimmt ihn per Handschlag zum Ortsgruppenleiter von CREUßEN. Es ist eine von Schemms letzten Handlungen vor seinem überraschenden Tod durch Flugzeugabsturz 1935[45].

---

[45] Mehr zur Rolle von HANS SCHEMM in Oberfranken und insbesondere für das Zustandekommen der NSDAP-Ortsgruppe in Weidenberg im Jahr 1929 vergl. die dritte Folge des Projektes ‚Myrten für Dornen' „Der Anstreicher und seine Lehrjungen– Braune Herrschaft in Weidenberg seit 1929", insbesondere im Kapitel „Seit 1933 sind wir alle nicht mehr normal – Georg Rumler und der Aufstieg der Nazis in Weidenberg von 1929 bis zu ihrem Durchbruch 1933" die Seiten 101 ff.

Nun gehört TABEL zu den „Hoheitsträgern“ und damit zu den führenden Mitgliedern von Hitlers Willkür-Parallelwelt. Mit Rüstungsaufträgen kann TABEL ab 1937 sein marodes Werk sanieren. Im Jahr 1939 arbeiten hier bereits rd. 170 Männer und Frauen in regulären Arbeitsverhältnissen.

Schon bald übernimmt TABEL auch überregionale Posten, die dem Vorteil seiner Firma zugute kommen. Im Jahr 1936 wird er Leiter der Industrieabteilung der Wirtschaftskammer in Bayern. Ab 1938 ist er Leiter der Dachgemeinschaft Eisen und Metall für Großdeutschland und Obmann der Eisen- und Metallindustrie. Im Jahr 1940 wird er der Beauftragte für allgemeines Heeresgerät. Seit dem Jahr 1937 sitzt er auch in unterschiedlichsten Aufsichtsräten, z.B. im Jahr 1937 bei den Bayerischen Heimstätten, 1938 bei MAN, 1939 bei Viktoria und 1941 bei der Bayerischen Vereinsbank.

Ab Januar 1938 drängt sich TABEL in Creußen auch ins BÜRGERMEISTERAMT und hat nun als der „ungekrönte König von Creußen“ und als Träger der wirtschaftlichen und politischen Macht die Stadt voll in der Hand. Als „Hoheitsträger“ verfolgt er politische Gegner unnachsichtig, getreu seinem ständigen Ausspruch „das muss ich der Gauleitung melden". Er begeht Denunziationen und Freiheitsberaubungen an Ortsbürgern und Mitarbeitern, die er in „Schutzhaft“, vors Sondergericht oder sogar vor den Volksgerichtshof bringt. Dabei betont er stets, dass es notwendig sei, scharf durchzugreifen; die Angezeigten und Verurteilten verdienten kein Mitleid.

Einen besonderen Platz nimmt dabei sein Verhältnis zum damaligen Ortspfarrer ERNST ROHMER ein.

Kirchenkampf in Creußen

Die Auseinandersetzungen zwischen TABEL und Pfarrer ROHMER beginnen bereits im Jahr 1935. Der Landeskirchenrat der Evangelisch-Lutherischen Kirche in Bayern macht sich zu dieser Zeit Sorgen um die kirchliche Entwicklung in CREUßEN. Die Kirche befürchtet, dass auch die Kirchengemeinde CREUßEN dem Nazi Spuk anheimfallen könnte. Schon hat der in Weidenberg residierende Pfarrer THEODOR HOFFMANN, Angehöriger der innerkirchlichen Sekte der hitlerhörigen „Deutschen Christen“ und ihr erfolgreichster Agitator in Oberfranken, seine Fühler nach CREUßEN ausgestreckt, um auch an diesem Ort kirchentreue Christen abzuwerben. Als im Sommer 1935 die Stelle des Ersten Pfarrers in CREUßEN zur Wiederbesetzung ansteht, wittern die Hitler-Fanatiker eine Chance.

Der Kirchenvorstand, dem seit den Kirchenwahlen am 23. Juli 1933 mehrheitlich Mitglieder der NSDAP angehören, wendet sich am 28. August 1935 an den Landeskirchenrat in MÜNCHEN und bittet um Entsendung eines: „jüngeren energischen Geistlichen, der sich freudig und offenherzig zu unserem Führer und zum heutigen

Unbequemer Pfarrer: *Ernst Rohmer*

Staat bekennt."

Pfarrer Rohmer, den der Landeskirchenrat zur Entsendung vorgesehen hat, wird vom Kirchenvorstand als zu alt abgelehnt. Außerdem hat man wohl in Creußen davon gehört, dass Rohmer in München als Kritiker der Nazis hervorgetreten ist. So behaupten die Kirchenvorsteher in ihrem Schreiben, dass „der überwiegende Teil der zur Kirche Creußen gehörenden Bevölkerung" nationalsozialistisch sei und sich treu zu Führer und Partei halte. Bestimmt würden bei Besetzung der Pfarrstelle durch Herrn Rohmer Konflikte entstehen, die „ungeheuren Schaden" anrichten.

Auch die Bürgermeister der zum Kirchensprengel zählenden Gemeinden Haidhof, Prebitz, Seidwitz, Neuhof, Bühl und Gottsfeld unterstützen schriftlich dieses Gesuch.

Trotz dieser gewaltigen Druck- und Drohkulisse steht der Landeskirchenrat unerschrocken zu seiner ursprünglichen Absicht und entsendet Pfarrer Rohmer nach Creußen. Er kommt im Jahr 1935 mit seiner Frau Else und fünf Kindern an den Ort und wird schließlich am 11. September 1935 durch den Pegnitzer Dekan in sein Amt eingeführt. Es ist ein Sonntag, an dem die Naziprominenz aber abwesend ist, weil sie beim Reichsparteitag in Nürnberg weilt.

Spannungen und Konflikte bleiben in der Folgezeit nicht aus. Gegen die antisemitischen Bestrebungen der Deutschen Christen, die z.B. das Alte Testament als „Buch der Juden" diffamieren, hat die Kirchenleitung im Jahr 1936 ostentativ verfügt, nun umso klarer über das Alte Testament zu predigen, im unerschrockenen Wissen, dass solche Predigten von Spitzeln abgehört und ihr Inhalt an höhere Stellen weitergegeben wird.

Ort geistlichen Widerstandes: *Jakobuskirche Creußen*

Es ist Ortsgruppenleiter Tabel persönlich Rohmer denunziert. Er veranlasst, am 25. Oktober 1936 die Predigt Rohmers mitzuschreiben und legt sie der Kreisleitung vor. Diese beschwert sich sogleich beim Landeskirchenrat. Pfarrer Rohmer bezieht in dieser Predigt deutlich Position. Er bezeichnet die Kritiker des Alten Testament ziemlich scharf als Aggressoren aus den Mächten der Finsternis, die die volkstümlichen Gestalten der biblischen Vätergeschichten blasphemisch verzerrten. Er stellt auch Hitlers Führerrolle als „halber Herrgott" infrage; er sei in Wahrheit Sünder, wie andere auch. Und er wirbt darum, dass sich die Hörer den Schatz des Glaubens nicht rauben zu lassen. Er zitiert dabei dieselbe Stelle aus der Bibel, die Pfarrer REDENBACHER mit Bedacht schon bei der Beerdigung von HILKE DENNERT verwendet hat.

Landesbischof HANS MEISER nimmt gegenüber der Beschwerde der Nazis eine zwiespältige Haltung ein. Er stellt sich zwar hinter seinen Geistlichen, distanziert sich aber von Rohmers Kritik an HITLER. Diese Haltung ist typisch für die Amtsführung von MEISER. Der Bischof sucht das Einvernehmen mit den Machthabern, macht aber andererseits seinem Pfarrern Mut, weiterhin klar biblisch zu predigen. So kann Pfarrer ROHMER, abgesehen von kleineren Reibereien, seine Arbeit in CREUßEN in dieser schwierigen Zeit acht Jahre lang fast unbehelligt tun.

Willkür gegen Pfarrer und Mitarbeiter

Tabels Wut dürfte sich in dieser Zeit enorm angestaut haben. Doch erst kurz vor Kriegsende wagt er, den Pfarrer noch einmal anzugreifen. Diesmal leitet ihn die Hoffnung, seinen Widersacher einsperren zu können. Er bringt ihn vor ein Sondergericht, im Wissen, dass viele Fälle dort mit einem Todesurteil enden.

Angriffspunkt ist, dass den Nazis plötzlich das im Süddeutschen gebräuchliche Grußwort 'Grüß Gott!' sauer aufstößt. Mit Plakaten fordern sie, den Hitler-Gruß als einzig gültiges Bekenntnis zum Deutschen Sieg zu verstehen. In einem gut besuchten Gottesdienst in der Jakobuskirche am 16. Juli 1944 zum Gedenken für drei gefallene Soldaten aus der Gemeinde nimmt Rohmer diesen Ball auf und spielt ihn mit dem Hinweis auf die alles überragende Ehre Gottes zurück, auf die der alte Gruß anspielt. Der Aufruf der Nationalsozialisten, *„Wer sich zum Sieg bekennt, grüßt mit ‚Heil Hitler'"* sei ein Verbrechen.

Pfarrer ROHMER ist vom Anlass dieses Gefallenengedenkens selber betroffen, denn seine beiden ältesten Söhne HANS und KARL waren bei Hitlers Kriegszug nach Russland gefallen. Der leidgeprüfte Pfarrer brandmarkt den Krieg und seine bitteren Folgen als Schuld der Menschen, die Gott verlassen und Menschen über Gott gestellt hätten. Elend und Not dieser Zeit seien Gottes gerechtes Gericht, so bekennt er diesem Gottesdienst vor der Gemeinde.

Die Stimmung in Deutschland ist in diesen Tagen aufgeheizt. Vier Tage nach diesem Gottesdienst, am 20. Juli, führt CLAUS SCHENK GRAF VON STAUFFENBERG bei einer Besprechung im Führerhauptquartier Wolfsschanze in Ostpreußen die Attentatspläne einer bedeutenden Gruppe von Adligen und Militärs auf Hitler aus. Doch HITLER kommt einmal mehr davon, wenn auch mit geringen Verletzungen. Der geplante Umsturzversuch scheitert[46].

Am Tag nach dem Anschlag organisieren die Nazis in CREUßEN eine Demonstration auf dem Marktplatz. In einer wütenden Rede droht Tabel dem Pfarrer den Tod an: *"Die Herren im geistlichen Gewand, die ihr Amt bei einer Trauerfeier für Gefallene missbrauchen, um über Einrichtungen der Partei loszuziehen, das sind die Gleichen wie die, die das Attentat auf den Führer machen. Wir Nationalsozialisten werden dafür sorgen,* dass *diese ausgetilgt werden."*

TABEL lässt es nicht bei seinen Worten bewenden. Vielmehr zeigt er am gleichen Tag Pfarrer ROHMER auf der Creußener Gendarmeriestation an. Der Beamte REISS nimmt die Anzeige auf. TABEL wendet sich auch direkt an die Gestapo-Leistelle NÜRNBERG. Er regt ein Strafverfahren gegen ROHMER beim Sondergericht BAYREUTH wegen Vergehens gegen das schon mehrfach erwähnte „Heimtückegesetz" an, eines der durchschlagkräftigsten Instrumente der Naziwillkür, Dieses Gericht, tritt auch tatsächlich zusammen und verhängt im März 1945 gegen ROHMER eine Strafe von einem halben Jahr Gefängnis wegen „Kanzelmissbrauchs". Doch erreichen die Ame-

---

[46] Insgesamt sind zwischen 1933-1945 mindestens 39 ernsthafte Attentatsversuche auf HITLER dokumentiert. Das 1981 veröffentlichte Buch von WILL BERTHOLD benennt in seinem Titel sogar „Die 42 Attentate auf Adolf Hitler".

rikaner bei ihrem Panzervorstoß am 14. April 1945 in Oberfranken auch die Städte BAYREUTH und CREUßEN. So wird dieses Urteil nicht mehr vollstreckt.

Nicht anders als mit missliebigen Ortsbürgern wie Pfarrer ROHMER geht TABEL bis dahin auch mit seinen Mitarbeitern im Betrieb um. Seine Zwangsarbeiter im Werk behandelt er demonstrativ besonders streng und übergriffig. Gern tritt er nach Gutsherrenart mit der Reitpeitsche auf, schlägt damit auf Menschen ein, ohrfeigt, stößt oder tritt Arbeiter mit den Füßen nieder. Mindestens 10 Fälle von körperlicher Misshandlung an Tschechen, Italienern und Russen sind aktenkundig und mit zahlreichen Zeugenaussagen beglaubigt. So hat TABEL viele Opfer und Gegner.

Er hat aber auch seine zahlreichen Zuträger und Helfer. Im Werk, im Ort und auch in der Kirchengemeinde, die bis zum Aufzug des bekenntnistreuen Pfarrers ERNST ROHMER stark nationalsozialistisch beeinflusst ist, finden sich immer wieder Menschen, die andere zu denunzieren bereit sind. Pluspunkte versucht TABEL auch als Mäzen und Sponsor im Sozialbereich zu sammeln. Seit dem Jahr 1926 ist ein Freibad geplant. 10 Jahre später lässt er es auf seine Kosten errichten. Und auch wenn er seine Zwangsarbeiter körperlich misshandelt, so ist er andererseits als Firmenchef nachweislich auf einer ordentlichen Unterbringung und Sanitäranlagen sowohl für seine deutschen, als auch für die ausländischen Mitarbeiter bedacht. So zeigt TABEL, ähnlich wie sein Leitbild HITLER, in seinem Herrschaftsbereich durchaus zwei verschiedene Gesichter.

Eine verhängnisvolle Entscheidung

Vieles von dem, was im Rüstungswerk und in der Stadt CREUßEN vor sich geht, ist auch im nahen Weidenberg zu diesem Zeitpunkt im Juni 1943 bekannt. Es gibt manche Verwandtschaften und Bekanntschaften hinüber und herüber. Als CHRISTIAN DENNERT seine Stelle in CREUßEN antreten soll, munkelt man auch daheim vieles Zwiespältige über seinen zukünftigen Chef, den „König von Creußen“.

Ist es da ein Wunder, wenn DENNERT den Kopf hängen lässt und verzweifelt ist, als Pfarrer REDENBACHER ihn an diesem Tag bei seinem Spaziergang an der Steinach am Gartenzaun antrifft und anspricht? Wie soll DENNERT sich entscheiden, soll er die Arbeit annehmen? Was, wenn seine regimekritische Haltung im Werk bekannt und er provoziert wird? Würde er dann ruhig bleiben können?

Sein Pfarrer GEORG REDENBACHER muss ihm Recht geben, die Situation ist nicht ungefährlich. Und DENNERT ist dünnhäutig geworden durch die vielen Enttäuschungen seines Lebens. Es besteht immer die Gefahr, dass sein cholerisches Temperament in ihm durchbricht.

Aber REDENBACHER appelliert an Dennerts Besonnenheit. Schließlich hat es auch Redenbacher Kollege ROHMER bis zu diesem Zeitpunkt geschafft, seine Stellung in

CREUßEN trotz seiner scharfen Gegnerschaft zu TABEL ungefährdet zu behaupten, und dabei steht der Pfarrer doch stärker in der Öffentlichkeit als DENNERT, der ja vom Firmenchef zum einfachen Angestellten abgestiegen ist! Und ist nicht auch REDENBACHER selber ein Beispiel dafür, wie man in dieser Zeit überleben und sich deutlich äußern kann, ohne sich verbiegen zu müssen?

Nach diesem aufmunternden Gespräch mit seinem Pfarrer entschließt sich DENNERT schweren Herzens und gegen sein inneres Bauchgefühl, die Stelle in CREUßEN anzunehmen. Und auch GEORG REDENBACHER ist sich nicht sicher, ob er seinem Gemeindeglied hier den richtigen Rat gegeben hat.

In der Lawine des Unheils

Ein Arbeitsplatz im Kriegsjahr 1943

Am 15. Juni 1943 trat CHRISTIAN DENNERT in das technische Büro des Metallwerks TABEL in CREUßEN ein, wo er bis zu seiner Festnahme tätig war – so wird es später im Vernehmungsprotokoll lauten, das die Kriminalpolizei Bayreuth über DENNERT fertigt, um anschließend ihren Bericht der geheimen Staatspolizei in NÜRNBERG zuzuleiten. Von dort wird dieser Vermerk in die Unterlagen des Anklägers am Volksgerichtshof in BERLIN gelangen. Wie harmlos dieser unauffällige Anfang im Vergleich zu der Lawine des Unheils, die daraus erwächst! Was ist geschehen?

Mit schwerem Herzen, aber offen für die neue Situation, hat DENNERT seinen ersten Arbeitstag in CREUßEN angetreten. Er spürt tief in seinem Inneren, dieses Jahr würde nicht nur für Deutschland ein entscheidendes Jahr, sondern auch für ihn persönlich.

Was Deutschland anbetraf, so war DENNERT längst nicht der einzige, der mit einer totalen Katastrophe rechnete. Auch bei der Mehrheit der örtlichen und überörtlichen „Hoheitsträger“ hatte sich inzwischen diese Meinung durchgesetzt: Der Krieg ist nicht mehr zu gewinnen, und Deutschland ist nicht zu retten. Doch die Funktionäre waren natürlich die letzten, die das Szenario einer Niederlage öffentlich diskutieren durften. Zu scharf waren inzwischen die Bestimmungen, die jeden Zweifler mit Schutzhaft oder Tod bedrohten. Die Funktionäre konnten höchstens versuchen, sich selbst für den Fall des Untergangs kleine Sicherungen zu verschaffen, um hinterher nicht gar zu schlecht dazustehen, also hier und da eine kleine gute Tat oder ein menschliches Wort anstelle des geforderten Fanatismus.

In diesem inneren Zwiespalt der Entscheidung stand in diesen Tagen praktisch die ganze Bevölkerung Deutschlands. Die Menschen trennten sie in zwei Gruppen:

Die „Stalingrad-Madonna" *des evangelischen Feldarztes und Pfarrers* K*URT* R*EUBER verklärt das letzte Weihnachten vieler deutscher Soldaten 1942*

Die einen wählten den blinden Fanatismus bis zum Letzten; die anderen entschieden sich für kleine Taten der Mitmenschlichkeit trotz Bedrückung und eigener Gefährdung. CHRISTIAN DENNERT würde bei den Kolleginnen und Kollegen auf seiner neuen Arbeitsstelle beide Haltungen antreffen. Es ist das Kriegsjahr 1943, in dem die Alliierten praktisch an allen Fronten endgültig die Oberhand gewinnen. Hitlers „Festung Europa" ist geknackt.

STALINGRAD ist für die sich anbahnende Niederlage das bleibende Menetekel. Im Bunker feiert Feldarzt und Pfarrer Dr. KURT REUBER aus WICHMANNSHAUSEN mit seiner Einheit ein letztes besonderes Weihnachten: Nach „Stille Nacht" und „Es ist ein Ros entsprungen" öffnet er die Tür eines Bunkerverschlages und enthüllte seine großformatige, auf die Rückseite einer russischen Landkarte gemalte Kohlezeichnung. Sie zeigt Maria mit dem Kind und trägt die Umschrift: „Licht, Leben Liebe – 1942, Weihnachten im Kessel Festung Stalingrad."

In den Tagen vom 31. Januar bis 2. Februar 1943 kapituliert dort die 6. deutsche Armee, die von sowjetischen Truppen völlig eingeschlossen ist. Von den insgesamt 230.000 deutschen Soldaten fällt die Hälfte in diesem eisigen Winter, die andere Hälfte gerät in Gefangenschaft, doch nur 5.000 von ihnen überleben letztlich den Krieg. Sie sind für ihr Leben traumatisiert.

Auch die deutsch-italienische Heeresgruppe in Afrika mit ihrem mystifizierten Wunderfeldherrn ERWIN ROMMEL an der Spitze ist inzwischen am Ende und ergibt sich am 13. Mai 1943 dem Gegner. ROMMEL selbst hat sich vorher abgesetzt und tritt nun mit der Verteidigung des Atlantikwalls in sein letztes Gefecht ein. Am 10. Juli werden die Alliierten auf Sizilien landen und von dort aus Italien einnehmen. Am 25. Juli wird der italienische Duce BENITO MUSSOLINI von der eigenen Regierung verhaftet werden; die Italiener werden mit den Alliierten einen Waffenstillstand unterzeichnen und damit Deutschland eine weitere Front aufnötigen.

Mit düsteren Ahnungen besteigt CHRISTIAN DENNERT an diesem 15. Juni um 6:24 Uhr im Weidenberg den Zug, der ihn zunächst nach BAYREUTH und dann nach CREUßEN bringen soll. Es ist ein Dienstag, das Wetter ist grau und kalt.

Genauso kalt und grau fühlt sich an diesem Tag auch DENNERT in seiner Seele. Auch die vielen Schülerinnen und Schüler, die laut schwatzend und scherzend im Zug ihren Schulweg nach BAYREUTH mit ihm teilen, vermögen ihn nicht aufzuheitern. Am Bahnhof der Wagnerstadt hat er fast 40 Minuten Aufenthalt. Er geht durch die Unterführung zum Bahnsteig Richtung NÜRNBERG, hüllt sich in seinen Mantel und raucht eine seiner kostbaren Zigaretten.

Beliebte „Geheimwährung“: *Zigaretten für alle erwachsenen Deutschen*

Es gab sie noch, die Eckstein Nr. 5 mit dem Slogan „echt und recht“, oder die „Muratti“, die „Guldenring“ oder „Union 6“. Aber solche Stäbchen waren schon fast so etwas wie eine Geheimwährung in der Zeit, in der man Lebensmittel und die Güter des täglichen Bedarfs nur noch auf Karte oder Bezugsschein bekam. Bislang hatten alle Männer über 18 und alle Frauen zwischen 25 und 55 Jahren im Deutschen Reich eine Raucherkarte erhalten; sie sicherte den Männern einen Anspruch auf sechs Zigaretten pro Tag und den Frauen auf drei, bei freier Wahl der Sorte. Ab Juli 1943 ist dieses Recht für alle auf nunmehr drei Zigaretten geschmolzen. Und auch da waren manche Parteimediziner noch empört: Frauen sollten nach der Meinung dieser Ärzte aus Gesundheitsgründen überhaupt keine Zigaretten bekommen; sie könnten sonst runzelig oder steril werden.

DENNERT ist das egal, in seiner Familie ist er der einzige Raucher, er hütet seinen kleinen Vorrat, der seine Nerven beruhigen soll. – Der Zug nach CREUßEN fährt ein. Dennert besteigt ihn fröstelnd den Zug. Um 8:03 Uhr kommt er an der kleinen

Station ein. Von dort sind es zum Metallwerks TABEL zu Fuß noch knapp 10 Minuten.

DENNERT meldet sich mit seiner Arbeitsbescheinigung beim Pförtner. Der schickt ihn zur Betriebsleitung im Verwaltungsgebäude. DENNERT ist ein bisschen nervös.

Der technische Leiter des Werkes KURT BETZ empfängt ihn in seinem Büro. Er ist Diplomingenieur und trägt einen Doktortitel. Außerdem ist er, wie DENNERT später erfährt, Tabels Schwiegersohn. Er ist für Dennerts Arbeitsbereich verantwortlich und wohnt in CREUßEN.

BETZ, der einen Kopf kleiner ist als DENNERT, erhebt sich und mustert ihn durchdringend, erst dann gibt er ihm die Hand. DENNERT hat das Gefühl, dass ihm ein kalter Hauch entgegenweht. Er versucht sich nichts anmerken zu lassen, sondern übergibt wortlos seine Arbeitsbescheinigung. Doch BETZ bemerkt seinen fragenden Blick. Er erkundigt sich nicht weiter nach den Lebensumständen von DENNERT, sondern sagt lediglich kühl: „Ich werde Sie kurz dem Chef vorstellen und Ihnen dann Ihren Arbeitsbereich zeigen." Weiß er etwas von der nazikritischen Einstellung Dennerts und von seinem bisherigen hindernisreichen Geschick?

Im Raum bleib das Gefühl einer beiderseitigen spontanen Abneigung, der schlanke, hoch gewachsenen Hamburger auf der einen Seite, der ja auch Betriebsleitererfahrung besitzt und der nach außen hin mit seinem Dialekt immer ein bisschen hochmütig wirkt, und der untersetzte Oberfranke auf der anderen Seite, der stolz ist, Tabels Tochter zur Frau zu haben und der gern selber gegenüber den Mitarbeitern den Chef spielt. Beide belauern sich gegenseitig. Es wird nicht lange dauern, dass dieser Dr. BETZ sich als Gegner Dennerts erweisen wird, der rigoros seinen Rausschmiss betreibt.

Doch zunächst lässt BETZ sich nichts weiter anmerken. Er führt DENNERT zu TABEL. Der bullige Chef wirkt beschäftigt. Aber DENNERT nimmt doch seine stattliche, Respekt heischende Gestalt wahr. Erschrocken registriert er sein inneres Gefühl, das ihm sagt, dass dieser Mann ihm gefährlich werden könnte. Die Unterhaltung ist nur kurz, ein paar joviale Worte von TABEL. TABEL scheint ihn akzeptiert zu haben. Dann bringt BETZ ihn zum Betriebsingenieur ERNST WOLFRUM, dem Leiter der Arbeitsvorbereitung, der im selben Haus arbeitet. WOLFRUM ist also der Chef in dem Fachgebiet, in dem auch DENNERT jetzt tätig sein soll.

Auch WOLFRUM gehört, wie wir schon hörten, zur Sippschaft des Firmenchefs CARL TABEL, er ist sein Schwager, und er ist nun Dennerts unmittelbarer Vorgesetzter. Er wohnt in NÜRNBERG und muss, wie DENNERT, täglich mit der Bahn zur Arbeit fahren. Auch er hat eine spontane Abneigung gegen DENNERT. Er wird sich schon bald kräftig an der Denunziation gegen DENNERT beteiligen, die diesen dann vor den Volksgerichtshof führt.

Tägliche anstrengende Zugfahrt: *Bahnstation Creußen*

BETZ kehrt zurück in sein Büro. Nun lotst WOLFRUM den neuen Mitarbeiter in einen kleinen Raum im Verwaltungsgebäude. Bedauernd sagt er, in Anspielung auf die forcierte Rüstungsproduktion: „Wir haben jetzt so viele Arbeitskräfte, dass wir alle ein bisschen zusammenrücken müssen. Aber wir sind dabei mehr Platz zu schaffen."

Hier im Verwaltungsbau, zusammengedrängt mit etwa 14 weiteren Mitarbeitenden, beginnt Dennerts erster Arbeitstag. Es ist ein langer Tag. Erst um 20:20 Uhr kann er CREUßEN wieder mit dem Zug zur Heimfahrt verlassen. Nach dem unvermeidlichen Umsteigen in BAYREUTH kommt er um 21:42 Uhr müde in WEIDENBERG an. Bis er zu Hause ist, ist es schon10 Uhr abends. Vom Tag ist fast nichts mehr übrig. Wie lange wird er solchen Stress körperlich durchhalten?

Kollegen zwischen Mitmenschlichkeit und Fanatismus

Immerhin, die Zusammenarbeit mit den neuen Kolleginnen und Kollegen scheint zu klappen. In dem engen Raum arbeiten nun die 15 Angestellten zusammen. Sie alle werden für DENNERT auf die eine oder andere Weise in den nächsten Monaten Schicksal spielen. Anfangs beschränken sich die Gespräche untereinander nur auf das Nötigste. Man weiß ja noch nicht, was man vom anderen zu halten hat. Mit der Zeit lernt DENNERT die einzelnen Kollegen und Kolleginnen näher kennen und erfährt auch mehr über sie.

Da ist zunächst HANS EIGNER. Er ist technischer Angestellter. Er gehört zu denen, die mit dem Chef der Firma, CARL TABEL, auf Kriegsfuß stehen. Er arbeitet zwar im gleichen Zimmer wie DENNERT, betreut aber ein anderes Arbeitsfeld. Auch ist sein Arbeitsplatz ein bisschen entfernt von Dennerts Schreibtisch. Nachdem DENNERT die Angewohnheit hat, leise zu sprechen, bekommt EIGNER deshalb kaum etwas davon mit, wenn DENNERT sich bei der Arbeit mit jemandem unterhält. EIGNER wird knapp fünf Monate später mit Verwunderung und Entrüstung beobachten, wie sein neuer Kollege verhaftet wird.

EIGNER selbst war bereits im Jahr 1934 das erste Mal mit TABEL hart aneinandergeraten. Damals noch Werkzeugschlosser, hatte er in einer Gastwirtschaft an einem

Gespräch über die Röhm-Affäre geäußert, er habe gerüchtweise gehört, dass auch Gauleiter SCHEMM geflohen sei und gesucht werde. Bei diesem von den Nazis als „Putsch" hochgespielten und lange vorbereiteten Ereignis zur Säuberung der Partei war der einst mächtige SA-Führer ERNST RÖHM abgesetzt und dann, möglicherweise von HITLER persönlich, erschossen worden.

TABEL hatte damals die negative Äußerung Eigners über den geliebten Gauleiter, der TABEL einst nach dessen dreisten Lügen wieder in Gnaden aufgenommen hatte, persönlich dem Leiter der Gendarmeriestation CREUßEN gemeldet. Dieser hatte daraufhin Ermittlungen zur Person Eigners angestellt und die Anzeige gegen ihn an die Gestapo weitergeleitet. Wegen Vergehens nach dem Heimtückegesetz hätte das Schöffengericht EIGNER normalerweise angeklagt und wohl zu Gefängnis verurteilt, doch hatte sich Hitlers Reichsregierung damals aus Anlass des Todes des Reichspräsidenten von HINDENBURG eine weitere Amnestie für leichtere Fälle erlaubt und das Verfahren aufgrund des Straffreiheitsgesetzes vom 7. August 1934 eingestellt. Auch war Eigener damals wegen dieses Vorfalles nicht in Haft genommen worden.

So hatte Tabel seinen Angestellten notgedrungen weiter beschäftigen müssen. Doch ein Groll war seitdem auf beiden Seiten geblieben. Mit viel inneren Widerständen tut also Eigner seither seine Arbeit für Tabel. Und dieser Groll hielt sogar bis über die Zeit des Krieges hinaus an. Er mündete schließlich ein in Anklagen gegen TABEL bei Spruchkammer- und Zivilverfahren wegen Freiheitsberaubung, die aber letztlich im Sande verliefen.

Auch der verheiratete 52-jährige FRITZ SCHLEMMER (Name anonymisiert) ist als technischer Angestellte im gleichen Raum tätig. Er wohnt in BAYREUTH. Er lernt DENNERT bald näher kennen, denn oft sitzen die beiden bei der Zugfahrt im gleichen Abteil. Doch gibt sich DENNERT ihm gegenüber im Zug stets wortkarg. SCHLEMMER nimmt wahr, dass DENNERT gern allein in einer Ecke sitzt, den Kopf hängen lässt und vor sich hin zu sinnieren scheint. Er hört ihn über die umständliche tägliche Bahnfahrt jammern, gibt aber zugleich später an, von DENNERT niemals politische Äußerungen gehört zu haben.

Noch weitere männliche deutsche Angestellte sitzen mit in diesem Büro, ferner vier junge weibliche Angestellte. Zwei dieser jungen Frauen unterhalten sich auffallend oft miteinander und verwickeln auch andere gern in Gespräche über Gott und die Welt. EIGNER betrachtet es als seine moralische Pflicht, seinen neuen Kollegen vor der Schwatzhaftigkeit dieser Mädchen zu warnen. Sie seien in der Partei, was bei Frauen sonst eher die Ausnahme war, und wollten sich gern lieb Kind beim Chef und im Männerbetrieb der Partei machen, man sollte ihnen nicht trauen. Eine von ihnen ist die 20 Jahre alte MARIE BONNER (Name anonymisiert). Sie arbeitet als

Kontoristin bei TABEL. Sie wohnt in CREUßEN. Sie erzählt manchmal von ihrer Kindheit und frühen Jugend vor dem Jahr 1933, als sie, angeregt durch ihre Eltern, noch Mitglied in der damaligen Jugendbewegung vor den Zeiten der HJ war. Neue Lieder und neue Ideen von großer Fahrt und vom Jugendleben hatten die jungen Leute damals fasziniert. Viele Methoden der Jugendbewegung hatte die anfangs unbeliebte Hitlerjugend, die nun Staatsjugend geworden war, übernommen und war dadurch für Jugendliche attraktiver geworden. Dann hatten Hitlers Funktionäre die Jugendbewegung als ihren gefährlichsten Konkurrenten ganz verboten. Doch jetzt ist MARIE BONNER Mitglied der NS-Frauenschaft, sie ist nun „politisch gefestigt", wie sie immer wieder allen versichert.

Diese redselige MARIE BONNER schwatzt überhaupt gern, auch über die Politik und über den Alltag in der Hitlerzeit und über ihre Gefühle dabei, und verwickelt dann andere leicht in unbedachte Äußerungen, die sie dann weiterträgt. Sie ist eine geborene Denunziantin aus Wichtigtuerei. Als Stenotypistin ist sie zuständig, wenn DENNERT Schreibarbeiten zu erledigen hat.

DENNERT fällt auf, dass MARIE auch immer wieder kleine Zettelchen verfasst. Aber er schenkt dem keine Beachtung, und so weiß er auch nicht, dass sie vollgekritzelt sind mit Beobachtungen und Beurteilungen über den neuen Mitarbeiter DENNERT. Es ist einer der tschechischen Kollegen im Büro, der DENNERT auf diese Art von unkollegialer Spionage aufmerksam macht, nachdem er einmal so einen zerknüllten Zettel neben Bonners Papierkorb aufgelesen hat.

Dass diese junge geschwätzige MARIE BONNER schon bald zu den zwei Hauptsäulen gehören wird, auf deren Aussage dann der Volksgerichtshof in Berlin seine Anklage gegen DENNERT aufbauen wird, das kann sich aber wirklich niemand zu dieser Zeit vorstellen.

Dann ist da noch Bonners Freundin und Kollegin, die 18-jährige Kontoristin ANNA TORMANN (Name anonymisiert), die ebenfalls aus CREUßEN stammt und im gleichen Raum arbeitet. Neugierig und klatschsüchtig sammelt auch sie Beobachtungen gegen andere Mitarbeiter. Besonders der „Neue", der so anders aussieht und spricht als die anderen und der oft so ernst dreinschaut, interessiert natürlich auch sie.

Als weitere Kontoristinnen beschäftigt und mit Dennert im gleichen Büro sind noch die junge FRIEDA VOGT (Name anonymisiert) und seit April 1943 auch die knapp 22-jährige ANNELIESE HANKE (Name anonymisiert). Sie wohnt in BAYREUTH in der Siedlung am Roten Hügel und benutzt täglich den Zug. Ihre Aussprache verrät sie als Sächsin aus CHEMNITZ, und sie wird wegen ihres etwas vulgär klingenden Dialekts von den Kollegen manchmal auf die Schippe genommen.

Auch Ausländer arbeiten in diesem Büro. Der 33-jährige Tscheche ANTON RYSANEK gehört zu der Zeit, als DENNERT eingestellt wird, noch zu den Zwangsarbeitern, muss aber nicht wie die meisten an den Maschinen arbeiten, sondern darf seine Kenntnisse in der Schreibtischarbeit einbringen. Er ist wegen politischer Betätigung gerichtlich verurteilt, soll aber bald entlassen werden. Er will dann, um weiteren Verfolgungen in seiner Heimat zu entgehen, im Werk TABEL als technischer Angestellter bleiben.

Kontaktfreudige Zwangsarbeiter

RYSANEK war von den Deutschen wegen Verbreitung von Flugblättern im sogenannten Protektorat Böhmen und Mähren verhaftet und zu zwei Jahren Zuchthaus verurteilt worden. Diese Gebilde war im Jahr 1939 nach dem Einmarsch der deutschen Truppen aus der Rest-Tschechei geschaffen worden, nachdem die deutschsprachigen Gebiete der Sudeten abgetrennt und dem Deutschen Reich zugeschlagen worden waren.

Bei der groß angelegten Aktion „Gitter“ waren damals mehrere tausend Personen, vorwiegend tschechische Kommunisten und aus Deutschland emigrierte Tschechen, verhaftet und vielfach zu längeren Haftstrafen und Zwangsarbeit verurteilt worden, die sie in Deutschland, so auch im Bayreuther Zuchthaus St. Georgen und den angegliederten Rüstungsbetrieben, abzuleisten hatten. Andere waren zu Kriegsbeginn Opfer regelrechter Menschenjagden der nationalsozialistischen Si cherheitsorgane geworden.

Als Zwangsarbeiter eingesetzt: *Tschechen nach ihrer Befreiung*

Sehr viele Arbeiter waren nach der deutschen Besetzung ihres Landes von den Arbeitsämtern unter Druck gesetzt worden. Wer sich weigerte, in Deutschland Arbeit anzunehmen, dem drohte der Entzug aller Unterstützung, Geldstrafe und Gefängnis. Insgesamt waren so etwa 640.000 Tschechinnen und Tschechen während der NS-Zeit überallhin nach Deutschland verschleppt und zur Ableistung von Zwangsarbeit genötigt worden. – Nach dem Krieg werden sich die Tschechen aber fürchterlich für die erlittenen Verfolgungen rächen: sie werden rund 320.000 Sudetendeutsche in die früheren KZs und Lager der Nazis, u.a. Theresienstadt, einsperren und sie ihrerseits zu Zwangsarbeit nötigen; dabei werden rd. 40.000 Deutsche ums Leben kommen. Dann werden sie alle Sudetendeutschen vertreiben. –

RYSANEK gehört zu denen, welche DENNERT wegen seines Hamburger Dialektes nicht so gut verstehen. Trotzdem unterhalten er und die anderen Tschechen sich auch außerhalb von Dienstbesprechungen gern mit DENNERT, denn dieser Mann denkt so anders, als die meisten Deutschen, und er macht ihnen Mut, an einen für sie positiven Ausgang des Krieges und an ihre Zukunft zu glauben. RYSANEK selbst hält sich aber bei politischen Gesprächen zurück, er will diese nahe Freiheit nicht aufs Spiel setzen. Denn er freut sich darauf, nach zwei Jahren Gefängnis und Zwangsarbeit bald freizukommen und dann hoffentlich mit seinem Verdienst Frau und Kind versorgen zu können. Einen Monat später, am 17. Juli 1943, ist die ersehnte Stunde der Freiheit für den Tschechen wirklich da. Doch wie einige andere Arbeitsleistende im Werk will auch RYSANEK die Situation abwarten und als freier Mitarbeiter bei TABEL bleiben. Er möchte nicht zu Hause von der Gestapo gleich wieder verhaftet werden.

Unter den fünf weiteren Tschechen, die im gleichen Büro wie DENNERT arbeiten, ist auch einer Namens ULRICH ZATKA. Er war von den Nazis wegen Abhörens von ausländischen Sendern mit fünf Jahren und drei Monaten Zuchthaus bestraft worden. Auch er verbüßt seine Strafe im Zuchthaus ST. GEORGEN-BAYREUTH und ist als Zwangsarbeiter zum Metallwerk TABEL abgestellt. Den Ingenieur DENNERT findet er gleich am ersten Tag sympathisch und sucht seitdem immer wieder den beruflichen und persönlichen Kontakt mit ihm. Er wird zu denen gehören, auf die sich DENNERT in den Aussagen am meisten verlassen kann.

DENNERT will sich trotz der langen täglichen Abwesenheit von zu Hause nicht beklagen. Er verdient bei Tabel 400 RM brutto, ein für die Zeit eher überdurchschnittliches Einkommen; Arbeiter verdienen damals weit unter 300 RM im Monat. Und auch ein Nazifunktionär wie der Ortsgruppenleiter GEORG RUMLER bekommt nicht viel mehr Geld, als dieser offenbar tariflich bezahlte tschechische Zwangsarbeiter. Auch erscheint ihm die menschliche Situation im Werk doch nicht so angespannt und bedrohlich, wie es die Gerüchte befürchten ließen. Nur gesundheitlich fühlt sich Dennert nicht ganz wohl. Manchmal spürt er stechende Herzschmerzen. Doch schneller als befürchtet, nimmt das Unheil seinen Lauf.

Gefährlich gereizte Stimmung bei der deutschen Führung

Die Nachrichten in Deutschland verheißen in diesen Tagen nichts Gutes und werden überall heiß diskutiert. An allen Fronten hat sich Widerstand gegen die deutsche Besetzung geregt. Okkupierte Länder planen ihre Befreiung. Die französischen Generäle CHARLES DE GAULLE und HENRI-HONORÉ GIRAUD haben in Algier ein Komitee für die nationale Befreiung Frankreichs gegründet und ein französisches Exilkabinett gebildet. Die Alliierten haben die Invasion Italiens eingeleitet und inzwischen erfolgreich Sizilien erobert. In Griechenland und Albanien haben sich Befreiungsarmeen gebildet, die mit den Alliierten kooperieren.

Auch bei den Deutschen selbst wächst im In- und Ausland der Widerstand. Am 13. Juli 1943 gründen in KRASNOGORSK bei MOSKAU gefangene deutsche Offiziere zusammen mit der emigrierten Führung der kommunistischen Partei Deutschlands und Kirchenvertretern das Nationalkomitee Freies Deutschland (NKFD), dem u.a. auch die späteren DDR-Führer WILHELM PIEK und WALTER ULBRICHT angehören. Mit Zeitungen, Flugblättern, Lautsprechern und Radio betreiben sie nun Propaganda und politische Aufklärungsarbeit an der Front und in den Kriegsgefangenenlagern.

Währenddessen erreicht die Zahl der ausländischen Kriegsgefangenen in Deutschland mit 2,6 Mio einen neuen Höchststand, davon sind die Hälfte Russen. Viele werden in der Kriegsindustrie beschäftigt, andere arbeiten in Firmen, Forst und Landwirtschaft. Hinzu kommen über 5 Mio. weitere Zwangsarbeiter. Sie hausen in Baracken, Gasthäusern und Fabrikhallen. Ein geheimer Lagebericht des Sicherheitsdienstes der SS stellt besorgt fest, dass deutsche Frauen, deren Männer im Krieg sind,

Studentischer Widerstand: *HANS und SOPHIE SCHOLL und CHRISTOPH PROBST*

zunehmend privaten Kontakt zu ausländischen Zwangsarbeitern suchen.

Jeden Widerstandsversuch im Inneren bricht das Naziregime in diesen Tagen mit rabiaten Mitteln. In STADELHEIM ermorden die Nazis im Juli und dann nochmals im Oktober 1943 mit dem Fallbeil zur Abschreckung die letzten Mitglieder der deutschen Widerstandsgruppe „Weiße Rose“. Bereits im Februar 1943 hatte Blutrichter ROLAND FREISLER auf Betreiben des bayerischen Gauleiters PETER GIESLER die Geschwister HANS und SOPHIE SCHOLL und ihren Kommilitonen CHRISTOPH PROBST vor dem Volksgerichtshof in BERLIN wegen „Vorbereitung zum Hochverrat“, „Wehrkraftzersetzung" und „landesverräterischer Feindbegünstigung“ angeklagt und anderentags enthaupten lassen. Die Anklagegründe sind dieselben, die Freislers „Volksgerichtshof“ dann sieben Monate später auch gegen CHRISTIAN DENNERT anwenden wird.

Während das Deutsche Reichspropagandaministerium Durchhaltefilme wie Veit Harlans „Kolberg“ drehen lässt, und während leichte Unterhaltung wie Helmut Käutners Film „Romanze in Moll“ oder der dritte deutsche Film in Farbe „Das Bad auf der Tenne“, die Menschen im Kino ablenken soll, sind die Amerikaner und Briten zur kombinierten Bomberoffensive mit Tagesangriffen und Nachtbombardements auf das Ruhrgebiet und viele andere Großstädte übergegangen. Sie erzeugen bei der Bevölkerung enormen Druck. Zum Monatswechsel Juli/August 1943 erreicht das Inferno mit der Operation „Gomorrha“ über HAMBURG seinen grausigen Höhepunkt[47].

Bombardiertes Hamburg: *Henriettenstraße*

Die Presse im Deutschen Reich wird angewiesen, den Widerstandswillen der Bevölkerung zu beschwören: *„An dem durch einen unbändigen Hass gestählten Willen der westdeutschen Gebiete wird der britische Terror zerbrechen."*

[47] Vergl. dazu insbesondere das Kapitel „Ferien ohne Heimkehr – Gestrandet bei der Kinderlandverschickung“ in der 6- Folge des *Projekt ‚Myrten für Dornen‘*: „Untergehen und Aufstehen – Der Alltag unter Kriegsbedingungen und das Danach“.

In Kassel werden zwei Wahrsagerinnen wegen Zersetzung der Wehrkraft der „Heimatfront" zu jeweils mehrjährigen Zuchthausstrafen verurteilt. Doch jeder in Deutschland spürt, dass es nun eng wird für alle. Erstmals sind über die Pfingstfeiertage vom 11.-16.Juni Ferienfahrten mit der Eisenbahn verboten, um die Züge für den Transport von Soldaten nach Hause bzw. an die Front entlasten.

Mussolinis Verhaftung bringt in Creußen die Lawine ins Rollen

Eine der am heißesten in der Bevölkerung diskutierten Episoden in diesen Tagen ist aber die spektakuläre Amtsenthebung von Hitlers Bundesgenossen, des italienische Ministerpräsidenten und „Duce“ Benito Mussolini durch den „Großen Faschistischen Rat“ und Mussolinis darauf folgende Demission und Verhaftung durch den italienischen König Viktor Emanuel III am 25. Juli 1943. Wenn auch der italienische Beitrag zu Hitlers Krieg stets recht mager war und viel öfter deutsche Soldaten die Italiener aus einem Schlamassel befreien mussten als umgekehrt, so hielt HITLER doch trotz vielem Auf und Ab der Beziehung bis zuletzt eisern und in wahrer „Nibelungentreue“ an seinem einst als großes Vorbild verehrten Bundesgenossen fest.

Mussolinis „Marsch auf Rom“ im Jahr 1922 war ja für Hitlers „Marsch auf Berlin“ am 9. November 1923 das große Vorbild gewesen, auch wenn HITLER im Gegensatz zu MUSSOLINI damals zunächst kläglich gescheitert war. Seit seinem damaligen Herrschaftsantritt war HITLER ein Bewunderer Mussolinis gewesen, auch wenn er dessen außenpolitischen Ambitionen für ein neues römisches Imperium mit Italien als Großmacht am Mittelmeer innerlich nur halbherzig zustimmen mochte. Der mit Mussolinis Ambitionen verbundene Genozid an den Abbessiniern im Jahr 1935 hatte HITLER noch abgestoßen, und die Besetzung Libyens und Somalias hatte HITLER mit begründeten Sorgen verfolgt. Auch hatte ihm Mussolinis Anspruch, mit dem er sich als Schutzherr für die Unabhängigkeit Österreichs aufspielte, nicht geschmeckt, weil er die „Heimführung“ Österreichs ins Reich blockiert hatte; aber HITLER hatte zunächst klein beigeben müssen, nachdem Mussolini nach der Ermordung von Bundeskanzler ENGELBERT DOLLFUß 1934 recht abweisend und massiv gegen Deutschland aufgetreten war.

Einst bewundert, zuletzt „Bettvorleger“:
HITLER mit MUSSOLINI

Einig waren sich HITLER und MUSSOLINI in ihrem Engagement für den Diktator FRANCISCO FRANCO im spanischen Bürgerkrieg 1936 gewesen. Als lästig und kontraproduktiv dagegen hatte HITLER Mussolinis Vermittlungsbemühungen beim Münchner Abkommen 1938 empfunden. HITLER hätte lieber gleich einen Krieg mit Tschechien gewollt. Auch zum Eintritt in den Zweiten Weltkrieg hatte sich MUSSOLINI erst im zweiten Kriegsjahr 1940 bewegen lassen, nachdem ihm nach dem erfolgreichen deutschen Frankreichfeldzug Teilhabe an der Beute zugesichert worden war. Und auch zum Russlandfeldzug hatte Italien nur ganz dürftig ausgerüstete Truppenteile abgestellt, die nur in Randgebieten verwendbar waren.

Nun also war MUSSOLINI von den eigenen Leuten abgesetzt, von seinem König fallen gelassen und auf dessen Befehl verhaftet worden. Entscheidend für diese dramatische Demontage war die Zusammenkunft des „Großen Rates" der Faschisten am 24. Juli 1943 gewesen, sie hatte ein für Mussolini vernichtendes Ergebnis gebracht. Die Amerikaner sind in Italien zu dieser Zeit auf dem unaufhaltbaren Vormarsch, und MUSSOLINI wird nun für sämtliche Fehlschläge verantwortlich gemacht.

Es war in den frühen Morgenstunden des folgenden 25. Juli, dass der sonst immer solidarische Große Faschistische Rat unversehens mit neunzehn gegen acht Stimmen bei einer Enthaltung beschlossen hatte, den „Duce" seiner Ämter zu entheben. Bisher hatte dieses von MUSSOLINI selbst erfundene Gremium der Herrschaft des „Duce" seine Entscheidungen immer abgenickt. Unter den Stimmen, die für diese Absetzung gestimmt hatten, war unter anderen auch Mussolinis eigener Schwiegersohn GALEAZZO CIANO gewesen, der unter MUSSOLINI Außenminister war. Nachdem ihn MUSSOLINI in die Hand bekam, ließ er ihn im Januar 1944 als Verräter aufhängen.

Aus Hitlers einst bewundertem Vorbild war erst ein Konkurrent, dann ein ungeliebter Verbündeter und schließlich ein verachteter Klotz am Bein geworden. Dennoch betrachtet es HITLER damals seine Pflicht, sich weiter um MUSSOLINI zu bemühen und schärft das auch seiner Propaganda und seinen Militärs ein. Niemand darf etwas gegen den „Duce" sagen! Vielmehr bekommen die Dienste den Auftrag, den von seiner eigenen Regierung im Namen des Königs Verhafteten aufzuspüren und, koste es was es wolle, zu befreien.

Marschall PIETRO BADOGLIO, inzwischen vom König VITTORIO EMANUELE III. zum neuen italienischen Ministerpräsidenten ernannt, hat MUSSOLINI in Händen und versucht, diese Befreiung zu verhindern. BADOGLIO hatte im Krieg gegen Abessinien ein sehr strenges Regiment geführt und den Einsatz von Giftgas befohlen und war damit zum Kriegsverbrecher geworden, war aber später dafür nie zur Rechenschaft gezogen worden. Als Pfand für seine Hinhaltetaktik gegenüber HITLER und seine gleichzeitigen Verhandlungen mit den Alliierten soll ihm nun MUSSOLINI dienen, den er an wechselnden Orten zu verstecken versucht.

Von deutschen Fallschirmjägern befreit: *MUSSOLINI in dunkler Zivilkleidung auf dem Plateau des Gran Sasso am 12. Sept. 1943*

Mit viel Mühe werden dann aber die Deutschen sechs Wochen später doch das Versteck auf der Hochebene Campo Imperatore im unwegsamen Massiv Gran Sasso in den Abruzzen aufspüren. Mit einem atemberaubenden Handstreich nach Art der James-Bond-Filme werden sie dort oben den „Duce" befreien.

Sieben Lastensegler, besetzt mit Fallschirmjägern, nähern sich zu diesem Zweck am 12. September 1943 geräuschlos dem kleinen Hochplateau mit dem dort gelegenen Internierungshotel auf rund 2.000 m Höhe. Die Soldaten überrumpeln die italienischen Wachmannschaften und rufen MUSSOLINI heraus. Auch ohne geeignete Startpiste kann MUSSOLINI von dort oben mit einem „Fieseler Storch" in einem waghalsigen Manöver nach ROM ausgeflogen werden. Über WIEN und MÜNCHEN bringt man ihn ins Führerhauptquartier „Wolfsschanze" bei RASTENBURG im Herzen Ostpreußens.

Weil HITLER die norditalienischen Industriegebiete für seine Rüstung braucht, setzt er dann MUSSOLINI zum Chef einer faschistischen Marionettenregierung ein. So ist MUSSOLINI, der einst als Vorbild Hitlers gestartet war, nun als „Bettvorleger" gelandet (Zitat: Die Welt). Die Nazis können aber nicht ewig ihre Hand über MUSSOLINI halten, denn die Amerikaner dringen unaufhaltsam auch in den Norden Ita-

Markabre Zuschaustellung in Mailand: *MUSSOLINI und seiner Helfer am 29. April 1945*

liens vor. Als er am 27. April 1945 in DONGO am Comer See einen Fluchtversuch in die Schweiz macht, wird er von kommunistischen Partisanen erkannt.

Anderentags erschießen sie den „Duce“ standrechtlich zusammen mit seiner Geliebten CLARA PETACCI und einigen Ministern und Funktionären der „Italienischen Sozialrepublik“. Die Leichen hängen sie in MAILAND kopfüber an einer Tankstelle auf und stellen sie öffentlich zur Schau, an der gleichen Stelle, wo MUSSOLINI zuvor Partisanen hatte hinrichten lassen.

Von all diesen dramatischen Einzelheiten erfährt die deutsche Öffentlichkeit zum Teil erst Jahrzehnte später. Sie soll ja nicht beunruhigt werden. HITLER und MUSSOLINI sollen wie Helden in einem gewaltigen Völkerringen erscheinen, nicht als Abhängige, die in Scharmützel mit den eigenen Anhängern verstrickt sind. So will nach diesem Eklat auch die deutsche Propaganda zunächst einmal Stimmung entfachen gegen den bösen italienischen König, der es gewagt hat, MUSSOLINI kaltzustellen. Die Absetzung soll wie ein Verrat an Hitlers treuem Vasallen MUSSOLINI erscheinen. Abweichende Meinungen sollen als Hochverrat geahndet werden.

Am 25. Juli 1943, dem Tag nach Mussolinis Absetzung, ist überall in Deutschland ein Raunen zu vernehmen. Auch im Betrieb von CARL TABEL in CREUßEN wird den ganzen Tag über heftig diskutiert. Es ist ein Montag, viele Informationen haben sich übers Wochenende aufgestaut und werden nun ausgetauscht. Marschall BADOGLIO hat, wie man hört, inzwischen in Italien eine neue Regierung gebildet, ohne Beteiligung der Faschisten. Soll so etwas auch in Deutschland einreißen? Wie wird es mit oder ohne Italien als Bundesgenossen weitergehen? Es ist ein warmer Juliabend.

Verfängliche Gespräche

Der Denunziant in der Eisenbahn

Am Abend dieses aufregenden 26. Juli 1943 setzt sich CHRISTIAN DENNERT erschöpft in den Zug, um nun, wie seit sechs Wochen praktiziert, über BAYREUTH nach WEIDENBERG heimzufahren.

Das Abteil ist auf allen Plätzen gefüllt. Ein älterer Herr hat ihm gegenüber Platz genommen. DENNERT hat einiges über ihn gehört, es ist der Rechnungsrat SCHRÖDER, der in BAYREUTH wohnt. Nach dem, was andere Angestellte im Metallwerk erzählen, ist er ein Spitzel für seinen Schwager CARL TABEL. Man muss also vorsichtig sein.

Neben Schröder sitzt ANNELIESE HANKE, die Kollegin aus Dennerts Büro mit dem sächsischen Akzent. Den Fensterplatz hat ein DENNERT Unbekannter eingenommen. An Dennerts Seite sitzt ein junger Mann. Noch weiter außen hat FRITZ SCHLEMMER Platz gefunden.

DENNERT achtet aber zunächst nicht weiter auf seine Mitreisenden. Er hat sich wie immer still in seine Ecke verdrückt und will eigentlich nur seine Ruhe. Er ahnt nicht, dass die Ereignisse der nächsten Minuten sein Schicksal bestimmen werden. Der Zug ist nur wenige Minuten unterwegs, die Station Neuenreuth ist noch nicht erreicht. Da erregt eine laute Diskussion Dennerts Aufmerksamkeit.

SCHRÖDER, Dennerts Gegenüber, hat gerade das Wort ergriffen. Er trägt einen Anzug mit Krawatte; seine Hände sehen nicht nach körperlicher Arbeit aus. Mit seinen knapp 60 Jahren ist er schon Frührentner, doch hat ihm TABEL eine kleine Anstellung bei der Stadt CREUßEN verschafft. SCHRÖDER soll einen städtischen Beamten, der gerade zur Wehrmacht einberufen ist, mit Schreibarbeiten vertreten. Deshalb fährt er täglich morgens von BAYREUTH nach CREUßEN und abends zurück. SCHRÖDER ist mit der Schwester von Tabels verstorbener Ehefrau JOHANNA KRAGLER aus CREUßEN verheiratet. Er schuldet TABEL manche kleine Gefälligkeit.

SCHRÖDER spricht gerade ein bisschen aufgebracht den jungen Mann an, der neben DENNERT sitzt. DENNERT kennt ihn nicht, vielleicht arbeitet auch er in der Metallfabrik. Wie schon den ganzen Tag über im Betrieb, dreht sich auch die Diskussion im Abteil um die aufsehenerregenden Ereignisse in Italien. Laut bringt SCHRÖDER seine Entrüstung über das Verhalten des italienischen Königs zum Ausdruck: *„Wie kann dieser feine Aristokrat seinen Ministerpräsidenten absetzen in einer solchen Situation, die doch das Zusammenstehen aller gegen den Feind erfordert"!*

Da hält es DENNERT nicht mehr. Er ist schon ein bisschen angefressen von der Diskussion der Angestellten in seinem Zimmer an diesem Tag. Er vergisst in diesem

Moment alle Vorsicht, die er sich gegenüber Schröder auferlegt hat und lässt sich von seinen spontanen Gefühlen leiten, so als säße er in vertrauter Atmosphäre in WEIDENBERG am Wirtshaustisch.

SCHRÖDER dürfte ihn zwar kaum kennen, denn DENNERT ist ja nur einer von diesen kleinen Angestellten im Tabelwerk. Aber DENNERT kennt ihn aus den umlaufenden Gerüchten und weiß, dass dieser Mann alle Mittel hat, jede Kritik am Hitlersystem zu verfolgen. Er muss damit rechnen, dass dieser Mann alles Gehörte weitergeben wird. Doch die Wut bricht aus DENNERT heraus: *„Dem Mussolini, dem Hund, geschieht Recht. Der muss verrecken, der entgeht seinem Schicksal nicht, und dem Hitler mit seiner SS muss es gerade so gehen."*

Schröders Hals versteift sich, sein Kopf läuft puterrot an und stößt nach vorn. Voller Entrüstung fährt er DENNERT an: *„Was fällt Ihnen denn ein, ist es vielleicht besser, wenn die Bolschewisten nach Deutschland kommen?"*

Auch DENNERT ist rasch auf dem Siedepunkt. Seine Stimme steigert sich, wie es seine mitreisenden Kollegen von ihm bisher gar nicht kennen, und er erwidert ebenso laut, und sein Hamburger Dialekt lässt die Worte fast stechend in dem engen Raum stehen: *„Schlechter kann es bestimmt nicht werden, im Gegenteil, nur besser."*

Einen Moment herrscht betretene Stille im Abteil. Man vernimmt nur das Rollen der Räder, das Klacken der Schienenstöße und das Schnaufen der Lok. Nur leise hört man SCHRÖDER murmeln: *„Der Mann kann wohl nicht normal sein."*

SCHRÖDER empfindet Dennerts Äußerung als ungeheuerlich, aber er registriert auch, dass niemand im Abteil eine Gegenbemerkung macht, auch der jüngere Mann an Dennerts Seite nicht. Enttäuscht, mit seiner Linientreue so ganz allein dazustehen, dreht SCHRÖDER sich weg von DENNERT und spricht nun auf der ganze weiteren Fahrt kein Wort mehr, wie wenn er gekränkt worden wäre.

DENNERT ist selbst erschrocken über seinen Ausbruch. Aber als er feststellt, dass auch von SCHRÖDER keine weitere Reaktion kommt, meint er, dass nun aller Eifer verraucht und nichts Schlimmes zu befürchten ist. Er irrt sich.

Dieser Auftritt im Zug wird zum zweiten Standbein der Anklage vor dem Volksgerichtshof neben Marie Bonners gesammelten Zitaten. SCHRÖDER hat sich in diesem Moment seines Schweigens vorgenommen, den Namen des Mannes herauszubringen, der es gewagt hat, ihm im Zug Widerpart zu geben. Er will ihn melden, und er hat die feste Absicht, ihn an den Galgen zu bringen. Natürlich wird er Zeugen für den Zwischenfall brauchen. Er hofft, dass ihm der junge Mann, der bei dieser Fahrt neben DENNERT saß, als Ohrenzeuge helfen kann. Doch er sieht in den kommenden Wochen weder den Einen noch den Anderen.

Was die Zeugen später über den Vorfall sagen

Dennert wird später bestreiten, dass er sich im Zug in dieser scharfen Form über MUSSOLINI und über HITLER und seine SS geäußert habe. Er wird sagen, dass er sich gar nicht mehr genau an diesen Vorfall erinnere. Er stehe zwar zu seiner Meinung über MUSSOLINI, den er für einen Verräter halte, weil er sich gegen seinen König gestellt habe. Aber er streitet entschieden ab, den Ausdruck „Hund" gebraucht oder gesagt zu haben, dass er „verrecken" müsse. Er ahnt nicht, wie nah er mit dieser Profetie ja der Realität kommt, die dann kurz vor Kriegsende MUSSOLINI tatsächlich von der Hand der wütenden Partisanen ereilt.

DENNERT wird zu seiner Verteidigung außerdem beteuern, er habe HITLER im Zusammenhang mit MUSSOLINI gar nicht genannt. SCHRÖDER dagegen wird eisern an seiner Anschuldigung festhalten, dass Dennert diese Worte genau so gesagt habe.

Es wird also wichtig werden, was die anderen Teilnehmer dieser Fahrt als Zeugen mitbekommen haben. Der technische Angestellte FRITZ SCHLEMMER, der bei der Zugfahrt am Fenster saß, wird sich so verhalten, wie sich auch viele andere damals in ihrem kleinen Widerstand des Alltags gegen das Naziregime verhalten, wenn sie merken, dass ein Landsmann ans Messer geliefert werden soll: Er wird die belastenden Tatbestände leugnen. Er wird zwar sagen, dass er DENNERT von der Arbeit und auch von den Zugfahrten her kenne, aber dann wird er weiter sagen, dass er von DENNERT im Zug kein einziges Wort über die Regierung oder über führende Männer gehört habe. Auf die Anwesenheit von Rechnungsrat SCHRÖDER im Zugabteil habe er nicht geachtet. Die Zeugin HANKE habe aber immer beim Rechnungsrat SCHRÖDER gesessen. Weiter könne er zur Sache nichts angeben.

Also wird es sehr auf das Zeugnis der Kontoristin ANNELIESE HANKE ankommen. Sie saß ja tatsächlich bei dieser Zugfahrt neben SCHRÖDER. Sie wird sich winden, denn sie will als jemand erscheinen, der selber als linientreu erscheinen aber DENNERT doch nicht unbedingt schaden möchte.

So wird sie korrekterweise zunächst einmal bestätigen, dass ihr DENNERT von der Unterbringung im gleichen Arbeitsraum her bekannt sei, ebenso wie sie den Rechnungsrat SCHRÖDER kenne. Sie wird allerdings ergänzen, dass es ihr wiederholt aufgefallen sei, dass DENNERT im Zug manchmal Äußerungen politischer Natur gebraucht habe, die ihr zu denken gegeben hätten. Sie habe sich dann gedacht, so etwas dürfe der Mann nicht sagen. Sie könne sich aber nicht an den Wortlaut entsinnen, schon gar nicht in dem Sinn, in dem SCHRÖDER ihn zitiere. Sicher sei Rechnungsrat SCHRÖDER einmal bei der Heimfahrt von CREUßEN dabei gewesen, als DENNERT abfällige politische Äußerungen gemacht habe; da habe SCHRÖDER ihm entgegen gesprochen. Aber was in Einzelnen gesprochen wurde, das wisse sie nicht mehr, sie habe ja auch nicht besonders auf die Unterhaltung der Männer geachtet. Die anderen Personen im Abteil können später nicht mehr zweifelsfrei festgestellt werden.

Einzelne Befragte bestreiten, an diesem Tag überhaupt mit diesem Zug gefahren zu sein. Ein junger Mann, den Schröder fälschlich beschuldigt, mit im Abteil gewesen zu sein, kann sogar nachweisen, dass er an diesem Tag krank war.

So ist SCHRÖDER mit seiner Absicht, DENNERT ans Messer zu liefern, eigentlich zugleich der einzige Zeuge in dieser Sache. Dennoch wird man seinen Vorwürfen sowohl bei der Gestapo, wie später in der Anklage vor dem Volksgerichtshof, vollen Glauben schenken. Ja, der Ankläger beim Volksgerichtshof wird Schröders Worte genau in diesem Wortlaut in den Anklagevorwurf hineinschreiben, wie SCHRÖDER sie in der ersten Stunde formuliert hat, auch ohne weitere Zeugen.

Doch zunächst einmal macht SCHRÖDER einige Tage später erst einmal seinen Vorsatz wahr und meldet den Vorfall seinem Schwager, dem Firmenchef CARL TABEL. Da er aber DENNERT nicht mit Namen kennt und ihn auch nur ungenau als einen „dürren Menschen“ beschreiben kann, der bei TABEL beschäftigt sein müsse, kann auch TABEL nicht viel machen. Er verspricht aber, dass er im Betrieb weiter nachforschen und „den Kerl zur Meldung bringen“ werde.

Tabel warnt seine Belegschaft

TABEL plagen in diesen Tagen noch andere Sorgen. Eine der Kontoristinnen ist dabei ertappt worden, dass sie tschechischen Zwangsarbeitern erotische Lektüre zugesteckt hat, Sie wird nun verdächtigt, womöglich sogar mit einem von ihnen angebandelt zu haben, was strengstens verboten war. Ein auswärts wohnender Mitarbeiter soll Briefe von Zwangsarbeitern befördert haben und Unterstützungspakete für sie über seine Privatdresse vermittelt haben.

TABEL verfasst deshalb am 3. August 1943 einen schriftlichen Werksappell an seine „Gefolgschaft“, durch den er seine Mitarbeitenden nötigen will, sich stärker von den Zwangsarbeitern abzugrenzen.

Wie alle anderen muss auch DENNERT den Appell unterschreiben. Er unterzeichnet als „Gefolgschaftsmitglied“, das heißt, er bestätigt zugleich, dass er der NS-Einheitsgewerkschaft für Arbeitnehmer und Arbeitgeber DAF (Deutsche Arbeitsfront) angehört. Vor dem Volksgerichtshof soll dieses Dokument später beweisen, dass DENNERT vergattert und vor den Folgen möglicher Kontakte mit den Zwangsarbeitern rechtzeitig gewarnt worden sei.

TABEL behauptet in dieser Erklärung, dass die Zwangsarbeiter im Werk zum Teil Hochverräter oder zumindest Kriminelle seien, deshalb sei jeglicher Verkehr mit ihnen streng verboten und werde bestraft. Sein Werk stelle kriegswichtige Erzeug-

Barackenlager für Zwangsarbeiter: *Am Thietmarplatz im Stockheim in Creußen*

nisse her und werde von den Abwehrstellen genau überwacht, um dem Feind keine Informationen zu liefern. Wer sich mit Gefangenen einlasse, bringe die Wehrmacht und die Heimat in größte Gefahr und begehe Landesverrat. Er riskiere deshalb sein Leben. Auch Dummheit schütze nicht vor Strafe. Das Protokoll mit der Unterschrift jedes einzelnen werde als Beweis dieser Vergatterung hinterlegt.

TABEL gibt sich als Erzieher seiner Mitarbeiter im Sinn der NSDAP. Er sei, wie er später selbst über sich sagt, als langjähriger Hoheitsträger der Partei in der Lage, *„bei Betriebsappellen und auch im persönlichen Verkehr seinen Mitarbeitern in überzeugender und dringender Weise all das zu sagen, was notwendig ist, um sie aufzuklären und zu erziehen."*

So wird TABEL, als er DENNERT später bei der Gestapo anzeigt, sein Verhalten damit rechtfertigen, dass sich DENNERT absolut darüber im Klaren hätte sein müssen, „ein Kriegsverbrecher erster Sorte zu sein", wenn er trotz dieser Vergatterung durch sein unverzeihliches Verhalten nicht nur den Frieden im Werk störe und Sabotage verursache, sondern auch durch seine zersetzenden Bemerkungen die tschechischen politischen Gefangenen zu strafbaren Handlungen verleite und deren Willen breche.

Doch nach Herausgabe dieses schriftlichen Appells meldet sich TABEL zunächst einmal krank und lässt sich, als Chef eines wichtigen Rüstungsbetriebes, mitten im Krieg für mehrere Wochen eine Kur in KARLSBAD verschreiben. Erst 10 Tage nach seiner Rückkehr kommen SCHRÖDER und TABEL Mitte September wieder auf den Vorfall zu sprechen. Sie sind sich einig, dass der Mann noch ausfindig gemacht werden müsse, nachdem ja anzunehmen sei, dass er im Metallwerk beschäftigt sei.

Eine Stimmung, die zum Leichtsinn verlockt

Während Tabels Abwesenheit ist Dennerts Abteilung tatsächlich in einen größeren Arbeitsraum in einem eigens von den Zwangsarbeitern erstellten Neubau umgezogen, wie es der Chef zu Beginn des Arbeitsverhältnisses seinem neuen Mitarbeiter DENNERT versprochen hatte. Die Rüstungsproduktion dreht sich ja zu der Zeit auf Hochtouren. Die Mitarbeiter, die die Arbeitsabläufe zu planen hatten, sitzen nun nicht mehr beengt, sondern verteilen sich in einem großen Hauptraum und einem angrenzenden Nebenraum.

DENNERT fällt auf, dass die Kolleginnen und Kollegen in Abwesenheit ihres Chefs untereinander nun wesentlich häufiger und auch unbefangener private und politische Gespräche führen, als dies in der Enge des alten Büros der Fall war. Auch lässt scheinbar die Linientreue mit fortschreitender Kriegsdauer bei vielen Deutschen spürbar nach. Das fällt umso mehr auf, als ja einige in diesem Büro doch Mitglieder der NSDAP sind. Doch auch sie beteiligen sich an den lockeren Gesprächen.

So wird DENNERT immer öfter Zeuge solcher privater Unterhaltungen. Meist geht es jetzt um Sorgen und Hoffnungen über ein baldiges Kriegsende. Er will nicht als Außenseiter gelten, beachtet nicht länger die Warnungen seines Freundes EIGNER und beteiligt sich an solchen Gesprächen.

Alle scheinen den drastischen Appell zu ignorieren, mit dem Tabel seinen deutschen Mitarbeitenden den Kontakt zu den Zwangsarbeitern verboten hat. Besonders gern gehen nun die Tschechen auf DENNERT zu und sprechen ihn an. Dennerts nazikritische Einstellung ermutigt sie zu mehr Selbstbewusstsein und Stolz. Nicht selten sieht man auch die weiblichen Angestellten mit den Tschechen flirten oder ihnen heimliche Briefchen schreiben.

Der 9. September wird ein ganz besonderer Tag. Der US-General und spätere US-Präsidenten EISENHOWER hat eine sensationelle Nachricht enthüllt, die dann auch in Deutschland Furore macht: Italien hat bereits zu Monatsanfang mit den vordringenden Alliierten die Kapitulation vereinbart! An diesem Tag erscheint DENNERT im Kreis der Kollegen regelrecht fröhlich. Man unterhält sich über die Frage, wann nun wohl der Krieg auch für Deutschland zu Ende gehe und erlebt bei Dennert ein ganz ungewohntes, aufgeräumtes Benehmen.

So locker kennt man ihn sonst gar nicht, meint MARIE BONNER später in ihrer Erinnerung. zu erinnern. *„Wem haben wir denn den Krieg zu verdanken, nur dem österreichischen Anstreicher"*, sagt DENNERT ganz sorglos. Er meint es scherzhaft-ironisch und nimmt damit einen Ausdruck auf, mit dem Hitlers Gegner den „Führer" bewusst lächerlich machen wollen. Das war aus seiner Sicht verständlich, wenn auch leichtfertig. Denn Bezeichnungen Hitlers als „Anstreicher" oder „Postkartenmaler" sind DENNERT aus seiner Hamburger Zeit vor 1930 im Ohr geblieben, als die dort agitierenden Sozialisten und Kommunisten HITLER als gescheiterten Künstler und Dilettanten verspotteten.

Sie spielten damit auf die armselige Vergangenheit an, die HITLER als freier Künstler in WIEN vor dem Ersten Weltkrieg erlebt hatte. Nachdem er mit seinem Aufnahmegesuch bei der Wiener Kunstakademie letztlich gescheitert war, hatte er keinen festen Beruf ergriffen. Vielmehr hatte er von seinem Waisengeld gelebt und darüber hinaus versucht, eigene Gemälde, Aquarelle und Zeichnungen zu verkaufen. Die Landschaftsmotive hatte er häufig von Bildpostkarten abgemalt, weshalb man ihn auch als „Postkartenmaler" bezeichnete. Aus seiner Zeit als Soldat in Flandern existieren aber auch Bilder, deren Motive, wie Kirchen oder Mühlen, er selbst direkt der Natur entnahm. Darin offenbart sich durchaus eine gewisse künstlerische und architektonische Begabung. Interessanterweise pflegte er das Malen und Zeichnen offensichtlich als Hobby auch später weiter, als er längst auf dem Wege war, seinen politischen Traum zu verwirklichen. Denn es sind Aktzeichnungen bekannt, in denen ihm seine Nichte GELI RAUBALL als sein Modell

Fast impressionistisches Hitlergemälde:
Kirche von Preux-au-Bois, Flandern ca. 1915

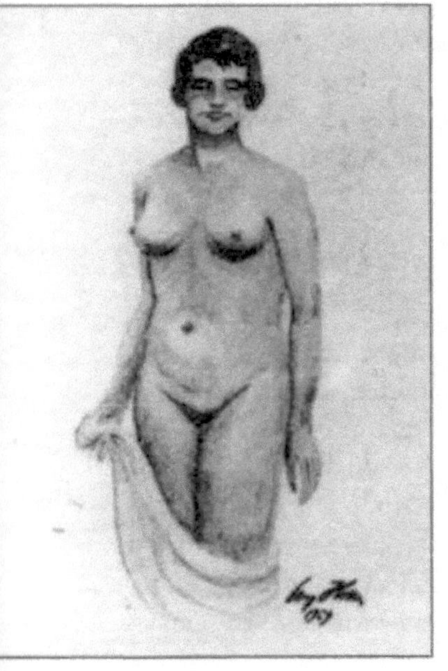

Kompromittierende Aktstudien: *ADOLF HITLER zeichnete seine Nichte GELI RAUBALD im Jahr 1929, zwei Jahre vor ihrem Suicid*

posiert; sie tragen neben der Hitlersignatur die Jahreszahl „1929", wurden aber vorsichtshalber vor der Öffentlichkeit verborgen und streng verwahrt, um Angriffe von Gegnern zu vermeiden. Der Strich des Zeichenstifts verrät zwar kein Genie, aber doch einen durchaus ansehnlichen Gebrauchskünstler. Im Jahr 2017 kam sogar ein Ölgemälde zur Versteigerung, das angeblich ebenfalls von Hitler stammt und die junge EVA BRAUN, seine spätere Ehefrau, als Aktbild zeigen soll. Insofern war die Abqualifizierung Hitlers als „Anstreicher" ziemlich gehässig.

Das Lied vom „Anstreicher Hitler"

Bald hatten auch regimekritische Satiriker diese Herabwürdigung Hitlers als bewusstes Stilmittel eingesetzt, um sein politisches Wirken zu karikieren[48]. So sagte der Dichter ERICH KÄSTNER später in einem Aphorismus: *„Immer wieder kommen Staatsmänner mit großen Farbtöpfen des Weges und erklären, sie seien die neuen Baumeister. Und immer wieder sind es nur Anstreicher."*

Der Dichter BERT BRECHT hatte bereits im Jahr 1930 (!) wie ein vorausschauender Seher in seinem „Lied vom Anstreicher Hitler" die Metapher „Anstreichen" zum Wortspiel für „An-schmieren" verwendet und darin Hitlers Ambitionen wie trüge-

---

[48] Vergl. dazu auch die 3. Folge des Projektes ‚Myrten für Dornen', in dem diese Bezeichnung Hitlers ebenfalls besprochen wird: „Der Anstreicher und seine Lehrjungen – Braune Herrschaft in Weidenberg seit 1929".

rischen Pfutsch am Bau charakterisiert, noch ohne zu ahnen, wie viel Zerstörung und Krieg, Gewalt und Tod dieser Mann tatsächlich nach der Machtergreifung anrichten würde:

1 Der Anstreicher Hitler sagte:
Liebe Leute, lasst mich ran!
Und er nahm einen Kübel frische Tünche
Und strich das deutsche Haus neu an.
Das ganze deutsche Haus neu an.
2 Der Anstreicher Hitlers sagte:
Diesen Neubau hat's im Nu!
Und die Löcher und die Risse und die Sprünge,
das strich er einfach alles zu.
Die ganze Scheiße strich er zu.
3 O Anstreicher Hitler, warum
warst du kein Maurer? Dein Haus,
wenn die Tünche in den Regen kommt,
kommt der Dreck drunter wieder raus.
Kommt das ganze Scheißhaus wieder raus.
4 Der Anstreicher Hitler hatte
bis auf Farbe nichts studiert.
Und als man ihn nun eben ranließ,
da hat er alles angeschmiert.
Ganz Deutschland hat er angeschmiert.

Hitlerkritiker:
BERT BRECHT im Jahr 1933

Doch seit der Machtübernahme und insbesondere seit dem Reichstagsbrand ist der Begriff „Anstreicher" politisch aufgeladen und mit Sanktionen bedroht; BRECHT hatte gleich am nächsten Tag nach dem Ereignis, am 28. Februar 1933, Deutschland zunächst in Richtung PRAG verlassen, und war dann über PARIS ins dänische Exil gegangen. Wer den Ausdruck seitdem dennoch gebraucht, kommt wegen „Heimtücke" vor das Sondergericht, oder ihm widerfährt noch Schlimmeres.

DENNERT ist sich an diesem 9. September in der aufgelockerten Stimmung in seinem Büro, noch dazu in Abwesenheit des obersten Chefs CARL TABEL, dieser Gefahr von Satire nicht bewusst und gibt sorglos seinen Kommentar zum Waffenstillstand Italiens und seine persönliche Prognose zum Kriegsende:

Er habe diese Entwicklung in Italien kommen sehen. Und: *„Der Krieg wird erst aus sein, wenn der Hitler und seine Bonzen nicht mehr am Ruder sind."* Anschließend wendet er sich im Gespräch einem der Tschechen zu und redet mit ihm weiter unbekümmert über die Kapitulation Italiens.

Warum Goebbels damals seinen „Titanic-Film“ zurückzog

DENNERT bedenkt nicht die Schwatzhaftigkeit von MARIE BONNER und den anderen jungen Kontoristinnen, die alle seine Sätze begierig aufgesaugt haben und das meiste sogar auf ihre kleinen Zettel notieren.

Einige Tage später unterhält sich die Belegschaft im Büro wieder über den Wehrmachtsbericht. Wenn auch mit den üblichen Siegesfanfaren verbrämt, sind doch die starken Rückzugsbewegungen des Deutschen Heeres in der ersten Hälfte des September 1943 in Russland den Deutschen nicht verborgen geblieben. So muss in diesen Tagen der wichtige Kuban-Brückenkopf aufgegeben und überhastet der Rückzug in die „Pantherstellung“ angetreten werden. Diese nur schwach befestigte Verteidigungslinie, übertreibend auch „Ostwall“ genannt, verlief östlich der baltischen Länder und Weißrusslands entlang des Dnjepr bis zum Schwarzen Meer.

Bekannt wird auch, dass Propagandaminister GOEBBELS die groß angekündigte Aufführung des deutschen Katastrophenfilms „Titanic" im Inland unerwartet verboten hat. Dabei hatte GOEBBELS für diese Filmproduktion 4 Millionen Reichsmark genehmigt, um die Bilder als Drama der Marke „Gott-strafe-England" wirkungsvoll umzusetzen. Die Filmarbeiten im damaligen GOTENHAFEN im Sommer 1942 hatte jeder in Deutschland durch die Zeitung mitgekriegt, denn dabei war die „Cap Arcona“, das schönste Schiff der Nazi-Freizeit-Organisation „Kraft-durch-Freude,“ als „Titanic" verwendet worden. Aufsehenerregende Trickaufnahmen sollten den Zuschauer realistisch am tausendfachen Wassertod der Passagiere teilnehmen lassen.

Menetekel des Untergangs: *Titanic alias „Cap Arcona“ im zurückgezogenen Propagandafilm 1943*

Doch hatte bereits während der Filmaufnahmen der Regisseur HERBERT SELPIN mit kritischen Äußerungen über die unzureichende Unterstützung durch das Militär den Unwillen der Auftraggeber erregt, er war verhaftet worden und im Gefängnis gestorben. Ob er sich selbst das Leben genommen hat oder

Opfer eines Auftragsmordes wurde, ist historisch strittig. Bei Bombenangriffen ist nun auch noch die Filmkopie mitsamt dem für die Uraufführung gedachten Kino zerstört worden, eine weitere Aufführung darf nur noch im Ausland in besetzten Gebieten stattfinden. Man munkelt, dieser dramatisch inszenierte Schiffsuntergang hätte von deutschen Zuschauern allzu leicht mit dem bevorstehenden Ende des Deutschen Reiches in Verbindung gebracht werden können und sei deshalb von GOEBBELS abgesetzt worden.

Zur echten Tragödie im Nachgang zu dieser Posse wird der Angriff, den britische Flugzeuge dann kurz vor Kriegsende auf die „Cap Arcona“ unternehmen. Bei dem nun tatsächlichen Sinken reißt das Schiff die meisten der 4.600 Passagiere in den Tod; es sind KZ-Häftlinge.

Viel Diskussionsstoff also für die Mitarbeitenden im Tabelwerk! Tiefsitzende Ängste treten ans Licht. Viele malen sich ein Schreckensszenario aus, für den Fall, dass der Krieg für Deutschland nicht günstig ausgehen sollte.

Die Ängste der Deutschen vor den Bolschewisten und das Massaker von Demmin

Befeuert von der Feindpropaganda der Nazis stellen sich die Mädchen eine Flut von Bolschewiken vor, die sich über das Land ergießen und alle Frauen schänden. Dabei entfährt es der redseligen MARIE BONNER: „Ich würde mich da aufhängen“.
Wieder mischt sich DENNERT in die Diskussion ein. Er wähnt sich als Tröster, als er sagt, da bräuchte die junge Frau keine Angst zu haben; wenn heute der Krieg schlecht ausginge, hätten es die Deutschen bestimmt genauso gut wie jetzt, vielleicht noch besser.

Dabei hat er weniger an die konkrete Besorgnis der Mädchen gedacht, als vielmehr an seine eigenen Erfahrungen von Demütigung durch das Hitlerregime. Kann es da wirklich noch schlimmer kommen?

„Was hatten wir denn bis jetzt,“ fährt er fort, *„seit der Führer an der Macht ist, sind wir nur Sklaven. Wir wissen noch gar nichts vom Leben“.* Das deutsche Volk müsse nur arbeiten. Im Ausland werde der Deutsche nicht geachtet. *„Wir haben seit 1933 gar keine Ehre mehr.“*

MARIE BONNER fühlt sich durch diesen Ausblick aber nicht getröstet. Ja, sie fühlt sich gar nicht ernst genommen, sondern nur provoziert. Was DENNERT in diesem Moment nicht mitbekommt oder bewusst ignoriert: Wieder macht die BONNER Notizen auf einem ihrer kleinen Zettelchen. DENNERT werden diese Bemerkungen vor den Volksgerichtshof bringen und so letztlich das Leben kosten.

Sein tschechischer Kollege ULRICH ZATKA, der einmal solch einen zerrissenen Zettel aus Marie Bonners Papierkorb gefischt und DENNERT gezeigt hatte, hatte ihn damit vor dem Mädchen warnen wollen; es standen massive Anschuldigungen gegen DENNERT darauf. Doch der Gemahnte hatte den Zettel mit einer leichten Handbewegung beiseite gewischt.

Weder MARIE BONNER noch CHRISTIAN DENNERT noch ULRICH ZATKA ahnen freilich, wie realistisch der Inhalt ihrer Diskussion wirklich war. Mussten Frauen damals Angst haben? War die Bemerkung von MARIE, sie würde sich das Leben nehmen, ernst gemeint, oder war das nur eine wichtigtuerische Floskel?

Tatsächlich richteten die Russen dann auf ihrem Vormarsch ab Oktober 1944 über Ostpreußen nach Pommern und Mecklenburg ein unfassbares Blutbad an und feierten Vergewaltigungsorgien, die in der Geschichte Ihresgleichen suchen. Da aber die spätere DDR-Regierung als Freund und Bündnispartner der Russen die Vorfälle stets leugnete und ihre Aufklärung verhinderte, sind die Fakten bis heute weitgehend unbekannt und kommen erst allmählich ans Licht.

So wurde lange Zeit verschwiegen und bewusst verdrängt, steht aber fest, dass z.B. die Russen bei ihrem Vormarsch bereits in den ersten deutschen Dörfern, die sie in diesem Herbst 1944 in Ostpreußen erreichen, bewusst ein blutrünstiges und orgiastisches Gemetzel anrichten. In NEMMERSDORF sind am 21. Oktober unter den 23 Opfern die Mehrzahl Frauen und Kinder. Und auch in METHGETHEN und vielen anderen Orten Ostpreußens Zahl der Frauen und Mädchen, die brutal vergewaltigt werden, erschreckend; viele werden anschließend ermordet.

Nachdem die Rote Armee die Oder überschritten hat, eskaliert dann Ende April 1945 im mecklenburgischen DEMMIN erneut die Gewalt. Wütend von einem Schlag ins Leere nach dem Rückzug der deutschen Truppen besetzen die russischen Truppen diese alte Hansestadt DEMMIN im Dreiecke der Flüsse Peene, Trebel und Tollense ein Stück südlich von STRALSUND. Neben den Einwohnern sind auch zahlreiche Flüchtlinge im Ort. Um seine Leute neu für den Weitermarsch auf BERLIN zu motivieren, gibt der russische Kommandeur seinen Leuten die Stadt zur Plünderung und die Frauen zur Vergewaltigung frei.

Die Exzesse beginnen noch am Abend. Während sich unendliche Militärkolonnen vor den zerstörten Brücken stauen, plündern Rotarmisten die beiden Getreidebrennereien und diverse Spirituosenhandlungen. „Krakelende und plündernde Rotarmisten zogen von Haus zu Haus", erinnert sich die Demminerin URSULA STROHSCHEIN. Unentwegt erklingen Uri, Uri . . . Frau, komm! –Rufe. Nebenan jammerten und schrien Frauen".

„Volltrunkene Sieger nahmen sich alle nur erreichbaren Frauen vor, demütigten sie auf das grässlichste", erinnert sich die Demminer Ärztin LOTTE-LORE MARTENS. Später kam „eine Unzahl vergewaltigter Frauen, teilweise noch stark blutend, mit

Gedemütigte Hansestadt: *Demmin nach dem Massaker*

ein, zwei, drei, ja manchmal vier Kindern an der Hand in Trance die Jarmener Chaussee heraufgewankt." Voller Panik gehen viele dieser Frauen ins Wasser, ertränken ihre Kinder und nehmen sich selbst das Leben.

Anderentags befiehlt der russische Kommandeur, die Stadt anzuzünden und verbietet über drei Tage hinweg jegliche Löscharbeiten. Obwohl es damals nicht üblich ist, auf christlichen Friedhöfen Menschen zu beerdigen, die sich selbst das Leben genommen haben, macht die Gemeinde wegen dieser Pein damals eine bewusste Ausnahme. 35 Seiten über das Massaker umfasst allein das Beerdigungsbuch der Kirchengemeinde, also hochgerechnet mindestens 900 Tote. Ungezählte Leichen werden auch in Massengräbern anonym beigesetzt; viele Menschen kommen im Feuer um, viele treiben in den Flüssen davon. Die genaue Zahl der Menschen, die in diesen Tagen umgebracht werden oder sich selbst das Leben nehmen, ist bis heute nicht bekannt, könnte aber damals leicht 2.500 erreicht haben.

Damit ist diese Welle des Schreckens damals nicht zuende. Die Kunde über das Massaker von DEMMIN verbreitet sich in Windeseile in ganz Mecklenburg. Viele in und um ROSTOCK, in Güstrow oder Grabow, geraten nun in die gleiche Panik. Insbesondere Frauen, aber auch Nazifunktionäre nehmen sich das Leben. Die Zahl dieser Opfer ist bis heute nicht vollständig ermittelt, und der Zusammenhang mit dem Massaker von DEMMIN wird gern geleugnet.

Viele Deutsche hatten damals solche Übergriffe als antirussische Propaganda der Nazis eingeschätzt und nicht ernst genommen hatten. Gleichwohl waren die Ängste der MARIE BONNER also nicht aus der Luft gegriffen. Und wie sich die weitere Kriegslage entwickeln würde, konnte zu der Zeit niemand vorhersehen. Hitlers unerwarteter Überfall auf die UdSSR mitsamt seinen grausamen Begleiterscheinungen hatte jedenfalls bei den Russen viel Wut erzeugt, die nach Rache schrie und auch bei Gebildeten eine breite Unterstützung hatte. Auch die Ukrainer, die nach Stalins Völkermord in den frühen 30-er Jahren Stalin eigentlich ablehnten und den Deutschen gegenüber sehr erwartungsvoll waren, waren über das tatsächliche Verhalten Hitlers, der Wehrmacht und insbesondere der speziellen, grausam vorgehenden Einsatzgruppen zutiefst empört. Die entfachte blinde Wut kommt auch in dem Manifest aus dem Jahr 1943 zum Ausdruck, das angeblich der ukrainische Schriftsteller ILJA EHRENBURG verfasst haben soll und das zur Beflügelung der Kampfmoral der Roten Armee gedacht war: *„Tötet, tötet! Kein Deutscher ist unschuldig, die Lebenden nicht und die Ungeborenen nicht! Brecht mit Gewalt den Rassehochmut der germanischen Frauen. Nehmt sie als rechtmäßige Beute. Tötet, ihr tapferen, vorwärtsstürmenden Rotarmisten!"*

Für die deutsche Propaganda war dieser Aufruf zur Schändung deutscher Frauen ein gefundenes Fressen; so konnten sie die immer wieder geschürte Angst vor dem Bolschewismus weiter anfachen. Es hätte ja wirklich sein können, dass ganz Deutschland der Roten Armee preisgegeben worden wäre, als Ausgleich für das erlittene Leid durch Hitlers Überfall. Für die Sowjetunion war ja der Weg nach Deutschland über einen Rachefeldzug hinaus der Schritt zu einer neuen Machtstellung in Europa. Genau in den Tagen dieser angstbesetzten Gespräche im Metallwerk Tabel, am 21. September 1943, gelingt der Roten Armee mit dem Übergang über den Dnjepr ein erster irreversibler Schritt zum Sieg über Hitler-Deutschland.

Dennert verliert seinen Arbeitsplatz

In der gleichen Woche, in der im Büro die schicksalhaften Gespräche stattgefunden hatten, erkrankt DENNERT. Schon seit Wochen haben ihn ernste Brustschmerzen geplagt. Bei seinen täglichen Wegen vom oder zum Bahnhof spürte er Atemnot. Manchmal fällt ihm das Atmen schon im Sitzen schwer. Oft fühlt er sich müde und apathisch. Er kann sich am Schreibtisch nicht konzentrieren, manchmal sinkt ihm der Kopf bei der Arbeit auf die Brust. Die Mitarbeitenden haben seine zunehmende Schwäche wahrgenommen. Manche tippen aber auf fehlenden Nachtschlaf oder unterstellen ihm sogar bewusste „Arbeitsverweigerung".

DENNERT selbst macht für seinen angeschlagenen Zustand den anstrengenden Tageslauf mit den langen Bahnfahrten und dem späten Heimkommen verantwortlich. Der Arzt DR. KAUPER, damals in WEIDENBERG als Kriegsvertretung in der Praxis von DR. MÜLLER tätig, stellt eine Herzmuskelschwäche fest und empfiehlt DENNERT, sich einige Wochen krankschreiben zu lassen oder eine andere Arbeitsstelle zu suchen.

DENNERT macht seinem Chef in der Abteilung Arbeitsvorbereitung Dr. BETZ Meldung. Der hat DENNERT von Anfang an nicht gemocht und sieht nun eine willkommene Gelegenheit, ihn loszuwerden. BETZ betrachtet Dennerts gesundheitlichen Beschwerden als nur vorgeschoben und wirft ihm vor, er behindere den Betriebsablauf und hemme die Arbeitsleistung der anderen. Er legt ihm nahe, sein Arbeitsverhältnis für diesen Betriebsbereich zu lösen.

Ohne dass es DENNERT weiß, spinnt aber BETZ hinter seinem Rücken die Intrige weiter. Er eilt sogleich zum Firmenchef CARL TABEL und bezichtigt DENNERT, dass man ihn bei der Aufsicht von Gefangenen mehrfach schlafend angetroffen habe.

Im Werk wurde unter der Woche in Schichten gearbeitet, dazu ganztägig auch samstags, sowie sonntags am Vormittag. Das deutsche Büropersonal wurde zur Bewachung der Zwangsarbeiter aus dem Bayreuther Gefängnis St. Georgen, die bei Tabel arbeiteten, verpflichtet. An Samstagen war auch DENNERT schon wiederholt eingeteilt worden, die Gefangenen bei der Arbeit zu beaufsichtigen.

Durch Betz' Meldung gerät DENNERT nun auch unmittelbar ins Visier von TABEL. Der Firmenleiter, der nach eigenem Bekunden als Hoheitsträger der NSDAP gewohnt ist, seine Mitarbeiter scharf zu beobachten, hat bis zu diesem Zeitpunkt noch nichts Negatives über ihn gehört. Ihm selber ist auch nichts aufgefallen. Jetzt wird er misstrauisch. Auch die Anzeige, die SCHRÖDER nach seiner Bahnfahrt mit dem ihm unbekannten DENNERT am 26. Juli gemacht hat, kommt TABEL jetzt ins Gedächtnis. Könnte DENNERT der „dürre Mann" sein, den SCHRÖDER beschrieben hat?

DENNERT, der sich sehr elend fühlt, geht mit seiner Krankmeldung leichtsinnigerweise gleich auf Betz' Angebot ein und gibt seinen Arbeitsbereich frei. Als DENNERT gegen den Rat des Arztes nach vier Wochen am 24. Oktober 1943 wieder an seinen Platz zurückkehren will, ist dieser bereits durch einen Kollegen, den Tschechen RYSANEK besetzt.

RYSANEK hat seine Zeit als Zwangsarbeiter beendet und ist nun wie beabsichtigt freiwillig als Angestellter bei TABEL tätig. DENNERT wird zwar weiter beschäftigt, aber auf einen untergeordneten Posten abgeschoben. Er muss nun Arbeiten ausführen, die andere Angestellte ihm anweisen. Seitdem herrscht eine gewisse Spannung in dem bislang ungetrübten Verhältnis zwischen DENNERT und dem Tschechen.

Um die anstrengenden Bahnfahrten zu umgehen, hat DENNERT sich seit seiner Genesung in CREUẞEN ein Zimmer als Untermieter besorgt. Als Vermieterin hat ihm

TABEL die Frau des Zimmermeisters HERTEL in der Bahnhofstraße vorgeschlagenen. Doch weil sie am 8. November im Bayreuther Krankenhaus eine Operation hat, muss er diese Unterkunft schon bald wieder aufgeben.

Eine verhängnisvolle Szene um den Unterhalt der Soldatenfrauen

Militärisch wird die Lage für Deutschland inzwischen immer bedrohlicher. Der sowjetischen Armee gelingt es in diesen Tagen, bis zur Mündung des Dnjepr am Schwarzen Meer vorzustoßen. Damit ist die gesamte 17. deutsche Armee auf der Krim von ihren Landverbindungen abgeschnitten. Eine weitere Katastrophe wie STALINGRAD droht.

Auch am Arbeitsplatz ist die Stimmung aufgeheizt. Die Polarisierung zwischen denen, die Hitlers Kriegspolitik verteidigen und denen, die Deutschland am Abgrund sehen, verstärkt sich. Seit DENNERT nun keine selbstständigen Arbeiten mehr ausführt, sondern nur noch nach Anweisungen anderer arbeitet, werden auch die Mädchen in seinem Büro immer kesser. Sie versuchen bewusst, ihn zu provozieren.

An diesem Montag kommt es zu einer Szene. Es ist bei den Mitarbeitenden bekannt geworden, dass die Regierung die Unterhaltsleistungen für Familien von Soldaten gekürzt hat. Bislang erhielt jeder einberufene verheiratete Soldat recht umfangreiche Familienunterstützungen und Beihilfen, die dem nationalsozialistischen Modell von Familie als Keimzelle des Staatslebens geschuldet waren, aber den Etat stark belasteten.

Wenn einer Familie der Ernährer entzogen war, weil er im Felde stand oder gefangen oder vermisst war, dann wurden die Frau und die Kinder in einem solchen Maße aus Steuermitteln unterstützt, dass sie keine zusätzliche Arbeit annehmen mussten. Zum Grundzuschuss für den laufenden notwendigen Lebensbedarf der Ehefrau und der Kinder, der sich nach dem früheren Einkommen des Mannes richtete, kamen Übergangsgehälter, Zuschüsse zur Miete beziehungsweise zu den Gebäudelasten, zur Lebens- und Haftpflichtversicherung, zu Abzahlungsgeschäften oder zur Entlohnung von Hausangestellten, Beihilfen zum Schul- und Fahrgeld der Kinder auch für Musikunterricht, Beihilfen für Krankenversicherung und Sterbegeld. Anzurechnen waren nur Einkünfte aus Kapitalvermögen und Grundbesitz, nicht aber diese selbst.

Dieser großzügige Unterhalt erreichte damals weite Teile der Bevölkerung. Viele Frauen stellten sich seinerzeit finanziell besser, wenn sie daheim blieben, als wenn sie einer Arbeit nachgingen. Und dieser Unterhalt wurde für die Dauer der Einberufung des Mannes monatlich im Voraus so lange gezahlt, wie der notwendige Lebensbedarf nicht auf andere Weise gesichert war. Viele Frauen lösten deshalb sogar bewusst ihre Beschäftigungsverhältnisse auf; andere schlossen noch rasch eine Soldatenehe oder Kriegstrauung mit dem fernen Mann, um in den Genuss der Zuwendungen zu kommen.

Nur wer vor seiner Einberufung geringe Einkünfte gehabt hatte, wie es bei DENNERT durch den Niedergang seiner Firma der Fall gewesen war, ist damals schlecht dran. Entsprechend gering ist bei ihm der Messbetrag, nach dem sich die Unterstützungsleistungen für seine Familie ausrichten. Die hohen Sätze der Familienunterstützung werden ja nicht nach dem Gedanken einer gleichen Grundsicherung für alle gezahlt, sondern nach dem Prinzip der Entschädigung für entgangene eigene Einnahmen. Mit anderen Worte: Das System begünstigte klar die Bessergestellten und benachteiligte die Ärmeren.

Wegen der Höhe dieser Unterstützungsleistungen gerät MARIE BONNER an jenem Vormittag mit CHRISTIAN DENNERT in Streit. MARIE lobt das Sozialmodell der Nationalsozialisten. Es war ja bei den Parteifunktionären und Wirtschaftsexperten selbst nicht unumstritten, denn es verschlang enorme Summen, die an anderen Stellen fehlen mussten. Bereits im Jahr 1941 war ein Achtel der gesamten deutschen Staatseinnahmen in dieses Bezuschussungssystem geflossen, und je mehr arbeitsfähige Männer nun zum Militärdienst eingezogen werden, desto krasser wurden die entstehenden finanziellen Lücken im Staatshaushalt! Auch fehlten diese Frauen nun spürbar im Arbeitsprozess und wurden notdürftig durch Zwangsarbeiter oder kriegsgefangene Ausländer ersetzt.

Die eloquente MARIE findet diese Sozialleistungen gut und verteidigt sie. Sie berichtet von den Erzählungen ihrer Mutter aus dem Ersten Weltkrieg. Damals hätten die Frauen viel weniger bekommen und es schwerer gehabt als jetzt. DENNERT wendet aufgebracht ein: *„Jetzt bekommt man ja auch nichts“.* Doch MARIE meint: *„Jetzt ist die Versorgung der Kriegerfrauen gut, zumal bei solchen, die Kinder haben.“*

DENNERT, der sich erinnert, dass seine Frau mit den vier Kindern wesentlich geringere Unterstützungen bekommen hatte, in der Zeit, als er im ersten Kriegsjahr 1939/40 bei der Wehrmacht eingezogen war, rechnet MARIE vor: *„Die Arbeiterfrauen haben 140,- RM und mehr bekommen, aber meine Frau hat nur 80,- RM erhalten. Der Grund ist, dass ich als Selbstständiger gearbeitet habe.“* Dann entfährt es ihm fast zornig: *„Was ist denn das, was man jetzt bekommt, das ist doch gar nichts, das sind nur Almosen, wir sind ja jetzt ein Bettelvolk!“*

MARIE, die nicht nur auf dem Papier Mitglied der NSDAP ist, sondern sich mit diesem System inzwischen auch innerlich arrangiert hat, ist empört, wie wenn sie persönlich angegriffen worden wäre. Abrupt wendet sich ab. Sie nimmt wieder einen ihrer kleinen Zettel und kitzelt einiges darauf. Die anderen Mädchen haben während des Disputs neugierig ihre Ohren gespitzt.

Ein Parteiappell mit Folgen

Wie eine junge Frau zur gefährlichen Denunziantin wird

Die Woche vergeht ruhig. Dann überschlagen sich im Betrieb plötzlich die Ereignisse. Der Betriebsingenieur ERNST WOLFRUM, als Leiter der Arbeitsvorbereitung Carl Tabels rechte Hand, gibt dabei den Anstoß.

WOLFRUM hat eine gewisse Schwäche für junge Mädchen. Er flirtet gern und erfährt dabei stets so manches Interessante. Auf seiner Heimfahrt mit dem Zug am Samstag nach NÜRNBERG kommt er in seinem Abteil mit einigen jungen Frauen ins Gespräch. Er hört, dass sie aus SOPHIENTHAL bei WEIDENBERG kommen und zu Besuch übers Wochenende nach NÜRNBERG wollen. Sie unterhalten sich über gemeinsame Bekannte, und irgendwie fällt dabei auch das Wort „Dennert". Dabei ereifern sich die jungen Frauen wichtigtuerisch: Ja, von DENNERT hätten sie schon einiges gehört; er sei in WEIDENBERG als ein furchtbarer Querkopf und übler Hetzer hinreichend bekannt.

WOLFRUM hat auch in CREUßEN eine kleine Wohnung, von der aus er unter der Woche zu seiner Arbeit im Tabelwerk geht. Als er am späten Abend des Sonntags hier wieder eintrifft, klingelt es an seiner Tür. Draußen in der Dunkelheit steht die Kontoristin MARIE BONNER. In einer Mischung aus Verschämtheit und Koketterie schaut sie ihn von unten her an und bittet, einen Moment hereinkommen zu dürfen. Sie weiß durch Wolfrums wiederholtes Anbaggern, dass er ein bisschen scharf auf sie ist und vertraut deshalb auf seinen Eifer. Er soll ihr aus einer Klemme helfen.

Die junge Parteigenossin MARIE BONNER hat eben einen wichtigen Pflichtappell verpasst, zu dem Ortsgruppenleiter CARL TABEL alle Creußener NSDAP-Mitglieder an diesem Sonntag um 20 Uhr in den örtlichen Anger'schen Saal beordert hatte. Dort hatte er, wie MARIE BONNER inzwischen erfahren hat, die Parteigenossen und Parteigenossinnen eindringlich ermahnt, „darauf zu achten, dass unser Volk nicht durch Verräter in seiner jetzigen stolzen Haltung zermürbt wird."

Aber MARIE war nicht erschienen, weil sie zu der Zeit bei ihrem Freund war. Und nun hat sie Angst vor Sanktionen durch diesen mächtigen „Hoheitsträger" der Partei.

MARIE will ihr Versäumnis wettzumachen und zugleich ein Zeugnis für ihren Eifer geben. Deshalb bietet sie sich WOLFRUM als Denunziantin an. Sie hat einen Bericht dabei, mit Notizen über DENNERT. Ihre vielen kleinen Zettelchen, alles, was sie bislang immer so beiläufig notiert hat, hat sie nun zusammengestellt.

WOLFRUM erkennt sofort die günstige Gelegenheit, DENNERT endgültig loszuwerden. So bietet er seinem heimlichen Schwarm MARIE BONNER großzügig seine Hilfe an. Er hat eine Idee, wie man TABEL von Maries Versäumnis des Appells ablenken und stattdessen ihren Eifer für die Partei sichtbar machen könnte. Sie solle den Bericht an TABEL in der Uhrzeit so vordatieren, dass es aussieht, als hätte BONNER ihn bereits am Sonntagvormittag, also lange vor dem Appell, abgefasst.

MARIE gehorcht. Mit ihrem gefälschten Bericht in der Hand begibt sich WOLFRUM verschwörerisch noch in der gleichen nächtlichen Stunde bei Dunkelheit zum Haus von CARL TABEL. Da WOLFRUM ja als Verwandter eine vertraute Beziehung zu TABEL hat, kommt er trotz des späten Zeitpunktes ohne Probleme in die Wohnung.

WOLFRUM spricht TABEL direkt an. Als linientreuer Nazi und zugleich als Tabels Schwager fühle er sich verpflichtet, TABEL bei der „Erziehungsarbeit" zu unterstützen. TABEL habe doch seine Mitarbeitenden zum Kampf gegen Verräter aufgerufen. WOLFRUM habe Beweise und könne jemanden präsentieren.

So diskreditiert WOLFRUM zunächst einmal DENNERT, der in seiner Abteilung als Arbeitsplaner beschäftigt war, und behauptet, dass er mit dessen Leistungen in keiner Weise zufrieden sei. Es sei vorgekommen, dass er ihm eine Arbeit gegeben hätte, die in einer halben Stunde hätte erledigt sein können und die er ihm erst am Abend oder am anderen Tage gebracht habe. Alle Belehrungen und Ermahnungen seien erfolglos gewesen. Da WOLFRUM aber in einem eigenen Büro beschäftigt sei, habe er bislang über die politische Einstellung Dennerts nichts gewusst. Nun seien aber in jüngster Zeit Berichte der Volksgenossin MARIE BONNER bei

Für Denunziationen empfänglich: *Ortsgruppenleiter und Fabrikbesitzer CARL TABEL, hier im Gespräch mit Ortsarzt Dr. LAUTNER*

ihm eingegangen, die im gleichen Büro wie DENNERT beschäftigt sei. Danach habe sich DENNERT in scheußlicher Weise über Führer, Partei und Staat ausgelassen und das ganze Büro durcheinandergebracht. Auch habe WOLFRUM durch sein Gespräch bei der Heimfahrt im Zug Meinungsäußerung von zwei Frauen aus SOPHIENTHAL mitbekommen, die DENNERT als einen Hetzer und Querkopf bezeichnet hätten. Nachdem WOLFRUM nun also die politische Einstellung des DENNERT kenne, gäbe es für ihn keinen Zweifel darüber, dass DENNERT mit Absicht seine Arbeit zurückgehalten habe.

Er habe ihn auch nicht nur einmal, sondern wiederholte Male schlafend angetroffen und ihn zurechtgewiesen. In dem Raum, wo DENNERT arbeite, seien auch sieben tschechische politische Strafgefangene mit untergebracht. WOLFRUM habe in letzter Zeit bemerkt, dass diese Gefangenen ein etwas stolzeres und selbstbewussteres Wesen und Auftreten zeigten, was nach seiner Ansicht unzweifelhaft auf die aufreizenden Redensarten des DENNERT zurückzuführen sei.

Während WOLFRUM ihm so ausführlich Bericht erstattet, reckt sich Tabels Stiernacken. Also wieder der Name Dennert! Tabels Misstrauen verdichtet sich. Das passt doch genau zu dem, was ihm damals sein Schwager Schröder über den Disput im Eisenbahnabteil gesagt hat! Was er hier über DENNERT erfahren hat, ist Hochverrat!

Natürlich erwähnt WOLFRUM nicht, dass er die Informationen von MARIE BONNER erst seit einer halben Stunde hat. Sein Plan geht auf. TABEL will seiner eifrigen Mitarbeiterin nichts nachtragen, im Gegenteil. Endlich kann er sich als „Hoheitsträger" beweisen, dem das Geschick des Nazireichs wirklich am Herzen liegt. Endlich hat er jemanden, der bereit ist, sich als Zeuge zur Verfügung zu stellen! Sonst erlebt TABEL ja stets, dass Mitarbeitende abstreiten, irgendwelche politischen Äußerungen von Kollegen gehört zu haben.

Das gehörte ja auch zum kleinen Widerstand des Alltags in der Nazizeit, dass nur die wenigstens sich bereitfanden, andere zu denunzieren. Die Fliegenklatsche der Funktionäre sauste meist in Leere, das ermüdete!

Gleich am nächsten Morgen würde TABEL also seine Büroangestellte MARIE BONNER kommen lassen. Und wenn sie zu ihrem Zeugnis stehe und ihre Angaben bei der Gestapo Erfolg brächten, dann würde er sie sogar mit einem großzügigen Geldgeschenk belohnen.

Ein schicksalsentscheidender Morgen

Noch ahnungslos betritt DENNERT am Montagmorgen sein Büro. Es ist der 8. November, der Vortag für das groß gefeierte 20. Jubiläum des missglückten Marsches auf die Münchner Feldherrnhalle im Jahr 1923, bei dem HITLER zum ersten

Im Löwenbräukeller:
Hitlerrede zum 9. Nov.

Mal ans Licht der Öffentlichkeit getreten war. Wie immer in den letzten Wochen diskutieren die Mitarbeitenden im Betrieb die Nachrichten vom Wochenende.

Die Kriegslage hat sich in diesen Tagen weiter dramatisiert. Im Atlantik ist der U-Boot-Krieg an seine Grenzen gestoßen. Durch verbesserte Ortung und hohe Luftüberlegenheit haben die Briten der deutschen U-Bootwaffe steigende Verluste zufügen können. 108 neue hochseegängige U-Boote des Typs XXI sollen nun die Hamburger Werft Blohm & Voss trotz der intensiven Bombenangriffe auf HAMBURG binnen kürzester Zeit bauen, der größte Einzelauftrag in der deutschen Marinegeschichte.

Derweil hat im Osten die Rote Armee die ukrainische Hauptstadt KIEW zurückerobert. Noch beträgt die Entfernung nach BERLIN rd. 1.200 km Luftlinie. Aber anstatt die Verteidigung zu verstärken, um der deutschen Wehrmacht einen geordneten Rückzug zu ermöglichen, befielt HITLER in seinem Hauptquartier "Wolfsschanze" einen neuen Vorstoß aus dem 300 km östlich gelegenen Brückenkopf NIKOPOL in Richtung auf die Zugänge zur Krim.

An diesem 8. November will Hitler im Löwenbräukeller in MÜnchen eine Rede an die Bevölkerung halten, die vom Rundfunk übertragen und überall mitgehört werden soll. Vor seinen „Alten Kämpfern" wird HITLER noch einmal der „Blutzeugen der Bewegung" gedenken. Er wird die „Vorsehung" beschwören und von sich behaupten, „tief innerlich religiös zu sein". Er wird von den „Prüfungen der Vorsehung" sprechen, aus der nur der Stärkere als Sieger hervorgehe. Wenn sein eigenes Volk an einer solchen Prüfung zerbrechen würde, könne er darüber *„keine Träne weinen, es hätte nichts anderes verdient. Das würde sein eigenes Schicksal sein, das es sich selbst zuzuschreiben hat."*

Zugleich wird HITLER geloben, dass Deutschland niemals kapitulieren werde. Es wird seine letzte öffentlich übertragene Rede sein. – Dies wird zugleich der Montag sein, der über Dennerts Schicksal entscheidet.

Noch scheint alles ruhig. Die Mädchen in Dennerts Büro gurren, zwitschern und scherzen scheinbar wie immer. ANNA TORMANN lacht laut auf. Ihre Arbeitskameradin FRIEDA VOGT muss mitlachen und sagt zu ihr: „Ach Anni, du bist ja nicht mehr normal."

DENNERT hat die Unterhaltung der beiden bis dahin nur mit halbem Ohr verfolgt. Doch als die VOGT diese Bemerkung macht, hebt er den Kopf zu den beiden hin und sagt kopfnickend und ernst: *„Seit 1933 sind wir alle nicht mehr normal"*.

Anna weiß nicht recht, was sie von Dennerts Bemerkung halten soll. ANNA ist politisch ein bisschen naiver, als ihre Freundin MARIE BONNER. Sie hat schon in der Vergangenheit meist nicht recht begriffen, was DENNERT mit seinen kritischen Einwürfen eigentlich sagen wollte. In ihren Ohren klangen Dennerts Bemerkungen staatsabträglich. Aber vom Inhalt hat sie eigentlich fast nichts behalten. Nur aus den Reaktionen ihrer Freundin hatte sie geschlossen, dass Dennerts Ansichten politisch irgendwie nicht korrekt waren. So hatte sie sich vereinfachend dafür den Ausdruck „schmutzige Bemerkungen" zurechtgelegt und hatte in ihrer Unsicherheit ihrer Mutter immer wieder von den Gesprächen mit DENNERT erzählt.

MARIE BONNER ist bei diesem letzten Gespräch Dennerts im gemeinsamen Büro nicht dabei. Der Firmenchef CARL TABEL hat sie gleich in der Frühe zu sich zitiert. Sie ist ein bisschen nervös, als sie vor ihm erscheint. Wird er sie für ihr Versäumnis zur Rechenschaft ziehen? Schließlich ist ihr bekannt, dass durch die Anordnung des Leiters der Partei-Kanzlei und rechten Hand des „Führers" MARTIN BORMANN vom 29. September 1943 die Teilnahme sämtlicher Parteigenossen an diesem „General-Appell" Pflicht war.

Bormanns Appell sollte den Verteidigungswillen beflügeln

MARTIN BORMANN, seit 1941 Leiter der Parteikanzlei der NSDAP und Reichsminister, gehörte mit seinem Alter von 41 Jahren zu der jüngeren Führungselite der Nazis. Er war erst im Jahr 1928 in die Partei eingetreten und mit den Ereignissen rasch nach oben gespült worden. Bei HITLER genoss er allergrößtes Vertrauen. Er durfte bestimmen, wer zu HITLER vorgelassen wurde. Er vermehrte als Hitlers Vermögensverwalter dessen Millionenvermögen durch die Vermarktung von „Mein Kampf" oder die Tantiemen von Hitlerbriefmarken und machte sich ihm immer unentbehrlicher.

BORMANN zog auf den Obersalzberg, verwandelte das Gelände in ein „Führersperrgebiet", drängte den Einfluss anderer dort residierender Parteigrößen wie GOEBBELS, GÖRING oder SPEER immer mehr zurück, avancierte zum „Sekretär Hitlers", sorgte für Hitlers Küche und durfte in den letzten Kriegstagen sogar im Bunker in BERLIN als Trauzeuge für ADOLF HITLER und EVA BRAUN fungieren. Sogar im Testament setzte HITLER seinem Parteileiter BORMANN noch ein Denkmal als dem „Treuesten seiner Parteigenossen".

Hitlers rechte Hand: *BORMANN mit HITLER auf dem Obersalzberg*

BORMANN verstand es meisterhaft, eine der Eigentümlichkeiten des NS-Regimes für sich zu nutzen, nämlich die Tatsache, dass HITLER das Verhältnis von Staat und Partei nie verbindlich regelte, weshalb hier Kompetenzkonflikte, Konkurrenzkämpfe und Chaos an der Tagesordnung waren. Dieses Chaos war beabsichtigt, denn nach Hitlers verinnerlichtem Sozialdarwinismus würde der für die Schlagkraft des Rudels Geeignetste sich durchsetzen. In seiner Anweisung vom 29. September 1943 für den Generalappell der NSDAP erweist BORMANN sich nicht nur als absolut zuverlässiger Erfüllungsgehilfe Hitlers, sondern sogar als Vordenker, der die Sprache Hitlers meisterhaft beherrscht.

BORMANN legte großen Nachdruck auf diesen Appell, der an allen Orten des Reichsgebietes binnen 4 Wochen, beginnend ab 15. Oktober, umzusetzen war. Denn er hatte sehr wohl bemerkt, dass mit der zunehmenden Verschärfung des Krieges der Widerstandswille der deutschen Bevölkerung immer mehr erlahmte. Die NSDAP sollte daher *„den Kampfwillen des deutschen Volkes immer wieder stählen, die Meinungsbildung laufend positiv beeinflussen und allen negativen Erscheinungen mit aller Energie entgegentreten.“* Auf allen drei Parteiebenen in den Gauen, Kreisen und Ortsgruppen sollten die Hoheitsträger beim Generalappell die Mitglieder neu motivieren und die Bevölkerungsmassen ideologisch mobilisieren.

In seiner Anordnung hatte Bormann von einer vielfach bedrohten Bewährungsstunde gesprochen und die NSDAP als eine *„verschworenen Kampfkameradenschaft“* benannt. Schwächlinge sollten aus diesem *„politischen Orden des deutschen Volkes mit Schimpf und Schande ausgestoßen“* oder sogar *„der Polizei übergeben“* werden.

Frauen sind in dieser Männergesellschaft der NSDAP in der absoluten Minderheit, und sie werden von den Nazis im Allgemeinen verächtlich behandelt. Da will MARIE BONNER zu solchen ausgestoßenen Schwächlingen auf keinen Fall gehören.

Handlanger der Denunziation, um die eigene Haut zu retten

TABEL spürt bei der Besprechung an diesem Montagmorgen die Nervosität der jungen Frau und weiß sie für sich zu nutzen. Er hält MARIE BONNER alles vor, was er durch WOLFRUM erfahren hat und fragt sie, was davon zu halten sei. Da sie nicht weiß, wie Wolfrums Intervention ausgegangen ist, stimmt sie vorsichtshalber allem zu, Hauptsache, sie gerät wegen ihrer Abwesenheit bei dem Appell aus der Schusslinie.

TABEL macht sie darauf aufmerksam, dass sie ihm nur die reine Wahrheit sagen solle und dass sie jederzeit bereit sein müsse, dies unter Eid zu bekräftigen. MARIE BONNER stimmt auch dieser Zumutung zu.

Dann fragt er sie, ob sie bereit ist, sich als Zeugin zur Verfügung zu stellen. Die BONNER ist an diesem Punkt nicht naiv. Nach allem, was sie über die Praxis der Nazis weiß, wie sie mit ihren Gegnern umgeht, wird ihre Denunziation bei TABEL ihrem Kollegen DENNERT zum Verhängnis werden. Doch aus Sorge um ihre eigene Haut, die sie vor dem gestrengen „Hoheitsträger“ retten will, bestätigt sie ihm Wort für Wort die Vorwürfe, die WOLFRUM seinem Chef zugetragen hat:

Ja, so habe DENNERT gesagt, unser Führer ist ein österreichischer Anstreicher. Seit ADOLF HITLER, oder, wie DENNERT sich ausgedrückt habe, „der österreichische Malergeselle“, an der Macht ist, wären wir nur Sklaven. Wir kennen das Leben nicht richtig. Das deutsche Volk ist entehrt. Wir sind ein Bettelvolk. Wenn Kriegerfrauen Unterstützung bekommen, sieht es Herr DENNERT als ein Almosen an. Die Waffengattung SS ist das größte Gesindel. Wenn heute der Krieg schlecht für uns ausginge, hätten wir es mindestens besser als jetzt. Der Krieg wird aber erst aus sein, wenn HITLER und seine Bonzen nicht mehr am Ruder sind.

MARIE BONNER ist bei dieser Denunziation selbst nicht ganz wohl. Sie versucht deshalb, auch andere mit hinein zu ziehen. So erfährt TABEL noch, dass es Maries Bruder gewesen sei, der ihr den Auftrag gegeben hätte, diese Meldung zu machen.

Dieser Bruder, der stolze Soldat Hitlers, der als Auszeichnung das Eiserne Kreuz Erster Klasse trug und nun wegen eines Lungensteckschusses hier auf Heimaturlaub war, habe sich furchtbar erregt, als die Schwester ihn wegen der „Schweinereien des Dennert“ um Rat gefragt hätte, die sie einfach nicht mehr habe anhören können. Er habe auf diese Meldung gedrungen.

Zum Schluss plaudert BONNER noch aus, dass DENNERT immer und immer wieder versucht habe, mit den tschechischen politischen Strafgefangenen im Büro Fühlung aufzunehmen. Sie behauptet, dass er diese Mitarbeiter, soweit sie beobachten konnte, sehr stark „bearbeitet" hätte. Dann fügt sie noch hinzu, dass DENNERT am Tag, als Italien kapitulierte, sich mit einem Strafgefangenen unterhalten und dabei eifrig gestikuliert habe.

Um unter den Mitarbeiterinnen nicht allein dazustehen, zieht MARIE BONNER auch noch ihre Kollegin und Freundin ANNA TORMANN in die Sache mit hinein. Sie könne die gleichen Aussagen machen, behauptet MARIE.

Zufrieden entlässt TABEL seine Angestellte. Jetzt ist er felsenfest überzeugt, dass es sich auch bei dem Mann, den SCHRÖDER ihm gemeldet hat, nur um TABEL handeln könne. Die Frage, warum SCHRÖDER seinen Kontrahenten aus dem Eisenbahnabteil seitdem nicht mehr gesehen hat, beantwortet sich für TABEL nun ganz schlüssig: Er selbst hatte Dennert ja seinerzeit die Wohnung in Creußen vermittelt. Und solange er hier wohnte, hat er den Zug natürlich nicht mehr benutzt. Auf jeden Fall sollte man also DENNERT dem Herrn Rechnungsrat SCHRÖDER gegenüberstellen.

Doch zur Absicherung des Zeugnisses von MARIE BONNER lässt TABEL nun noch die von BONNER genannte Kontoristin ANNA TORMANN kommen. Aufgrund ihrer Unreife kann sie sich die Tragweite von Denunziationen noch nicht recht vorstellen. Sie ist nur um ihr eigenes Ansehen vor dem Chef besorgt.

Eilfertig erzählt sie vom Gespräch mit ihrer Kollegin VOGT und von Dennerts Einwürfen. Heute Morgen erst habe er wieder erklärt, dass wir seit 1933 alle nicht mehr normal wären.

Dann macht TABEL auch ihr eindrücklich klar, dass die Unterstützung von Staatsfeinden jetzt ein Verbrechen sei und fragt sie, ob sie noch mehr Erkenntnisse über DENNERT habe.

Anna TORMANN ist zwar naiv und hat von Dennerts Äußerungen wenig verstanden, aber einige Sätze hat sie sich doch gemerkt. So habe DENNERT gesagt: Seit 1933 sind wir Deutschen nur Sklaven der Arbeit. Dies werde erst wieder besser, wenn ADOLF HITLER nicht mehr an der Macht wäre. Wenn heute der Krieg für uns verloren wäre, ginge es uns genauso gut wie jetzt im Kriege. Die Unterstützung, die Kriegerfrauen bekommen, sähe Herr DENNERT als Almosen an.

ANNA bestätigt ferner, dass DENNERT sich seinerzeit nach der Kapitulation Italiens mit einem Strafgefangenen unterhalten und dabei eifrig mit der Hand abgewinkt habe.

Diese Angaben reichen TABEL. Auf seine Bitte erklärt sich auch ANNA TORMANN bereit, diese Aussagen auf ihren Eid zu nehmen. TABEL entlässt sie und greift zum Telefonhörer. Er lässt sich mit der Gestapo-Leitstelle Nürnberg-Fürth verbinden.

In den Fängen der Gestapo

„Gestapo" – ein Postkürzel, das Terror verspricht

Die Abkürzung „Gestapo" war eigentlich eine selbstständige Erfindung der Reichspost, mit der sie auf ihrem Laufstempel zunächst Postsendungen an die geheime Staatspolizei Preußens bezeichnete. Doch vermerkt ein Lagebericht einer NSDAP-Kreisleitung im Jahr 1940, dass die Bevölkerung diesen Ausdruck sofort übernommen hätte, um damit Nazi-Spitzeldienste der übelsten Sorte, verbunden mit volksschädigenden Manieren der beteiligten Männer, zu brandmarken.

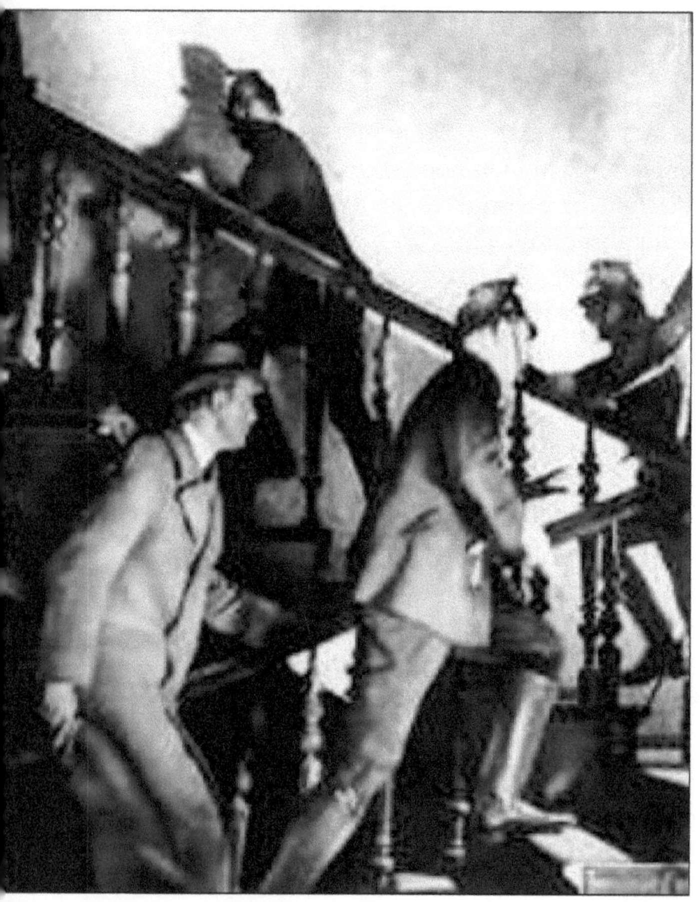

Stütze der Parteimacht: *Schupo und Gestapo*

Zwar trifft es nicht zu, dass die Angehörigen der Gestapo im berüchtigten Ledermantel auftraten, dies ist erst eine Erfindung in Nachkriegsfilmen. Die Gestapo hatte keine eigene Kleiderordnung, sondern die Mitarbeiter trugen meist Zivil oder bei öffentlichen Anlässen Uniformen der SS oder des SD. Sie waren also als Geheime Staatspolizei nicht zu erkennen.

Aber der schlimme Ruf dieser politischen Polizei des Naziregimes war so nachhaltig, dass nur die wenigsten in Deutschland es wagten, öffentlich an Zuständen im Reich Kritik zu üben, und seien sie noch so unangenehm. Obwohl spätestens mit dem Kriegsbeginn im Jahr 1939 längst nicht mehr die Mehrheit der Deutschen mit dem Nazi-System einverstanden war, wurde doch vieles wortlos geschluckt, weil man einfach vermeiden wollte, in die Hände der Gestapo zu fallen.

Insofern war CHRISTIAN DEN-

NERT in WEIDENBERG eine auffallende Ausnahme, weil er fast der einzige am Ort war, der in all den Jahren seinem Herzen immer wieder Luft machte. Die meisten kamen sich als großartige Berater vor, wenn sie ihm wegen der Gewalt der Gestapo zum Schweigen rieten.

Dass die Gestapo ein Teil des zentralen Machtapparates der Nazis war, resultierte aus einem bewussten Zugriff, denn an sich war die Polizei Ländersache. Gleich nach der Ernennung Hitlers zum Reichskanzler am 30. Januar 1933 hatten die Nazis, um ihre Macht zu festigen, sich der gesamten Polizei bemächtigt. Zu dem Zweck hatten sie sich die reichsweite Zentrale für politische Angelegenheiten zunutze gemacht, in der schon während der Weimarer Republik die Politische Polizei und Spionageabwehr zentral organisiert waren. Sie hatten ihr aber, zunächst noch auf Länderebene, eine ganz neue Organisation und Zweckbestimmung verordnet.

So wurde die Politische Polizei aus dem Apparat der Polizeipräsidien herausgelöst, ihr Personal erheblich verstärkt und zunächst direkt den Innenministern der Länder unterstellt. Und sie bekam nun den Auftrag, die „Verordnung zum Schutz von Volk und Staat“ umzusetzen, mit der die Hitlerregierung bereits im Februar 1933 die Grundrechte außer Kraft gesetzt hatte. Das bedeutete: Nicht länger Hüterin von Sicherheit und Ordnung und Schützerin der Menschenrechte war die Polizei, sondern Wächterin des Nazistaates und Stütze der Parteimacht.

Die erbarmungslosen Konsequenzen dieser Umformung der Politischen Polizei von einer eher defensiven Behörde zu einem aggressiv-offensiven und vor allem präventiven Machtinstrument stellt ein Zeitungsartikel schonungslos heraus, den der Stuttgarter Polizeipräsident Dr. MATTHEIẞ am 30. Januar 1934 für den NS-Kurier, eine Stuttgarter Nazizeitung, abfasste.

Danach gehe es bei der „deutschen Revolution“ nicht um einen politischen Machtkampf, sondern um einen „Umbruch auf allen Gebieten des menschlichen Daseins.“ Diesem „Willen zur Ausschließlichkeit“ müsse sich das ganze „geistige, künstlerische und wirtschaftliche Leben der Nation“ unterwerfen. Aus diesem Grunde reichten auch die Aufgaben der politischen Polizei weit über den Rahmen ihrer bisherigen Tätigkeit hinaus. Sie habe nun „die Feinde des Dritten Reichs zu erforschen und zu beobachten“ und sie gegebenenfalls unmittelbar und „rücksichtslos zu bekämpfen“. Sie sei darüber hinaus verpflichtet, „Wächter des nationalsozialistischen Programms und seiner Verwirklichung zu sein.“ Daraus ergebe sich, dass das gesamte politische und kulturelle Leben des Volkes überhaupt in allen seinen Äußerungen sehr sorgfältig beobachtet werden müsse. Die Hauptgefahr sei von einer geistigen Haltung der Gegner zu erwarten, die ihre politische Tätigkeit in kulturellen, sozialen, wirtschaftlichen und selbst in religiösen Kämpfen tarne.

Präsident Dr. Mattheiß:

Die Wächter des neuen Staats

Bei der deutschen Revolution handelt es sich im Grunde nicht um einen Kampf um die politische Macht, sondern um einen *Umbruch auf allen Gebieten des menschlichen Daseins*. Aus diesem Willen zur Ausschließlichkeit ergibt sich zwangsläufig die Tatsache, daß es im nationalsozialistischen Deutschland keinerlei politisches Wollen mehr geben kann, das nicht auch das geistige, künstlerische und wirtschaftliche Leben der Nation in tiefster Weise berührt.

Angesichts dieser Tatsache muß es verstanden werden, daß auch die *Politische Polizei* im neuen Deutschland sich vor Aufgaben gestellt sieht, die weit über den Rahmen ihrer bisherigen Tätigkeit hinausreichen. Die Politische Polizei sieht ihre gegenwärtige und zukünftige Aufgabe darin, *die Feinde des Dritten Reichs zu erforschen und zu beobachten*, aber auch sie gegebenenfalls unmittelbar und, wenn es sein muß, rücksichtslos zu bekämpfen, *gleichgültig, in welchen Formen diese Gegner auch auftreten mögen*. Sie hält sich für den Bürgen nicht allein der staatlichen, sogenannten öffentlichen Sicherheit und Ordnung im alten Sinne, sondern erachtet sich darüber hinaus für verpflichtet, „Wächter des nationalsozialistischen Programms und seiner Verwirklichung zu sein!

Daraus ergibt sich, daß zukünftig von ihr nicht nur ausschließlich politisch polizeiliche Dinge im engeren Sinne des Worts behandelt werden, sondern daß von hier aus sehr sorgfältig das gesamte politische und kulturelle Leben des Volkes überhaupt in allen seinen Aeußerungen beobachtet werden muß und wird. Dies erscheint um so notwendiger, als in einer Zeit, in der die politischen Kampfmittel und Organisationen äußerlich zerschlagen am Boden liegen, die Hauptgefahr für die Zukunft von einer gegnerischen geistigen *Haltung* zu erwarten ist, die mangels anderer ihr zur Verfügung stehender Mittel und Methoden versuchen wird, ihre politische Tätigkeit in kulturellen, sozialen, wirtschaftlichen und, wie sich in der letzten Zeit ja immer wieder bestätigt hat, selbst in religiösen Kämpfen zu vertarnen.

Erbarmungsloser „Wille zur Ausschließlichkeit“: *NS-Kurier Stuttgart 30.1.1934*

Vor allen Augen eingerichtete „Schutzhaftlager“ sollen von der ersten Stunde an unbotmäßige Bürger disziplinieren.

Die Umbenennung der umgewandelten politischen Polizei in „Geheime Staatspolizei“ im Oktober durch ihren von HITLER im Jahr 1936 ernannten Chef HEINRICH HIMMLER, den Schöpfer der SS, ist dann nur noch eine Formsache. Seitdem ist die Polizei der Aufsicht der Innenministerien der Länder vollständig entzogen.

Die einzelnen Zweige der Polizeiarbeit von der Tätigkeit der SS zu unterscheiden, ist seit dem Beginn des Zweiten Weltkrieges im September 1939 kaum mehr möglich, denn Gestapo, Kriminalpolizei und Sicherheitsdienst sind im Reichssicherheitshauptamts in einem Machtkonglomerat unter Himmlers direkter Leitung zusammengeschlossen. Mit diesem Machtwerkzeug kann Himmler jeden persönlichen und politischen Gegner in ein KZ einliefern lassen.

Etwa 15.000 Mitarbeiter gehören der Gestapo zu Kriegsbeginn an, bei Kriegsende sind es etwa 35.000. Etwa die Hälfte von ihnen gehören gleichzeitig zur SS. Die jeweilige örtliche Kriminalpolizei arbeitet der Gestapo zu.

Nun überzieht ein lückenloses Netz von Gestapo-Leitstellen zunächst das ganze Deutsche Reich, und dann, im Krieg auch ganz Europa von Frankreich bis Russland, vom Nordkap bis Sizilien. Es wird vom Kreissicherheitshauptamt in Berlin unter Leitung von HEINRICH HIMMLER gesteuert.

Der Absolutheitsanspruch dieser Zentrale war überall bekannt und gefürchtet. Ihre Zuträger waren meist kleine Denunzianten aus unteren Schichten, die ihre Minderwertigkeitskomplexe abreagieren und sich selbst bei der politischen Leitung in ein besseres Licht rücken wollten. War der Anteil der Frauen bei den Mitgliedern der NSDAP kaum mehr als 10%, so lag er bei den Denunzianten immerhin bei etwa 30 %.

Dieser erstaunliche Eifer, den Frauen beim Denunzieren insbesondere von Männern an den Tag legten, war also auch ein Ersatz, um weibliche Macht auszuüben, nachdem ihnen der direkte Zugang zur Macht im Nationalsozialismus verwehrt war. Sie konnten sich zwar zum Dienst bei der Partei oder bei der Gestapo bewerben, als sei es ein regulärer Arbeitsplatz, ja, sie konnten sich sogar vom Arbeitsamt zuweisen lassen; aber sie wurden nur als Bürokräfte eingesetzt und nicht wirklich an Leitung beteiligt.

Hingegen fühlte sich auch der kleinste männliche Hilfspolizist durch den großen Ermessensspielraum und die weitreichenden Kompetenzen, die man ihm als Mitarbeiter bei der Gestapo einräumte, in seiner Männlichkeit enorm aufgewertet. Viele machten durch Willkürhandeln oft genug von dieser Macht Gebrauch, nicht zuletzt dann im Krieg durch bereit- und freiwillige Mitarbeit bei der Judendeportation und bei den berüchtigten „Einsatzkommandos."

Die Gestapo machte aus ihrer Arbeit kein Hehl. So residierten die Gestapo-Leitstellen in den Städten damals nicht, wie man vielleicht vermuten könnte, im Geheimen, sondern stets an auffallenden Plätzen und in bekannten Gebäuden. Ihre Anschriften und Telefonnummern waren in den öffentlichen Adressbüchern verzeichnet. So hat die Gestapo-Leitstelle Nürnberg-Fürth, die für Ober– und Unterfranken zuständig ist, ihre Zentrale mitten in der Altstadt Nürnbergs. Sie ist also gar nicht „geheim", wie die Bezeichnung „Geheime Staatspolizei" suggeriert, und sollte es auch nicht sein. Vielmehr, jeder, der jemand anderen anzeigen oder denunzieren wollte, sollte möglichst leicht den

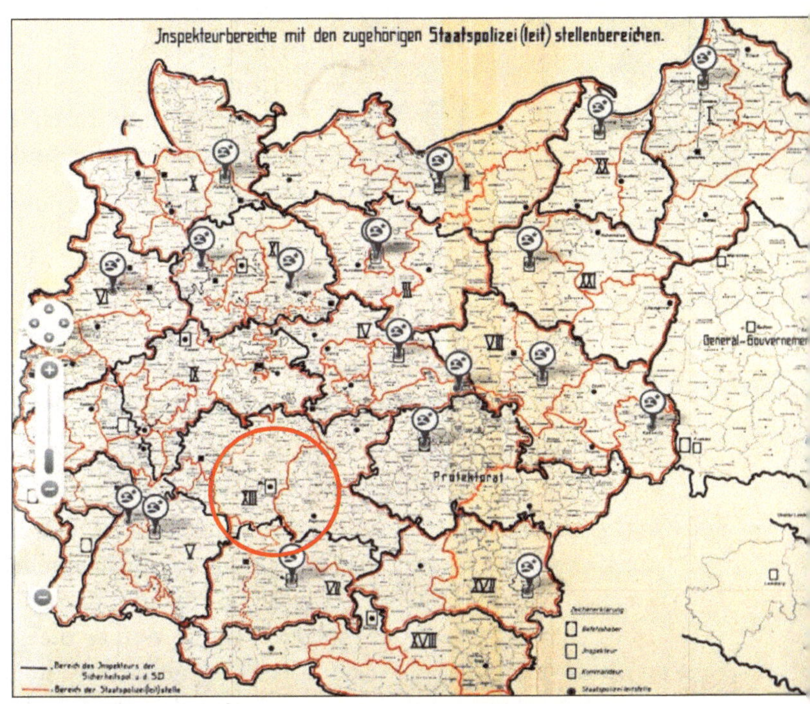

Flächendeckende Präsenz: *Gestapo-Leitstellen im Deutschen Reich auf einer Karte des SD von 1943. Im Kreis: Leitstelle Nürnberg-Fürth*

Selbstbewusster Polizeichef: *HEINRICH HIMMLER bei HITLER im Jahr 1942 auf dem Obersalzberg*

Weg finden. Und davon wurde auch allseits gern Gebrauch gemacht.

Zugleich sollte ja von diesem Terror-Instrument Gestapo bewusst eine abschreckende Wirkung ausgehen, um allein schon durch ihren üblen Ruf Regimekritiker einzuschüchtern und sie zur Zurückhaltung bei Meinungsäußerungen zu bewegen. Jedermann sollte die unumschränkten Möglichkeiten der Gestapo kennen. – Dies galt im Übrigen auch für die anderen Instrumente des Repressionsapparats wie etwa die Konzentrationslager, die in Deutschland keineswegs völlig abgeschirmte geheime Orte waren.

Die fränkische Gestapozentrale hat nach dieser Maxime ihre Dienststelle damals in der ehemaligen Deutschhauskaserne an der Ludwigstraße 36 zwischen Jakobskirche und Ludwigstor-Plärrer eingerichtet. Das Gebäude wurde nach schweren Bombenzerstörungen im letzten Kriegsjahr nach 1945 abgerissen und durch einen Neubau ersetzt: hier befindet sich bis heute delikaterweise das Polizeipräsidium NÜRNBERG.

In eben diesem Jahr 1943, als der hündische CARL TABEL sich mit dem Verrat an seinem Mitarbeiter CHRISTIAN DENNERT profilieren will, ist diese Staatspolizeistelle zu einer Leitstelle aufgewertet worden. Ihre Mitarbeiterschaft ist bereits seit dem Jahr 1941 auf über 200 Personen vermehrt worden. Jedenfalls weiß CARL TABEL, dass er hier mit seiner Anzeige an der richtigen Adresse ist.

Tabels Anzeige gegen Dennert an die Gestapo – durch Zufall wieder aufgefunden

TABEL berichtet der Gestapo zunächst telefonisch, dass er einen Staatsfeind in seinem Werk habe, und fordert sofortiges Eingreifen. Dies sichert die Gestapo ihm zu, bittet ihn aber, bis zum folgenden Tag seine Anzeige auch noch schriftlich vorzulegen.

Sogleich diktiert TABEL seinen Text, in den er die Anschuldigungen seiner Zeugen BONNER, TORMANN und SCHRÖDER aufnimmt, und schickt ihn per Boten nach NÜRNBERG. Dort wird der zweiseitige Brief am folgenden Tag mit dem Eingangsstempel versehen.

Fränkische Gestapozentrale: *Deutschhauskaserne am Jakobsplatz in Nürnberg*

Tabels perfide Anzeige gegen DENNERT wird nun bei der Gestapo in NÜRNBERG ausgewertet. In diesem Akt werden später auch die Unterlagen über seine Verhaftung und die damit verbundenen Polizeiverhöre gesammelt. TABEL hat bereits die ersten Stichworte für die Verfolgung Dennerts geliefert, wenn er ihn der „schwersten Kränkungen des Führers" bezichtigt und ihn als jemanden darstellt, der „im Betrieb direkt Hochverrat betreibt".

Da TABEL von vornherein weiß, welche Konsequenzen diese Anschuldigungen haben, nämlich eine Anklage beim Volksgerichtshof und ein sicheres Todesurteil, muss man in ihm auch den Hauptschuldigen für Dennerts Tod sehen. Im Akt, den die Gestapo dann für den Volksgerichtshof zusammenstellte, bildete Tabels Schreiben den Ausgangspunkt für den zu erwartenden Prozess. Diesem Vorgang wurden dann alle Zeugenaussagen beigegeben, die die Kriminalpolizei dann in der folgenden Zeit fertige Das ist auch der Grund, warum wir heute so minutiös über den Fall DENNERT Bescheid wissen.

Dass Tabels Schuld trotz der Bemühungen der Juristen in den ersten Jahren nach dem Krieg bei den Spruchkammer- und Zivilprozessen nie angemessen verfolgt werden konnte, hat aber seinen Grund. Denn zu dieser Zeit galten viele dieser Akten, die beim Volksgerichtshof in Berlin lagerten als verschollen. Man wähnte das meiste unter Trümmern begraben, nachdem das Gebäude des Volksgerichtshofs im letzten Kriegsjahr 1945 durch Bomben weitestgehend zerstört worden war. So waren diese wichtigen Unterlagen gegen Tabel nicht verfügbar; man konnte die Schuld des Angeklagten nicht belegen.

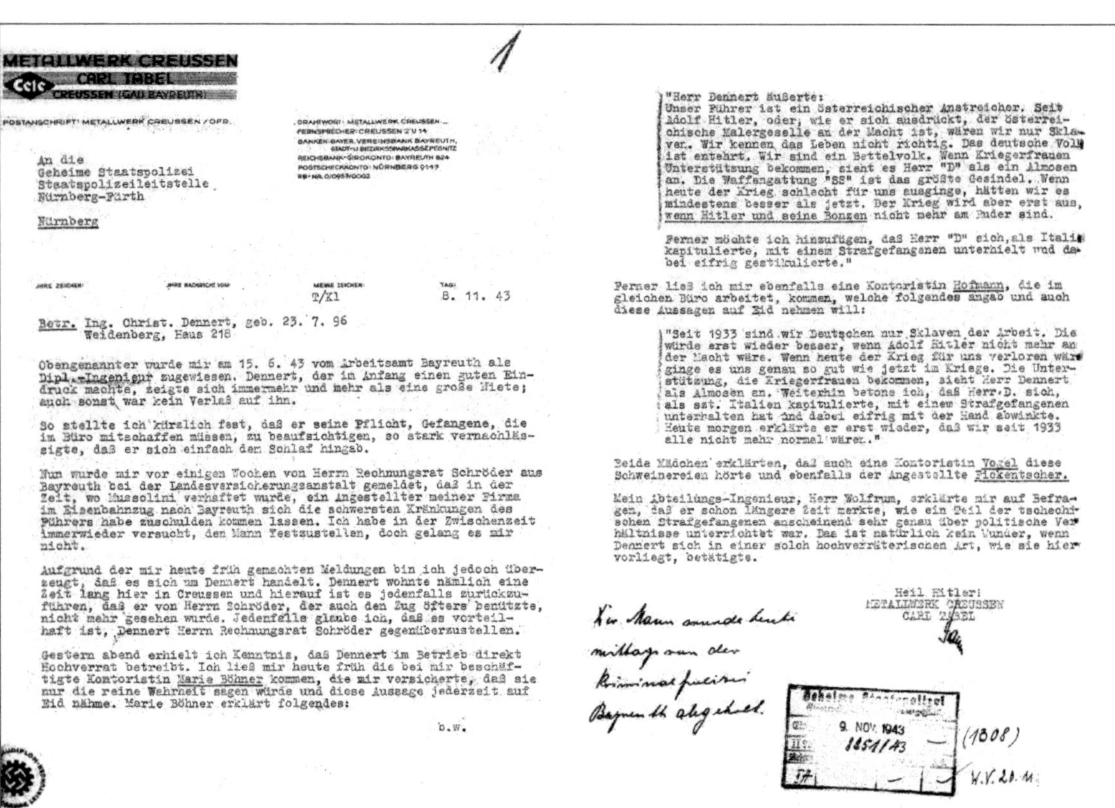

METALLWERK CREUSSEN
CARL TABEL
CREUSSEN (GAU BAYREUTH)

POSTANSCHRIFT: METALLWERK CREUSSEN / OFR.

DRAHTWORT: METALLWERK CREUSSEN
FERNSPRECHER: CREUSSEN 2 U 14
BANKEN: BAYER. VEREINSBANK BAYREUTH, STADT- U. BEZIRKSSPARKASSE PEGNITZ
REICHSBANK-GIROKONTO: BAYREUTH 824
POSTSCHECKKONTO: NÜRNBERG 9147

An die
Geheime Staatspolizei
Staatspolizeileitstelle
Nürnberg-Fürth

Nürnberg

Ihre Zeichen: — Ihre Nachricht vom: — Meine Zeichen: T/Kl — Tag: 8. 11. 43

Betr. Ing. Christ. Dennert, geb. 23. 7. 96
Weidenberg, Haus 218

Obengenannter wurde mir am 15. 6. 43 vom Arbeitsamt Bayreuth als Dipl.-Ingenieur zugewiesen. Dennert, der im Anfang einen guten Eindruck machte, zeigte sich immermehr und mehr als eine große Niete; auch sonst war kein Verlaß auf ihn.

So stellte ich kürzlich fest, daß er seine Pflicht, Gefangene, die im Büro mitschaffen müssen, zu beaufsichtigen, so stark vernachlässigte, daß er sich einfach dem Schlaf hingab.

Nun wurde mir vor einigen Wochen von Herrn Rechnungsrat Schröder aus Bayreuth bei der Landesversicherungsanstalt gemeldet, daß in der Zeit, wo Mussolini verhaftet wurde, ein Angestellter meiner Firma im Eisenbahnzug nach Bayreuth sich die schwersten Kränkungen des Führers habe zuschulden kommen lassen. Ich habe in der Zwischenzeit immerwieder versucht, den Mann festzustellen, doch gelang es mir nicht.

Aufgrund der mir heute früh gemachten Meldungen bin ich jedoch überzeugt, daß es sich um Dennert handelt. Dennert wohnte nämlich eine Zeit lang hier in Creussen und hierauf ist es jedenfalls zurückzuführen, daß er von Herrn Schröder, der auch den Zug öfters benützte, nicht mehr gesehen wurde. Jedenfalls glaube ich, daß es vorteilhaft ist, Dennert Herrn Rechnungsrat Schröder gegenüberzustellen.

Gestern abend erhielt ich Kenntnis, daß Dennert im Betrieb direkt Hochverrat betreibt. Ich ließ mir heute früh die bei mir beschäftigte Kontoristin Marie Böhner kommen, die mir versicherte, daß sie nur die reine Wahrheit sagen würde und diese Aussage jederzeit auf Eid nähme. Marie Böhner erklärt folgendes:

b.w.

"Herr Dennert äußerte:
Unser Führer ist ein österreichischer Anstreicher. Seit Adolf Hitler, oder, wie er sich ausdrückt, der österreichische Malergeselle an der Macht ist, wären wir nur Sklaven. Wir kennen das Leben nicht richtig. Das deutsche Volk ist entehrt. Wir sind ein Bettelvolk. Wenn Kriegerfrauen Unterstützung bekommen, sieht es Herr "D" als ein Almosen an. Die Waffengattung "SS" ist das größte Gesindel. Wenn heute der Krieg schlecht für uns ausginge, hätten wir es mindestens besser als jetzt. Der Krieg wird aber erst aus, wenn Hitler und seine Bonzen nicht mehr am Ruder sind.

Ferner möchte ich hinzufügen, daß Herr "D" sich, als Italien kapitulierte, mit einem Strafgefangenen unterhielt und dabei eifrig gestikulierte."

Ferner ließ ich mir ebenfalls eine Kontoristin Hofmann, die im gleichen Büro arbeitet, kommen, welche folgendes angab und auch diese Aussagen auf Eid nehmen will:

"Seit 1933 sind wir Deutschen nur Sklaven der Arbeit. Die würde erst wieder besser, wenn Adolf Hitler nicht mehr an der Macht wäre. Wenn heute der Krieg für uns verloren wäre ginge es uns genau so gut wie jetzt im Kriege. Die Unterstützung, die Kriegerfrauen bekommen, sieht Herr Dennert als Almosen an. Weiterhin betone ich, daß Herr D. sich, als szt. Italien kapitulierte, mit einem Strafgefangenen unterhalten hat und dabei eifrig mit der Hand abwinkte. Heute morgen erklärte er erst wieder, daß wir seit 1933 alle nicht mehr normal wären."

Beide Mädchen erklärten, daß auch eine Kontoristin Vogel diese Schweinereien hörte und ebenfalls der Angestellte Fickentscher.

Mein Abteilungs-Ingenieur, Herr Wolfrum, erklärte mir auf Befragen, daß er schon längere Zeit merkte, wie ein Teil der tschechischen Strafgefangenen anscheinend sehr genau über politische Verhältnisse unterrichtet war. Das ist natürlich kein Wunder, wenn Dennert sich in einer solch hochverräterischen Art, wie sie hier vorliegt, betätigte.

Heil Hitler!
METALLWERK CREUSSEN
CARL TABEL

Der Mann wurde heute mittag von der Kriminalpolizei Bayreuth abgeholt.

Geheime Staatspolizei
9. NOV. 1943
1851/43 (1808)

Lange verschollene Originalanzeige: *Tabels Denunziationsschreiben vom 8.11.1943 gegen seinen Mitarbeiter* CHRISTIAN DENNERT *bei der Gestapo-Leitstelle Nürnberg-Fürth*

Tatsächlich war aber nicht alles vernichtet worden. Manches war im Chaos des verwüsteten Berlin nur verschwunden. So war es auch eher ein Zufall, dass 15 Jahre nach Kriegsende im Jahr 1960 auf einem Westberliner Schrottplatz in KREUZBERG ein Panzerschrank entdeckt und sichergestellt werden konnte, der Akten des Volksgerichtshofes enthielt. Es waren Schicksale von über 2.000 Angeklagten, die im Nachhinein aufgedeckt werden konnten, so z.B. auch so bedeutsame Unterlagen, wie über die Verurteilung der Geschwister SCHOLL. Die Hauptmasse der Akten aber blieb zunächst verschwunden, wie man meinte, für immer.

Dann aber kam die politische Wende des Jahres 1989 und die Wiedervereinigung Deutschlands. Und plötzlich tauchten auch diese brisanten Unterlagen des Volksgerichtshofs wieder auf. Ihr Weg war abenteuerlich gewesen: Die Russen hatten die

Akten aufgefunden, vereinnahmt und dann später der DDR-Regierung in OSTBERLIN übergeben. Diese hatte sie gegen den Zugriff von Historikern verwahrt, um ein Mittel in der Hand zu haben, ihrerseits „Republikfeinde" zu verfolgen.

Die neuen Rechtsstrukturen nach der deutschen Vereinigung brauchten es aber mit sich, dass alle Akten der Volkskammer der DDR nun in das Bundesarchiv in BERLIN überführt und dort inventarisiert werden konnten. Seitdem sind sie dort für Angehörige von Opfern und für Historiker zugänglich. Das war und ist vielen Betroffenen aber immer noch nicht bekannt.

So verdanken wir die Kenntnis und Einsicht der Akten im Fall des Weidenberger Nazi-Opfers CHRISTIAN DENNERT einem weiteren Zufall. Es war ein Enkel des Opfers, ALBERT „TIM" SCHIMEK, der nach den Spuren seines Großvaters fahndete und dabei zufällig auf diese Quelle stieß. Er bekam auch Wind von dem Projekt ‚Myrten für Dornen' und meldete sich. Daraus sind viele interessante Zeitzeugenbegegnungen geworden. Dass wir heute so minutiös bis in den Wortlaut der damaligen Gespräche hinein das tragische Geschick des Naziopfers CHRISTIAN DENNERT aufklären können, verdankt sich unter anderem der Einsichtnahme in das Konvolut von über 100 Seiten Gestapo– und Volksgerichtshofakten, die TIM DENNERT in BERLIN auffinden konnte. Er hat sie bereitwillig für die Bearbeitung des historischen Projektes zur Verfügung gestellt hat.

Die Akribie, in der diese Unterlagen damals zusammengestellt wurden, hat freilich auch etwas Erschreckendes. Hier wird einmal mehr sichtbar, mit welch „preußischer Gründlichkeit" dieses Regime darstellen wollte, kein Willkür- sondern ein Rechtsstaat zu sein. Alles staatliche und juristische Handeln sollte peinlichst genau auf rechtlicher Grundlage geschehen – nur dass eben die zugrunde liegende Rechtssetzung insbesondere in den Gesetzen nach dem Reichstagsbrand von 1933 eine Willkürgesetzgebung war.

Als sich TABEL nach Kriegsende in zahlreichen Prozessen vor Spruchkammern und Zivilgerichten wegen seiner Untaten verantworten musste, lagen zum Bedauern der damaligen Richter diese Originalakten wichtigen Akten noch nicht vor. Das erlaubte auch Angeklagten wie TABEL, ungestraft zu lügen, um sich selbst reinzuwaschen.

So behauptete TABEL seinerzeit vor Gericht, nicht er, TABEL, sei es damals gewesen, der diese Anzeige bei der Gestapo veranlasst hätte, sondern GUSTAV SCHRÖDER, der mit DENNERT damals die erste Diskussion über MUSSOLINI im Zug gehabt hatte. TABEL kann damals also ungeniert und ungestraft seinen Schwager SCHRÖDER nachträglich denunzieren, und SCHRÖDER konnte sich gegen diese haltlosen Verdächtigungen nicht mehr wehren, denn er war zu diesem Zeitpunkt schon verstor-

Das Lügen gewohnt: *Carl Tabel*

ben. Er hatte beim „Volkssturm" in den letzten Kriegstagen irgendwo zwischen Creußen und Bayreuth sein Leben verloren, niemand kennt sein Grab.

Sicher, auch Schröder war kein unbeschriebenes Blatt, wie wir gesehen haben. Er war ein fanatischer und in Creußen bekannter Nazi, und er war es schließlich auch, der mit seiner Zeugenschaft seinerzeit die eine unverrückbare Säule der Anklage des Volksgerichtshofes gegen Dennert lieferte. Dass ihm nachträglich sein Verwandter Tabel, der sich stets um einen Vorteil für sich selbst bemühte, genüsslich manches anhängt, muss er schweigend hinnehmen.

Und Tabel muss zu Lebzeiten auch nicht damit rechnen, dass eines Tages diese soundsovielte Lüge seines Leben herauskommt; es war ja eigentlich unwahrscheinlich, dass die Originale seiner Anzeige jemals wieder auftauchen würden, die ihn überführen. So wird also erst jetzt, fast 80 Jahre nach dem heimtückischen Vorfall, mit diesem Projekt ‚Myrten für Dornen' erstmals bewiesen, dass Tabel selbst es war, der seinen Mitarbeiter Christian Dennert am 8. November 1943 bei der Gestapo Nürnberg-Fürth zunächst telefonisch und dann auch schriftlich anzeigte und damit vor den Volksgerichtshof brachte.

Ein Chef, der seinen Mitarbeiter dem Volksgerichtshof ausliefert

Es ist der Anzeigetext an diesem 8. November an die Gestapo Nürnberg-Fürth, gesiegelt mit dem „Gaudiplom der DAF für hervorragende Leistungen", in dem Tabel auf zwei Schreibmaschinenseiten zunächst die Anschuldigungen durch Gustav Schröder, Marie Bonner, Anna Tormann und Ernst Wolfrum ausführlich im Wortlaut auflistet und dann mit seiner scharfen Denunzierung Dennerts fortfährt:

„Dennert war sich absolut darüber im klaren, dass er ein Kriegsverbrecher erster Sorte sein muss, wenn er trotzdem durch sein unverzeihliches Verhalten nicht nur den Frieden im Werk stört und Sabotage, wie man es so nennen darf, verursacht, sondern dass er auch durch seine zersetzenden Bemerkungen womöglich die tschechischen politischen Gefangenen zu strafbaren Handlungen verleitet und deren Willen bricht. Da auch Tormann dem Sinne nach die gleichen Ausführungen machte, sah ich mich veranlasst, die Gestapo in Nürnberg telefonisch zu verständigen."

Tabel selbst berichtet dann, dass noch am gleichen Tag gegen 14 Uhr Kriminalsekretär Lochmüller erschienen sei. Er habe Dennert in dem von Tabel zur Verfügung gestellten Personenwagen mit nach BAYREUTH genommen habe. Den Wagen habe sein Chauffeur HASLER gefahren.

TABEL fügt noch die angebliche Aussage einer Kontoristin der Essigfabrik BECK bei, die dem Sinn nach behauptet habe, DENNERT sei ein bekannter Kommunist, der schon wiederholt eingesperrt worden wäre, und dass es an der Zeit sei, „dass ihm endlich einmal der Kopf herunterkäme." Die betreffende Zeugin, in Wahrheit die Lagerarbeiterin BABETTE MEISEL aus WEIDENBERG, bestreitet später auf Befragen energisch, diese Aussage gemacht zu haben.

So wird also CHRISTIAN DENNERT an diesem Montag, dem 8. November 1943, um 14 Uhr auf fernmündliche Anweisung von Kreisinspektor OHLER von der Leitstelle NÜRNBERG-FÜRTH der Geheimen Staatspolizei verhaftet. Er wird vor den Augen seines entsetzten Freundes und Arbeitskameraden HANS EIGNER und der übrigen Mitarbeitenden von seinem Chef CARL TABEL persönlich aus dem Büro herausgerufen und noch an seinem Arbeitsplatz in CREUßEN festgenommen. Im Auto seines Chefs wird er von dessen Chauffeur nach BAYREUTH gebracht und als Polizeigefangener um 15:15 Uhr in das Gerichtsgefängnis BAYREUTH in der Markgrafenallee eingeliefert.

Dennert in Polizeihaft: *Markgräfliches Zuchthaus Bayreuth*

Verhöre und Schuldvorwurf bei Kripo und Gestapo

Dennerts Verhaftung löst im Werk und auch darüber hinaus viel Aufsehen und Betroffenheit aus. Die Gerüchteküche brodelt. Jeder weiß etwas und nimmt sich wichtig, doch niemand will verantwortlich sein. Tabels Chauffeur HASLER erzählt der oben genannten Lagerarbeiterin BABETTE MEISEL aus WEIDENBERG, die in der Creußener Essigfabrik BECK arbeitet, er hätte soeben einen hereingefahren, den könne es den Kopf kosten.

An den folgenden beiden Tagen vernimmt Kriminalsekretär MICHAEL LOCHMÜLLER 24 Zeugen und fertigt für die Gestapo sorgfältige und gut lesbare Protokolle.

Er beginnt im Werk beim Chef CARL TABEL, befragt dann den technischer Leiter des Werkes und Tabels rechte Hand Dipl. Ing. Dr. KURT BETZ, den Leiter der Arbeitsvorbereitung und Betriebsingenieur und unmittelbaren Vorgesetzten Dennerts ERNST WOLFRUM, die 20-jährige Kontoristin und Hauptzeugin der Anklage MARIE BONNER, die 18-jährige Kontoristin ANNA TORMANN, den technischen Angestellten und Freund Dennerts HANS EIGNER, die tschechischen Angestellten RYSANEK und ZATKA, sowie weitere vier Deutsche und fünf Tschechen.

LOCHMÜLLER befragt außerhalb des Werkes auch weitere Personen, mit denen Dennert vorher schon zu tun hatte: SCHRÖDER und LUDWIG, MEISEL, GIERE, SCHLEMMER und HANKE. Auch fordert er ein politisches Gutachten über den Beschuldigten bei der Kreisleitung Bayreuth-Eschenbach an; es wird von Ortsgruppenleiter GEORG RUMLER erstellt und von Kreisleiter FRICKE abgezeichnet. RUMLER schildert aus seiner Sicht das Leben des verhafteten Ingenieurs und früheren Rechenschieberfabrikanten CHRISTIAN DENNERT in WEIDENBERG und bezeichnet ihn als politisch nicht zuverlässig und geistig nicht als voll zurechnungsfähig.

Auch ein Bericht, den der Gendarmerieposten WAGNER in WEIDENBERG über Dennerts allgemeines Verhalten erstellt, lautet ähnlich.

Als Letzten verhört LOCHMÜLLER auch CHRISTIAN DENNERT selbst, nachdem er ihm zuvor die Fingerabdrücke genommen hat.

Die Mehrzahl der Zeugen entlasten DENNERT oder versuchen, sich aus der Sache herauszuhalten. Vor allem die Tschechen zeigen fast einmütige Solidarität. Letztlich bleiben am Schluss der Vernehmungen nur die Bemerkungen von MARIE BONNER und von GUSTAV SCHRÖDER, auf die sich das weitere Verfahren stützt, die aber nicht durch Zeugen abgesichert sind, sowie das Eingeständnisse von CHRISTIAN DENNERT selbst. DENNERT hätte als Betroffener das Recht gehabt zu schweigen. Doch weil er aufrecht ist und sich nicht verbiegen lassen will, steht er bis zuletzt zu seiner nazikritischen Einstellung und nimmt die Folgen in Kauf.

Am Freitag dieser schicksalsbestimmenden Woche, dem 12. November 1943, fasst LOCHMÜLLER die Ergebnisse seiner Untersuchungen in einer Strafanzeige zusammen. Er beschuldigt darin CHRISTIAN DENNERT der *„Anreizung zum Hochverrat"* und der *„Beschimpfung der deutschen Wehrmacht."* Seine umfangreichen Recherchen von insgesamt 28 mit Schreibmaschine eng geschriebenen Blättern leitet er der Kriminalpolizeileitstelle der Gestapo NÜRNBERG-FÜRTH zu. Die Beurteilung Dennerts durch die Kreisleitung der NSDAP reicht er in der folgenden Woche nach.

Am 7. Dezember schickt Kreisinspektor OHLER von der Leitstelle NÜRNBERG-FÜRTH der Geheimen Staatspolizei den gesamten Akt *„an den Oberreichsanwalt bei dem Volksgerichtshof Berlin, z.Hd. Herrn Oberreichsanwalt Lautz oder Vertreter im Amt"* am Sitz des Volksgerichtshofs Berlin W 9, Bellevuestraße 15. Er ist als Anzeige gegen CHRISTIAN DENNERT konzipiert und mit dem dicken Stempel

„Haft!“ versehen, Der Vorwurf der Gestapo lautet nun „Zersetzung der Wehrkraft des Deutschen Volkes“. Darauf kann „in minder schweren Fällen“ nur Zuchthaus oder Gefängnis stehen, normalerweise aber die Todesstrafe. Darüber hinaus ist die Einziehung des Vermögens zulässig.

OHLER fügt die Bitte an, DENNERT an die Gestapo NÜRNBERG zurückzuüberstellen, falls man in BERLIN gegen Dennert keinen richterlichen Haftbefehl erlasse oder einen solchen aufhebe; dann wolle man die „Schutzhaftfrage“ prüfen. D.h. wenn DENNERT in Berlin nicht verurteilt würde, würde man ihn wohl in ein KZ einweisen.

Nr. 8251/43 – II A (1308).

Urschriftlich mit 1 politischen Führungszeugnis

an den

Oberreichsanwalt bei dem Volksgerichtshof Berlin
z.Hd. Herrn Oberreichsanwalt Lautz
– o.V.i.A. –

B e r l i n W 9
Bellevuestr. 15

als Anzeige gegen Christian D e n n e r t, geb. 23.7.96 zu Altona, wegen Zersetzung der Wehrkraft des Deutschen Volkes übersandt. Falls richterlicher Haftbefehl nicht erlassen oder ein erlassener Haftbefehl aufgehoben wird, bitte ich um Rücküberstellung des Beschuldigten zwecks Prüfung der Schutzhaftfrage.

D e n n e r t wurde in Einzeltransport in die Untersuchungshaftanstalt beim Kriminalgericht Berlin, Berlin NW 40, Alt Moabit 12 a, zur dort. Verfügung überstellt.

Nürnberg, den 7. Dezember 1943.
Geheime Staatspolizei
Staatspolizeileitstelle Nürnberg-Fürth.
I.A.

Abgezeichnet vom Gestapo-Kreisinspektor Ohler:
Anzeige der Gestapoleitstelle Nürnberg-Fürth gegen CHRISTIAN DENNERT beim Volksgerichtshof Berlin

Als Untersuchungshäftling des Volksgerichtshofes in Berlin-Moabit

Der oberste Ankläger des Volksgerichtshofes verfasst die Anklageschrift

Der Adressat der Akten ist ERNST LAUTZ, der Starankläger beim Volksgerichtshof. Im Jahr 1887 in WIESBADEN geboren, war er als studierter Jurist zunächst Staatsanwalt. Im Mai 1933 trat er der NSDAP bei. Seit dem Jahr 1939 bis Kriegsende war er als Oberreichsanwalt der oberste Ankläger am Volksgerichtshof.

Er war über das Unrecht des Naziregimes voll informiert. Bereits seit April 1941 wusste er z.B. über die T4-Aktion zur „Vernichtung lebensunwerten Lebens" und die Morde an Behinderten in den Gaskammern Bescheid. Als Ankläger des Volksgerichtshof ist er selbst vielfältig in das Unrecht des NS-Staates verstrickt. Höhepunkt der Lautz'schen Karriere wird seine Anklage beim Schauprozess gegen die Attentäter des 20. Juli 1944 werden. HITLER wird vom Gericht fordern, die Verschwörer „wie Schlachtvieh hängen" zu sehen. Diesem Ansinnen wird Lautz' Anklage eilfertig entsprechen.

Ankläger: *Oberreichsanwalt ERNST LAUTZ 1946*

In feierlicher roter Robe, die Hände würdig über dem Leib gefaltet und bei der wiederholten inständigen Anrufung Gottes stets zur Decke des Gerichtssaals blickend, wirkt LAUTZ wie ein Pastor, der allerdings das Anliegen des Satans vertritt. Über die Männer des 20. Juli 44 wird er sagen: *"Es war ein kleiner Kreis ehrvergessener Lumpen, die die Hand gegen den Führer erhoben ... Ein Wunder des Herrgotts hat uns den Führer bewahrt ... Die ... Angeklagten haben versucht, durch einen Mordanschlag auf den Führer, der durch Gottes Segen misslang, die Gewalt über Heer und Heimat zu bekommen ... Der ganze Ablauf der Dinge führt notwendig zu dem Schluss, die Strafe gegen die Angeklagten ... durch den Strang zu vollziehen."*

LAUTZ ist ein durchaus würdiger, aber hinter biederer Maske fanatischer Nazi,

Ankläger auch beim Prozess gegen die Verschwörer des 20. Juli 44:
(von links) Beisitzer General HERMANN REINECKE, Oberreichsrichter ROLAND FREISLER, Oberreichsanwalt ERNST LAUTZ 1944

der auch bei einem so harmlosen Menschen wie CHRISTIAN DENNERT keine Gnade kennt! Noch im Januar 1945 im Angesicht des nahen Kriegsendes wird Lautz zusammen mit ROLAND FREISLER, dem Präsidenten des Volksgerichtshofes, einen Appell an alle deutschen Juristen verfassen, die HITLER ihre Ergebenheit bis zum letzten Tag zusichern sollen. Doch hinter vorgehaltener Hand nennt man ihn seit der Hinrichtung der Opfer des 20. Juli 1944 an den Haken in der Hinrichtungskammer von BERLIN-PLÖTZENSEE den „Fleischerhaken-Ernst".

Nach dem Krieg wird LAUTZ zwar wegen Mitarbeit an verbrecherischen Gesetzgebung und anderem Unrecht zu zehn Jahren Haft im Kriegsverbrechergefängnis LANDSBERG verurteilt werden. Aber bereits im Jahr 1951 wird man ihn vorzeitig aus der Haft entlassen. In einem skandalträchtigen Prozess wird er sich im darauffolgenden Jahr eine monatliche „Gnadenpension“ von 600 DM erstreiten, zusätzlich zu seiner Juristenpension von damals 1.000 DM. Zugleich wird er die beruhigende Mitteilung erhalten, dass die 14 gegen ihn eingeleiteten strafrechtlichen Ermittlungsverfahren, unter anderem wegen Beihilfe zum Mord, ohne viel Aufhebens eingestellt worden seien.

Ungesühnt bleiben nach dem Krieg die Vorwürfe, dass LAUTZ Strafvorschriften ungerechtfertigt ausgeweitet habe, indem er etwa bei „Wehrkraftzersetzung“ in der Regel die Höchststrafe gefordert habe, „verschärfte Vernehmungen" gebilligt, Insassen von Strafanstalten an die SS oder die Gestapo überantwortet, Urteile rechtsbeugerisch bereits vor der Hauptverhandlung mit dem Senat des Volksgerichtshofs abgesprochen und Hinrichtungen ohne vorliegende Vollstreckungsunterlagen und Liquidationen ohne Todesurteile zu verantworten habe.

Insgesamt 393 Todesurteile beantragt LAUTZ mit Erfolg beim Nazi-Blutrichter ROLAND FREISLER, und zwar fast ausschließlich von sogenannten „Gesinnungstätern", darunter auch solchen, deren Hauptverbrechen wie bei CHRISTIAN DENNERT darin bestand, am Sieg Deutschlands zu zweifeln. So ist LAUTZ am Tode vieler vom Volksgerichtshof unschuldig Verurteilter mitschuldig. Ihm wird von Historikern bescheinigt und von Juristen eindeutig nachgewiesen, dass er seine Position als Oberreichsanwalt missbraucht hat, ohne dass das für ihn irgendwelche weiteren negativen Folgen gehabt hätte.

Am 8. Dezember, einem Mittwoch, geht die Gestapoanzeige gegen DENNERT bei diesem obersten Ankläger des Reiches ERNST LAUTZ ein. Er scheint in dieser Woche wenig angemessene Beschäftigung zu haben, denn bereits zwei Tage später hat er den Entwurf seiner fünfseitigen Anklageschrift fertig und versieht sie in den folgenden Tagen mit Korrekturvermerken und seinem Handzeichen „L". An dieser Anklage fällt vor allem auf, dass LAUTZ sich die Anzeige der Gestapo gegen DENNERT bis in den Wortlaut hinein zueigen gemacht hat.

Lautz' Vorwurf gegen DENNERT lautet auch auf „Wehrkraftzersetzung", aber nun ergänzt und verschärft um den von Lautz erdachten

Der Oberreichsanwalt
beim Volksgerichtshof.

J 740/43. Berlin, [illegible] Dezember 1943. 2

Anklageschrift.

]/14R Polizeihaft!

Den Ingenieur Christian D e n n e r t aus
Weidenberg, geboren am 23.Juli 1896 in Altona, verheiratet,
nach seiner Angabe nicht bestraft,

1.2,21 in dieser Sache seit dem 8.November 1943 in Polizeihaft,
zur Zeit in der Untersuchungshaftanstalt beim Kriminalgericht in Berlin NW.40, bisher ohne Verteidiger,
klage ich an,
in Creussen (Gau Bayreuth) in den Monaten ~~xxxxxx~~ Juli,
Oktober und November 1943
fortgesetzt in einem Rüstungsbetriebe durch die Äußerungen,
wir hätten den Krieg dem " Österreichischen Anstreicher" zu
verdanken, seit der Führer regiere, seien wir nur noch Sklaven
und erst wenn Hitler und seine Bonzen nicht mehr am Ruder
seien, werde der Krieg zu Ende gehen,
öffentlich die Wehrkraft des Deutschen Volkes zu zersetzen
gesucht und zugleich die Feindmächte begünstigt zu haben,
Verbrechen gegen § 5 Abs. 1 Nr.1 KSSVO, §§ 91 b, 73 StGB.

Anklage wegen Wehrkraftzersetzung und Feindbegünstigung:
Entwurf der fünfseitigen Anklage von Oberreichsanwalt LAUTZ gegen CHRISTIAN DENNERT, Blatt 1

Vorwurf der „Feindbegünstigung“: *„Der Angeschuldigte hat durch seine Handlungsweise öffentlich versucht, den Willen des deutschen Volkes zur wehrhaften Selbstbehauptung zu lähmen oder zu zersetzen. Zugleich hat er es unternommen, den Feinden des Deutschen Reiches Vorschub zu leisten.“*

Als Anklagegrund hält LAUTZ dem Angeklagten DENNERT zunächst vor allem die drei Sätze vor, mit denen Marie Bonner ihn denunziert hat: *„Wir hätten den Krieg einem ‚österreichischen Anstreicher‘ zu verdanken“, „seit der Führer regiere, seien wir nur noch Sklaven“* und *„erst wenn Hitler und seine Bonzen nicht mehr am Ruder seien, werde der Krieg zu Ende gehen“.*

In der weiteren Anklagebegründung wiederholt LAUTZ dann der Reihe nach wortwörtlich die Anschuldigungen, die Kriminalsekretär LOCHMÜLLER bei seinen Zeugenbefragungen von SCHRÖDER und BONNER erhoben hat. Diese beiden sollen nach dem Antrag des Reichsanwaltes deshalb auch für die Hauptverhandlung als Zeugen geladen werden.

Aufgelistet ist weiter alles, was DENNERT nach der Aussage seiner Denunzianten gesagt haben soll: über MUSSOLINI, die Bolschewisten, den Anstreicher HITLER, den Kontakt mit den Zwangsarbeitern, den Kriegsausgang, das Sklaventum und die Ehrlosigkeit der Deutschen, die soziale Unterstützung der Kriegerfamilien, die Deutschen als Bettelvolk und das Nicht-mehr-normal-Sein der Deutschen seit 1933.

Schließlich hält LAUTZ in seiner Anklageschrift DENNERT vor, er habe in seinen Aussagen vor dem Kripobeamten LOCHMÜLLER viele dieser Anschuldigungen selbst zugegeben, so die Bezeichnung Hitlers als österreichischen Malergesellen. Ferner habe er die abfälligen Bemerkungen über die SS und das Sklaventum der Deutschen seit HITLER regiere, eingeräumt.

Auch die Sätze, dass der Deutsche im Ausland nicht geachtet werde und dass wir seit 1933 keine Ehre mehr hätten, habe der Angeschuldigte zugegeben und noch hinzugesetzt, dass das deutsche Volk seit 1933 entmündigt sei. Schließlich habe der Angeschuldigte zugegeben, möglicherweise gesagt zu haben, dass es uns im Fall eines ungünstigen Ausgangs des Krieges auch nicht schlechter gehen werde als jetzt.

Im Übrigen habe der Angeschuldigte die ihm zur Last gelegten Äußerungen bestritten, sei aber durch die Einlassungen der Zeugen SCHRÖDER und BONNER widerlegt, deren Aussagen glaubhaft seien.

Tödliche Anschuldigungen wegen „Wehrkraftzersetzung“ und Feindbegünstigung“

Die Anschuldigungen durch Tabel und die Kripo sind für Dennert lebensbedrohlich. Lautz‘ Anklage gegen wegen „Wehrkraftzersetzung“ und „Feindbegünstigung“ kann in seinem nachfolgenden Plädoyer in der Hauptverhandlung nur die Forderung der Todesstrafe nach sich ziehen. Das ergibt sich aus den entsprechenden Strafverordnungen.

So gilt „Feindbegünstigung“, mit einem anderen Ausdruck auch als „Kriegsverrat“ bezeichnet, schon im Deutschen Militärstrafgesetzbuch von 1872 als Straftatbestand, der in vielen Staaten wie z.B. der USA heute noch mit dem Tode bestraft werden kann. Allerdings betrifft er von seinem ursprünglichen Sinn her nur das soldatische Personal, wobei auch noch auffällt, dass untere Ränge in der Regel häufiger und härter bestraft werden als Offiziere.

Wie so vieles andere auch, haben die Nazis diesen Begriff „Feindbegünstigung“ also nicht neu erfunden, wohl aber sofort nach der Machtübernahme erheblich ausgeweitet und nun auch Zivilpersonen in die Strafandrohung mit einbezogen. So heißt es nun ganz allgemein im § 91 b des Reichsstrafgesetzbuches:

„Wer ... es unternimmt, während eines Krieges gegen das Reich ... der feindlichen Macht Vorschub zu leisten oder der Kriegsmacht des Reichs oder seiner Bundesgenossen einen Nachteil zuzufügen, wird mit dem Tode oder mit lebenslangem Zuchthaus, in minder schweren Fällen mit Zuchthaus nicht unter zwei Jahren, bestraft.“

Dabei erlauben die neuen Bestimmungen, die Anklagevorwürfe sehr weit und sehr allgemein zu halten und damit auf möglichst viele Handlungen anzuwenden. Auf diese Weise haben die Nazis neben den „Heimtückegesetzen“ ein weiteres Willkürinstrument in der Hand, das die Verfolgung politisch missliebiger Handlungen erlaubt. Jede Art von unerwünschtem Verhalten kann nun unter dem Vorwand „indirekter militärischer Folgen“ angeklagt und empfindlich bestraft werden, politischer Widerstand ebenso wie die Unterstützung von Zwangsarbeitern, Juden oder Schwarzmarktdelikte. Im „günstigsten Fall“ steht Verurteilten eine mindestens zweijährige Zuchthausstrafe bevor, womöglich verbunden mit Ehrverlust. Viel mehr Angeklagte, zehntausende, wurden nach diesem Gesetz zum Tode verurteilt.

Die Aufarbeitung dieses Unrechts nach dem Krieg blieb lange Zeit halbherzig. Jahrzehntelang torpedierten Teile der CDU/CSU jeden Versuch, Urteile in dieser Sache nachträglich aufzuheben. Doch endlich, am 8. September 2009, rang sich der Deutsche Bundestag zu einem sogar einstimmigen Votum durch und erklärte per Gesetz sämtliche Verurteilungen wegen „Kriegsverrat“ in der NS-Zeit pauschal für nichtig.

Noch konsequenter verfolgt der Tatbestand der „Zersetzung der Wehrkraft“ im Dritten Reich jede regimefeindliche Regung. Hier ist die Todesstrafe die Regel. Und nur „minder schwere Fälle“ lassen als Ausnahme eine Freiheitsstrafe zu. Schon als Begriff macht das eigens kreierte Kurzwort „Wehrkraftzersetzung“ in Deutschland schnell Karriere und tritt mit Kriegsbeginn von Tag zu Tag stärker in das öffentliche

Bewusstsein, weil es ähnlich abschreckend klingt und mit ähnlich konkreten Ängsten vor dem Terror der Nazis besetzt ist, wie etwa die Kürzel „Gestapo“ oder „KZ“.

Die Begriffshälfte „Zersetzung“ ist eigentlich ein Kunstwort aus dem Bereich der Naturwissenschaften und beschreibt anschaulich die Auflösung von Materialien in einem Säurebad. Als Metapher findet das Wort mit positivem und negativem Sinn Eingang in die literarische Sprache, bis Hitler in „Mein Kampf“ es zur angeblichen „Hauptwaffe des Weltjudentums im Kampf um die Weltherrschaft“ hochstilisiert. „Zersetzend“ ist nun alles, was in Kunst, Literatur, Wirtschaft oder politischer Ausrichtung nicht der Nazi-Linie entspricht.

Die Kombination der Ausdrücke „Wehrkraft“ und „Zersetzung“ zum juristischer Tatbestand „Zersetzung der Wehrkraft“ ist die eigene Erfindung der Nazis und hängt unmittelbar mit ihren Vorbereitungen für den Zweiten Weltkrieg zusammen. Ein besonderes, im Zuge der Kriegsplanungen 1938 verkündetes „Kriegssonderstrafrecht“ (KSSVO vom 11.8.38) soll die Wehrpflicht uneingeschränkt gegen jede Art von Verweigerung durchsetzen. Deshalb ist in § 5 dieser Verordnung als Sanktion die Todesstrafe vornan gestellt, bevor dann die einzelnen Tatbestände aufgelistet werden:

Danach *wird wegen Zersetzung der Wehrkraft mit dem Tode bestraft: „1. wer öffentlich dazu auffordert oder anreizt, die Erfüllung der Dienstpflicht in der deutschen oder einer verbündeten Wehrmacht zu verweigern, oder sonst öffentlich den Willen des deutschen oder verbündeten Volkes zur wehrhaften Selbstbehauptung zu lähmen oder zu zersetzen sucht;*

2. wer es unternimmt, einen Soldaten oder Wehrpflichtigen des Beurlaubtenstandes zum Ungehorsam oder zur Widersetzung oder zur Tätlichkeit gegen einen Vorgesetzten oder zur Fahnenflucht oder unerlaubten Entfernung zu verleiten oder sonst die Manneszucht in der deutschen oder einer verbündeten Wehrmacht zu untergraben; 3. wer es unternimmt, sich oder einen anderen durch Selbstverstümmelung, durch ein auf Täuschung berechnetes Mittel oder auf andere Weise der Erfüllung des Wehrdienstes ganz, teilweise oder zeitweise zu entziehen.

Ähnlich wie der vorgenannte Tatbestand der „Feindbegünstigung“ bezieht sich auch die neue „Wehrkraftzersetzung“ eigentlich primär auf das soldatische Personal. Doch mit fortschreitender Dauer des Krieges wird dieser Tatbestand zur Unterdrückung aller Widerstandsregungen auch auf Zivilpersonen im deutschen Volk angewendet. Besonders Satz 1 dieser Strafandrohung wird vom Volksgerichtshof mit Vorliebe aufgenommen und beginnt schnell, dort ein Eigenleben zu führen:

„Mit dem Tode wird bestraft, wer öffentlich die Wehrkraft des deutschen Volkes zu zersetzen sucht“ – dies ist die nun in vielen Anklagen verwendete Standardformel

des Anklägers, so bei der Aburteilung der Mitglieder der „Weißen Rose“ und nun auch im gleichen Jahr im Fall von CHRISTIAN DENNERT.

Vernichtung von Gegnern statt Rechtsprechung

Dabei erleben einzelne Ausdrücke in der Formulierungskunst der Nazi-Juristen ihre ganz eigene spektakuläre Geschichte, so der unscheinbare Begriff „öffentlich," *„Wer öffentlich dazu auffordert oder anreizt ...“* Für dieses Tatbestandsmerkmal der „Öffentlichkeit“ entwickelt das Reichskriegsgericht bereits ab dem Jahr 1940 eine weite Auslegung: Selbst wenn eine Äußerung lediglich in einem abgeschlossenen oder begrenzten Personenkreis gemacht wird, also z.B. in einem Eisenbahnabteil oder sogar bei einem privaten Treff, man jedoch damit rechnen musste, dass die Äußerung über diesen Kreis hinaus weitergetragen würde, sei dies als „öffentlich“ zu bewerten. Das Tatbestandsmerkmal der „Öffentlichkeit“ wird also ersetzt durch die bloße Vermutung, die „zersetzende Äußerung“ könnte publik werden. Wer könnte solch perverser Logik widersprechen?

Wir beobachten auch hier wieder das Bemühen der Nazis, ihr Handeln als „legal“, also dem Gesetz entsprechend erscheinen zu lassen, auch wenn es noch so menschenverachtend ist. Die Gesetze und das Handeln nach diesen Gesetzen bilden die Fassade, so als sei die Nazi-Herrschaft ein „Normenstaat“, der sich ethisch und juristisch nachprüfbaren Werten und Gesetzen unterwirft; tatsächlich ist es ein „Maßnahmestaat“, der die Gesetze nach seinen ideologischen Zielen biegt und dessen Hauptziel es ist, wie Propagandaminister GOEBBELS im Jahr 1942 vor dem Volksgerichtshof unverhohlen als Marschroute ausgibt, „nicht Recht zu sprechen, sondern Gegner zu vernichten“.

„Nicht Recht sprechen, sondern Gegner vernichten“: *Propagandaleiter JOSEF GOEBBELS*

Diese Art von Gummiparagrafen, die die Gegner treffen sollen, finden sich so schon im frühen „Heimtückegesetz“ von 1933. Nur war dieses Gesetz jetzt für die Nazijuristen nicht mehr so attraktiv, weil sein Strafrahmen eigentlich auf höchstens zwei Jahre Gefängnis beschränkt war, während die neuen Gesetze von vornherein spektakulärere Aktionen erlaubten: medienwirksame Anklageshows und demonstrative Hinrichtungen. Und davon wird mit jedem neuen Kriegsjahr, um den Durchhaltewillen zu stärken, umso lebhafterer Gebrauch gemacht.

Zu Anfang des Jahres 1943 hatte der Volksgerichtshof die Zuständigkeit für alle Fälle der „öffentlichen Zersetzung" im Zivilbereich an sich gezogen. Jeder Fall von „zersetzender Äußerung" war also jetzt ein Fall für den Volksgerichtshof, ein Automatismus, der auch bei CHRISTIAN DENNERT griff und nun einfach so ablief.

Nicht jedem Nazijuristen war diese mechanische Art von Rechtsbeugung recht, denn manche sahen auch, wie Recht hier gänzlich zur Willkür verkam. Reichsjustizminister OTTO GEORG THIERACK, sonst beileibe kein Nazikritiker, versuchte doch, juristisch gegen diese Ausuferung von Unrechtsjustiz zu argumentieren: Wenn alles, was politisch geredet werde, grundsätzlich als „öffentlich gesagt" angesehen werden sollte, würde das bewusst eingefügte Tatbestandsmerkmal der „Öffentlichkeit" im § 5 KSSVO keinen Sinn mehr haben. Doch das wollten die Nazijuristen, allen voran der blindwütige ROLAND FREISLER, der sich inzwischen gegen manche Widerstände zum Präsidenten des Volksgerichtshofs emporgeboxt hatte, nicht hören.

So war also spätestens seit Anfang 1943 jede freie Meinungsäußerung in Deutschland selbst in privater Umgebung von tödlicher Brisanz; stets drohte die Gefahr, Opfer einer Denunziation zu werden, wie sie dann auch DENNERT an seinem Arbeitsplatz getroffen hat.

Strengste Isolation zur „innere Läuterung" im Untersuchungsgefängnis Alt-Moabit

In der gleichen Woche, in der Oberreichsanwalt LAUTZ seine Anklageschrift gegen DENNERT entwirft und korrigiert, schafft die Gestapo DENNERT nach BERLIN. Zu diesem Zweck wird er, wie die Gestapoakte ausweist, am 13. Dezember zunächst von BAYREUTH nach NÜRNBERG „verschubt". Das heißt, ein Gefangenentransport bringt ihn in das Nürnberger Gestapogefängnis. Hier kreuzen sich zu dieser Zeit die Schicksalswege vieler zukünftiger KZ-Opfer mit denen der Opfer des Volksgerichtshofs. Doch ist ihnen jeder Austausch verwehrt. Am folgenden Tag besteigen die beiden Beamten der Gestapoleitstelle NÜRNBERG-FÜRTH, Kriminalobersekretär TIMPER und Kriminalsekretär FENZL, mit DENNERT den D-Zug nach BERLIN.

Dem Oberreichsanwalt meldet die Gestapo, dass DENNERT entsprechend dem Erlass des Sicherheitshauptamtes vom 6. Dezember zur Verfügung des Reichsanwalts LAUTZ in die Untersuchungshaftanstalt beim Kriminalgericht BERLIN ALT MOABIT 12a überstellt wird. Der Zug werde am 14. Dezember um 19:18 Uhr in BERLIN eintreffen. Die Beamten seien angewiesen, für die sichere Überführung Sorge zu tragen und unter Vorlage des Schreibens Vollzugsmeldung zu erstatten. Tatsächlich

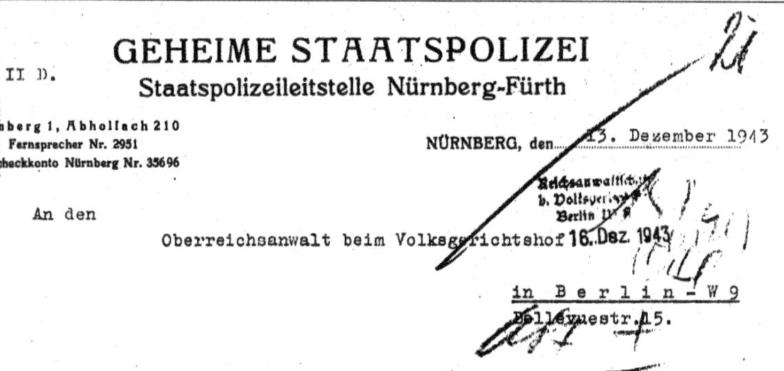

II D.

GEHEIME STAATSPOLIZEI
Staatspolizeileitstelle Nürnberg-Fürth

[Nürn]berg 1, Abholfach 210
Fernsprecher Nr. 2951
[Post]scheckkonto Nürnberg Nr. 35696

NÜRNBERG, den 13. Dezember 1943

An den

Oberreichsanwalt beim Volksgerichtshof

in Berlin - W 9
Bellevuestr. 15.

Betrifft: D e n n e r t Christian, geb. 23.7.96 in Altona, DR-Angeh.
Vorgang: FS-Erlass des RSHA Berlin v. 6.12.43 IV A 3 b B-Nr. 2011/43.
Anlagen: 1 Anzeige.

Ich gestatte mir mitzuteilen, dass D e n n e r t auf Grund oben angeführten FS-Erlasses des RSHA Berlin durch zwei Kriminalbeamte der Stapoleitstelle Nürnberg-Fürth - Krim.Obersekr. T i m p e r und Krim. Sekr. F e n z l - im E-Transport zur Verfügung des Oberreichsanwaltes beim Volksgerichtshof Lautz in die Untersuchungshaftanstalt beim Kriminalgericht Berlin, Berlin-NW 40, Alt Moabit 12a, überstellt wird.

Eintreffen in Berlin mit D-Zug 39 am 14.12.43 um 1918 Uhr.

Die Beamten sind in entsprechender Weise unterrichtet und angewiesen, für sichere Überführung gem. Befehl des RF ᛋᛋ Sorge zu tragen und unter Vorlage dieses Schreibens und der Anzeige Vollzugsmeldung zu erstatten.

I.A.

Verbringung von CHRISTIAN DENNERT nach Berlin:
Nachricht der Gestapo Nürnberg an den Oberreichsanwalt

vermerkt die Bescheinigung der Untersuchungshaftanstalt die Einlieferung Dennerts für 21:45 Uhr.

Der Eingangsstempel der Reichsanwaltschaft vom 16. Dezember zeigt, dass sie das Schreiben erst zwei Tage nach Eintreffen von DENNERT erhalten hat. Doch ist dieser Vermerk nicht weiter von Belang, da DENNERT ab jetzt im Untersuchungsgefängnis den weiteren Verlauf der Dinge abwarten muss. Die nächsten sechs Wochen wird er hier verbringen.

Ihm ist wichtig, zunächst seine Frau zu informieren. Seine Post wird zwar gelesen, das Briefgeheimnis ist hinter den Gefängnismauern aufgehoben, aber den Ehepartner über den Ort der Unterbringung und das eigene Ergehen zu informieren, ist erlaubt.

Der Justizstandort ALT-MOABIT erstreckt sich auf der nördlichen Spreeseite etwa 1 km westlich des heutigen Berliner Hauptbahnhofs und ist der historisch bedeutendste Berliner Gefängniskomplex. Die ältesten Bauten in unmittelbarer Nähe der heutigen Justizvollzugsanstalt waren das „erste preußische Mustergefängnis für Einzelhaft vor den Toren der Stadt“, das bereits im Jahr 1849 in Betrieb genommen worden war. Es war nach dem architektonischen Vorbild der Haftanstalt in PENTONVILLE bei LONDON entstanden und sollte Ideen des kirchlichen Sozialreformers JOHANN HINRICH WICHERN erproben.

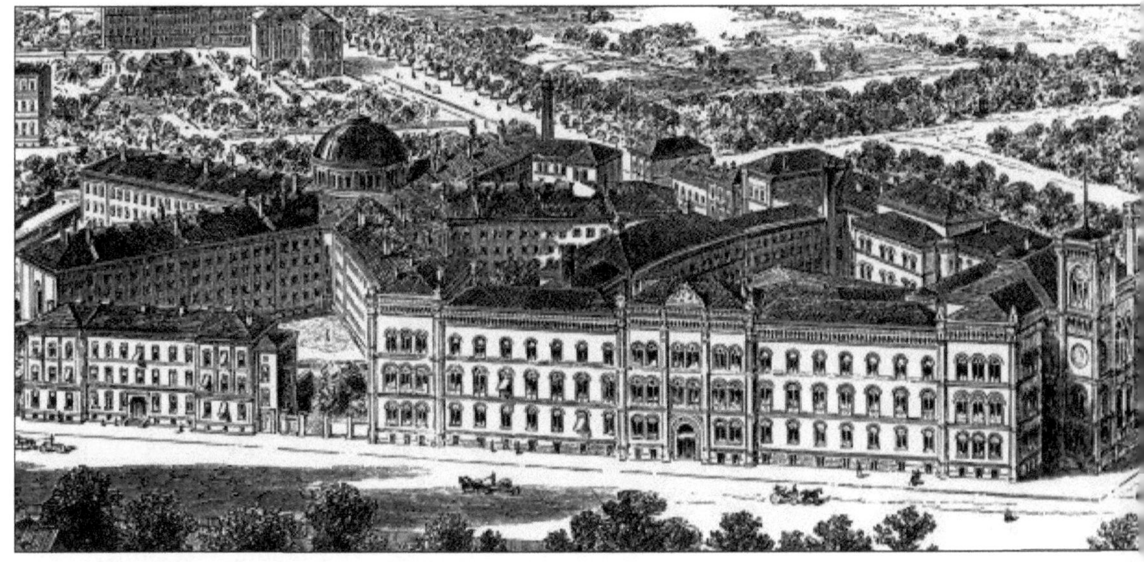

„Im Dreieck springen“: *Christliche Gefängniserziehung in Alt-Moabit*

WICHERN wollte eine Besserung der Gefangenen durch innere Läuterung und Buße mittels strengster Isolation voneinander erreichen. Von einem Zentralbau aus wurden die Einzelzellen in den fünf sternförmig angeordneten Gebäudeflügeln überwacht. Den Gefangenen war Schweigen auferlegt, sie trugen außerhalb ihrer Zellen Mützen ähnlich wie Scheuklappen. Hofgang war jeweils nur Einzelpersonen innerhalb 10 qm großer dreieckiger Teilstücke des Gefängnishofes erlaubt. Der sprichwörtliche Ausdruck „Im Dreieck springen" für ein irres Wütendwerden hat hier seine Quelle. Auch in der Gefängniskirche saß jeder allein in einer sargähnlichen Holzkiste. Die Reform verfehlte die hehre Absicht der inneren Selbstreinigung. Viele Gefangene wurden psychisch krank, andere wählten den Suizid.

Schon vor der Nazizeit waren hier in MOABIT prominente Gefangene inhaftiert, so bis zum Jahr 1906 der betrügerische Schuster FRIEDRICH WILHELM VOIGT, der nach seiner Freilassung als „Hauptmann von Köpenick" mit Hilfe preußischer Soldaten die Köpeniker Stadtkasse raubte und so eine international beachtete Realsatire auf den preußischen Militarismus zustande brachte. Auch Hinrichtungen wurden hier immer wieder vorgenommen, so schon im Jahr 1878, als hier MAX HÖDEL nach einem Attentatsversuch auf Kaiser WILHELM I. vom Scharfrichter JULIUS KRAUTZ enthauptet wurde.

Zur Zeit des Ersten Weltkrieges war hier 1916–18 der Gründer der Kommunistischen Partei KARL LIEBKNECHT inhaftiert. Seit ihrer Machtübernahme sperrten die

Moabit 1906: *Entlassung des „Hauptmanns von Köpenik"*

Nazis in MOABIT viele ihrer Gegner ein, so im Jahr 1933 den Kommunistenführer ERNST THÄLMANN und 1937 den Exponenten der Bekennenden Kirche MARTIN NIEMÖLLER. Auch zahlreiche Widerstandskämpfer im Umfeld der Attentäter des 20. Juli 1944 waren hier eingekerkert.

Im Zweiten Weltkrieg wurde der repräsentative Kopfbau des Gefängnisses mit den Gerichtssälen nahezu vollständig zerstört, aber vieles seit Mitte der 50-er Jahre wieder hergestellt. Hier saß auch der bekannte „68-er" FRITZ TEUFEL in Untersuchungshaft, ebenso die „RAF"-Gründer ANDREAS BAADER und HORST MAHLER.

Ein fehlgeschlagener Auftrag zur Untersuchung von Dennerts Geisteszustand

Am 17. Dezember 1943 bestimmt Oberreichsanwalt LAUTZ den Ersten Staatsanwalt HERBERT HENNIG zum „Sachbearbeiter" für den Fall DENNERT. HENNIG war erst kurz vorher von der politischen Abteilung der Berliner Staatsanwaltschaft beim Landgericht zum Volksgerichtshof versetzt worden.

Mit dem Beginn der Weihnachtswoche am 20. Dezember 1943 entfaltet LAUTZ eine rege Tätigkeit. Er stellt mit seiner Anklage zugleich den Antrag, die Hauptverhandlung vor dem Volksgerichtshof gegen den angeschuldigten CHRISTIAN DENNERT anzuordnen und dem Beschuldigten einen Verteidiger zu bestellen. Dann lässt er die Anklageschrift ins Reine schreiben und an eine Reihe von Personen und Dienststellen versenden, so an den Präsidenten des Volksgerichtshofs ROLAND FREISLER, an den Reichsminister für Justiz OTTO GEORG THIERAK in der Berliner Wilhelmstraße und an die Gestapo in BERLIN und in NÜRNBERG.

LAUTZ macht auch dem Gefängnisvorstand ALT-MOABIT Mitteilung und gibt ihm Weisungen zur Briefüberwachung mit, die nun direkt vom Volksgerichtshof wahrgenommen würde. Mit gesondertem Schreiben und dem Eilvermerk „sofort!" weist

LAUTZ den Gefängnisdirektor an, einen Abdruck der Anklage auch dem zuständigen Anstaltsarzt vorzulegen, mit dem Ersuchen, „den Angeschuldigten auf seinen Geisteszustand zu untersuchen und über das Ergebnis der Untersuchung ein schriftliches Gutachten zu den Akten zu geben." Da mit der alsbaldigen Anberaumung der Hauptverhandlung gerechnet werden müsse, bäte er um besondere Beschleunigung.

Der Briefkopf trägt ein neues Aktenzeichen. Bisher erschien DENNERT auf allen Akten als „1 J 740/43". Diese Ziffernfolge ist jetzt durchgestrichen und mit „5 J 231/44" überschrieben. Zusätzlich erscheint ab 22. Januar 1944 als weiteres Aktenzeichen „3 L 21/44". Aus DENNERT ist nun mit der Anklage endgültig eine Nummer geworden.

Wie kam der Oberreichsanwalt zu dem doch überraschenden Auftrag an den Gefängnisarzt, Dennerts Geisteszustand zu untersuchen? Ihm war in den Unterlagen, die er von der Gestapo NÜRNBERG hatte, aufgefallen, dass NSDAP-Kreisleiter FRICKE in seiner Beurteilung vom 15. November 1943, wohl nach einer Textvorlage von Ortsgruppenleiter GEORG RUMLER, den Angeklagten DENNERT als geistig nicht voll zurechnungsfähig bezeichnet hatte. FRICKE hatte auch darauf hingewiesen, dass DENNERT im Ersten Weltkrieg eine Kopfverletzung davongetragen habe und angeblich auch verschüttet gewesen sei. Aus der periodenweisen Wiederkehr seiner verbalen Eruptionen und der zwischenzeitlichen völligen Abschließung von der Außenwelt hatten RUMLER und FRICKE das Bild einer psychischen Erkrankung abgeleitet. Diese Bemerkung hatte LAUTZ offenbar sehr ernst genommen.

Da es ihm und insbesondere auch dem Präsidenten des Volksgerichtshofs ROLAND FREISLER um öffentlichkeitswirksame Schauprozesse ging, konnte ihm nicht daran gelegen sein, als Angeklagten einen psychisch Kranken zu präsentieren. Der Täter musste vielmehr aus klar eingestandener Überzeugung gehandelt haben.

Merkwürdigerweise kommt aber dieses Gutachten trotz des Eilvermerks und weiterer Mahnungen nie zustande. Es entsteht sogar der Eindruck, als habe der beauftragte Anstaltsarzt durch eine Art „Arbeitsverweigerung" bewusst Widerstand geleistet und versucht, den Prozess zu verschleppen, um so für DENNERT die Überlebenschancen zu verbessern. Können DENNERT und seine Angehörigen die Chance nutzen?

Die Rechtsanwälte werden aktiv

Inzwischen hat DENNERT seine Frau informiert und ihr vorgeschlagen, Rechtsanwalt ALFRED RIETZSCH aus PLAUEN einzuschalten. RIETZSCH ist der oben schon erwähnte Pate ihres jüngsten Kindes TIM und kennt die Situation. Er weiß, hier ist allerhöchste Eile geboten und größter Sachverstand gefragt. Trotz des nahen Jahreswechsels verfasst Rechtsanwalt RIETZSCH noch am 29. Dezember ein Telegramm und bringt

14 Telegramm **Deutsche Reichspost**

14 PLAUENVOGTL 24/23 26 1830 =

DR LEONHARDT CHRISTOPH SCHWARZ KURFUERSTENDAMM 202 BERLIN =

Haupttelegraphenamt Berlin

BITTE BEMUEHT EUCH FUER CHRISTIAN DENNERT AUS WEIDENBERG ANKLAGE BEIM VOLKSGERICHTSHOF NAMENS SEINER EHEFRAU = RECHTSANWALT RIETZSCH + VGL 202 +

Bitte um Rechtshilfe: *Telegramm an RA SCHWARZ am 29. Dez. 1943*

es sofort zur Post. Ihm ist eingefallen, dass er in BERLIN einen tüchtige Kollegen hat, dem er trotz Gleichschaltung der Justiz vertraut, DR. LEONHARDT CHRISTOPH SCHWARZ. Das Telegramm ist in PLAUEN um 20:16 Uhr aufgenommen und erreicht den Berliner Kollegen durch Boten knapp eine Stunde später:

„Bitte bemüht euch für Christian Dennert aus Weidenberg. Anklage beim Volksgerichtshof.
Namens seiner Ehefrau.
Rechtsanwalt Rietzsch."

Dr. SCHWARZ ist ohne zu Zögern bereit, das Mandat zu übernehmen und versucht sofort, mit Dennerts Ehefrau IRMGARD fernmündlich in Kontakt zu kommen. Das ist gar nicht so einfach, denn sie hat kein eigenes Telefon. Nur der Zimmerermeister GEORG KETTEL in der Nachbarschaft besitzt damals einen der raren Telefonanschlüsse für seine Firma. Er war Weidenbergs letzter frei gewählter Bürgermeister, aber im April 1933 zurückgetreten, weil er sich geweigert hatte, der NSDAP beizutreten. Wenn ein Anruf kommt, muss er jedes Mal Hilfestellung leisten und als Bote fungieren. Doch Nachbarschaft ist in solchen Zeiten in WEIDENBERG damals großgeschrieben.

Rechtsanwalt SCHWARZ bittet IRMGARD DENNERT um Beauftragung für das Mandat und schlägt ihr vor, nach BERLIN zu kommen. Vielleicht können sie auch gemeinsam ihren Mann in der Haftanstalt ALT-MOABIT besuchen. Dann setzt SCHWARZ sich an seinen Schreibtisch und zieht einen Geschäftsbriefbogen hervor, welcher ihn als Mitglied im „Nationalsozialistischen Rechtswahrerbund" ausweist: Auf dem Richtschwert thront der Hakenkreuzadler mit dem

NS-Standesorganisation *für Juristen*

Kürzel „Mitgl. d. NSRB". Dieser gleich geschalteten Standesorganisation der Juristen im Dritten Reich gehört damals die Mehrzahl der Rechtsanwälte, Notare, Richter, Staatsanwälte und Rechtswissenschaftler an.

In seinem ersten Schreiben an den Oberreichsanwalt beim Volksgerichtshof in der Strafsache gegen den Ingenieur CHRISTIAN DENNERT aus WEIDENBERG meldet SCHWARZ sich als Verteidiger an und bittet den VGH um Zustimmung zu diesem Mandat und um Erlaubnis, mit dem Gefangenen sprechen zu dürfen, sowie um Angabe, wo er den Angeklagten finden kann, da der Haftort auf dem Telegramm nicht erwähnt war. Da ein langes Feiertagswochenende bevorsteht, schickt SCHWARZ seinen Brief noch in der derselben Nacht an die Reichsanwaltschaft, die den Eingang am letzten Tag des alten Jahres bestätigt.

Gleich am ersten Montag nach den Neujahrsfeiertagen besteigt IRMGARD DENNERT den Zug und fährt nach BERLIN. Es ist der 3. Januar 1944. Bei ihrer Ankunft ist sie entsetzt: Es sieht schlimm aus in der Innenstadt der einst ganzvollen Reichshauptstadt.

In den vorangegangenen Monaten hat der britische Luftmarschall ARTHUR HARRIS seine „Schlacht um Berlin" begonnen, mit der er HITLER zur Kapitulation zwingen will. In der Nacht zuvor hat die britische Luftwaffe wieder einen schweren Angriff gegen BERLIN geflogen. Über vielen Wohnvierteln steht noch Rauch. Menschen suchen ihre Habe in den Trümmern. Der Potsdamer Bahnhof ist zerstört. Aber Busse und Bahnen fahren. Und so gelangt Irmgard DENNERT ein wenig angestrengt und aufgeregt in die Rechtsanwaltskanzlei am Kurfürstendamm 202.

Rechtsanwalt SCHWARZ macht einen ruhigen, sympathischen Eindruck. Er wirkt nicht wie ein fanatischer Nazi, eher spürt man ihm die Sorge um seine Mandanten ab. Er lässt sich alles genau schildern, was bisher geschehen ist.

SCHWARZ gewinnt von IRMGARD DENNERT den Eindruck einer beherzten Frau mit Ausstrahlung und Überzeugungskraft. Gemeinsam überlegen sie, wer DENNERT als Zeuge noch entlasten könnte. Am besten wäre es, wenn IRMGARD in WEIDENBERG direkt in die Höhle des Löwen gehen und den Ortsgruppenleiter um ein positives Zeugnis für ihren Mann bitten könnte. Mit ihrem Charme müsste sie doch etwas erreichen können.

Dann lässt sich der Rechtsanwalt eine Handlungsvollmacht ausstellen. Ein Besuch im Untersuchungsgefängnis ALT-MOABIT sei aber an diesem Tag noch nicht möglich, stellt er bedauernd fest, dazu bedürfe es einer besonderen Sprecherlaubnis durch den Volksgerichtshof. Er werde den entsprechenden Antrag stellen.

Rechtsanwalt SCHWARZ bringt IRMGARD noch hinunter zum Hauseingang. Dann verfasst er ein weiteres Schreiben an den Oberreichsanwalt beim Volksgerichtshof.

Er bittet um Erteilung der Sprecherlaubnis nun auch für Dennerts Ehefrau. Diese wird im Vermerk des Volksgerichtshofes vom 21. Januar auch tatsächlich erteilt.

Der Volksgerichtshof – ein gnadenloses Organ für die „Volkshygiene"

Mit dem Volksgerichtshof hatte sich HITLER ein weiteres Instrument seiner typischen und oft undurchsichtigen „Parallelstrukturen" geschaffen. Neben den politischen „Hoheitsträgern" der Partei, die auf allen politischen Ebenen mit den überkommenen Strukturen von Gemeinderäten und Bürgermeistern, Land- und Bezirksräten und auch den Regierungen der Länder konkurrierten, gab es auch auf juristischer Ebene mit den „Sondergerichten" von Anfang an Organe, die mit der unabhängigen Justiz in Konkurrenz standen.

Seit dem Jahr 1934 besaß HITLER im Volksgerichtshof ein solches weiteres, oberstes Organ aus ihm ergebenen Männern. Dessen Hauptaufgabe bestand darin, „Volkshygiene" zu betreiben und alle Gegner des Naziregimes auszumerzen. HITLER selbst erklärte sich zu ihrem obersten Gerichtsherrn, und er allein bestimmte auch, wer hier als Richter oder Staatsanwalt tätig war.

Hitlers Unzufriedenheit mit den Urteilen des Reichsgerichts nach dem Reichstagsbrand vom 27. Februar 1933 waren der unmittelbare Anlass zur Errichtung dieses von den Nazis gesteuerten oberstem Sondergerichtes. Das neue, schönfärberisch „Volksgerichtshof" genannte Organ zog seitdem alle Fälle von Hoch- und Landesverrat an sich, hebelte zu diesem Zweck die bestehenden Rechtsgrundsätze aus und legte im Lauf der Jahre die Gesetze immer weiter im nationalsozialistischen Sinn aus, um die Gegner zu vernichten. So radikalisierte sich die Rechtsprechung dieses Tribunals namens Volksgerichtshof zunehmend zu einem Terrorgericht, dessen Urteilsfindung auf reiner Willkür basierte. Wiederholt mischten HITLER und auch andere Parteigrößen wie HEYDRICH oder GOEBBELS sich in einzelne Fälle ein, die dann auch mit dem gewünschten Todesurteil endeten.

Weil die Flut der Verfahren seit Kriegsbeginn stetig stieg, war eine Unzahl von Mitarbeitern nötig. Im Jahr 1943 waren gleichzeitig 47 Berufsrichter tätig, denen 179 Staatsanwälte zuarbeiteten. Ein Heer von „ehrenamtlichen Volksrichtern" und Beisitzern aus allen Nazi-Gliederungen wie SA, SS, HJ oder NSKK und aus den Militärs wirkte an den Verfahren mit. Ihre Entscheidungen waren letztinstanzlich und konnten höchstens auf dem Gnadenwege durch HITLER selbst abgemildert werden. Doch HITLER kannte selten Gnade. Denn er, der Willkürherrscher, wollte allen Anschein von positiver Willkür, nämlich Bevorzugung Einzelner, vermeiden. Das Gerechtigkeitsgefühl des Volkes war ihm angeblich immer wichtig. Seitdem stieg auch die Zahl der Todesurteile drastisch an.

Hinter repräsentativer Biedermaske ein Blutgericht

Den Angeklagten standen theoretisch frei wählbare Verteidiger zu, die aber ihre Zulassung in jedem einzelnen Fall genehmigen lassen mussten.

Wie auch im Fall DENNERT standen die Verfahren stets unter äußerstem Zeitdruck. Verteidiger und Angeklagter erhielten oft erst wenige Tage oder gar Stunden vor der Hauptverhandlung Kenntnis von der Anklage und sollten dann sofort reagieren. In der Regel kannten Angeklagter und Verteidiger einander bis dahin nicht einmal.

Oft wurde auch der Kontakt zueinander bewusst erschwert. Für Mandantenbesuche war eine Genehmigung des Oberreichsanwalts erforderlich.

Nach dem Verfahren erhielten Verurteilte keine Abschrift ihres Urteils, sondern durften nur unter Aufsicht von Justizbeamten kurz Einsicht nehmen. Über das Verfahren mussten alle Seiten strenges Stillschweigen geloben. Die sorgfältig ausgewählte Öffentlichkeit war nur beim Vortrag der Anklage und bei der Urteilsverkündigung zugelassen.

Amtsgebäude des Volksgerichtshofes war seit dem Jahr 1935 der repräsentative Bau des ehemaligen Königlichen Wilhelms-Gymnasiums unmittelbar südwestlich des Potsdamer Platzes. Der Vorgängerbau war im Jahr 1858 zunächst als königliches Progymnasium errichtet worden und seit 1861 reguläres Gymnasium, das aufgrund der Förderung durch den späteren Kaiser WILHELM I seit dieser Zeit den Namen dieses Fürsten trug.

Wegen starker Nachfrage aus dem Kreise der höheren Beamten, Offiziere und wohlhabenden Kaufleute in diesem „Geheimratsviertel“ war bereits in den Jahren von 1863–65 das neue Schulgebäude errichtet worden. Es er-

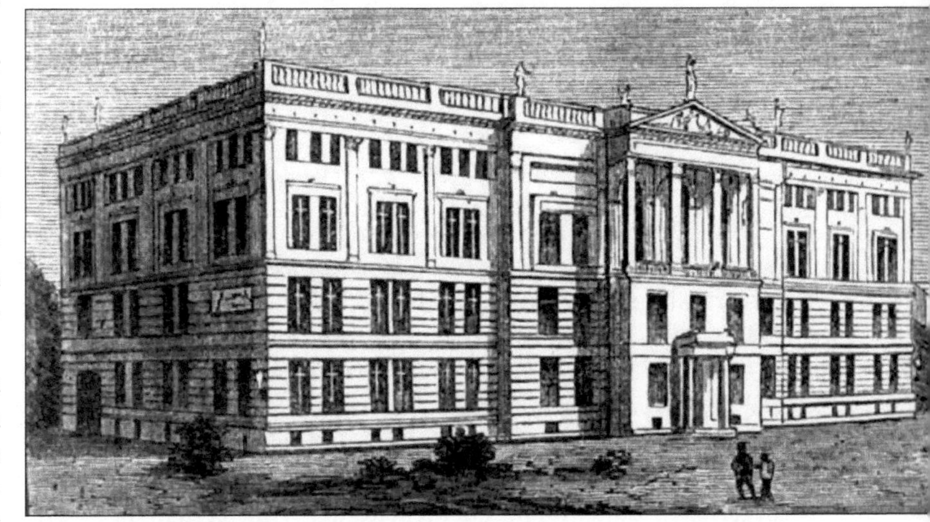

Amtsgebäude des Volksgerichtshofs: *Wilhelms-Gymnasium Bellevuestraße*

klomm um die Jahrhundertwende mit fast 1.000 Schülern aus überwiegend evangelischen oder jüdischen Familien einen Zenit. Weil die Schülerzahlen in den Jahren nach dem Ersten Weltkrieg und der folgenden Inflationszeit wieder stark abnahmen, wurde das Gymnasium im Jahr 1924 geschlossen. Seitdem wurde das Gebäude wegen seines repräsentativen Aussehens und seiner großzügigen Räume für Regierungszwecke genutzt.

Im Jahr 1935 zog hier der Volksgerichtshof ein und führte auch viele seiner Verhandlungen durch. Der Schauprozess gegen die Attentäter des 20.Juli 1944 wurde allerdings ins Kammergericht in SCHÖNEBERG verlegt und hier auf Hitlers Weisung hin gefilmt.

Freislers Todesort:
Der Volksgerichtshof nach seiner Zerstörung im Jahr 1945

Vom einstigen Gebäude des Volksgerichtshofs ist nach den Zerstörungen durch den Bombenkrieg und durch spätere Straßenbauten heute nichts mehr zu sehen. Auch ROLAND FREISLER fiel im letzten Kriegsjahr 1945 den Bomben zum Opfer. Das große Gebäude lag etwas zurückgesetzt im großen Areal zwischen Bellevuestraße und Potsdamer Straße, ziemlich genau dort, wo heute das Sony Center liegt. In den 1950er-Jahren ließ die damalige DDR Regierung die Ruine abreißen.

Nur eine Bronzetafel, die im Asphalt des Bürgersteiges vor dem ehemaligen Hotel Esplanade an der Bellevuestraße 15 eingelassen ist, erinnert heute an den Zugang zu diesem Blutgericht. Auf dieser Gedenktafel ist zu lesen: *„An dieser Stelle befand sich 1935 - 1945 der Zugang zum Volksgerichtshof. Unter Missachtung fundamentaler Prinzipien rechtsstaatlicher Justiz verurteilte er mehr als 5.000 Menschen zum Tode, eine noch höhere Zahl zu Freiheitsstrafen. Sein Ziel war die Verfolgung und Vernichtung der Gegnerinnen und Gegner des nationalsozialistischen Regimes."*

Allerdings blieb BERLIN nicht der einzige Schauplatz für die Urteile dieses Terrorgerichts. Zunehmend entwickelte der Volksgerichtshof auch eine Reisetätigkeit, um auffällige Gefangenentransporte zu vermeiden. Zu Kriegsende hin war sogar eine vollständige Verlegung nach BAYREUTH beabsichtigt, weil man annahm, hier vor Bomben sicherer zu sein.

Insgesamt urteilte der Volksgerichtshof zwischen den Jahren 1934 und 1945 mehr als 16.000 Menschen ab. In über 5.200 Fällen verhängte er die Todesstrafe. Seit Ende des Jahres 1942 war praktisch jedes zweite Urteil dieses Gerichts ein Todesurteil.

Aus der Sicht eines heutigen Rechtsstaates waren die Begründungen völlig unakzeptabel: Verteilen von Flugblättern, abwertende Bemerkungen über HITLER, Abhören ausländischer Rundfunksender, politische Witze oder einfach nur unbedachte Sätze wie „der Krieg ist doch eh' verloren", alle solche Äußerungen sollten als „Hochverrat" gelten.

Verachtet vom „Blutrichter"

Im Lauf des Januar 1944 verdichten sich die Bestrebungen des Volksgerichtshofs, bald das Hauptverfahren gegen DENNERT zu eröffnen. ROLAND FREISLER, der gefürchtete Präsident, greift im Fall DENNERT sogar persönlich ein und ändert eigenmächtig mit seiner persönlichen Unterschrift die Zuständigkeit von „1. Senat", wie LAUTZ vorgesehen hatte, ab:

„In der Strafsache gegen Dennert ist ... der 3. Senat zuständig. Berlin, den 24. Januar 1944. Der Präsident des Volksgerichtshofes. Freisler".

Diese Zuweisung, mit der FREISLER den Einfluss im Gericht weiter an sich ziehen wollte, war ein Eingriff in den Geschäftsverteilungsplan. Das bedeutete aber zugleich, dass er in der Verhandlung gegen DENNERT nicht den Vorsitz haben wollte. Wahrscheinlich erschien ihm dieser Fall für seine Art von Schauprozessen nicht „attraktiv" genug.

FREISLER war in seiner ätzenden Wortgewalt ein Mann fürs Grobe. Sein einstiger Gauleiter hielt ihn für einen der besten massenwirksamen Redner der Partei überhaupt. Allerdings stellte dieser Gauleiter zugleich fest, dass FREISLER von denkenden Menschen meist innerlich abgelehnt werde. Er sei ei-

In der Strafsache gegen . Dennert . . . . . ist nach . . . der Geschäftsverteilung der . 3 . . Senat zuständig.

Berlin, den . 24. Januar . . 1944.
Der Präsident des Volksgerichtshofs.

Herrn
Präsidenten des . 3 . . Senats.

Mit der persönlichen Unterschrift des Blutrichters Freisler:
Zuweisung des Falles Dennert an den 3. Senat, 24.Januar 1944

Vom christlichen Verbindungsstudenten zum Hitlerfanatiker und Blutrichter: *ROLAND FREISLER*

gentlich nur als Redner verwendbar, aber nicht für Führungsposten. Er sei „unzuverlässig und zu sehr von Stimmungen abhängig“.

Freislers Werdegang zum Blutrichter ist an sich überraschend. Im Jahr 1893 in CELLE geboren, schloss er sich als Jurastudent in JENA der nichtschlagenden christlichen Studentenverbindung Alemannia im Schwarzburgbund an und fühlte sich auch dem christlichen Wingolf nahestehend. Er bejahte die Prinzipien des Christentums und des verantwortungsbewussten Umgangs mit Menschen, die Bereitschaft zu wissenschaftlicher Bildung, das Bekenntnis zum Vaterland und zu einer weltoffenen Persönlichkeitsbildung.

Seit FREISLER aber im Jahr 1925 HITLER persönlich kennen gelernt hatte, war er wie hypnotisiert. Er schloss sich Hitlers NSDAP an, sobald sie nach ihrem vorübergehenden Verbot wieder erlaubt und neu gegründet war, und ließ sich zum radikalen Hitleranhänger „umformen“. Wie so viele andere auch übernahm er Hitlers krudes Menschenbild. Er zeigt das Persönlichkeitsbild eines ernsthaft suchenden Menschen mit unsicherer Persönlichkeit, der sich einer Leitfigur dann vollständig unterwirft.

FREISLER erlangte eine hohe Stellung im preußischen Justizministerium und wurde von HITLER persönlich im August 1942 zum Präsidenten des Volksgerichtshofs ernannt. Seitdem stieg die Zahl der Todesurteile bei diesem Gericht drastisch an.

FREISLER selbst starb dann einen eher „gewöhnlichen“ Tod, nämlich beim Aktenholen für die Verhandlung gegen FABIAN VON SCHLABRENDORFF am 3.Februar 1945. Der Bombenangriff der Amerikaner an diesem Tage brachte das ehemalige Wilhelms-Gymnasium zum Einsturz. SCHLABRENDORFF hatte am 13. März 1943 den verheißungsvollsten der 39 nachgewiesenen Attentatsversuche gegen HITLER unternommen, indem er zwei Sprengkörper in Hitlers Flugzeug geschmuggelt hatte. Die Säurezünder hatten aber wegen der Kälte im Frachtraum versagt. Bei einem Erfolg hätte nie jemand dieses Attentat auf HITLER nachweisen können, es hätte wie ein Unfall oder wie ein Folge feindlicher Beschießung ausgesehen. Nur weil FREISLER vor dem Urteilsspruch umkam, kam sein Todeskandidat SCHLABRENDORFF mit dem Leben davon; er wurde später Bundesrichter.

Plötzlich wollen alle Dennert helfen

Bereits am nächsten Tag, nachdem ROLAND FREISLER die Strafsache DENNERT dem dritten Senat zugewiesen hat, wird Kammergerichtsrat Dr. ECKART in Vertretung des Vorsitzenden PAUL LÄMMLE tätig.

In einer Verfügung vom 25. Januar 1944, die anderentags CHRISTIAN DENNERT zugestellt wird, teilt er dem Angeschuldigten die Anklageschrift mit und räumt ihm eine Erklärungsfrist von drei Tagen ein, von denen freilich nach der Zustellung nur noch zwei Tage verbleiben. Zur Wahl von Rechtsanwalt Dr. SCHWARZ erteilt er die Zustimmung und ersucht ihn, seine Vollmacht dem Oberreichsanwalt einzureichen.

Dr. SCHWARZ erhält eine Anklageschrift. Ihm wird auch eine Sprecherlaubnis für seinen Mandanten erteilt. Die Briefkontrolle wird wieder an die Haftanstalt übertragen. Der Rechtsanwalt macht keine Einwände gegen eine Fortdauer der Haft für seinen Klienten geltend.

Inzwischen kann ihm IRMGARD DENNERT auch vom Erfolg ihres Weges „in die Höhle des Löwen" berichten. Sie ist tatsächlich in den ersten Januartagen zum Weidenberger Ortsgruppenleiter GEORG RUMLER gegangen und hat versucht, ihn zur Mitwirkung für ein positives Parteizeugnis für ihren Mann zu bewegen. Sie weiß natürlich, dass RUMLER auf DENNERT wegen seiner Nazikritik nicht gut zu sprechen ist, ahnt aber bis zuletzt nichts von Rumlers bisheriger destruktiver Rolle hinter den Kulissen in diesem Drama.

RUMLER hat sich öffentlich immer als „Retter" feiern lassen, so schon bei der ersten Inhaftierung Dennerts im Jahr 1939, als er bereits nach 11 Tagen aus der Militärarrestanstalt BAYREUTH wieder freikam. Hat RUMLER nicht an jedem Stammtisch geprahlt, dass er für seine Ortsbürger immer nur Gutes bewirkt hat?

IRMGARD kann sich eigentlich gar nicht vorstellen, dass RUMLER schon damals in Wahrheit der Verantwortliche war, der DENNERT trotz dessen fortgeschrittenen Alters die beiden Einberufungen zum Militärdienst verpasst hatte. Ihr ist auch das negative Gutachten der Kreisleitung über die politische Unzuverlässigkeit Dennerts unbekannt, für das RUMLER verantwortlich zeichnet und das dem Volksgerichtshof nun zur Untermauerung der Anklage dient.

Zuversichtlich hat sich IRMGARD DENNERT in diesen Januartagen auf den Weg zum Alten Schloss am Obermarkt gemacht, in dem im Obergeschoss der Ortsgruppenleiter wohnt und residiert. Es ist kalt und es liegt viel Schnee. Wie erwartet, hat RUMLER sie höflich empfangen. Scheinbar freundlich hat er sie in seine weitläufigen Räumlichkeiten hoch über den Dächern Weidenbergs geleitet.

Falschspieler in SA-Uniform:
GEORG RUMLER (Montage)

RUMLER ist dafür bekannt, dass er eine Schwäche für Hilfe suchende Frauen hat und gern den Gentleman gibt. Natürlich weiß er inzwischen von der Verhaftung Dennerts, darüber redet in WEIDENBERG jeder. Und außerdem hat er ja selbst das negative Gutachten der Kreisleitung über DENNERT erstellt, das dem obersten Ankläger des Volksgerichtshofes vorliegt. Er weiß nur zu genau, dass es seine Zeilen sind, die DENNERT vor Gericht in einem sehr ungünstigen Licht erscheinen lassen. Schließlich hat er ja den Text formuliert, in dem DENNERT als „unverbesserlich" bezeichnet und ihm ein krankhafter Starrsinn unterstellt wird. Aber scheinheilig will er jeden Verdacht von sich ablenken.

Vielleicht ist in RUMLER nach diesen Weihnachtstagen, ähnlich wie beim alten SCROOGE in Charles Dickens' Weihnachtsgeschichte, ein Sinn für Barmherzigkeit erwacht. Zum Weihnachtsgottesdienst war er zwar nicht gegangen. Das verbot ihm schon sein ostentativer Kirchenaustritt, den er zusammen mit einer Handvoll weiterer Weidenberger im Juli 1941, sehr zum Leidwesen seiner Verwandtschaft, vollzogen hatte, um seine Linientreue zu demonstrieren. Und eigene lebende Kinder hatte er auch nicht mehr, für die er sich hätte weihnachtlich geben müssen, nachdem sein einziger unehelicher Sohn in Hitlers Feldzug umgekommen war. Aber zumindest seinen drei kleinen Nichten gegenüber hatte er in diesem Jahr als der gute Onkel erscheinen wollen.

So feierte er auch nicht eine abartige „germanische" Naziweihnacht, wie manche andere fanatische Nazifunktionäre, sondern hatte einen ganz normalen Christbaum in der guten Stube stehen. Und an seiner großen Märklinmodellbahn, die in WEIDENBERG damals fast Einmaligkeitsrang besaß, ließ er sie mitspielen.

Vielleicht hatte ihn aber auch die Zähigkeit und der Charme dieser hübschen Frau beeindruckt, die so um ihren Mann kämpfte; vielleicht bewundert er, dass sie auch bereit war, als Bittstellerin zum Gegner zu gehen.

Es könnte aber auch sein, dass alle diese Theorien über Rumlers plötzliche Mitmenschlichkeit irrig sind. Vielleicht war es nur ein bloßes Kalkül aus Selbsterhaltungstrieb. Denn dass die Katastrophe für Deutschland unausweichlich herannahte, war den „Hoheitsträgern" unter allen Volksgenossen des Deutschen Reiches als ersten klar. Angesichts eines bevorstehenden Weltuntergangs ist es vielleicht gut, wenn man Menschen hat, die für einen selbst einmal ein positives Zeugnis abgeben können.

Tatsächlich wird dann ganz genau dieser letztgenannte Sachverhalt eintreten und sich dieses Kalkül Rumlers als weitsichtig erweisen: Beim Verfahren vor der Spruchkammer nach dem Krieg zur Beurteilung seiner Nazi-Vergangenheit wird RUMLER das Gericht bitten, IRMGARD DENNERT als Zeugin zu laden, und diese Frau wird bestätigen, dass der Ortsgruppenleiter sich „immer wieder“, so zum Jahreswechsel 1943/44, für ihren Mann eingesetzt habe.

Die gutgläubige IRMGARD DENNERT wird Zeit ihres Lebens nie etwas von dem doppelbödigen Spiel dieses Nazi-Hoheitsträgers hinter den Kulissen erfahren, durch das ihr Mann trotz des scheinbaren Bemühens des Ortsgruppenleiters zum Opfer des Volksgerichts wird. Dankbar holt sie vielmehr in diesen Tagen das kleine Schreiben ab, das RUMLER für sie aufgesetzt und das er mit dem Stempel der NSDAP-Ortsgruppe Weidenberg gesiegelt hat. Plötzlich zeigt sich hier RUMLER als ein Mann, der seinen Gegner CHRISTIAN DENNERT über den grünen Klee lobt und ganz neu bewertet:

„Weidenberg, den 29. Januar 1944. In Ergänzung meines in der Voruntersuchung bereits abgegebenen Gutachtens über Christian Dennert geboren 23.7.1996, erkläre ich noch folgendes: Dennert war, wie bereits im Gutachten erwähnt, zwischen den Zeiten seiner periodenweise auftretenden Gereiztheit ein hilfsbereiter und anständiger Mensch, der zu jeder Hilfe selbst unter großen persönlichen Opfern bereit war. Er besitzt auch Fähigkeiten und Talente, die, immer wieder unter der Voraussetzung des zeitgerechten Einsatzes, erhebliches zu schaffen vermögen.

Rumler, Ortsgruppenleiter Bürgermeister.“

Weidenberg,den 29.Januar 1944. 20

Jn Ergänzung meines in der Voruntersuchung bereits abgegebenen Gutachtens über

Christian Dennert geb.23.7.96.,erkläre ich noch folgendes:

Dennert war,wie bereits im Gutachten erwähnt,zwischen den Zeiten seiner periodenweise auftretenden Gereiztheit ein hilfsbereiter und anständiger Mensch,der zu jeder Hilfe selbst unter grossen persönlichen Opfern bereit war.

Er besitzt auch Fähigkeiten und Talente,die,immer wieder unter der Voraussetzung des zeitgerechten Einsatzes,erhebliches zu schaffen vermögen.

Rumler

Ortsgruppenleiter und Bürgermeister

Urteil aus Kalkül geändert: *Rumlers überraschende Bewertung im Gutachten über CHRISTIAN DENNERT vom 29. Januar 1944*

Im Gefängnis Tegel und vor dem Volksgerichtshof

Kinder für den Führer – egal wie

Der 29. Januar 1944, an dem Ortsgruppenleiter RUMLER aus persönlichem Kalkül über CHRISTIAN DENNERT sein überraschendes positives Zeugnis verfasst, wird für diesen Häftling ein entscheidender Tag. Es ist ein Samstag.

Auf Anweisung des Volksgerichtshofs wird er aus der Untersuchungshaftanstalt ALT-MOABIT entlassen und in das Strafgefängnis TEGEL verlegt. Das bedeutet, dass die Eröffnung der Hauptverhandlung unmittelbar bevorsteht.

Zuchthaus / Gefängnis — Untersuchungshaftanstalt Alt-Moabit in Berlin NW 40, Vollzugsgeschäftsstelle — Berlin, den 29. Jan. 1944

Aktenzeichen: 5 J. 231/44

Zugangsliste Nr. 4382/43

Der Untersuchungshäftling Christian Dennert ist heute nach Nach Tegel entlassen worden.

An das Landgericht / die Strafkammer / das Amtsgericht Volksgericht in Berlin

I. A.

Von Moabit nach Tegel: *Überweisung Dennerts am 29. Januar 1944*

Wie absurd es zu diesem Zeitpunkt ist, die Äußerungen Dennerts insbesondere zum nahen Kriegsende derartig auf die Waagschale zu legen und unter Anklage zu stellen, zeigt sich im Verhalten der Naziführung.

HITLER selbst weiß, dass Deutschland und damit auch BERLIN als Regierungshauptstadt verloren sind. Zwar lässt sein Propagandaleiter GOEBBELS zynisch verkünden, die Briten würden mit ihren Bombardements den Deutschen nur die Arbeit abnehmen, da ja nach dem Krieg ohnehin der komplette Neubau Berlins als „Welthauptstadt Germania“ vorgesehen sei. Aber tatsächlich ist der Betrieb der Regierungsarbeit zu diesem Zeitpunkt schon – milde ausgedrückt – erheblich behindert.

HITLER befiehlt zwar, dass die Reichskanzlei und auch andere wichtige Dienststellen trotz des fast täglichen Bombardements bis zum letzten Tag in BERLIN bleiben sollen, sieht aber als Regierungssitz längst Alternativen vor.

Auch sind die Verluste an deutschen Männern inzwischen so ins Unermessliche gestiegen, dass ein Grundpfeiler nationalsozialistischen Denkens und Planens wegzubrechen droht, die Zukunft des Nachwuchses für das deutsche Volk. So veröffentlicht Hitlers eigensinniger Querdenker und „bester Parteimann“ MARTIN BORMANN genau an diesem 29. Januar 1944 eine Denkschrift, in der er sich Gedanken um die zukünftigen Kinderzahlen trotz fehlender Männer macht. Unter Zurückstellung aller moralischen Bedenken propagiert er die Zeugung außerehelicher Kinder und schlägt für die Zeit nach Kriegsende die Erlaubnis von Bigamie vor, in der Form, dass ein Mann auch für mehrere Frauen dasein können soll.

Ein gelenktes und zugleich selbst gestaltetes Leben im Gefängnis

Der Volksgerichtshof ist freilich von solchen Überlegungen der Machthaber für das Kriegsende völlig unbeeindruckt. Für ihn gilt nach wie vor jedes Reden vom Kriegsende als Hochverrat und jede Widerrede gegen das ursprüngliche Nazi-Gedankengut als verfolgungswürdig bis zum Tode.

Für CHRISTIAN DENNERT hat nun in TEGEL der letzte Weg begonnen. Um 15 Uhr trifft an diesem Samstag in diesem größten Männerzuchthaus Deutschlands sein Gefangenentransport ein.

Ähnlich wie ALT-MOABIT ist auch die Strafanstalt von TEGEL ein besonderes Gefängnis. Etwa 10km Luftlinie nordwestlich von Berlins Stadtmitte zwischen dem Tegeler Flugplatz und den Borsigwerken gelegen, hat auch diese Einrichtung ein besonderes bauliches Vorbild und auch eine eigene Pädagogik.

Im Jahr 1898 als Königliches Strafgefängnis errichtet, ist sie in ihrem roten Backsteingewand einem Gefängnis aus den USA im Bundesstaat PENNSYLVANIA nachempfunden und beherbergte schon bald etwa 1.600 männliche Gefangene. Ähnlich wie in MOABIT können die jeweils vier sternförmig angelegten Zellentrakte von einem gemeinsamen Zentrum aus bewacht werden.

Anders als in MOABIT, wo man einige Zeit hindurch auf die Läuterung der Gefangenen durch innere Buße und Absonderung voneinander hoffte, vertraut man in TEGEL auf das Prinzip „Erziehung durch Arbeit“. So bietet das Tegeler Strafgefängnis zur Betätigung seiner Häftlinge stets eine Fülle von Handwerken in Wirtschafts- und Werkstattgebäuden an. Das gibt es Küche, Bäckerei, Waschhaus, Schlosserei, Schmiede, Klempnerei, Tischlerei und Druckerei.

Zuchthaus mit Handwerkspädagogik: *Tegel*

Heimstatt trotz deprimierende Aussicht: *Gefängnishof Tegel*

In eigener Regie durften die Strafgefangene schon damals Gebäude auf dem Gefängnisareal errichten. So bauten ausschließlich Gefängnisinsassen im Jahr 1901 ein Beamtenhaus. Viele ließen sich in der anstaltseigenen Gärtnerei mit Gewächshaus beruflich aus- und weiterbilden. Auf Frühbeeten und Ackerland wuchs Gemüse für die Gefängnisküche. Die Bäckerei vermochte eine Zeit lang auch Inhaftierte aus anderen Berliner Gefängnissen mit Brot zu versorgen. Werkstätten unter Leitung beamteter Meister versorgten andere Berliner Betriebe mit Schuhen, Flechtarbeiten, Beuteln, Tüten oder auch elektrischen Schaltern. Auch eine Kirche fehlt nicht.

Wie der Berliner Dichter und Facharzt für Nervenkrankheiten ALFRED DÖBLIN in seinem im Jahr 1929 veröffentlichten Roman „Berlin Alexanderplatz" am Beispiel seiner Hauptperson FRANZ BIBERKOPF beschreibt, gewöhnten sich manche Gefangene so sehr an dieses zugleich gelenkte und doch auch selbst gestaltete Leben, dass es ihnen schwer fiel, am Ende der Haftzeit Abschied zu nehmen. BIBERKOPF muss nach seiner Freilassung, einem inneren Drang folgend, immer wieder zu den Backsteinmauern von TEGEL zurückkehren und sie von außen mit seinen Händen berühren. Er scheitert am Ende mit seinem Leben in Freiheit und kommt in die Irrenanstalt BERLIN-BUCH.

Fallbeile für Widerstandskämpfer und für die DDR-Justiz

Zu den gruseligen Kuriosa dieses „handwerklich" orientierten Gefängnisses gehörte die Fertigung von Fallbeilen für die deutschen Guillotinen, die zum Preis von 98 Reichsmark zu kaufen waren. Viele Mitglieder des Widerstandes gegen HITLER starben unter solchen Fallbeilen. Vielleicht hat der eine oder andere sogar an dem Gerät seiner Hinrichtung selbst mitgearbeitet.

Für diese blutige Hinrichtungsart bestand auch nach Ende des Zweiten Weltkrieges weiter Bedarf. So klagte im Oktober 1948 die Deutsche Zentrale Justizverwaltung in der sowjetischen Besatzungszone, der späteren „DDR", dass sie zur Vollstreckung der Todesstrafe kein Fallbeil mehr hätten. Man einigte sich damals auf ein seltsames Ost-West-Geschäft: Die Tegeler Gefängniswerkstätten durften, unter Umgehung der westlichen Blockadeauflagen, das fehlende Stück an die „Ostzone" liefern.

Von Anfang an war TEGEL eine wichtige Strafanstalt der Nazijustiz. Nach der Machtergreifung im Jahr 1933 ließen die Nazis hier zunächst eine große Zahl von Mitgliedern der KPD und SPD einsperren. Ab Februar 1940 fungierten Teile der Strafanstalt als Wehrmachts-Untersuchungsgefängnis. Das Bewachungspersonal bestand hier aus Soldaten.

Ab dem Jahr 1941 waren in diesem Trakt auch zahlreiche Angehörige des Widerstands gegen HITLER inhaftiert. Zu den prominentesten frühen Vertretern gehörte Domprobst BERNHARD LICHTENBERG, der am 23. Oktober 1941 verhaftet worden war und in TEGEL seit dem 22. März 1942 einsaß. Er war aber dann am 5. November 1943 auf dem Transport ins KZ unterwegs im Krankenhaus von HOF an den Haftfolgen verstorben. LICHTENBERG hatte im Jahr 1938 in der St.-Hedwigs-Kathedrale öffentlich für Juden und Insassen von Konzentrationslagern gebetet und im Jahr 1941 gegen den Massenmord an Geisteskranken protestiert.

Theoretisch hätte CHRISTIAN DENNERT in seiner Haftzeit in TEGEL auch dem Theologen DIETRICH BONHOEFFER begegnen können, der seit dem 5. April 1943 zusammen mit seinem Schwager HANS V. DOHNANYI und anderen Mitgliedern des Widerstandes wegen „Wehrkraftzersetzung" im militärischen Teil der Strafanstalt Tegel eingekerkert war. Anderthalb Jahre bringt BONHOEFFER damals in seiner Zelle in TEGEL zu, bis man ihn im Oktober 1944 in den Haftkeller der Gestapozentrale in der Prinz-Albrecht-Straße beim Anhalter Bahnhof verlegt.

Theologische Literatur in der Zelle: DIETRICH BONHOEFFER

Dort entsteht dann am 19. Dezember 1944 sein wohl berühmtestes Gedicht *„Von guten Mächten"*, das sich heute als Lied in allen einschlägigen evangelischen und katholischen Kirchengesangbüchern findet, allerdings zum Teil mit unterschiedlichen Melodien. In TEGEL hat BONHOEFFER einen erstaunlichen Bewegungsraum. Seine kleine Zelle hat er sich fast wie eine behaglich zu nennende Klause eingerichtet. Hier schreibt BONHOEFFER mit der *„Ethik"* seinen grundlegenden Kommentar zum Christsein in dieser Zeit. Es entstehen weitere bekannte Gedichte, wie *„Stationen auf dem Wege zur Freiheit"*, *„Christen und Heiden"*, *„Wer bin ich"* oder das erschütternde autobiografische Gedicht *„Tod des Moses"*. Am 8. April 1945 wird BONHOEFFER im KZ Flossenbürg ermordet.

Vorbereitung auf die Hauptverhandlung

Seit dem 29. Januar 1944 haust auch CHRISTIAN DENNERT in einer Zelle dieses Zuchthauses TEGEL. Bei den Bombenangriffen im November auf die nahe Borsig-Lokomotivfabrik hatte auch die Haftanstalt TEGEL einiges abbekommen. Manches, insbesondere die Fenster, scheint notdürftig repariert.

Wie BONHOEFFER in seiner „Klause" lebt auch DENNERT in einer Zelle von gerade einmal drei mal zwei Metern. An der Längstwand breitet sich die einfache Holzpritsche, darüber ist als Ablage ein Wandbrett montiert. Im Raum steht ein Schemel, darunter ein Kübel. Eine starke Holzbohlentür schließt den Kerker nach der Gangseite hin ab. Durch das runde Beobachtungsloch in Augenhöhe kann man nur in den Raum hineinsehen, nicht nach draußen. Gegenüber der Tür hat die Zelle ein kleines vergittertes Fenster zum Hof hin. Es ist aber so hoch angebracht, dass man nicht hinausschauen kann, ohne auf den Hocker zu steigen.

Kleiner als manche Badezimmer:
Zelle von DIETRICH BONHOEFFER

Hier wird DENNERT die nächsten Monate verbringen. Die Wachleute sind raue Gesellen. Doch nicht alle sind Anhänger des Hitlerregimes, manche sind sogar ausgesprochene Nazi-Gegner. So gibt es Wege, sich mit ihnen gut zu stellen. Doch Dennerts Wortkargheit erweist sich immer wieder als ein Hemmschuh für die Kommunikation. Für manche Schließer ist er nur „der komische Gefangene mit dem Hamburger Dialekt", andere mögen ihn, weil er ihre kritischen Ansichten über das Regime teilt.

Am 2. Februar 1944 ordnet der Vorsitzende des Dritten Senats beim Volksgerichtshof PAUL

LÄMMLE die Hauptverhandlung gegen CHRISTIAN DENNERT an. Dieser Volksgerichtsrat LÄMMLE war im Jahr 1941 durch MARTIN BORMANN berufen worden. Er setzt als Termin für die mündliche Verhandlung Dienstag, den 29. Februar 1944 um 11 Uhr fest und als Ort den Saal 2 im Gebäude des VGH im ehemaligen Wilhelms-Gymnasium in der Bellevue-Straße in der Nähe des Potsdamer Platzes.

Zum Vorsitzenden bestimmt er Richter KLATT, als Berichterstatter Landgerichtsdirektor DUVE, als Beisitzer die Herren OFFERMANN, MAUSZUS und HERZLIEB.

Die tatsächlich Zusammensetzung des Gerichts am 29. Februar unterscheidet sich dann aber bei zwei Personen: Den Vorsitz hat nun NS-Richter MAKART, Beisitzer ist das Nazimitglied ILZ an Stelle des Oberregierungsrates Dr. WALTER HERZLIEB, der an sich für eine regimetreue Wehrmachtsgerichtsbarkeit stand.

Als voraussichtliche Dauer der Sitzung hat LÄMMLE zwei Stunden angesetzt. Vom Termin sollen der Angeklagte und Verteidiger benachrichtigt werden.

Am folgenden Tag wendet sich der Justizminister an den Oberreichsanwalt und bittet um einen Bericht über den Stand des Verfahrens. Noch zweimal, am 21. und 31 März, muss er die Bitte wiederholen, zuletzt mit Eilvermerk, bis LAUTZ schließlich reagiert.

Am Beginn der nächsten Woche – es ist der 7. Februar – lässt LAUTZ die Verhandlung vorbereiten. Er lädt neben dem Angeklagten und dem Verteidiger per Einschreiben die beiden Hauptbelastungszeugen SCHRÖDER aus BAYREUTH und BONNER aus CREUßEN vor, auf deren denunzierenden Aussagen die Anklage fußt. Dann ersucht er die Überführungsstelle beim Berliner Polizeipräsidenten um Vorführung des Angeklagten zur Hauptverhandlung. Fast fürsorglich klingt, wenn er diese Dienststelle bittet, mit Rücksicht auf die voraussichtliche Dauer der Hauptverhandlung von zwei Stunden für die erforderliche Verpflegung des Gefangenen Sorge zu tragen. Er möchte bei dem Angeklagten keinen Schwächeanfall erleben.

Am folgenden Montag geht bei LAUTZ die Bestätigung von Rechtsanwalt SCHWARZ ein, mit der er sein Erscheinen bei der Hauptverhandlung zusagt. Erneut drängt SCHWARZ darauf, für IRMGARD DENNERT die Sprecherlaubnis für ihren Ehemann auszustellen, die zwar per Vermerk genehmigt, aber offenbar noch nicht schriftlich formuliert ist. Noch immer hat die Ehefrau ihren Mann nicht besuchen dürfen.

Eine Anklage auf wackligen Füßen

Am gleichen Tag bittet der Rechtsanwalt, der DENNERT retten möchte, um eine gerichtsärztliche Untersuchung des Angeklagten. Offenbar hat er DENNERT im Gespräch überzeugen können, dass es für ihn besser sei, nicht stur an seinen Anwürfen gegen die Naziherrschaft festzuhalten, sondern gewissermaßen auf eine verminderte

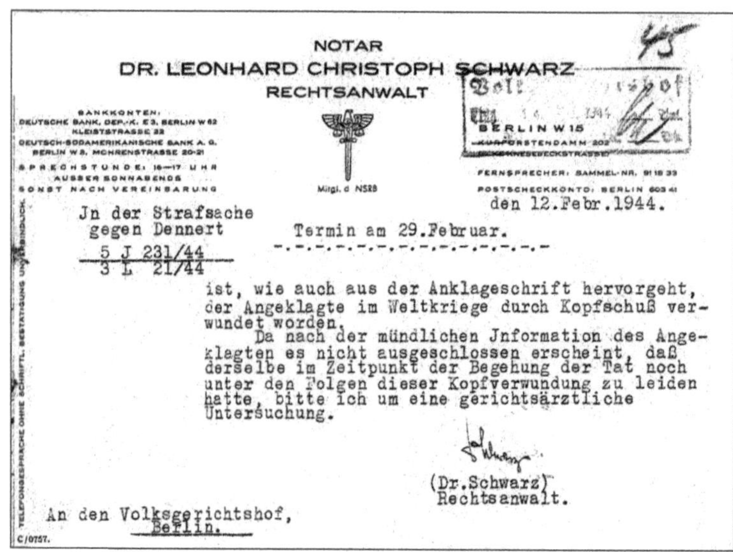

NOTAR
DR. LEONHARD CHRISTOPH SCHWARZ
RECHTSANWALT

BANKKONTEN:
DEUTSCHE BANK, DEP.-K. E 3, BERLIN W 62
KLEISTSTRASSE 33
DEUTSCH-SÜDAMERIKANISCHE BANK A. G.
BERLIN W 8, MOHRENSTRASSE 20-21
SPRECHSTUNDE: 16—17 UHR
AUSSER SONNABENDS
SONST NACH VEREINBARUNG

Mitgl. d. NSRB

BERLIN W 15
KURFÜRSTENDAMM 202
FERNSPRECHER: SAMMEL-NR. 91 18 33
POSTSCHECKKONTO: BERLIN 603 41

45

Jn der Strafsache
gegen Dennert
5 J 231/44
3 L 21/44

den 12.Febr.1944.

Termin am 29.Februar.

ist, wie auch aus der Anklageschrift hervorgeht, der Angeklagte im Weltkriege durch Kopfschuß verwundet worden.

Da nach der mündlichen Jnformation des Angeklagten es nicht ausgeschlossen erscheint, daß derselbe im Zeitpunkt der Begehung der Tat noch unter den Folgen dieser Kopfverwundung zu leiden hatte, bitte ich um eine gerichtsärztliche Untersuchung.

(Dr.Schwarz)
Rechtsanwalt.

An den Volksgerichtshof,
Berlin.

C/0757.

Psychologische Untersuchung Dennerts:
Antrag von Rechtsanwalt Dr. SCHWARZ am 12. Feb. 1944

Zurechnungsfähigkeit zu pochen. So könnte der im Ersten Weltkrieg erlittene Kopfschuss zur Abschwächung der Anklage dienen, falls medizinisch nachzuweisen sei, dass diese Verwundung ursächlich sein könnte für seine periodenweisen verbalen Ausfälle. Diese Eingabe, die dem stolzen DENNERT sicher nicht leicht gefallen sein dürfte, zeigte dann doch in der Folgezeit eine erstaunliche Wirkung.

Schwarz' Schreiben kreuzt sich am gleichen 12. Februar mit einer Initiative des Oberreichsrats, mit der dieser sein Ersuchen vom 20. Dezember an die Gefängnisleitung von ALT-MOABIT erneuert: Im Hinblick auf die bevorstehende Hauptverhandlung solle endlich die ärztliche Untersuchung Dennerts auf seinen Geisteszustand veranlasst werden. Diesmal fügt er seinem Dringlichkeitsvermerk dick unterstrichen das Wort „sofort" bei, doch seltsamerweise wieder ohne Erfolg. Bereits seit sechs Wochen lässt der Gefängnisarzt den scheinbar allmächtigen Juristen des Volksgerichtshofes zappeln und bringt auf seine Weise

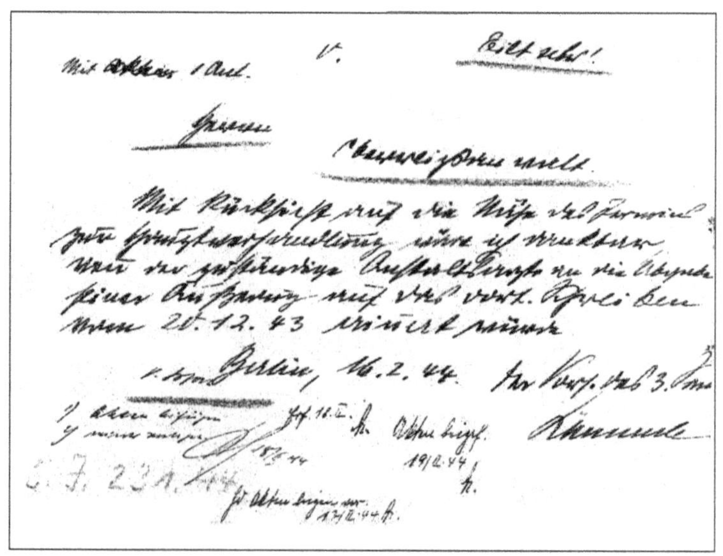

Berlin, 16.2.44

5 J. 231/44

Sabotierte Mahnung: *Oberreichsanwalt LÄMMLE fordert mehrfach vergeblich das Arztgutachten an*

Sand ins Getriebe dieser Unrechtsmaschine, dass es nur so knirscht! Mit fast verzweifelten Worten zwingt sich der Vorsitzende des Dritten Senats, Volksgerichtsrat PAUL LÄMMLE, selbst zur Höflichkeit, wenn er vier Tage später, am 16. Februar, in seiner energischen Handschrift mahnt:

„Eilt sehr! Herrn Oberreichsanwalt. Mit Rücksicht auf die Nähe des Termins zur Hauptverhandlung wäre ich dankbar, wenn der zuständige Anstaltsarzt an die Abgabe seiner Äußerung auf das dortige Schreiben vom 20.12.43 erinnert würde. Berlin, 16.2.44. Der Vorsitzende des 3. Senats, Lämmle."

Mittlerweile hat die Suche von Rechtsanwalt RITZSCH und IRMGARD DENNERT nach weiteren Entlastungszeugen nicht nur das erstaunliche Ergebnis gebracht, dass, wie oben geschildert, der Weidenberger Ortsgruppenleiter bei seinem scharfen, Verderben bringenden Ersturteil über DENNERT mächtig eingeknickt ist. Es haben sich darüber hinaus auch aus Dennerts Militärzeit 1939/40 Kriegskameraden und Vorgesetzte gefunden, die seinen Diensteifer, seine Loyalität und seine politisch einwandfreie Gesinnung, aber auch seine Depressionen bestätigen und bereit sind, als Zeugen auszusagen.

So steht die Hauptverhandlung des Oberreichsanwalts beim Volksgerichtshof zur Strafsache gegen CHRISTIAN DENNERT wegen Wehrkraftzersetzung, die für den 29. Februar geplant ist, von vornherein auf wackeligen Füßen. Der Angeklagte könnte „geisteskrank" sein, aber der zuständige Arzt hat immer noch kein Diagnosegutachten geschickt.

Auch sind die veränderte Beurteilung durch den Weidenberger Ortsgruppenleiter und die Einlassungen der neuen Entlastungszeugen weitere Unsicherheitsmomente. Ob darüber hinaus die 20-jährige MARIE BONNER, die markigste Belastungszeugin, die im Betrieb immer so eloquent ist, sich auch vor dem Gericht so selbstsicher präsentieren wird, ist zweifelhaft. Ihr ist sicher inzwischen bewusst geworden, was sie angerichtet hat.

Die Auflistung der nazikritischen Zitate dieser Zeugin und des Zeugen SCHRÖDER, zu denen sich DENNERT selber bekannt hat, würde dem Gericht zwar ein Todesurteil ermöglichen. Doch ein brillanter und triumphaler Auftritt und eine große Show würde diese Verhandlung wohl kaum werden.

So wagt der mit der Vorbereitung beauftragte Erste Staatsanwalt HERBERT HENNIG, der sich in der Vergangenheit mit der scharfen Verfolgung von Homosexuellen hervorgetan hatte, diesmal seinem Chef ERNST LAUTZ einen mäßigenden Vorschlag für die staatsanwaltliche Antragstellung zu machen: *„Vertagung, da das angeforderte Gutachten durch den Gefängnisarzt des Angeklagten nicht vorlag."*

Ein sensationeller Sitzungsverlauf

Trotz aller inneren und äußerlichen Infragestellungen beginnt gleichwohl am Dienstag, dem 29. Februar 1944, die Verhandlung im Gebäude des Volksgerichtshofs pünktlich.

Draußen ist es ruhig. Die Straßen sind von Trümmern der Bombenangriffe der letzten Wochen freigeräumt. Zwar hatten Luftalarme und weitere regelmäßige Nachtangriffe durch englische Bombenflugzeuge die Bevölkerung immer wieder in Atem gehalten, aber BERLIN hatte in diesem ganzen Monat Februar keine Tagangriffe erlebt. Auch hatte sich trotz der ungeheuren Bombenmengen die Stadt BERLIN durch ihre großzügige Bauweise mit vielen Grünzonen, Gewässern, breiten Straßen und vielen Brandmauern und durch die starke Flugabwehr, als weitaus widerstandsfähiger erwiesen, als es die Alliierten erwartet hatten, jedenfalls stabiler als HAMBURG. Je mehr der berüchtigte „Bomber-Harris" die Wut seiner Piloten für eine baldige Niederlage Hitlers angestachelt hatte, desto mehr war der Fanatismus der deutschen Propaganda und der Durchhaltewille der Bevölkerung gewachsen.

Dennert vor dem VGH *(Montage)*

Am langen Tisch vor der deckenhohen Hakenkreuzfahne hat das Gericht Platz genommen. Direkt unter der Hitlerbüste sitzt in seine rote Robe gekleidet der 50-jährige Kammergerichtsrat Dr. BRUNO PAUL MAKART. Er führt den Verhandlungsvorsitz. Er ist selber an mehreren Todesurteilen des Volksgerichtshofes beteiligt, darf aber nach dem Krieg trotzdem als Verwaltungsgerichtsdirektor in KÖLN ungestraft weiterarbeiten.

Ihm zur Seite sitzt, ebenfalls in roter Robe, der 43-jährige Landgerichtsdirektor und „Volksrichter" HANS DUVE. Er ist seit dem 1. Mai 1933 Mitglied der NSDAP mit der Nummer 3.551.972. Er wird sich im Verlauf des Jahres 1945 das Leben nehmen.

Als „ehrenamtliche" Beisitzer fungieren in Uniform der NSKK-Obergruppenführer OFFERMANN, der SS-Brigadeführer MAUSZUS, sowie, ebenfalls in roter Robe, Reichsrichter Dr. ILZ. Ihnen zur Seite hat der Anklagevertreter Oberreichsanwalt LAUTZ Platz genommen.

Vor dem Tisch steht als einziger der Angeklagte CHRISTIAN DENNERT, gekleidet in sein graues Häftlingsgewand. Zu beiden Seiten flankieren ihn sitzende Polizisten, am Kopf bedeckt mit dem typischen Berliner Tschakohelm. Auch wenn kein Originalfoto existiert, dürfte doch die oben gezeigte Fotomontage dem Bild von diesem Ereignis sehr nahe kommen.

Mit dem Aufruf der Zeugen beginnt MAKART die Sitzung. Es melden sich Rechnungsrat GUSTAV SCHRÖDER und die Kontoristin MARIE BONNER. Nachdem MAKART sie mit dem Gegenstand der Untersuchung und der Person des Angeklagten bekannt gemacht und auf die strafrechtliche Bedeutung ihres Zeugnisses aufmerksam gemacht hat, entlässt er die Zeugen mit der Auflage, dass sie im Hause zu bleiben und sich zur Verfügung des Gerichtes zu halten haben.

Der Vorsitzende stellt Dennerts Personalien fest. Dann fordert er LAUTZ auf, die Anklage zu verlesen. DENNERT darf sich kurz dazu äußern. Wie mit Rechtsanwalt SCHWARZ besprochen, weist er auf seine Kopfverletzung aus dem Ersten Weltkrieg hin.

Dann erhebt sich der Oberreichsanwalt und beantragt entsprechend dem Vorschlag seines Referenten, die Verhandlung zu vertagen. Der Richter folgt diesem Plädoyer. Es soll ein schriftliches Gutachten über den Geisteszustand des Angeklagten eingeholt werden. Ein neuer Termin bleibe vorbehalten. Auf die bereits vom 20. Dezember 1943 datierende Bitte an den Gefängnisarzt um Ausfertigung eines Gutachtens wird hingewiesen.

Statt des geplanten Urteils erfolgt also die Vertagung infolge einer nun schon seit über zwei Monaten anhaltenden Verzögerungstaktik eines unbekannten kleinen Arztes! Im Vergleich zu den meisten hier ablaufenden Prozessen ist das eine Sensation.

Leider enthält der Bericht über diese Sitzung den Vermerk, dass *„für die mündliche Begründung ... die Öffentlichkeit wegen Gefährdung der Staatssicherheit ausgeschlossen und den Anwesenden ein Schweigegebot auferlegt werden"* soll. So erfahren wir auch nicht die Gründe, warum das sonst so allmächtige Gericht sich gegenüber der Verweigerung dieses einzelnen Arztes so ohnmächtig gezeigt hat, dass es deswegen eine ganze Verhandlung platzen lässt. Die Frage ist, ob Rechtsanwalt SCHWARZ und sein Mandant etwas aus dieser unerwarteten Chance machen können.

Die Verteidigung positioniert sich

Tatsächlich glaubt SCHWARZ, hier einen Schwachpunkt im mörderischen Automatismus dieses Terrorgerichtes entdeckt zu haben. Um diesen Brückenkopf in Feindesland abzusichern, sammelt er weiter entlastende Zeugenaussagen von Dennerts ehemaligen Kriegskameraden und fordert sogleich auch ein Attest von Dennerts Hausarzt Dr. FRITZ MÜLLER an. Der Nachweis von Dennerts beeinträchtigtem psychischen Gesundheitszustand erscheint ihm als ein hilfreicher Hebel gegen die Tücke dieses Unrechtssystems. „Unzurechnungsfähige" können die Nazis schlecht verurteilen. Riskant ist freilich, dass sie sie auch nicht brauchen können und zu einem Euthanasieopfer machen könnten, denn das verdeckte Morden geht ja bis Kriegsende weiter.

Auch Dr. Müllers Bescheinigung von „Herzinsuffizienz", die ja seinerzeit zu Dennerts vierwöchigem Krankenurlaub vom Tabelwerk geführt hat, kann sich in dieser Hinsicht als kontraproduktiv erweisen. Nun haben ihrerseits die Nazis einen geeigneten Hebel für Dennerts mögliche Liquidierung auch ohne Urteil. „Tod wegen Herzschwäche" ist nur schwer nachweisbar.

Zunächst aber scheint erst einmal die schlimmste Gefahr vorüber. Nun gilt es einfach, angesichts der überall vorrückenden Truppen der Alliierten Zeit zu gewinnen. Wann und ob überhaupt ein neues Verfahren gegen DENNERT zu erwarten ist, ist nun nach der ersten abgewehrten Nazi-Attacke erst einmal offen.

Im März 1944 läuft der Oberreichsanwalt immer noch vergeblich seinem gewünschten Gutachten hinterher, das er aber irrtümlicherweise vom Gefängnisarzt in MOABIT erwartet. Als bei ihm der Groschen fällt, dass DENNERT längst nicht mehr in ALT-MOABIT einsitzt, richtet er nun sein Ansuchen um ein Gutachten fast schon verzweifelt handschriftlich und mit Beschleunigungsvermerk an die Strafanstalt TEGEL, die den Eingang am Eingang 9. März bestätigt.

Warum die Gefängnisleitung von ALT-MOABIT mit dem Oberreichsanwalt nicht kooperiert und ihm nicht verraten hat, dass DENNERT schon längst woanders, nämlich in TEGEL war, bleibt ihr Geheimnis und vielleicht auch ihre Form des Widerstandes. Anscheinend wischen sich in einer Diktatur die nachgeordneten Stellen untereinander gern eins aus!

Währenddessen können in Ruhe die Verteidigungsgeschütze in Stellung gebracht werden. Alles, was Rechtsanwalt SCHWARZ an entlastenden Aussagen gesammelt hat, überreicht er am 14. März 1944 dem Oberreichsanwalt.

Als am 31. März der Referent FRANKE im Reichsministerium für Justiz erneut um Bericht zum Stand der *„Strafsache gg. den Ingenieur Christian Dennert wg. Zersetzung der Wehrkraft"* bittet, kann ihm Oberreichsanwalt LAUTZ ein paar Tage später nur antworten, dass der Dritte Senat des Volksgerichtshofes in der Hauptverhandlung am 29. Februar 1944 beschlossen hat, die Sache zu vertagen.

Ein ereignisreicher April 1944

Es ist also ruhig in diesem Verfahren gegen CHRISTIAN DENNERT in diesem April 1944, und die Angehörigen und ihre Freunde sind voll Hoffnung auf einen guten Ausgang. Wenn es doch zumindest kein Todesurteil würde, eins weitere Zeit im Gefängnis würde DENNERT doch überstehen, und das Ende des Krieges erscheint ja ohnehin nicht fern!

Inzwischen ist endlich sogar die Bescheinigung eingegangen, die es IRMGARD DENNERT ermöglicht, ihren Mann im Gefängnis zu besuchen. Das will sie in der Woche nach Ostern tun. Das Wetter ist warm und freundlich. Froh gestimmt packt sie ihre Sachen in den Koffer und nimmt auch für ihren Mann ein paar Aufmerksamkeiten mit.

Pfarrer REDENBACHER ist in diesen Tagen auf Krücken humpelnd vorbeigekommen. Er war im Februar bei Eisglätte auf dem Weg von der Kirche nach Hause gestürzt und hatte sich eine komplizierte Beinfraktur zugezogen. Seitdem war er im Krankenstand. Er hatte IRMGARD DENNERT aufgetragen, ihren Mann zu grüßen und ihm Mut zuzusprechen.

Am Dienstag in der Frühe besteigt IRMGARD DENNERT den Postbus nach BAYREUTH und fährt von dort um 10:05 Uhr mit dem Zug über NEUENMARKT-WIRSBERG und LEIPZIG nach BERLIN.

In dieser Zeit ist das Bahnreisen in Deutschland mühselig, die Zahl der Zugverbindungen hat abgenommen, aber die Bahn ist immer noch das einzige einigermaßen sichere Verkehrsmittel, um von einem Ort zum anderen zu gelangen. Denn private Kraftfahrzeuge und Motorräder sind für militärische Zwecke längst requiriert, Benzin ohnehin rationiert. Die Bahn ist auch stolz darauf,

Bei Fliegeralarm und Fliegerangriffen läuft der Eisenbahnbetrieb weiter
werden Bahnhöfe möglichst rasch — auch vor planmäßiger Abfahrzeit — von besetzten Zügen geräumt
fahren Züge unter Umständen auf Haltebahnhöfen durch
darf beim Halten eines Zuges auf freier Strecke ausgestiegen werden
ist beim Halten auf Bahnhöfen ruhig auszusteigen und der nächste Sammelschutzraum (oder Schutzgraben) aufzusuchen, auf den zahlreiche Schilder hinweisen
ist jeder unnötige Aufenthalt auf Bahnhöfen zu vermeiden
sind die Verdunklungsmaßnahmen der Reichsbahn in den Zügen ganz besonders zu beachten

In luftgefährdeten Gebieten

muß damit gerechnet werden, daß **Züge vorübergehend die größeren Städte nicht anlaufen,** sondern um diese Städte herumgeleitet werden oder auf vorgelegenen Bahnhöfen beginnen und enden.

Einzelheiten – insbesondere die Zu- und Abfahrmöglichkeiten zu diesen Zügen – werden durch besondere Anschläge bekanntgegeben.

Anweisungen zur Bahnfahrt 1944/45: *Pünktlichkeit trotz Bomben* trotz ständiger Zerstörung ihrer Bahnhöfe und Gleisanlagen durch die alliierten Bombenangriffe bis praktisch zum letzten Kriegstag nach Plan zu fahren[49].

Vorsorglich hat sie die Bahnreisenden in ihren Kursbüchern aber darauf hingewiesen, dass für die Dauer des Krieges Privatpersonen keinen Anspruch auf Beförderung haben. Außerdem hat sie um Verständnis gebeten, wenn Züge bei Luftalarm nicht in die Stadtzentren fahren, sondern schon einige Stationen weiter draußen anhalten. Für das Verhalten bei Fliegeralarm gibt sie spezielle Verhaltensregeln, wie die Erlaubnis zum Aussteigen bei Halt auf freier Strecke oder das sofortige Räumen der Bahnhöfe.

10–12 Stunden dauert eine Fahrt von WEIDENBERG nach BERLIN damals nach dem regulären Plan. IRMGARD DENNERT hat deshalb Rechtsanwalt SCHWARZ gebeten, ihr in BERLIN ein Übernachtungsquartier zu besorgen.

Auch auf der großen politischen Bühne bewegt sich in diesen Apriltagen einiges. Gleich am ersten Tag dieses April 1944 hat HITLER den Gauleiter der NSDAP von BERLIN, Reichspropagandaminister JOSEPH GOEBBELS, zum Stadtpräsidenten der Reichshauptstadt ernannt. HITLER hält diesen ehrgeizigen und ihm völlig verfallenen Mann an der kurzen Leine. Erst in den allerletzten Kriegstagen wird er ihn nach der Demontage Görings zu seinem Nachfolger ernennen. Doch dann will GOEBBELS mitsamt der Familie seinem Herrn lieber in den Tod folgen, als den Untergang des Reiches zu erleben.

In diesen Apriltagen hofft HITLER, den russischen Vormarsch noch einmal aufhalten zu können und erlässt in völliger Fehleinschätzung der Lage den „Operationsbefehl Nr. 7", mit dem er meint, die russische Offensive im Süden der Ostfront zum Halten bringen zu können. Die völlige Vernichtung der deutsche Armeegruppe Süd im Lauf des Sommers ist die Folge[50]. Bereits im Lauf dieses Monats April erobert die Rote Armee die Hafenstadt JALTA auf der Krim. Im gleichen Monat dringt sie auch in Rumänien ein und schließt einen Separatfrieden, während Ungarn weiterhin seine unverbrüchliche Bündnistreue zum Deutschen Reich erklärt.

In dieser Zeit ist der Volksgerichtshof in BERLIN aber nicht untätig. Er verhängt vielmehr ein Terrorurteil nach dem anderen. Am 6. April wird z.B. ein 60jähriger Mann aus OTTERSKIRCH zum Tode verurteilt, weil er über ein Jahr lang ausländische „Feindsender" gehört hat. Das Urteil wird sofort vollstreckt.

Völlig unbeeindruckt von diesem Geschehen eröffnen 30 deutsche Fußball-Gaumeister mit ihren Ausscheidungsspielen die Deutsche Fußballmeisterschaft

---

[49] Vergl. die Ausführungen in „Auf dich traut meine Seele – Die Eisenbahnlogistik für Hitlers Feldzüge des Schreckens und das Los der Kriegskinder“ vom gleichen Verfasser,

[50] Aao. im Kapitel „Auf dem Weg in die Katastrophe“ S. 159 ff.

1944. Souveräner Meister wird dann am 18. Juni 1944 im Berliner Olympiastadion vor 70.000 Zuschauern mit seinem 4:0–Sieg über den Hamburger LSV der Dresdner Sportclub.

Auf dem „Berghof" nimmt der HITLER am 20. April die Huldigung der Wehrmacht, der Waffen-SS und der Prominenz aus Partei und Regierung zu seinem 55. Geburtstag entgegen. Doch die Zahl der ausländischen Gäste und Gratulanten hat inzwischen auffällig abgenommen.

Währenddessen gehen auch die Bahntransporte in die KZs ungebrochen weiter. Die NS-Mordmaschine arbeitet in dieser Zeit auf Hochtouren. Am 28. April erreicht auch der erste Transport ungarischer Juden das Vernichtungslager AUSCHWITZ.

Am letzten Apriltag konzentrieren die Amerikaner ihr Bombardement auf BERLIN. In einem Tagangriff werfen sie 2.200 t Sprengstoffe und Brandbomben über der Stadt ab, das größte Bombardement der Amerikaner in der bisherigen Luftschlacht um BERLIN. Zwar verlieren die Alliierten allein in diesem April 1944 bei ihren Angriffen gegen deutsches Reichsgebiet 1.392 Flugzeuge. Doch ihre Angriffskapazitäten scheinen weiterhin unermesslich.

Propagandistisch ausschöpfbar ist auch die Nachricht aus England, dass dort immer mehr Arbeiter streiken. Ihnen begegnet die britische Regierung mit drakonischen Maßnahmen. Schon die Aufforderung zum Streik soll dort deshalb mit fünf Jahren Zuchthaus und 500 Pfund Geldbuße bestraft werden.

Von solchen Sorgen unbehelligt feiert am 21. April Prinzessin ELIZABETH von England ihren 18. Geburtstag; sie wird damit volljährig. In der britischen Zeitungslandschaft wird dieses Ereignis mit großen Bildberichten über die zukünftige Königin gefeiert. Im gleichen Jahr leistet die Kronprätendentin als erstes und einziges weibliches Mitglied der königlichen Familie ihren Beitrag zur Verteidigung Englands beim Heimatschutzdienst ATS Auxiliary Territorial Service. Dort lässt sie sich als Automechanikerin und Kraftfahrerin ausbilden.

Die zukünftige Königin Elizabeth II. *posiert hier 1942 als 16-Jährige wirkungsvoll in ATS-Uniform vor dem brennenden London*

Besuch in der Gefängniszelle

Es ist inzwischen Abend geworden, ein lauer Frühlingsabend. Um 18:36 Uhr wird IRMGARD DENNERT von Rechtsanwalt SCHWARZ am noch kaum beschädigten Anhalter Bahnhof abgeholt und in eine kleine Pension gebracht. Anderntags machen sie sich mit der Straßenbahn quer durch die ganze Stadt auf den weiten Weg zum Tegeler Gefängnis.

Nur durch die Mundpropaganda wusste IRMGARD von den inzwischen weiter fortgeschrittenen Zerstörungen der Stadt. Erschüttert nimmt sie die vielen Ruinen und Trümmerflächen links und rechts der Straßen wahr, die seit ihrem letzten Besuch anwachsen sind. Dennoch scheint das normale Leben weiterzugehen.

IRMGARD hat für ihren Mann nicht viel mitnehmen dürfen, Socken, Unterwäsche. Dazu hat sie einen kleinen Osterkuchen gebacken. Sie nimmt zusammen mit Rechtsanwalt SCHWARZ in der kleinen Besucherzelle des Gefängnisses Platz. Ein Wachmann führt DENNERT herein. Es ist das erste Mal seit fünf Monaten, dass sich die Eheleute wiedersehen.

Tim wird groß: *Schilauf in Weidenberg mit seiner Schwester Ute*

IRMGARD DENNERT ist erschrocken. Christians schlanke Gestalt erscheint noch knochiger, sein Gesicht ist eingefallen und von einer fahlen Blässe überzogen; sein Gang ist schleppend. Er wirkt apathisch und völlig gebrochen. Doch er will von Mitleid nichts wissen. „Mir geht's doch gut“, behauptet er; er werde korrekt behandelt.

Er fragt nach den Kindern. Der kleine TIM wird in diesem Jahr 10 Jahre alt und kommt auf die Oberschule. Er läuft leidenschaftlich gern Schi und hat die vergangenen schneereichen Winter ausgiebig genutzt, um mit seiner Schwester UTE oder

Freunden am Culm oder am Rügersberger Hang herumzukurven. Die Bretter, noch ganz ohne Stahlkanten, hat einer der örtlichen Schreiner gefertigt.

UTE absolviert mit Freude ihre Ausbildung als Krankenschwester. Und der Älteste, HANS, ist bei den Soldaten.

Ein dunkler Schatten huscht freilich über Christian Dennerts Gesicht, als er erfährt, dass dieser HANS sich ausgerechnet zur SS gemeldet hat, der Sohn eine Regimegegners – ausgerechnet bei der ideologisierten SS, die für die das Regime an vielen Stellen die Schmutzarbeit erledigte und sich bei Freund und Feind verhasst machte! War diesem Sohn sein wegen Regimekritik verhafteter Vater peinlich, und hatte er das Bedürfnis, durch sein militärisches Engagement bei der Kampftruppe und „Eliteeinheit" der NSDAP einiges zurechtzurücken? DENNERT fällt sein eigener kritischer Satz ein, den man ihm in der Anklage des Volksgerichtshofs vorhält, dass HITLER und die SS zugrunde gehen müssten, aber er sagt nichts. IRMGARD soll die Kinder grüßen und umarmen. Auch dem Pfarrer REDENBACHER soll sie einen herzlichen Gruß bestellen und ihm gute Besserung wünschen.

IRMGARD will um ihren Mann kämpfen und spricht ihm Mut zu. Sie will anschließend zum Potsdamer Platz fahren und persönlich beim Volksgerichtshof vorsprechen. Sie will die Richter unbedingt auf die Kriegsverletzung ihres Mannes durch den Kopfschuss und die gesundheitlichen Folgen aufmerksam machen. Für CHRISTIAN ist es ein Stich in die Seele, als sie das sagt, doch er schweigt. Sie verspricht ihm, bald wiederzukommen. Dann verabschieden sich beide mit einem Händedruck und mit einem Kuss und mit Tränen in den Augen. Die Ehefrau verspricht, dass sie bald wiederkommen wird.

Rechtsanwalt Dr. SCHWARZ hat noch einen weiteren Termin. So fährt IRMGARD mit der Straßenbahn den ganzen weiten Weg zum Potsdamer Platz durch die zerstörte Stadt allein. Wie sie es sich vorgenommen hat, will sie persönlich im Volksgerichtshof um ihren Mann kämpfen.

Irmgard Dennert beim Volksgerichtshof

In der Bellevuestraße betritt sie durch den Toreingang am Hotel Esplanade das weitläufige Gelände mit dem ehemaligen Wilhelm-Gymnasium in der Mitte. Klopfenden Herzens steigt sie die sechs Eingangsstufen zwischen den beiden dorischen Säulen des klassizistischen Baues hinauf, und öffnet den schweren Eichenholztürflügel.

Ein uniformierter Wachmann hält sie auf. Sie wünscht den Herrn zu sprechen, der den Fall ihres Mannes CHRISTIAN DENNERT bearbeitet. Mit ihrer freundlichen und zugleich bestimmenden Direktheit hat sie überraschenden Erfolg. Der Referent, dem der Oberreichsanwalt LAUTZ den Fall anvertraut hat, Erster Staatsanwalt HER-

BERT HENNIG, ist tatsächlich bereit, sie zu empfangen! Ihm gefällt diese mutige Frau.

Als sie ihm von den Kopfverletzungen ihres Mannes durch seine Kriegsverwundung berichtet, winkt er ab: „Wie Sie wissen, haben wir aus diesem Grund die Hauptverhandlung vertagt. Ein Gutachten ist in Auftrag gegeben." IRMGARD ist erleichtert. Vielleicht wird doch alles gut.

Leichteren Schritts geht sie nun zum Potsdamer Platz zurück und sucht sich ein Café. BERLIN war ja berühmt für seien Kaffeekultur. Allein hier am Potsdamer Platz hatte es einst 92 Restaurants und 13 Wiener Cafés gegeben!

Doch vieles ist zu dieser Zeit schon zerstört. Das größte Gebäude am Platz, das sechsstöckige „Haus Vaterland" mit seinen internationalen Themenrestaurants für einst über 2.000 Gäste, ist von Bomben stark beschädigt; in seinem noch funktionierenden „Kaffee Vaterland" finden jetzt durchreisende Soldaten einen geselligen Ort und dürfen dort zur Ablenkung sogar der sonst geächteten Swingmusik lauschen.

IRMGARD DENNERT sucht sich also einen Platz im Hotel „Esplanade", durch dessen Torbogen sie eben gegangen ist und das gegenüber dem Café Vaterland liegt. Dieses Hotel ist den Nazigrößen eher ein Dorn im Auge, sie gehen hier selten hin, halten das Haus aber unter Beobachtung. Denn hier verkehren Gegner des Regimes und halten konspirative Sitzungen ab. Nur wenige Monate später, am Abend nach dem Attentat des 20. Juli 44, werden sich hier, noch ohne Wissen um den fatalen Ausgang, einige der prominenten Verschwörer treffen, um die Lage nach diesem Anschlag zu erörtern.

Treffpunkt des Widerstandes gegen Hitler: *Hotel Esplanade*

IRMGARD versucht, hier zur Ruhe zu kommen. Es ist wieder ein schöner Frühlingsabend. Sie hat die Hoffnung, dass sich für ihre Familie alles zum Guten wenden wird. Sie schaut aus dem Fenster und betrachtet nachdenklich die unübersehbaren Zerstörungen an den einst so repräsentativen Gebäuden. Dass binnen eines Jahres fast alle diese großartigen Bauten rings um dieses

Herz Berlins in Trümmern liegen werden und dass hier auf viele Jahrzehnte eine Wüste entstehen wird, kann sie sich aber nicht vorstellen.

Alles verschwunden: *Potsdamer Platz im Jahr 1945*

Am Abend besteigt sie im Anhalter Bahnhof den Zug in Richtung HOF. Sie will nicht noch einmal in BERLIN übernachten, lieber will sie die Nacht im Zug verbringen. Um 8:45 Uhr am nächsten Morgen trifft sie müde und zerschlagen wieder in WEIDENBERG ein.

Die Nachbarn und Bekannten und natürlich auch Pfarrer REDENBACHER wollen wissen, wie es ihrem Mann geht. Und da IRMGARD DENNERT eine Frau ist, die sich nicht verkriecht, erfahren sie von ihrem Kummer und ihren Hoffnungen und können so bewegt an ihrem Schicksal Anteil nehmen. Viele sehnen mit ihr einen guten Ausgang herbei.

Im Tal der Tränen

In tiefster Schwäche

In derselben Woche erleidet CHRISTIAN DENNERT einen Schwächeanfall. Er kennt diese psychosomatischen Symptome aus seiner Zeit im Metallwerk Tabel. Wenn er sich erniedrigt fühlt, schlägt das bei ihm nicht nur auf das Gemüt, sondern auch aufs Herz. Er fühlt sich wie ein Ertrinkender im bleiernen Meer.

Er betrachtet seine prekäre Situation selbstkritisch. Im Grunde hat ihn sein persönlicher Stolz und seine Unbeherrschtheit in diese Lage gebracht. Er hat ja mit seinen unverblümten Meinungsäußerungen nicht wirklich etwas gegen dieses verhasste Regime ausrichten können. Aber sollte er sich jetzt als Begründung für sein Verhalten hinter Folgen seiner Kopfverletzung verschanzen, nur um zu überleben, wie es ihm jetzt alle einredeten? Wäre ihm mit diesem Eingeständnis der eigenen Schwäche nicht das Kreuz endgültig gebrochen?

Wirr kreisen seine Gedanken, heftig pocht sein Herz. Er kommt ins Gefängnislazarett. Doch eine körperliche Erkrankung kann der Arzt, der ihn dort betreut, nicht feststellen. Nach gut einer Woche entlässt er DENNERT wieder in seine Zelle.

Wie versprochen kommt die Ehefrau erneut zu Besuch. Es ist der letzte Sonntag im April, das Wetter ist frisch, der Himmel bewölkt. Am Tag zuvor haben alliierte Bombenflugzeuge wieder einen Großangriff auf BERLIN unternommen. Vom Halleschen Tor über Berlin-Mitte hinweg bis in den Norden haben sie einen Streifen der Verwüstung hinterlassen. Gewaltig sind die Zerstörungen nicht nur in den Geschäfts-, sondern auch in den Wohnvierteln. Es hat viele Tote gegeben.

Im Westen der Stadt war es eher ruhig geblieben. Fast ungehindert gelangt IRMGARD DENNERT zum Tegeler Gefängnistor und bekommt Einlass. Von CHRISTIAN DENNERT erlebt sie das gleiche Bild wie beim letzten Mal, fast hat man das Gefühl, er tut den Justizbeamten leid, als sie seine schmächtige Gestalt in die Besucherzelle begleiten: Ein gebrochener Mann nimmt auf dem Hocker Platz!

IRMGARD möchte ihm etwas abgeben von ihrem Lebensmut und von der Stimmung eines draußen erwachenden Frühlings. Sie berichtet vom Ortsgeschehen in WEIDENBERG. Doch eigentlich kann sie fast nur von den Kindern und von älteren Menschen erzählen. Die jüngeren Männer sind fast alle im Feld, viele sind gefallen, davon will IRMGARD bewusst nicht reden, um ihren Mann nicht zu entmutigen.

Doch CHRISTIAN wirkt die ganze Zeit abwesend, wie in einer anderen Welt. Ja, er könne nicht klagen, das Essen sei in Ordnung, auch der Gefängnisseelsorger sei schon öfter vorbeigekommen, murmelt er leise. Manchmal friere er, aber das habe nichts mit der Decke zu tun. IRMGARD ist erschüttert.

Als sie nach einer halben Stunde gehen muss, kann sie nur mit Mühe ihr Weinen unterrücken. Ratlos fährt sie mit der nächstmöglichen Bahn heim. Die Schulferien und das Wochenende sind ja zu Ende, sie muss sich um den kleinen TIM kümmern, der ein bisschen Leben ins Haus bringt. Wieder nehmen auch die Nachbarn bei ihrer Heimkehr regen Anteil.

Eine schlimme Nachricht von Gefängnisleitung und Gefängnisseelsorger

Die Woche und das nächste Wochenende vergehen. Der Mai hat schön begonnen. Die Sonne strahlt warm vom blauen Himmel.

Es ist der 8. Mai 1944, ein Montag. Da klingelt es heftig an Dennerts Haustür. Frau KETTEL steht unten, noch ganz atemlos. IRMGARD DENNERT möge doch bitte rasch herunterkommen. Schreinermeister GEORG KETTEL hat den Zimmereibetrieb, der östlich an Dennerts Grundstück angrenzt. Seit er sein Bürgermeisteramt im April 1933 niedergelegt hat, kann er sich ganz seinem Betrieb widmen. KETTEL besitzt eines der wenigen und deshalb kostbaren Telefone am Ort und ist auch bereit, im Rahmen des „kleinen Widerstandes im Alltag" konspirativ zu arbeiten. Frau DENNERT möge doch bitte sofort ans Telefon kommen.

Konspirative Telefonate im Haus des letzten frei gewählten Weidenberger Bürgermeisters: *Schreinermeister GEORG KETTEL mit seiner Familie, Aufn. Sept. 1933*

Sie erschrickt. Ist etwas passiert? Am Hörer meldet sich die Gefängnisverwaltung von BERLIN-TEGEL. Die Stimme klingt sachlich und bedauernd. Man müsse ihr mitteilen, dass ihr Mann vor vier Tagen verstorben sei. Die Todesursache sei Lungenentzündung. Ob sie kommen und ihren Mann sehen wolle?

IRMGARD ist wie betäubt. Dass ihr Mann apathisch und tief deprimiert war, ja, – aber Lungenentzündung? Und so rasch soll nun alles aus sein? Sie lässt sich von Frau KETTEL ein bisschen in den Arm nehmen und trösten. Dann geht sie mit schweren Schritten heim.

Kurz darauf kommt der Briefzusteller auf seinem Fahrrad vorbei. Er bringt zwei Briefe, beide aus BERLIN. Der eine ist vom evangelischen Pfarrer der Strafanstalt TEGEL, Dr. HARALD POELCHAU, der andere von der Gefängnisverwaltung.

Teilnahmsvoller Gefängnisseelsorger in Tegel: *Dr. HARALD POELCHAU*

Von Pfarrer POELCHAU hat CHRISTIAN DENNERT beim letzten Besuch der Ehefrau erzählt. Zitternd reißt sie seinen Brief auf. Der Anstaltsseelsorger bestätigt ihr mit teilnahmevollen Worten, was sie nun schon weiß. Er schildert, dass DENNERT nach einem erneuten Schwächeanfall wieder in das Anstaltskrankenhaus eingeliefert und dort in der Nach vom 4. zum 5. Mai 1944 gestorben sei.

Dass der Geistliche in seinem Brief eine andere Todesursache angibt, als der Justizbeamte am Telefon, registriert sie zunächst nicht, es fällt ihr erst später auf: „Herzschwäche". Hatte nicht der Justizbeamte von „Lungenentzündung" gesprochen? Der Pfarrer schreibt weiter von seinen letzten Gesprächen mit ihrem Mann und von seiner Arbeit als Seelsorger im Gefängnis.

Dr. HARALD POELCHAU war im Jahr 1933 auf eigenen Wunsch Gefängnisseelsorger in TEGEL geworden. Seit einigen Jahren hatte er auch die Zuchthäuser und Hinrichtungsstätten in PLÖTZENSEE und BRANDENBURG mit übernommen. Er hatte vor allem mit politischen Gefangenen zu tun. Ihm lag nicht nur die Seelsorge an den Gefangenen am Herzen, sondern besonders auch das Schicksal der Angehörigen. Ihnen die letzten Nachrichten über ihren Verstorbenen zu vermitteln, war ihm ein besonders Anliegen.

Während all der entsetzlichen Monate, in denen die Häftlinge auf ihren Prozess oder ihre Hinrichtung warteten, waren die Besuche von Pfarrer POELCHAU oft der einzige Lichtblick. Sie kamen ja aus ganz verschiedenen Lagern und weltanschaulichen Hintergründen. Unter ihnen waren Kommunisten, Sozialisten, Menschen mit und ohne religiösen Bezug, verbunden einzig durch ihren inneren oder äußeren Widerstand gegen das Hitlerregime und nun in Sorgen um ihr Leben. Was POELCHAU diese seelsorgerliche Arbeit erleichterte, war, dass er selbst einer Pastorenfamilie entstammte und sich durch seinen theologischen Lehrer und lebenslangen Freund PAUL TILLICH im Studium für die Vielfalt der Lebensdeutungen und die soziale Aufgabe des Christseins hatte aufschließen lassen. So hatte er über ein scheinbar so weltliches Thema wie „Das Menschenbild des Fürsorgerechts" promoviert und sich kritisch mit der deutschen Wohlfahrtsgesetzgebung auseinandergesetzt.

Mit dieser sozialen Einstellung, die mit Takt, Herzensgüte und Mut gepaart war, hatte er sich viel Vertrauen bei Hilfesuchenden erworben. Er leistete Übermenschliches, um, unterstützt von seiner Frau, Trost, Rat und Hilfe zu bringen, wo er nur konnte. Für Widerständler, die bewusst atheistisch waren – meist aus dem Kreis der Kommunisten und Sozialdemokraten – organisierte der Gefängnispfarrer in der Tegeler Haftanstalt Gesprächsstunden, damit sie im freien Gedankenaustausch geistige Anregungen und Hoffnung behielten, ohne sich religiös indoktriniert zu fühlen.

„Ethik" im Gefängnis geschrieben:
DIETRICH BONHOEFFER in Tegel

Andererseits gelang es POELCHAU auch, die Barrieren zum militärischen Teil des Gefängnisses zu überwinden. Dort hielt er insbesondere zu bewussten Christen, wie dem inhaftierten evangelischen Geistlichen DIETRICH BONHOEFFER, fast täglichen Kontakt. BONHOEFFER war zu jener Zeit schon ein Jahr in TEGEL inhaftiert. POELCHAU hatte für ihn, sorgsam in seinen Kleidern verborgen, Briefe und Nachrichten transportiert und ihm Literatur besorgt, damit er seine „Ethik" und seine revolutionären Gedanken für eine „Theologie des religionslosen Christentums" niederschreiben konnte.

Ein Gefängnisgeistlicher im Widerstand

Eine Tatsache konnte POELCHAU im Gespräch gegenüber CHRISTIAN DENNERT nur andeuten und im Brief an Dennerts Frau natürlich auf keinen Fall schreiben, nämlich, dass er selbst ein aktiver Teilnehmer des Widerstands gegen HITLER war. Zum Glück verriet ihn keiner seiner Klienten, auch unter Gestapo-Folter nicht, sodass POELCHAU bis zuletzt ungeschoren blieb.

Er hatte im Jahr 1941 Kontakt zum Kreisauer Kreis gefunden, der zivilen Widerstandsgruppe um HELMUTH JAMES GRAF VON MOLTKE, und hatte in KREISAU in Schlesien auch an der ersten Tagung teilgenommen, um hier Pläne für ein neues Deutschland nach der Katastrophe zu schmieden: Es sollte ein Staat des Rechtes, der sozialen Gerechtigkeit und der Freiheit werden – eine wirkliche Demokratie, die ihren Namen verdiente.

Im Januar 1944 war V. MOLTKE verhaftet worden. Hier in TEGEL schrieb er seitdem seine jetzt bekannt gewordenen bewegenden „Abschiedsbriefe Gefängnis Tegel". Pfarrer POELCHAU schmuggelte sie nach draußen. Vor Freislers Gerichtshof endete dieses Denken über eine Zukunft für Deutschland, die es nach Hitlers Willen nicht geben durfte.

Nach Auflösung des Kreisauer Kreises arbeitete POELCHAU dann praktisch weiter in der Berliner Widerstandsgruppe „Onkel Emil" mit. Seine Wohnung in BERLIN wurde zur Anlaufstelle für viele, die untertauchen mussten; sie wurden mit Lebensmitteln und neuen Papieren versorgt, ohne dass die Gestapo je dahinterkam. POELCHAU konnte manche Berliner Juden rechtzeitig warnen und so retten. Aus diesem Grund ist er auch im „Hain der Gerechten" am Gedenkort YAD VASHEM bei JERUSALEM mit einer Baumpflanzung verewigt worden. In BERLIN nannte man nach dem Krieg auch eine Schule und eine Straße nach diesem mutigen Mann.

Seine Anteilnahme am Los der Hilfesuchenden, die ihn oft bis an die Grenzen der Belastbarkeit brachten, legte POELCHAU später in seinem im Jahr 1949 erschienen Buch „Die letzten Stunden" nieder. Er hat ja in BERLIN nicht nur unzähligen Gefangenen in ihrer Zelle seelsorgerlichen Beistand geleistet, sondern auch mehr als 1.000 zum Tode verurteilte Widerstandskämpfer – deutsche Kommunisten, christliche Vordenker, westeuropäische Freiheitskämpfer – bis ans Schafott begleitet und an manchen Tagen bis zu 40 Hinrichtungen miterlebt. Er hat sich bemüht, die Stunde des quälenden Wartens und der Einsamkeit zu überbrücken, ohne den Inhaftierten zu nahe zu treten. Bei allem menschlichen Versagen war ihm der stärkste Trost immer Gottes Vergebung gewesen.

So, wie POELCHAU im Gefängnis TEGEL Seelsorger und Gesprächspartner für unzählige inhaftierte Regimegegner war, so hatte er sich auch um CHRISTIAN DENNERT gekümmert und sich bemüht, ihn aufzurichten. Auch wenn er Dennerts Frau nicht alles schreiben kann, um sich selbst nicht zu gefährden, so ist sein Brief doch ein Zeichen seiner ganz persönlichen Anteilnahme. Dass er als Todesgrund nun Herzschwäche angibt, liegt sicher darin begründet, dass DENNERT ihm von seinen Depressionen und von seiner früheren Erkrankung erzählt hatte. Einen Grund, eine andere Ursache für Dennerts Tod anzunehmen, sieht der Pfarrer nicht.

So bleibt der Widerspruch zwischen den angegebenen Todesursachen ungeklärt. Die von POELCHAU angegebene „Herzschwäche“ ist etwas anderes, als die „Lungenentzündung“, die die Gefängnisverwaltung bereits im Telefonat angegeben hatte und nun auch in ihrem Brief bestätigt und mit „Herzmuskelschwäche“ ergänzt.

Der Leiter
des Strafgefängnisses Tegel

Tgb.-Nr. 1487

Bei Rückschreiben ist die obige Geschäftsnummer anzugeben

Berlin-Tegel, den 4. Mai 1944
Seidelstraße 39
Fernsprecher: 30 87 71

An
den Herrn Oberreichsanwalt
bei dem Volksgerichtshof
in B e r l i n W.9

Zu 5 J. 231/44-

Der zu obigem Aktenzeichen einsitzende Untersuchungshäftling -Ingenieur Christian D e n n e r t, geboren am 23.7.96 in Altona/Elbe, ist am 4. Mai 1944 um 0,40 Uhr an Lungenentzündung mit Herzmuskelschwäche im hiesigen Anstaltskrankenhaus verstorben.

In Vertretung:
gez.Dr.Krause
Regierungsrat.

Beglaubigt:
Oberlehrer.

Dennerts Tod: *Meldung der Gefängnisleitung Tegel*

Das Verfahren vor dem Volksgerichtshof endet ohne Klarheit über die Todesursache

IRMGARD DENNERT entschließt sich schweren Herzens, noch einmal den beschwerlichen Weg nach Berlin auf sich zu nehmen. Sie will ihren CHRISTIAN ein letztes Mal sehen und vielleicht auch mehr Klarheit über diesen unerwarteten Tod erlangen.

Am Mittwoch, 10. Mai, einem sonnigen und schon sehr warmer Frühlingstag, besteigt sie wieder den Zug. Drei Tage zuvor haben die Alliierten ihren bislang größten Angriff auf BERLIN gestartet. Mit über 2.000 Flugzeugen haben sie große Teile des Zentrums in Schutt und Asche gelegt, darunter den französischen Dom und das ganze Innenstadteck am Kaffee Kranzler. Das Gefängnis in TEGEL ist bei diesem Angriff unversehrt geblieben.

Inzwischen hat die Gefängnisleitung auch dem Oberreichsanwalt „Mitteilung des Abganges eines Gefangenen“ gemacht. DENNERT sei am 4. Mai 1944, 0:40 Uhr, im hiesigen Gefängnis an Lungenentzündung mit Herzmuskelschwäche verstorben. Auch der Oberregierungsmedizinalrat äußert sich handschriftlich in gleicher Weise.

Am 8. Mai schlägt der Vorsitzende des Dritten Senats DUVE in seinem Schreiben an den Oberreichsanwalt ohne weiteren Kommentar vor, das Verfahren gegen

CHRISTIAN DENNERT mit Tod des Angeklagten als erledigt zu beschließen.

Als IRMGARD DENNERT im Strafgefängnis BERLIN-TEGEL ankommt, führt man sie in einen Keller des Lazaretts. Dort ist die Leiche ihres Mannes aufgebahrt.

Sie ist erschüttert und bricht in Tränen aus. Als sie sich wieder etwas gefasst hat, betrachtet sie den Toten genauer. Er sei vollkommen unbekleidet gewesen, so sagt sie nach dem Krieg von Gericht aus; um den Hals habe er eine Mullbinde getragen, die die ganze Breite des Halses bedeckt habe.

So erzählt sie das nach ihrer Rückkehr auch den teilnahmevollen Nachbarn in WEIDENBERG weiter, und jeder damals macht sich natürlich so seine Gedanken.

Am Montag der folgenden Woche schickt die Tegeler Gefängnisleitung die Akten von CHRISTIAN DENNERT zurück an den Volksgerichtshof. Der zuständige Sachbearbeiter Staatsanwalt HERBERT HENNIG gibt die Akten an den Oberreichsanwalt weiter und vermerkt: *„Das Verfahren ist durch den Tod des Angeklagten erledigt.“*

Vier Tage später, am 19. Mai 1944, wird der Volksgerichtshof zu einer neuen Sitzung einberufen. Sie steht unter Leitung des Vorsitzenden des dritten Senats PAUL LÄMMLE, der am 2. Februar das Verfahren gegen CHRISTIAN DENNERT angeordnet hatte. Als beisitzende Richter fungieren ehrenamtlich das NSDAP-Mitglied, Ortsgruppenleiter und Kreisleiter HANS-FRITZ KAISER, und der Nazi-Berufsrichter Dr. WOLF-

Beschluß.

In der Strafsache gegen den Angeklagten Christian Dennert aus Weidenberg, geboren am 23. Juli 1896 in Altona

wegen Wehrkraftzersetzung

hat der Volksgerichtshof, 3. Senat, in der Sitzung vom 19. Mai 1944 nach Anhörung des Oberreichsanwalts beim Volksgerichtshof

beschlossen:

Das Verfahren wird infolge des Ablebens des Angeklagten für erledigt erklärt.

An Herrn Oberreichsanwalt

Berlin, den 19. Mai 1944

Das Verfahren wird eingestellt: *Beschluss des Volksgerichtshofes Berlin am 19. Mai 1944*

GANG MÜNSTERMANN, der an mindestens 52 Terrorurteilen mitgewirkt hat. Sie beschließen: *„Das Verfahren wird infolge des Ablebens des Angeklagten für erledigt erklärt."* Am 8. Juni 1944 ergeht Anweisung über die Abschlussausfertigung, die an Justizminister OTTO GEORG THIERAK und an die Gestapo-Leitstelle NÜRNBERG-FÜRTH weitergereicht wird. Damit ist für die oberste juristische Stelle im Deutschen Reich der Fall DENNERT ebenso erledigt, wie für die auslösende Stelle der Gestapo, die genau sieben Monate zuvor am 8. November 1943 Dennerts Verhaftung veranlasst hatte.

Dennerts Leichnam wird in BERLIN-TEGEL eingeäschert und die Urne auf dem Postweg nach WEIDENBERG gesandt.

Eine mutige und tröstliche Bestattung

Am gleichen Tag, als im Berliner Olympiastadion der Dresdner SC durch ein 4 : 0 über die Mannschaft des Luftwaffen-SV Hamburg vor rund 70 000 Zuschauern bei der letzten Meisterschaft vor Kriegsende Deutscher Fußballmeister wird, trifft sich auf dem Weidenberger Friedhof an der Stephanskirche eine erschütterte Gemeinde. Es ist der zweite Sonntag nach Trinitatis, der 18. Juni 1944, ein trockener und sehr warmer Sommertag.

Am selben Grab, in dem im Jahr 1941 die Konfirmandin HILKE DENNERT beigesetzt worden war, nehmen sie nun Abschied vom Vater CHRISTIAN DENNERT. Weil Pfarrer REDENBACHER sich nach seinem komplizierten Beinbruch vom Februar immer noch im Krankenstand befindet, hält sein Vertreter Pfarrer KIRSCHNER die Urnenbeisetzung. Er predigt über einen Text aus Lukas 2, 25-34, der angesichts der Kirchenjahreszeit ungewöhnlich ist und bei dem mancher die Ohren spitzt, die Geschichte von Simeon, die eigentlich zu „Lichtmess" im Februar gehört.

Der Evangelist LUKAS erzählt da von dem alten frommen Mann SIMEON, der „auf den Trost Israels" wartet, und dem der Heilige Geist verspricht, er solle den Tod nicht sehen, bevor er nicht CHRISTUS, den wahren Messias, gesehen haben. Als die Eltern das Kind JESUS für ihr Dankopfer in den Tempel bringen, nimmt SIMEON es auf seine Arme und dankt Gott mit dem Worten, die man in der Liturgie seitdem als das „Nunc dimittis" kennt: *„Herr, nun lässt du deinen Diener in Frieden fahren, wie du gesagt hast; denn meine Augen haben deinen Heiland gesehen, den du bereitet hast vor allen Völkern, ein Licht, zu erleuchten die Heiden und zum Preis deines Volkes Israel."*

Dann segnet SIMEON die Eltern und macht über JESUS eine sehr nachdenkliche Bemerkung: *„Siehe, dieser ist gesetzt zum Fall und zum Aufstehen für viele in Israel und zu einem Zeichen, dem widersprochen wird".*

Pfarrer KIRSCHNER nimmt sich die Freiheit, am Grab von CHRISTIAN DENNERT über JESUS als den wahren Messias zu predigen. Es sind Zeiten, wo die letzten Uneinsichtigen immer noch auf den Messias HITLER hoffen. Diesem Jesus als dem von Gott gesandten Heiland widersprächen in dieser Zeit viele, predigt Pfarrer KIRSCHNER, und doch sei er auf geheimnisvolle Weise „gesetzt zum Fall und zum Aufstehen für viele".

Endzeiterwartung für das Nazi-Regime klingt an in dieser besonderen Grabesrede. Aber CHRISTIAN DENNERT, dessen Persönlichkeit man versucht habe zu brechen, dürfe nun CHRISTUS, den wahren Erlöser, schauen, sagt KIRSCHNER.

Das Grab von Christian Dennert *auf dem Friedhof von St. Stephan in Weidenberg*

Rätsel und tröstliche Tatsachen

Ein verwirrender Kirchenbucheintrag stellt die Todesursache infrage

Im Kirchenbuch WEIDENBERG trägt damals jemand nach der Bestattung von CHRISTIAN DENNERT als handschriftliche Bemerkungen unter „gestorben 4.5.44 in Berlin" nach: *„... und zwar in Gestapohaft. Die Leiche wurde von der Witwe gesehen und wies Spuren starker Misshandlungen auf. Verhaftet in Bayreuth aufgrund Denunziation."*

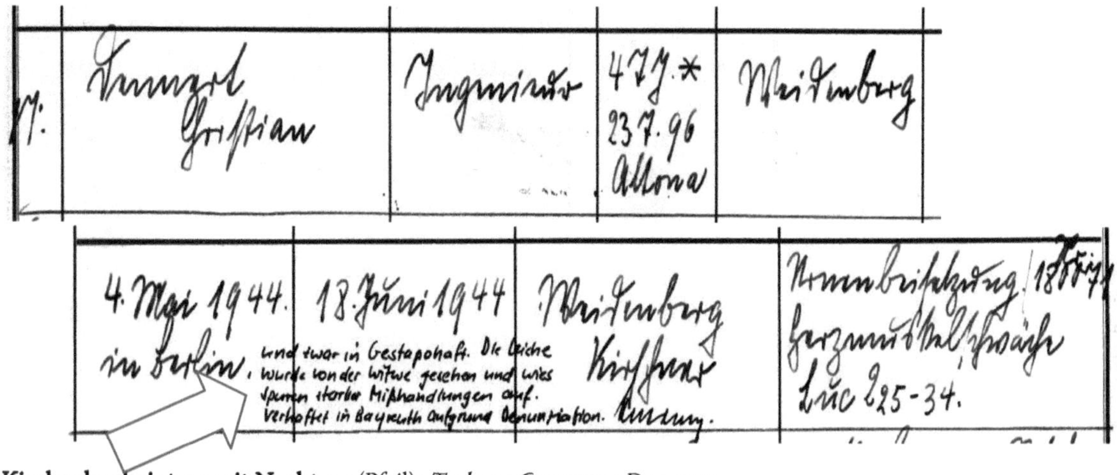

Kirchenbucheintrag mit Nachtrag (Pfeil): *Tod von CHRISTIAN DENNERT*

Abgesehen von der Tatsache, dass DENNERT nicht, wie hier angegeben, in BAYREUTH, sondern in CREUßEN verhaftet worden war, weckt dieser Eintrag die berechtigte Frage: Wie ist DENNERT wirklich gestorben? Ist er eines „natürlichen" Todes gestorben, also aufgrund von Herzschwäche, wie der Gefängnisseelsorger schreibt, oder an einer Lungenentzündung, wie die Gefängnisleitung der Ehefrau mitteilt? Oder an Lungenentzündung und Herzmuskelschwäche, wie der Gefängnisleiter dem Oberreichsanwalt beim Volksgerichtshof erklärt? Oder ist DENNERT, wie dieser Eintrag im Kirchenbuch nahelegen will, im Gefängnis in Wahrheit gefoltert und letztlich umgebracht worden?

Diese Frage wird nach dem Krieg auch Gegenstand einer Reihe von juristischen Verfahren gegen Dennerts letzten Chef CARL TABEL sein, die zunächst die Spruchkammern beschäftigen und die anschließend von der Staatsanwaltschaft mit Anklagen gegen TABEL aufgegriffen werden.

Fabrikchef, Ortsgruppenleiter und Bürgermeister CARL TABEL, der durch seine

Anzeige bei der Gestapo seinen Mitarbeiter CHRISTIAN DENNERT vor den Volksgerichtshof gebracht hatte, war noch vor Kriegsende beim Vorrücken der Amerikaner am 19. April 1945 verhaftet worden. Ihm war aber mit Hilfe einiger Kumpane zunächst die Flucht gelungen. Einige Monate hindurch konnte er sich verstecken und verschwand völlig von der Bildfläche. Doch stellt er sich zum Jahresende 1945 überraschend freiwillig der Besatzungsmacht. Er wird dann, wie auch sein Weidenberger Kollege GEORG RUMLER, für zwei Jahre im Lager HAMMELBURG interniert.

In einem ersten Spruchkammerverfahren im Jahr 1948 wird er als „Hauptbeschuldigter" und somit als Kriegsverbrecher angeklagt. Grund sind massive Anschuldigungen wegen seiner politischen Laufbahn, sowie wegen der Behandlung seiner deutschen Mitarbeiter und ausländischen Zwangsarbeiter. Er kann aber die Verurteilung in drei weiteren Spruchkammerverfahren bis 1950 mit Hilfe cleverer Rechtsanwälte von der Belastungsgruppe I schließlich bis auf Gruppe IV „Mitläufer" herunterhandeln. Mit dem Aufenthalt in Hammelburg und Einzug von einem Teil seines Vermögens gilt die fällige Bestrafung als abgebüßt.

Keine Sühne für die Verbrechen gegen die Menschlichkeit

Zwei anschließend angestrengte gesonderte Schwurgerichtsverfahren enden unbefriedigend. TABEL werden zunächst einmal sieben Vergehen der Körperverletzung an Zwangsarbeitern ab Pfingsten des Jahres 1942 zur Last gelegt.

So habe TABEL russische Zwangsarbeiter geschlagen und mit der Peitsche gezüchtigt, diese Tätlichkeit sei aber verjährt.

Ein Italiener sei von dem „impulsiven Angeklagten" mit Füßen getreten worden. Für eine Bestrafung sei aber die Zeugenaussage zu unsicher gewesen.

Einen Tschechen habe TABEL mit seiner Hundepeitsche geschlagen, doch der Zeuge wurde für unzurechnungsfähig erklärt.

Einen anderen Tschechen, der im Winter mit seiner Schubkarre ausglitt und von einem Brett stürzte, habe der Angeklagte ins Genick gestoßen. Doch auch diese Tat sei verjährt.

Einem Italiener, der am Arbeitsplatz eine Zigarette rauchte, habe TABEL eine Ohrfeige versetzt, auch dies ohne juristische Folgen.

Kurz vor dem Einmarsch der Amerikaner habe TABEL einem tschechischen Arbeiter wegen nachlassender Arbeitsdisziplin zwei Ohrfeigen versetzt. Das Gericht attestierte ihm eine „Notwehrhaltung", die zur Einhaltung der „Arbeitsordnung" gedient habe und sprach ihn frei. Zwar sah das Gericht insbesondere den Gebrauch der Reitpeitsche als „unwürdige Behandlung" an, aber die mögliche Strafe von fünf Monaten Gefängnis sei wegen des Bundesamnestiegesetzes vom 31. Dez. 1949 nicht vollstreckbar gewesen.

Im zweiten Verfahren am 7. Nov.1949 wird CARL TABEL wegen Freiheitsberaubung angeklagt. Drei Fälle betreffen als Opfer den Creußener Gastwirt MARTIN DEDERL, den Werkzeugschlosser HANS EIGNER und den Evangelischen Gemeindepfarrers ERNST ROHMER. Im vierten Fall, der als Opfer CHRISTIAN DENNERT betrifft, ergeht Anklage gegen Tabel „wegen schwerer Freiheitsberaubung mit Todesfolge". Doch lehnt das Gericht in allen Fällen die Anordnung der Hauptverhandlung ab. Die Beschwerde der Staatsanwaltschaft wird am 13. Mai 1950 mit der äußerst fragwürdigen Begründung verworfen, dass Tabels Handeln mit den bestehenden Nazigesetzen in Einklang gewesen sei; er wird freigesprochen.

Im Fall von CHRISTIAN DENNERT, bei dem man Tabel immerhin schwere Freiheitsberaubung mit Todesfolge anlastet, kann sich CARL TABEL, wie schon vorher öfter in seiner Laufbahn, mit Lügen vollständig aus der Affäre ziehen. Er behauptet zunächst einmal, dass ihm von der politischen Haltung und Einstellung Dennerts bis zum Zeitpunkt seiner Verhaftung nichts bekannt gewesen sei. Und er beschuldigt andere. Diese Verhaftung sei ganz allein Sache der Gestapo gewesen. Und: GUSTAV SCHRÖDER und niemand sonst habe die Sache bei der Gestapo ins Rollen gebracht.

Auch der befragte, damals für die Gestapo tätige Kriminalbeamte MICHAEL LOCHMÜLLER weiß nichts mehr von seinen ganz anders lautenden Untersuchungsergebnissen, aus denen noch klar die Täterschaft Tabels ersichtlich war. Er entlastet TABEL. Er war wohl in gleicher Weise vom Täter bestochen, wie die einstige Denunziantin und Kronzeugin vor dem Volksgerichtshof MARIE BONNER. Beide, TABEL und LOCHMÜLLER, vertrauen darauf, dass die Akten, welche die beiden der Lügen überführen würden, im Bombenhagel in BERLIN verbrannt sind. Und SCHRÖDER, den man jetzt als Sündenbock hinstellt und der als einziger sonst noch widersprechen könnte, ist ja, wie oben schon geschildert, längst nicht mehr am Leben, sondern im letzten Aufgebot des „Volkssturms" umgekommen.

So kann die Anklage nur bedauernd feststellen, dass die Akten der Gestapo und des Volksgerichtshofes nicht zur Verfügung stehen. Diese Akten hätten dem Gericht damals bewiesen, wie wir ja gesehen haben, dass der Chef CARL TABEL persönlich fernmündlich und schriftlich seinen Mitarbeiter CHRISTIAN DENNERT bei der Gestapo angezeigt und als Kriegsverbrecher, Saboteur, Feindbegünstiger und Wehrkraftzersetzer diskriminiert und damit dem Volksgerichtshof ausgeliefert hat. TABEL ist also ursächlich verantwortlich für Dennerts Tod.

In Unkenntnis dieser Tatsachen bleibt dem Staatsanwalt nur die Anklage von Nebensächlichkeiten, die auch andere Zeugen beobachten konnten: Dass TABEL seinen Mitarbeiter DENNERT dem Kriminalbeamten LOCHMÜLLER zum Zweck der Festnahme „gezeigt" habe, dass er zum Abtransport „einen Kraftwagen zur Verfügung gestellt“ habe, dass er dem Arzt Dr. LAUTER gesagt habe, dass in ein paar Minuten die Gestapo käme und einen verhafte, den koste es „den Kopf“, und dass er der Belastungszeugin ein Geldgeschenk gegeben habe, mit den Worten, das habe sie gut gemacht.

Das ehem. Metallwerk Tabel in Creußen *lebt auch heute weiter*

Weil diese eher belanglosen Vorwürfe als Ursache für den Tod Dennerts nicht ausreichen, wird CARL TABEL im Jahr 1950 freigesprochen. Danach kann er im gleichen Jahr seine Firma unter dem Namen „Metallwerk Creußen“ wieder übernehmen und fertigt seitdem landwirtschaftliche Maschinen und Textilmaschinen. Er wird sogar mit einem Einachsschlepper „Unitrak UD 12“ in Lizenz der Firma WALTER HOFMANN HAMBURG noch recht erfolgreich, entwickelt sogar einen eigenen Einzylinder-Zweitakt-Dieselmotor und den Vierradschlepper MWC 15 „Treff“. Dann sattelt TABEL auf Ölfeuerungsanlagen um.

Im Jahr 1957 verkauft er sein Werk wegen seines fortgeschrittenen Alters an den Fabrikanten GEORG HUFNAGEL und verlebt, umgeben von seinem Wohlstand, seine letzten Jahre. Im Jahr 1963 verstirbt TABEL im Alter von 76 Jahren. Die alten Werkshallen des einstigen Metallwerks TABEL blieben nicht leer: Seit den 70-er Jahren fertigte zunächst die „Suspa“ in diesem Werk Gasfedern, seit 2006 betreibt die „Metrik“ dort Lohnfertigung für Getränke- und Autoindustrie.

War Dennerts Tod ein „Mord“?

Natürlich würde es auf der Hand liegen, einem Terrorsystem wie den Nazis auch Terror in den Haftanstalten anzulasten. Auch im Fall des im Jahr 2001 selig gesprochenen katholischen Gewerkschafters und Nazigegners NIKOLAUS GROß berichtete die Ehefrau von Folterspuren, die sie bei Besuchen ihres Mannes in TEGEL wahrgenommen habe. Am 15. Januar 1945 war GROß vom Volksgerichtshof um Tode verurteilt und anschließend gehängt worden.

Doch weder in Dennerts Fall noch sonst kann ein gesicherter Nachweis über solches Terrorhandeln in den regulären Zivilgefängnissen des Dritten Reiches geführt werden. Anders als die Häftlinge auf der US-Marinebasis GUANTANAMO nach den Anschlägen am 11.9.2001 waren die Untersuchungsgefängnisse in Nazideutschland nicht automatisch Folteranstalten. Man würde damit auch das Nazi-System mit seinen „Parallelstrukturen" und seiner dualistischen Weltsicht nicht verstehen. Sein Geheimnis war durchgängig die Zweiteilung der Welt in den Bereich von Licht und Finsternis in allen Feldern ihres Denkens.

So hatten die Nazis eine seltsame Doppelbeziehung zu preußischer Genauigkeit und menschlicher Correctness einerseits, zu menschenverachtender Willkür andererseits. Wer sich gehorsam in den Denkbahnen und Verhaltensmustern der Naziideologie und ihrer Gesetze bewegte, der war „drin", im Licht, er unterstand dem Schutz des Staates. Auch im Fall eines Fehlverhaltens konnte er mit korrekter Polizei, ordentlicher Rechtsprechung und Verteidigung und, im Fall von Verhaftung, auch mit angemessener Unterbringung im Gefängnis rechnen. Wer aber vor allem politisch nachweislich ein abweichendes Denken oder Verhalten zeigte, war „draußen", in der Finsternis, in der Hölle. Ihn trafen die Zwangsmaßnahmen dieser Finsternis, die unter menschenunwürdigsten Bedingungen den Menschen „bessern", das heißt an das System anpassen sollten; doch im Misserfolgsfall kosteten sie ihn das Leben.

Je weiter der Krieg fortschritt, desto skeptischer betrachteten die Nazis die Besserungsfähigkeit des Menschen in ihrem Sinn, desto rascher kürzten sie den Weg in der Finsternis ab und verhängten über die Opfer oft gleich den Tod.

Seit Tabels Anzeige bei der Gestapo stand DENNERT dicht an dieser imaginären roten Trennungslinie. Mit seiner deutlich geäußerten negativen Meinung hatte er sich als politischer Gegner des Regimes geoutet. Doch solange er nicht verurteilt war, gehörte er noch zu denen „drinnen", hatte also auch im Gefängnis Anspruch auf eine ordentliche Behandlung. Erst wenn der Volksgerichtshof sein endgültiges Urteil gesprochen hätte, wäre DENNERT unwiderruflich in den Willkürbereich des Dritten Reiches gefallen. Dann wäre er „draußen", und es hätte gegriffen, was schon oben über die Maxime des Volksgerichtshofes gesagt wurde: In diesem Bereich der Finsternis ging es nicht mehr um die Rechtsprechung, sondern um die öffentlichkeitswirksame Vernichtung der Nazigegner.

Eine Verzögerung bei der Erstellung des psychologischen Gutachtens durch den Gefängnisarzt hatte für CHRISTIAN DENNERT den Aufschub bewirkt. Beides würde man bei einem Willkürinstrument wie dem Volksgerichtshof eigentlich gar nicht erwarten, weder ein ernst gemeintes Gutachten, noch die Duldung einer solchen Verzögerung.

Die Ursachen bleiben bis heute unaufgeklärt; vielleicht war es wirklich die Kombination einer Widerstandshandlung des beauftragten Arztes mit einer geschickt agierenden Verteidigung, die ihm diesen Aufschub erwirkt hat. Das wäre im Fall DENNERT eine kleine Genugtuung in seinem Sinn.

Wegen dieser geschilderten „Parallelstrukturen" von ordentlicher Staatsverwaltung und ideologisch geprägtem Willkürhandeln hatte auch das Gericht, das Dennerts Fall nach dem Krieg behandelte, große Probleme, den Tod DENNERT als durch Willkürhandlungen bei der Haft in TEGEL verursacht anzusehen. Denn bei dem Strafgefängnis BERLIN-TEGEL handelte es sich um eine unter der Justizverwaltung stehende Anstalt, so argumentierte man wohl mit Recht, und man müssen davon ausgehen, dass die Vorschriften zur Behandlung der Untersuchungsgefangenen korrekt eingehalten worden seien. Anhaltspunkte für eine schlechte Behandlung des Häftlings seien jedenfalls nicht gegeben. Dabei bezieht sich das Gericht auch auf Aussagen von IRMGARD DENNERT und dem Tegeler Anstaltsgeistlichen Pfarrer POELCHAU.

Tatsächlich zeigen Berichte auch von anderen Gefangenen im gleichen Gefängnis, dass die Behandlung korrekt, ja teilweise sogar unglaublich großzügig war. Dass etwa DIETRICH BONHOEFFER seine komplette theologische Arbeit im Gefängnis praktisch unbehelligt weiterführen konnte und auch sonst von den Schließern bis hin zur Gefängnisleitung Respekt erlebte, dass hier HELMUTH VON MOLTKE seine eindrücklichen Briefe schreiben konnte, ist für Verhältnisse in einer Diktatur sicher nicht selbstverständlich.

Bei DENNERT war es nicht anders, auch ihm wäre man sicher weit entgegengekommen. Er war es selbst, der mit seiner Eingekrümmtheit auf sich selbst dem Personal die Kommunikation nicht leicht gemacht hat.

Auch dass ein regimekritischer Gefängnispfarrer wie Dr. POELCHAU hier in TEGEL ungehindert seine Arbeit machen konnte, muss gesehen und anerkannt werden. Er wäre sicher der erste gewesen, der bei seiner Befragung nach dem Krieg, ob es sich im Fall DENNERT um einen Mord gehandelt haben könnte, diesen Tatbestand bestätigt hätte.

Obwohl es also einem innerlich beteiligten Leser oder Forscher nicht leicht fällt, das einzugestehen, dürfte also der Eintrag im Weidenberger Kirchenbuch: „Die Leiche ... wies Spuren starker Misshandlungen auf" eine vom Gefühl beflügelte Fantasieformulierung sein, die wahrscheinlich ohne Anhalt an der Realität hat.

Schikanen in einem Nazigefängnis anzunehmen bedient möglicherweise lediglich bequeme Vorurteile.

Bleibt die Beobachtung von IRMGARD DENNERT, dass im Aufbahrraum der Hals ihres Mannes mit einer Mullbinde umwickelt gewesen sei. Dies könnte ja neben Strangulierung durch Fremdeinwirkung auch auf einen Suizid von eigener Hand hindeuten. Doch auch hier muss man wieder davon ausgehen, dass der Pfarrer wohl weder das eine noch das andere verheimlicht hätte. Man wird einschränkend auch feststellen müssen, dass z.B. auch heute Beerdigungsinstitute bei der Ausstellung von Toten für die Kondolenz der Gemeinde und der Angehörigen sehr oft das herabgesackte Kinn der Verstorbenen mit einer den ganzen Hals umschließenden Mullbinde hochbinden, da für Angehörige den Anblick eines Leichnams mit weit aufgerissenem Mund zu erschreckend erscheinen würde.

Nicht zu klären sind natürlich die abweichenden Angaben über die Todesursache. „Herzversagen" klingt sehr unverbindlich und war als Möglichkeit auch durch den Bericht des Hausarztes Dr. MÜLLER als mögliche Ursache im Raum gestanden. „Lungenentzündung" klingt im Dritten Reich auf jeden Fall verdächtig, weil dies dann auch im Fall der Euthanasieopfer die „Todesursache" war, die von den beteiligten Ärzten am häufigsten angegeben wurde, auch in solchen Fällen, wo diese Opfer in Wahrheit verhungert oder zu Tod gespritzt worden sind.

Im Ganzen betrachtet lässt es sich nicht von der Hand weisen, dass Dennerts Gesundheitszustand auch aufgrund psychosomatischer Ursachen tatsächlich angegriffen war. Dass er, der ja im Gefängniskrankenhaus gestorben ist, in Wahrheit dort zu Tode gespritzt worden ist, ist nicht unmöglich, aber nach unseren Recherchen doch sehr unwahrscheinlich. Vergleichbare Fälle sind jedenfalls aus den regulären Gefängnissen des Dritten Reichs nicht bekannt. Wie im Fall des ermordeten Jungen Ernst Lossa[51] hatte der Körper des Toten dann auch deutliche Verfärbungen aufgewiesen, die die Ehefrau bei ihrer Beschau des entkleideten Leichnams in jedem Fall wahrgenommen hätte. Wäre Dennert damals wegen „Unzurechnungsfähigkeit" in eine Psychiatrie eingeliefert worden, hätte ihm dieses Schicksal tatsächlich gedroht. Insofern war es sicher gut, dass der damals eingeschaltete Arzt die Ausstellung dieses vom Volksgerichtshof angeforderte Gutachten verschleppt oder womöglich sogar sabotiert hat.

Schuldige und Gerechte

Allerdings ist dies kein Freispruch für die große Zahl der Beteiligten, die als Rädchen in diesem System funktioniert und so Dennerts Tod mit herbeigeführt haben.

---

[51] S.o. S. 128 ff.

Neben den Denunzianten TABEL, SCHRÖDER und BONNER und den Ausführenden bei Gestapo und im Volksgerichtshof war es dieses System selbst, das die Menschen korrumpiert und in seine Maschen verstrickt hat und so die Hauptschuld an Dennerts Tod trägt.

So gilt im Fall DENNERT der Satz, den das Landgericht BAYREUTH damals trotz des Eingeständnisses der eigenen juristischen Ohnmacht als moralischen Fingerzeig formuliert hat:

„In jedem Falle ist sein Tod, selbst wenn er infolge Herzschwäche oder Lungenentzündung eingetreten sein sollte, eine direkte Folge der Haft. Dennert war bereits bei den wiederholten Besuchen seiner Frau völlig gebrochen und apathisch. Dieser körperliche und seelische Zustand, für den eine andere Erklärung nicht ersichtlich ist, kann nur in ursächlichen Zusammenhang mit der Haft gebracht werden."

Ebenso auffallend in dieser Geschichte wie die Denunzianten und Verursacher sind aber auch die Menschen, die auf der anderen Seite standen. In großer Zahl haben sich damals immer wieder Einzelne dieser Korrumpierung verweigert und auf ihre Weise Widerstand geleistet.

Da waren die vielen befragten Zeugen, vor allem auch die Tschechen, also eigentlich die verhassten Gegner der Deutschen, die dem Opfer trotz gewaltigen Drucks nicht in den Rücken fielen.

Da war der Rechtsanwalt, der trotz seiner Mitgliedschaft im Nazi-Juristenbund solidarisch, standfest und rührig blieb; mit seiner Mandantenbetreuung ging er weit über das damals übliche Maß hinaus.

Da gab es diesen Arzt, der ein angefordertes Gutachten trotz Nötigung durch die Institution Volksgerichtshof auch nach vielen Wochen nicht geschrieben hat.

Da arbeitete ein engagierter und unvoreingenommener Gefängnispfarrer, der das Opfer und seine Angehörigen nach Kräften zu trösten versuchte.

Da waren vor Ort in WEIDENBERG Nachbarn und Mitbürger, denen es selbstverständlich war, einer betroffenen Familie nach Kräften beizustehen und immer wieder nach ihrem Los zu fragen.

Diese Liste ließe sich weiter verlängern – Lichtschimmer in einer dunklen Zeit!

Nicht zuletzt ist dies aber die Geschichte einer bewundernswerten Frau, die in ihrem Leben viele Schläge hinnehmen musste, und die trotzdem mutig mit allen Fasern ihrer Existenz ihrem Mann beistand und um sein Leben kämpfte. – Im Markt WEIDENBERG ist dies in der Nazizeit nicht die einzige Geschichte dieser Art.

ANHANG

Literatur- und Quellenliste „Myrten für Dornen“ Folge 5:

AAS, NORBERT, Verlegt – vergast, vergiftet, verhungert. Die Kranken der Heil- und Pflegeanstalt Bayreuth in der Zeit der Zwangssterilisationen und "Euthanasie", Bumerang Verlag Bayreuth 2000. 211 S., 9 Abbildungen und 16 Tabellen. ISBN 3-929268-13-2 - EUR 15,40.

ADRESSBUCH FÜR BAYREUTH-LAND, Wilhelm Hinkel, Buchdruckerei und Adressbuchverlag Wertheim a. Main, August 1939

BENZ, WOLFGANG: Geschichte des Dritten Reiches. bpb-Schriftenreihe Band 377/ 2000, 288 S. [Übersicht über die wesentlichen Ereignisse und Zusammenhänge des NS: den Weg zur Macht, die Repression im Innern, den Verlauf des Krieges, die Verfolgung und Vernichtung der Juden, den Alltag in der Diktatur und die Niederlage im Mai 1945 sowie den Widerstand gegen Hitler.]

BENZ, WOLFGANG (Hrsg.), Wie wurde man Parteigenosse? Die NSDAP und ihre Mitglieder, Fischer Taschenbuch 2009. [Die neun Beiträge des Bandes informieren über die NSDAP, ihre Gliederungen und angeschlossenen Verbände, über die Funktionseliten der NSDAP vom Blockwart bis zu den Gauleitern, über die Mitgliederentwicklung, die Öffnung der Partei und die Mitgliedersperren sowie über die sogenannten „Märzgefallenen“]

BROSZAT, MARTIN und MEHRINGER, HARTMUT, Bayern in der NS-Zeit, Bd. 5. Die Parteien KPD, SPD, BVP in Verfolgung und Widerstand, Oldenbourg 1983

BRUNSWIK, HANS, Feuersturm über Hamburg, Die Luftangriffe auf Hamburg im Zweiten Weltkrieg und ihre Folgen. Motorbuch Verlag Stuttgart 1994

CRANACH, MICHAEL V., und SIEMEN, HANS-LUDWIG, Psychiatrie im Nationalsozialismus, Die Bayerischen Heil- und Pflegeanstalten zwischen 1933 und 1945, Oldenbourg 1999. – Daraus besonders S. 89ff: Ettle, Maximilian und Renelt, Herta. Die Heil- und Pflegeanstalt Bayreuth

DOMES, ROBERT, Nebel im August. Die Lebensgeschichte des Ernst Lossa, (zum Thema: Euthanasie) cbt/cbj Verlag München, 2008

DÖTTERL, MATTHIAS (posth.) und TAEGERT, JÜRGEN-JOACHIM, Wo König und Herzog einfache Leute sind, Spurensuche Frankenpfalz im Fichtelgebirge, Geschichte, Schlösser, Sprache, Kultur, Kirchenpingarten 2009

FALLADA, HANS (DITZEN, RUDOLF), Jeder stirbt für sich allein, Aufbau-Verlag 92011

GERHARDUS, SUSANNE, und MENSING, BJÖRN, Namen statt Nummern, Dachauer Lebensbilder und Erinnerungsarbeit, Evang. Verlagsanstalt Leipzig 2009

HIERY, HERMANN und SPÖRRER, FRANK, Creussen, unter Mitarbeit von Mühlnikel, Marcus, Geschichte einer oberfränkischen Stadt 1800-2000, Creußen 2003.

JENNER HARALD, Quellen zur Geschichte der „Euthanasie“-Verbrechen 1939-1945 in deutschen und österreichischen Archiven. Ein Inventar, Im Auftrag des Bundesarchivs, pdf (www.bundesarchiv.de/ geschichte_euthanasie/Inventar_euth_doe.pdf)

KERSHAW, IAN, Der Hitler-Mythos, Führerkult und Volksmeinung, DVA 1999

KERSHAW, IAN, HITLER, 1889-1945, DVA 42000

KERSHAW, IAN, Der NS-Staat, Geschichtsinterpretationen und Kontroversen im Überblick, Nicol Verlag 2009, 416 S. [Standardwerk, erstmals 1985 erschienen, mit einer Einführung in Kernthemen der Erforschung des Nationalsozialismus: repressive Innen- und expansionistische Außenpolitik, Judenvernichtung, Wirtschaftspolitik und Bedeutung der Person Adolf Hitlers für das Funktionieren des Staates]

KRÖLL, JOACHIM, Geschichte des Marktes Weidenberg, Marktgemeinde Weidenberg 1967

LOWER ,WENDY Hitlers Helferinnen, Deutsche Frauen im Holocaust; Fischer-TB 2016, 336 S

MADER, ERNST T., Das erzwungene Sterben von Patienten der Heil- und Pflegeanstalt Kaufbeuren-Irsee zwischen 1940 und 1945 nach Dokumenten und Berichten von Augenzeugen, Verlag an der Säge, Blocktäsch, 1982

MAY, HERBERT, ed., Zwangsarbeit im ländlichen Franken 1939-1945, Windsheim 2008

MENSING, BJÖRN und RATHKE, HEINRICH, Mitmenschlichkeit, Zivilcourage, Gottvertrauen, Evangelische Opfer von Nationalsozialismus und Stalinismus. Evang. Verlagsanstalt Leipzig 2003

PAULUS, HELMUT, Das Erbgesundheitsgericht Bayreuth und seine Tätigkeit von 1934-1944 – Die Justiz und die Euthanasie, Sonderdruck des Historischen Vereins Oberfranken Bd. 80, 2000

POELCHAU, HARALD, Die letzte Stunden, Erinnerung eines Gefängnispfarrers, aufgezeichnet von Graf Alexander Stenbock-Fermor. Verlag Volk und Welt 1949 [Köln 1991] [zum Thema Gefangene des NS-Volksgerichtshofs]

POLNIK, AXEL, Die Bayreuther Feuerwehren im Dritten Reich, BoD Norderstedt 2011

RAUEISER STEFAN und SELLNER BERTRAM (Hrsg.) „... man stolpert mit dem Kopf und mit dem Herzen." (zum Thema NS-Euthanasie) Impulse, Band 2, Grizeto-Verlag

SCHUPPENER, HENRIETTE, Nichts war umsonst, Harald Poelchau und der deutsche Widerstand, Berlin 2006

WAGNER, WALTER, Der Volksgerichtshof im nationalsozialistischen Staat, München 2011

Quellen in hektografierter oder kopierter Form oder als Vorträge, sowie ungedruckte Primärquellen:

WEIDENBERGER HEFTE Nr. 1 – 12 1985-1988, Herausgeber: MARKT WEIDENBERG, Rathausplatz 1, 8588 Weidenberg Tel.: (09278) 666. Bearbeitung: Achim Müller-Spertina, Sophienthal, insbesondere: Nr. 11-1987, S.24ff Müller-Spertina, A., Das Armenwesen im Weidenberger Raum im 19. Jahrhundert

SCHOBERTH, WOLFGANG, „Fremdarbeiter" und Kriegsgefangene in Oberfranken, CHW-Vortrag Altes Rathaus von Creußen am 14. November 2012

KIEßLING, ADAM, Häuserchroniken des Ober- und Untermarktes, um 1982

TAUFBUCH der Evang.-Luth. Kirchengemeinde Weidenberg 1896-1949

BEERDIGUNGSBUCH der Evang.-Luth. Kirchengemeinde Weidenberg 1934-65

KONFIRMANDENBUCH der Evang.-Luth. Kirchengemeinde Weidenberg 1894-1950

KIRCHENEINTRITTS- UND AUSTRITTSVERZEICHNIS 1934-73

HERATH, OTTO und SCHALLER, HANS, Allgemeine Pfarrbeschreibung der evangelisch-lutherischen Pfarrei Weidenberg, 1913-1914

BESCHLUSSBÜCHER des Marktgemeinderates Weidenberg: Beschlussbuch 8.10.34 – 18.7.50, Sitzungsprotokolle des Gemeinderates Weidenberg

EINWOHNERMELDEKARTEI Weidenberg

POLIZEILICHE ANMELDUNGEN 8.5.1916 – 24.11.1938

POLIZEILICHE ABMELDUNGEN 30.4.1916 – 28.11.1938

AN- UND ABMELDEREGISTER vom 1.12.38

PERSONENSTANDSREGISTER Weidenberg, Recherchen:
Heiratsregister 1900-1953 / Sterberegister 1886-1907 / Sterberegister 1908-heute (enthält nur Namen von Personen, die in Weidenberg verstorben sind)

AKTEN DER SPRUCHKAMMERN Bayreuth und Nürnberg 1946-1949 aus dem Staatsarchiv Coburg, hier insbesondere zu den Fällen Rumler, Georg und Tabel, Carl.

AKTEN AUS DEM BUNDESARCHIV Berlin: Zur Anklage gegen Christian Dennert vor dem Volksgerichtshof Berlin, über Untersuchungshaft in Bayreuth und Berlin, Verhöre in Bayreuth und Berlin 1943-1944, sowie über das Euthanasieopfer Margarete Sommerer

DANK

Für Informationen, Bilder, Dokumente und Mithilfe bei der Erstellung dieser Folge danke ich besonders:

AAS, Norbert; BRAUN, Dr. Ursula, geb. König; DENNERT, Alfred; DENNERT, Auguste; EIGELSBERGER, Peter, Mag., Dokumentationsstelle Schloss Hartheim desOÖ. Landesarchivs; EISENHUT, Elisabeth; FISCHER, Werner; GEBHARDT, Johann; GLAS, Horst und Sonja; GLUCHE, Frieda; HASLAUER, Johannes Mag. Art. Staatsarchiv Coburg; HAUENSTEIN, Stefanie; HECKEL, Karl-Heinz; HONOLD, Matthias, Diakonie Neuendettelsau; HÜBNER, Helma, geb. Rumler; JOBST, Anni, geb. Rumler; KNOPF, Leonhard; KNOPF, Gerhard und Hans; LINDNER, Hans; LIPPOLD, Gertrud; MÖNCH, Marianne, geb. Schütz; MÜLLER, Dr. Hans Günther; PAULINI, Karin; PILZ, Otto; PÖHLMANN, Otto; POPP, Dr. Wolfgang; PREIßINGER, Gerlinde; PUTZHAMMER, Dr. Albert, Ärztl. Dir. Bezirkskrankenhaus Kaufbeuren; RABENSTEIN, Hans und Betty; ROGOWSKI, Thomas und Heike, geb. Dennert; SACK, Norbert; SCHIMEK, Tim; SCHMIDT, Brigitte, geb. Lindner; SEILER, Conny, SIEMEN, Dr. Hans-Ludwig; STAUFENBIEL, Dr. Gabriele Ruth; TAEGERT, Dorothea; WEIGL-GOSSE, Adelheid, Kaufbeuren; WILL, Hansi; WILL, Kunigunde, geb. Rhau; WITTAUER Johann und Anna, geb. Lautner; WOLF, Albine; WOLFERSDORF, Prof. Dr. Manfred, Bezirkskrankenhaus Bayreuth.

GESAMTPLAN des Projektes „Myrten für Dornen" zur Weidenberger Kirchen- und Ortsgeschichte, zur Veröffentlichung 2018/19:

Folge 1: „AM VORABEND DER URKATASTROPHE(N)" – Quellen zur Weidenberger Geschichte (ISBN 978-3-9472-4715-8):

1. **„Tannen für Hecken und Myrten für Dornen"** – Das evangelische Bekenntnismarterl der Margarete Schilling 1937 auf der Weidenberger Bocksleite
2. **„Die Pfarrbeschreibung 1913/14"** – eingelesen, kommentiert und fortgeführt bis in die Gegenwart
3. **„Die Geschichte von Weidenberg und Umgebung"** 1896 von Pfarrer Johannes Michael Einfalt
4. **„Beschreibung der Marktgemeinde Weidenberg"** 1900 von Lehrer Joh. Erhard Reblitz
5. **Der „weitberühmte Marck Weidenberg"** samt Umgebung 1692 von Magister Johann Will
6. **„Der stumme Schrei zum Himmel"** – Die Steinkreuze um Weidenberg und in der Frankenpfalz
7. **„Kulturattaché und Geschichtsgewissen"** – Erinnerung an Adam Kießling

Folge 2: „LICHT UND SCHATTEN DER NEUEN ZEIT" – Alltags-Erleben und Kirche in der Vorahnung der Katastrophe (ISBN 978-3-9472-4716-5):

1. **„Wo sind denn die Ritter?"** – Georg Redenbacher (1880–1951), ein Original von Pfarrer, schrullig, kauzig, leutselig, souverän
2. **„Pfarrersein in Weidenberg – ein beschauliches Leben?"** – Geschichte der Kirchen Weidenbergs, der Gemeinde und ihrer Pfarrer anhand der Epitaphien und neuer Recherchen
3. **Arbeit, Wohlstand und Armut bei den „Gaasla"** – Soziales Leben, Beruf und Gewerbe in Weidenberg bis 1919
4. **„Als Weidenberg Kurort werden wollte"** – Pfarrer Redenbacher und der Verschönerungsverein Weidenberg (Ein Durchgang durch die Geschichte der Marktgemeinde Weidenberg 1903-2013)

Folge 3: „DER ANSTREICHER UND SEINE LEHRJUNGEN" – Braune Herrschaft in Weidenberg seit 1929 (ISBN 978-3-9472-4717-2):

1. **„Seit 1933 sind wir alle nicht mehr normal"** – Georg Rumler und der Aufstieg der Nazis in Weidenberg von 1929 bis zu ihrem Durchbruch 1933
2. **„Bei mir ist niemand zu Schaden gekommen"** – Die Herrschaft der Nazis in Weidenberg und ihre Gegner

3. **„Physicus und Pharmazeut“**
– Weidenberger Gesundheitswesen bis in die erste Hälfte des 20. Jahrhunderts

Folge 4: **CHRISTSEIN AM SCHEIDEWEG – Weidenberg im Kirchenkampf** (ISBN 978-3-9472-4718-9):

1. **„Bloß keine Atheisten ...“** – Zehn Wunder bei der Entwicklung der Protestantischen Landeskirche in Bayern und im Kirchenkampf im Dritten Reich
2. **„Das Trojanische Pferd der Nazis“**
– Pfr. Theodor Hoffmann und die Deutschen Christen 1933-1942
3. „**Das Bekenntnismarterl von 1937“** der Margarete Schilling im Kirchenkampf und andere Geschichten vom Pfarrer Redenbacher
4. **„Als Hitlers Gottheit infrage stand“** – Der Widerstand der Frankenpfälzer und der Überfall der Weidenberger Nazis nach den Hitlerwahlen 1938
5. „**Die Weidenberger Himmelsbriefe“** – Ein vergessener stummer Schrei nach Segen

Folge 5: **„SPUREN DER OPFER“ – Anteilnahme und Verleugnung** (ISBN 978-3-9472-4719-6):

1. „**Anna Margareta – Gedenken des Unbegreiflichen“** – Spurensuche Opfer des NS-Euthanasie-„T4-Programms“ aus der Kirchengemeinde Weidenberg
2. **„Martin – Leben im Armenhaus, Sterben an Hungerkost“** – Spurensuche Opfer der Armut und der „wilden Euthanasie“ aus Weidenberg
3. **„Jenseits der Roten Linie“** – Ein Weidenberger in den Klauen von Gestapo und Volksgerichtshof: Die Akte Dennert-Weidenberg 1930-1944

Folge 6: **„UNTERGEHEN UND AUFSTEHEN“ – Der Alltag unter Kriegsbedingungen und das Danach** (ISBN 978-3-9472-4720-2):

1. **„Hasenjagen, aber gelernt haben wir nichts“**
– Schule und Konfirmation im Dritten Reich und der kleine Widerstand im Alltag
2. **„BdM-Mädchen Marianne und Hitlerjunge Hans“**
– Hitlers Griff nach der Jugend
3. **„Ferien ohne Heimkehr“** – Gestrandet bei der Kinderlandverschickung
4. **„Gäste und Fremdlinge“** – Evakuierte, Zwangsarbeiter, Flüchtlinge und Heimatvertriebene in Weidenberg 1939-1950
5. **„Warten auf die Sieger** – Die Amerikaner kommen
6. **„Mit Ost-Spionen und alten Seilschaften zum neuen Aufbruch?“**
– Die Entnazifizierung 1946-48 und der holperige Neustart der Parteien-Demokratie in Weidenberg
7. **„Eis von der Oma, Kino vom Opa“**
– Die Weidenberger „Rosenau- Lichtspiele“ im Wandel der Zeiten 1926-1971